공립 유치원 임용 시험 대비

유아임용
유아교육과정

❹ 자연탐구 영역 / 유아교육과정 운영 및 평가

임미선 · 박성희 편저

KNOWLEDGE COMMUNITY 공동체

PREFACE

일 년 동안 우리는 인류가 그동안 한 번도 겪어 보지 못한 초유의 사태를 경험하고 있습니다. 인간다운 삶의 가장 본질인 사람과 사람 사이의 접촉이 금지되고 함께 만나 이루어지던 모든 사회적 과정에 거리두기가 이루어지고 있습니다. 인간은 사람과 사람 사이의 관계를 통해 형성되는 존재라고 하지요. 하지만 이제 우리는 또 다른 삶의 방식을 추구해야 하는 절체절명의 전환의 시기에 들어섰습니다.
그렇다 해도 여전히 우리를 구원하는 것은 우리들을 서로 연결하고 있는 유대감일 수밖에 없을 것입니다.
그 어떤 시대보다도 공감과 배려와 공동체적 삶의 방식이 중요한 시대가 열렸습니다.
지구를 살리고 공동체를 살리는 희망의 불씨가 될 수 있는 어린이들로 성장하도록 도우려면, 유아교육의 역할이 그 어느 시기보다 중요하다고 할 수 있습니다. 아이들은 어른의 삶을 온몸으로 감지하면서 지혜를 터득해 나간다고 하지요. 사랑과 지혜를 온전한 삶을 통해 실천해 나가는 진정한 선생님이 어느 시대보다 절실합니다.

공부하는 틈틈이 자신과 주변을 돌아보고 따뜻한 마음을 놓지 않기를 바랍니다.
무엇보다 공부하는 시간 내내 건강한 몸과 마음으로 잘 버텨주기를 바랍니다.
우리는 혼자가 아닙니다. 우리는 공동체라는 연결망 속에서 서로를 의지하고 사랑을 나누며 살아가고 있다는 것을 꼭 기억했으면 합니다.

한 인류학자가 아프리카의 어느 부족 어린이들에게 달리기 시합을 제안했습니다.
근처 나무에 사탕을 매달고 가장 먼저 도착한 어린이가 그것을 모두 가질 수 있다고 알려준 뒤 "시작"이라고 외쳤습니다.
그런데 어린이들은 각자 뛰지 않고 모두 함께 손을 잡고 나란히 달렸습니다.
그리곤 나무에 도착한 아이들은 사탕을 함께 나누어 먹었습니다.

인류 학자는 어린이들에게 1등을 하면 과자를 독차지할 텐데 왜 함께 뛰었냐고 물었습니다.
그러자 어린이들은 함께 외쳤습니다.
"우분투(ubuntu)!!!"
다른 친구들이 모두 슬픈데 어떻게 혼자만 행복해질 수 있냐고 대답했습니다.
이 말은 "네가 있기에 내가 있다."라는 뜻입니다.

임용 시험의 겉모습은 경쟁이 난무하는 혼자만의 길인 듯 보일 수 있습니다.
하지만 공부하다 보면 결코 혼자가 아닌 모두 함께 하는 길이라는 것을 알게 될 것입니다.
교육은 모두 함께 걷는 여정입니다.
교사로서 살아가야 할 시간을 준비하는 여러분의 공부가
"나홀로"가 아닌 "함께 하는 행복한 여정"이 될 수 있기를 간절히 기원합니다.

올해도 '아이미소 유아교육과정' 시리즈가 나오기까지 많은 분들이 애써주셨습니다. 아이미소 연구실의 권선영 팀장님 고생하셨습니다. 백은지 샘, 고지영 샘, 정서윤 샘 그리고 안치성 샘과 박성수 조교, 박수련 조교에게도 고마움을 전합니다. 늘 바쁜 와중에도 '아이미소 유아교육과정'을 위해 많은 배려를 해주신 공동체 대표님과 직원분들께도 감사의 인사를 전합니다.

임미선 · 박성희 드림

이 책의 구성과 특성

1 개정된 아이미소 유아교육과정 시리즈의 특징

변화된 출제 경향에 따른 구성과 내용

최근 공립 유치원 교원 임용 시험은 1차 시험의 난이도를 낮추고 2차 시험의 면접과 수업 실기의 비중을 높이고 있는 추세입니다. 1차는 유아교육학과 유치원 교육과정에서 주로 출제되지만 2차는 혁신 교육의 동향에 맞추어 각 지역 교육청의 교육 시책 및 교직 인적성과 관련된 내용들이 주로 출제되고 있습니다. 이런 경향에 대비하려면 유아교육의 기본 관점과 교육 철학에서 심리학과 교사론 및 부모 교육에 이르는 내용들을 꼼꼼하게 훑으며 유아교육에 대한 기본 관점을 내면화하여 자신의 교육 철학을 확립할 수 있는 공부가 요구됩니다. 아이미소 유아교육과정 개정판은 최근의 출제 경향을 반영하여 기존의 이론을 보강하고 개정 누리과정의 동향에 적합한 내용들을 추가하여 수험생들이 교재만으로도 시험에 만전을 기할 수 있도록 하였습니다.

반복적인 자율학습에 최적화된 교재 편집 방식

2020년도 대비판부터는 글자의 크기를 줄이고 대신 메모란을 추가하여 공부 도중 필요한 내용들을 교재에 충분히 정리해나갈 수 있도록 구성하였습니다. 공부하며 주요 내용들은 교재에 직접 메모를 하여 시험을 보기 직전까지 교재를 반복적으로 읽으며 자신의 것으로 만들어 가기를 권합니다.

아이미소 유아교육과정 시리즈는 '25년의 전통'과 '전문성'을 바탕으로, 변화된 시험의 방향에 맞추어 기초 이론에서 논술과 심층 면접 및 수업 실기에 이르기까지 예비교사들이 여유 있게 대비할 수 있도록 전문적인 길잡이가 되어 드릴 것입니다.

2 아이미소 유아교육과정 시리즈의 구성

아이미소 유아교육과정 2, 3, 4권은
개정될 누리과정의 각론 영역 배경 이론에 해당하는 교과 이론과 2019 개정 누리과정 영역 해설을 함께 수록하였습니다.

- 2권 총론 / 신체운동·건강 영역 / 의사소통 영역
- 3권 사회관계 영역 / 예술경험 영역
- 4권 자연탐구 영역 / 유아교육과정 운영 및 평가 편으로 구성되어 있습니다.

3 각 권의 구성 방식

각 영역의 개요에 해당하는 '한 눈에 보는'으로 시작하고 ⇨ '출제경향분석'으로 맥을 잡아 ⇨ '교과 이론 및 교육과정 해설'로 체계적 학습을 하고 ⇨ '기출 문제'로 실력 다지기를 하여 시험에 완벽 대비할 수 있도록 하였습니다!

● **단원별 개요도 : 한 눈에 보는…**

★ 각 영역을 구성하는 주요 주제를 한 눈에 볼 수 있도록 하였습니다.
◎ 각 장의 공부를 시작할 때 학습 주제를 미리 살펴보면서 무엇을 공부하게 될지 범주를 만들어보세요.
◎ 각 장의 학습이 끝날 때마다 이를 이용하여 보다 구체적인 학습 개요도를 만들거나 구체적인 내용을 정리하여 서브 노트를 만드는 데 활용하시기 바랍니다.

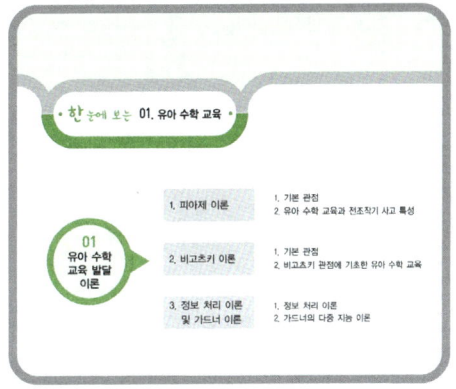

● **주제별 출제경향분석**

★ 각 영역의 주요 주제별로 2021학년도까지의 기출문제의 출제경향을 정리해놓았습니다.
◎ 출제경향을 파악하는 것은 각 주제별로 무엇을 공부해야 하는지에 대한 방향을 설정해줍니다.
◎ 내용 공부에 앞서 반드시 출제경향을 이해하고 학습 포인트를 정하여 효율적인 공부를 하시기 바랍니다.

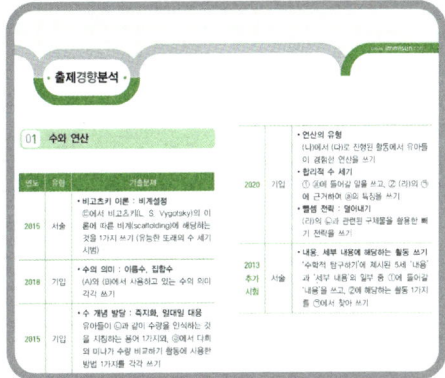

이 책의 구성과 특성

● **Tipping & 발달 특성 및 교과 이론**

★ 각 장 마다 tipping을 통해 효율적인 공부의 방향을 제시하였습니다.

◎ 유치원 교육과정 각 영역 내용 구성의 배경이 되는 유아기 발달 특성 및 교육과정 배경 이론을 수록하였습니다.

◎ 최근 들어 교과 내용 및 교수·학습 이론의 출제 비중이 높아지고 있습니다. 주요 용어와 특징을 정확하게 이해하고 이를 교육과정 내용과 연계하여 공부하는 것이 효과적입니다.

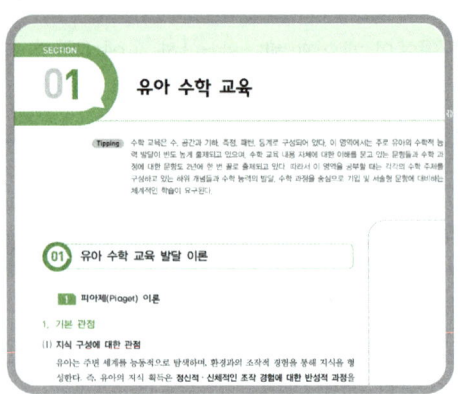

● **갈무리**

★ 주제별 주요 내용마다 갈무리를 제시하였습니다.

◎ 갈무리는 주요 학습 내용의 포인트를 키워드와 함께 간략하게 정리하여 보다 효율적인 공부가 이루어지도록 안내하였습니다.

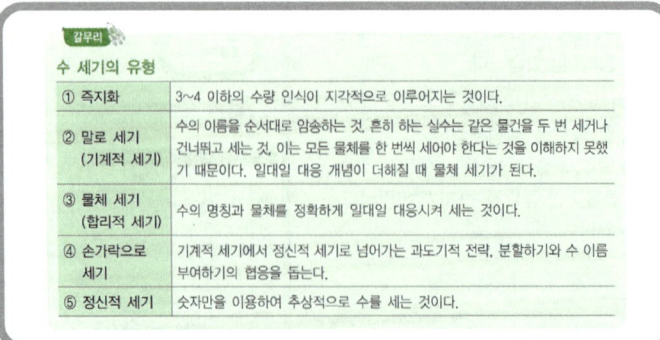

● 누리과정 영역별 내용 해설

★ 각 영역마다 2019 개정 누리과정 내용 해설을 수록하였습니다.

◎ 교육과정 개정 이후 각 영역별 내용이 간략화되며 출제 비중이 낮아졌다고 하지만 각 영역별 목표 및 주요 내용은 지속적으로 출제될 것입니다. 또한 놀이 사례를 중심으로 제시된 각 영역 및 5개 영역의 통합적 이해편을 바탕으로 각 영역별 내용이 어떻게 서로 관련되는지를 확인해보는 방식의 공부가 필요합니다.

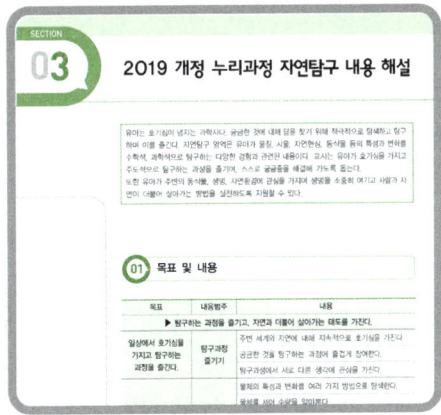

● 기출탐구

★ 각 장의 내용마다 해당하는 기출 문제를 함께 수록하였습니다.

◎ 각 내용을 학습하며 학습한 내용이 어떤 방식으로 출제되는지 이해함으로써 확실한 공부의 방향을 잡게 될 것입니다.
단원별 학습을 마치면 다시 한 번 기출 문제를 풀면서 출제경향을 재점검하고 기출된 주제와 주요 내용 및 문제 유형을 꼼꼼하게 점검하시면 보다 완성도 높은 학습을 하게 될 것입니다.

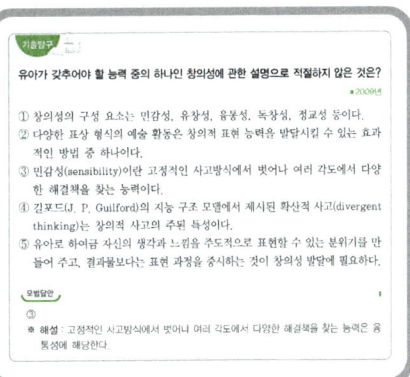

CONTENTS

제1장 자연탐구 영역

section 1 유아 수학 교육 • 17
1. 유아 수학 교육 발달 이론 …………………………………………… 17
2. 유아 수학 교육의 이해 ……………………………………………… 27
3. 유아 수학 교육 내용 ………………………………………………… 42

section 2 유아 과학 교육 • 108
1. 유아 과학 교육 배경 이론 …………………………………………… 108
2. 구성주의 유아 과학 교육 …………………………………………… 129
3. 유아 과학 교육 접근법과 과학 교육 프로그램 ……………………… 164

section 3 2019 개정 누리과정 자연탐구 내용 해설 • 220
1. 목표 및 내용 ………………………………………………………… 220
2. 목표 및 내용범주 이해하기 ………………………………………… 221
3. 내용 이해 및 유아 경험의 실제 ……………………………………… 222
4. 자연탐구 영역의 통합적 이해 ……………………………………… 226
5. 5개 영역의 통합적 이해 …………………………………………… 228

제2장 유아교육과정 운영 및 평가

section 1 유아교육과정의 의미 • 239

1. 유아교육과정의 접근법 ………………………………………… 239
2. 유아교육과정의 개념 …………………………………………… 250
3. 유아교육과정 유형 분류 ……………………………………… 251
4. 유아교육 프로그램 ……………………………………………… 261

section 2 유아교육과정 구성 체계 • 274

1. 교육 목표의 설정과 진술 ……………………………………… 274
2. 교육 내용의 선정 및 조직 …………………………………… 281
3. 교수·학습 ………………………………………………………… 289
4. 유아 평가 ………………………………………………………… 310

부록 1. 유치원생활기록부 작성 및 관리지침(2020) …………… 354
부록 2. 「유치원생활기록부 작성 및 관리지침」에 따른
　　　　유치원 생활기록부 기재요령 …………………………… 357
부록 3. 유치원생활기록부 작성 예시 ……………………………… 363

section 3 놀이 중심 교육과정의 실행 • 365

1. 놀이지원자로서의 교사 ………………………………………… 365
2. 교사의 놀이 지원 사례 ………………………………………… 393
3. 놀이에 대해 묻고 답하기(요약 자료) ………………………… 429

INTRODUCTION TO EARLY CHILHOOD EDUCATION

CHAPTER

01

자연탐구 영역

한눈에 보는 01. 유아 수학 교육

01 유아 수학 교육 발달 이론

1. 피아제 이론
   1. 기본 관점
   2. 유아 수학 교육과 전조작기 사고 특성

2. 비고츠키 이론
   1. 기본 관점
   2. 비고츠키 관점에 기초한 유아 수학 교육

3. 정보 처리 이론 및 가드너 이론
   1. 정보 처리 이론
   2. 가드너의 다중 지능 이론

02 유아 수학 교육의 이해

1. 유아 수학 교육 동향
   1. 최근 유아 수학 교육 관련 연구 동향
   2. NAEYC & NCTM이 제시한 5개 영역의 유아 수학 교육 내용 지침

2. 구성주의 유아 수학 교육
   1. 발달적으로 적합한 유아 수학 교육
   2. 구성주의 유아 수학 교육의 교수 원리
   3. 유아 수학 활동 지도 방법
   4. 수학 과정

03 유아 수학 교육 내용

1. 수와 연산
   1. 수 개념 발달과 사고 특성
   2. 수 개념 발달을 위한 교육 내용

2. 공간과 기하 도형
   1. 공간 능력
   2. 기하 도형에 대한 이해

3. 측정
   1. 비교하기
   2. 순서 짓기
   3. 측정하기
   4. 시간 개념

4. 패턴
   1. 패턴의 의미
   2. 패턴 능력의 발달
   3. 패턴 활동의 지도

5. 자료 수집 및 그래프
   1. 분류하기
   2. 자료 분석

출제경향분석

01 수와 연산

연도	유형	기출문제
2015	서술	• 비고츠키 이론 : 비계설정 ⓒ에서 비고츠키(L. S. Vygotsky)의 이론에 따른 비계(scaffolding)에 해당하는 것을 1가지 쓰기 (유능한 또래의 수 세기 시범)
2018	기입 서술	• 비고츠키 이론 : 실제적 발달 수준, 비계 ⓐ, ⓑ에 들어갈 용어를 순서대로 쓰고, ⓐ에 해당하는 측정 기술 특징 1가지와 ⓑ에 해당하는 교사 발문 1가지 찾아 쓰기
2018	기입	• 수의 의미 : 이름수, 집합수 (A)와 (B)에서 사용하고 있는 수의 의미 각각 쓰기
2015	기입	• 수 개념 발달 : 즉지화, 일대일 대응 유아들이 ⓒ과 같이 수량을 인식하는 것을 지칭하는 용어 1가지와, ⓔ에서 다희와 미나가 수량 비교하기 활동에 사용한 방법 1가지를 각각 쓰기
2014	서술	• 수 세기 원리 : 추상화의 원리 ㉠에서 진희가 '추상화의 원리'로 수 세기를 하고 있다고 판단되는 이유 1가지 쓰기
2010	선택	• 수 세기 원리 : 기수의 원리 제시된 ㉠에 공통적으로 들어갈 수 세기의 원리로 알맞은 것 찾기
2016	기입	• 수 세기 원리 : 순서 무관의 원리 ① ⓒ에서 나타난 영희의 수 세기 원리 쓰기
2019 추가 시험	기입 서술	• 수 세기 원리 : 안정된 순서의 원리 ⓒ의 수 세기 원리 쓰기, ⓒ의 원리 이해를 돕기 위한 질문 1가지, ⓔ의 수 세기 원리 지도방법
2021	기입	• 수 세기 원리 : 추상화의 원리 ㉠에 나타난 합리적 수 세기의 원리 쓰기
2020	기입 서술	• 연산의 유형 (나)에서 (다)로 진행된 활동에서 유아들이 경험한 연산을 쓰기 • 합리적 수 세기 ① ⓐ에 들어갈 말을 쓰고, ② (라)의 ㉠에 근거하여 ⓐ의 특징을 쓰기 • 뺄셈 전략 : 덜어내기 (라)의 ⓒ과 관련된 구체물을 활용한 빼기 전략을 쓰기
2013 추가 시험	서술	• 내용, 세부 내용에 해당하는 활동 쓰기 '수학적 탐구하기'에 제시된 5세 '내용'과 '세부 내용'의 일부 중 ①에 들어갈 '내용'을 쓰고, ②에 해당하는 활동 1가지를 ㉠에서 찾아 쓰기

출제경향분석

02 공간과 도형

연도	유형	기출문제
2012	서술	• 도형 이해 능력의 발달 & 활동 목표 & 공간 시각화 - 만 4세 유아들의 도형 이해 능력을 알 수 있는 각 사례를 발달 경향과 함께 논하기 - 교사 발문에 비추어 적절한 활동 목표 1가지와 '지도상의 유의점'에 근거하여 활동 지도 시 교사가 유의해야 할 점 2가지 논하기
2019	기입 서술	• 기하 도형 이해수준 : 시각적 수준 & 공간 시각화 - 반힐레(P. van Hiele)의 이론에 근거하여 ① 연희의 기하 도형에 대한 이해 수준을 쓰고, ② 그 근거를 찾아 쓰기 - 유아의 공간시각화 개념과 관련된 가장 적절한 사례를 보여 주는 유아의 이름과 말을 찾아 쓰기 - ㉠ 활동의 근거가 되는 2015 개정 유치원 교육과정 '자연탐구' 영역 수학적 탐구하기 내용 범주의 세부 내용 1가지 쓰기
2012	서술	• 공간 시각화 교사 발문을 통해 향상될 수 있는 공간 능력 1가지와 이유 논하기
2019 추가 시험	기입 서술	• 공간 방향화 (가)는 3차원 공간 내에서 위치 관계를 이해하도록 돕는 활동 방법이다. ① 공간능력 2가지 중 기르고자 하는 능력이 무엇인지 쓰고, ② 그에 근거하여 ㉠에 들어갈 적절한 안내 문장을 쓰기

연도	유형	기출문제
2018	기입 서술	• 시글러 : 공간 표상 능력 ⓐ, ⓑ에 들어갈 말과 교사 발문 1가지를 찾아 각각 쓰기
2006	서술	• 수준별 내용과 발문 '비행기'를 주제로 한 신체 표현 활동을 '공간과 도형의 기초 개념'과 통합하여 지도할 때 적합한 Ⅰ수준 내용, 각 내용별로 사용 가능한 발문
2013 추가 시험	기입	• 세부 내용 쓰기 ㉥(5세 활동 지도 방법)의 근거가 되는 '공간과 도형의 기초개념 알아보기'에 제시된 '세부 내용' 1가지 쓰기
2013	서술	• 세부 내용과 사례 찾아쓰기 '수학적 탐구하기'의 '내용'과 '세부 내용' 중 ①을 쓰고, ②와 ③에 해당하는 사례를 김 교사와 박 교사가 제안한 내용에서 각각 1가지씩 찾아 쓰기
2017	기입	• 세부 내용 쓰기 윤 교사가 [A]와 같이 발문을 계획한 근거가 되는 '자연탐구' 영역 수학적 탐구하기 내용 범주의 세부 내용 1가지 쓰기

03 기초적인 측정

연도	유형	기출문제
2020	기입	• 비교하기 유형 : 직접 비교하기 (가)의 ㉠에 사용된 비교하기 유형의 명칭 쓰기
2016	기입	• 순서 짓기 : 이중 서열화 ⓒ에서 나타난 순서 짓기의 특징 쓰기
2021	기입 서술	• 순서 짓기의 유형 : 단순 서열화 유아가 사용한 순서 짓기의 유형을 쓰고, 그 개념을 사례와 관련지어 설명하기
1998	서술	• 측정 활동 시 교사 발문 쓰기 유치원에서 키 재기 활동을 할 때 비표준 단위를 이용한 측정 활동에 있어 교사 발문의 예 3가지 쓰기
2013 추가 시험	서술	• 측정 오류 (가)에서 은주가 책상의 길이를 잴 때 범한 측정 오류 1가지 쓰기
2016	기입	• 측정 능력의 발달 : 임의 단위 ㉠에서 동수가 측정할 때 사용한 나뭇가지를 지칭하는 용어 쓰기
2018	서술	• 측정 기술과 교사 발문 ⓐ에 해당하는 유아의 측정 기술 특징과 교사 발문을 찾아 쓰기
2019 추가	서술	• 측정 기술의 지도 그림과 대화를 보고 정확한 측정 결과를 얻기 위해 지도해야 할 사항 2가지 쓰기
2020	기입 서술	• 측정 발달 단계 – 찰스워스와 린드의 유아 측정 개념 발달 단계의 명칭 쓰기 – 양팔저울이 유아의 측정 활동에 적합한 이유 1가지 쓰기
2021	기입 서술	• 시간 개념 발달 : 문화적 시간, 사회적 시간 찰스워스의 관점에 근거하여, ① [B]에 포함되어 있는 시간 개념 중 1가지를 쓰고, ② [C]에 포함되어 있는 시간 개념의 가치를 쓰기

04 규칙성

연도	유형	기출문제
2014	기입	• 패턴의 유형 : 운동적 패턴 – ⓒ에 해당되는 패턴 유형 1가지 쓰기 (운동적 패턴) – 패턴과 관련된 5세 세부 내용 쓰기
2016	기입 서술	• 패턴 능력 발달 : 패턴 구성 및 전이 / 단순한 패턴 인식 및 모방 '수학적 탐구하기' 세부 내용과 관련하여 [A]에서 알 수 있는 동수와 영희의 차이점을 서술하기 • 패턴의 유형 : 청각적 패턴 [B]에서 동수가 영희를 보면서 '틱', '톡'으로 소리 낸 것을 가리키는 용어 쓰기
2017	기입	• 패턴의 유형 : 시각적, 운동적 표상 ⓒ에 해당하는 패턴의 표상 양식 2가지 쓰기
2021	기입 서술	• 패턴 유형 : 증가 패턴 ① ㉠의 패턴 유형을 쓰고, ② ㉡의 활동 예시 쓰기
2007	서술	• 규칙성 내용과 교사 발문 에셔(Escher)의 「기마병과 함께 하는 평면의 규칙적 분할 연구」 감상 활동에서 이와 통합된 규칙성에 대한 수준별 내용과 적절한 발문, 일상생활의 소재를 이용하고자 할 때, 규칙성을 찾을 수 있는 소재 쓰기

출제경향분석

05 자료 수집

연도	유형	기출문제
2017	기입	• 분류의 유형 : 단순 분류, 색깔 그림에서 유아가 적용한 ① 분류의 유형과 ② 분류의 준거 쓰기
2015	서술	• 재분류의 세부 내용 관련 교사 발문 수학적 탐구하기에서 ① ㉠에 해당하는 세부 내용 쓰고, (가)에서 ② '한 가지 기준으로 분류한 자료를 다른 기준으로 재분류해 본다.'는 세부 내용과 관련된 교사의 발문 1가지 찾아 쓰기
2014	서술	• 재분류 : 만 4세 활동 적합성 ㉡이 4세 유아에게 적합하지 않은 이유 1가지 쓰기 (만 5세 재분류에 해당)
2021	기입	• 분류 유형 발달 : 복합 분류, 관련 짓기 ㉢, ㉣에 나타난 분류 유형을 각각 쓰기
2021	기입	• 그래프 유형 : 그림 그래프 (나)에서 교사가 활용한 그래프 유형 쓰기

06 수학 과정

연도	유형	기출문제
2013	서술	• 수학 과정 : '표상하기'의 유형 교사들이 확장 활동으로 제안한 시각적 표상 활동 1가지 찾아 쓰기
2013 추가 시험	기입	• 수학 과정 : 문제 해결하기, 의사소통하기 ㉢, ㉣에 해당하는 수학적 과정 1가지 각각 쓰기
2017	기입	• 수학 과정 : 추론하기, 연계하기 (나)의 ㉠, ㉢의 활동을 통하여 유아가 학습할 수 있는 수학적 과정 기술을 각각 쓰기
2019	기입	• 수학 과정 : 표상하기 (나)의 ㉡ 활동을 통하여 유아가 학습할 수 있는 수학적 과정 기술(mathematical process skill) 쓰기
2020	기입	• 수학 과정 : 의사소통하기 (마)의 ⓒ과 ⓑ에 공통으로 들어갈 말을 쓰기

SECTION 01 유아 수학 교육

> **Tipping**
> 수학 교육은 수, 공간과 기하, 측정, 패턴, 통계로 구성되어 있다. 이 영역에서는 주로 유아의 수학적 능력 발달이 빈도 높게 출제되고 있으며, 수학 교육 내용 자체에 대한 이해를 묻고 있는 문항들과 수학 과정에 대한 문항도 2년에 한 번 꼴로 출제되고 있다. 따라서 이 영역을 공부할 때는 각각의 수학 주제를 구성하고 있는 하위 개념들과 수학 능력의 발달, 수학 과정을 중심으로 기입 및 서술형 문항에 대비하는 체계적인 학습이 요구된다.

01 유아 수학 교육 발달 이론

1 피아제(Piaget) 이론

1. 기본 관점

(1) 지식 구성에 대한 관점

유아는 주변 세계를 능동적으로 탐색하며, 환경과의 조작적 경험을 통해 지식을 형성한다. 즉, 유아의 지식 획득은 **정신적·신체적인 조작 경험에 대한 반성적 과정을** 통해 자율적으로 새로운 지식을 구성하는 과정이다. 따라서 유아의 능동적인 물리적·정신적 조작의 경험은 지식 구성의 핵심적 역할을 한다.

(2) 수학적 지식의 구성

Piaget의 인지 이론에 의하면 유아의 수학적 지식에 기초가 되는 조작으로는 논리 - 수학적 지식과 공간 - 시간적 지식 구조에 의한 조작이 있다.

논리-수학적 지식 (logic-mathematical knowledge)	분류(classification), 순서 짓기(seriation), 수(number)
공간-시간적 지식 (spatio-temporal knowledge)	공간적 위상학, 기하, 시간

2. 유아 수학 교육과 전조작기 사고 특성

> 피아제에 의하면 전조작기 유아들은 직관적 사고, 비가역적 사고, 자기중심적 사고를 하는 경향을 나타낸다. 이러한 사고의 특성 때문에 전조작기 유아들은 수나 양 등의 보존 개념 문제를 해결할 수 없다.

(1) **직관적 사고**(intuitive thinking)

유아는 사물의 본래적 속성이나 관계에 대해 추리하기보다는 사물이나 현상의 지각적 속성에 의존하여 판단한다. 따라서 이 시기 유아들은 같은 수량의 물체를 두 줄로 배열한 후 한 줄을 더 길게 늘여 놓으면 더 긴 줄의 수량이 더 많은 것으로 생각한다.

(2) **자아중심성**(egocentrism)

타인의 생각, 관점 및 감정을 이해하지 못하고 자신의 입장에서만 세상을 바라보는 경향성을 말한다. 유아는 자신의 관점에서만 사물을 이해할 뿐 타인의 관점을 고려하지 못하거나 자기가 모든 것의 중심이라고 생각하는 한계를 지닌다.

예) 4세 아동은 자기 손을 오른손, 왼손으로 부를 수 있지만, 다른 아이의 손을 오른손, 왼손으로 구별할 수 없다. 유아들은 자신이 눈을 감으면 다른 사람이 자기를 볼 수 없다고 말하는 자기중심적 시각 조망을 나타내고 이 외에도 자기중심적 언어, 자기중심적 판단 등을 들 수 있다.

(3) **비가역성**(irreversibility)

유아의 조작적 사고 능력은 이전의 상태로 변환시켜 비교할 수 있는 정신적인 조작 능력이 미흡하다. 따라서 길게 펼쳐 놓은 물체를 다시 모아 놓아도 처음의 수량과 같으며 따라서 수량에 차이가 없게 된다는 가역적 관계를 다룰 수 없다.

(4) **중심화**(centration)

중심화란 대상물이나 활동의 한 가지 측면만 고려하여 두 개 이상의 측면을 동시에 고려하거나 이를 통합하는 조직적 사고가 결여되는 것으로, 대개 지각적으로 우세한 측면에만 집중하는 경향을 말한다. 아래의 <표>에서 유아는 네모의 수는 무시하고 선의 길이에 초점을 둔다.

예) 어느 줄의 네모가 더 많은가?

상황 A	상황 B
검사자의 네모 ■■■■■■	검사자의 네모 ■■■■■■■
아동의 네모 ■■■■■■■■■	아동의 네모 ■ ■ ■ ■ ■
전조작기 아동은 줄의 길이가 동일하기 때문에 두 줄의 네모 수는 같다고 말한다.	전조작기 아동은 검사자의 줄은 짧기 때문에 검사자의 줄의 네모 수가 적다고 말한다.

(5) 비보존성(reconservation)

보존성이란 대상물의 어떤 속성(물질의 양, 수, 길이, 면적 등)은 그 형태나 위치와 같은 다른 속성의 변화에 관계없이 동일하게 남아 있다는 개념을 말한다. 전조작기 유아는 어떤 상황에서 가장 현저한 지각적 자극에 초점을 맞추고 다른 면들은 무시해 버리는 중심화 경향을 보이는 비논리적인 추론을 하므로 보존 개념이 없다.

> **참고** 보존 개념과 지적 조작의 유형
>
> 보존 개념은 물질의 양이 형태나 위치의 변화에 관계없이 똑같다는 도식화로, 어떤 사물이 외형이 변해도 그 사물의 본질은 변하지 않고 같다는 것을 인식하는 능력이다. 보존 개념을 획득한 유아들은 시간적·공간적 탈중심성이 형성되어 반환성, 보상성, 동일성 등 세 가지 형태의 조작적인 사고를 할 수 있다.
>
> | | |
> |---|---|
> | 반환성
(가역성) | • 가했던 조작을 철회하면 항상 원래의 상태로 돌아가는 것을 생각하는 조작, 위치, 형태, 순서 등에 있어서의 **어떤 변화가 본래대로 다시 되돌려질 수 있음**을 아는 것
• 시간적 탈중심성이 형성되어 사물의 형태를 달리해도 사물을 원래의 형태로 환원시키면 본래의 양, 무게, 부피 등에 변함이 없음을 설명할 수 있는 논리적 조작 양식이다. |
> | 보상성
(상보성) | • 조작을 가하여 **변화된 대상의 두 가지 특성을 비교하고 그 관계를 통합하는** 조작
• 공간적 탈중심성이 형성되어 사물의 형태가 바뀌어도 사물은 넓이와 높이라는 두 차원의 변화에 의한 상쇄 때문에 그 속성은 변함이 없다는 것을 설명할 수 있는 논리적 조작 양식이다. |
> | 동일성
(동등성) | • **원래의 상태에 양을 더하지도 빼지도 않았으므로 양에는 변화가 없다**고 추론하는 조작
• 어떤 물질의 형태가 바뀌더라도 바뀌기 이전과 동일한 물체임을 이해함으로써 본래의 양, 무게, 부피 등이 변하지 않았다는 것을 설명할 수 있는 논리적 조작 양식이다. |

(6) 분류화(classification)

① 사물과 현상을 그 **속성의 유사성에 따라 모으고, 공통적인 범주를 찾아내는 능력**이다.
② 유아기에는 사물의 내적 속성보다는 모양, 색깔, 크기와 같은 지각적 속성에 의한 분류 개념을 형성하며, 7세 전의 아동들은 전형적으로 대상물들을 한 차원에 따라 분류할 수 있다. 즉, 흰색과 검은색으로 된 원, 사각형 및 삼각형을 보여주면 아동은 흰색과 검은색의 두 집단으로 분류한다.
③ 전조작기 유아들은 **특정 사람이나 대상물이 하나 이상의 유목에 속할 수 있다는 유목 포함(class inclusion) 개념**을 가지고 있지 않다. 아동에게 갈색으로 된 나무 구슬 20개와 흰색으로 된 나무 구슬 2개를 보여준 실험에 의하면, 구슬은 모두 나무로 되어 있으며, 20개는 갈색이고 2개는 흰색임을 안다. 그러나 "나무 구슬이 많으냐 갈색 구슬이 많으냐?"라는 물음에 정확히 답할 수 있으려면 8세경이 되어야 한다. 왜냐하면 이때가 되면 분류에 있어 유사성과 차이를 동시에 고려할 수 있고 상위 유목과 하위 유목 간의 관계에 대해 추리할 수 있기 때문이다.
④ 유아기 동안 모양 ➡ 색깔 ➡ 크기의 순서로 발달한다.

(7) **서열화**(seriation)
① 서열화란 크기, 무게, 부피 또는 기타 차원의 증가 또는 감소에 의거하여 **일련의 요소들을 계열적 순서로 배열하는 능력을** 말한다.
② 서열화 능력은 4세 이상에서 분명히 나타나지만, 서열화의 형태는 조잡하며 시행착오를 통해 발달하는 경향이 있다. 전조작기 유아들은 A는 B보다 작고, B는 C보다 작기 때문에 A와 B 둘 다 작다고 생각한다. 따라서 A는 C보다 작다는 사실을 이해하지 못한다.
③ 구체적 조작 단계의 아동은 서열화 문제를 풀기 위해 가장 작은 막대를 찾고, 그 다음 작은 막대 등을 찾는 식의 전략을 채택하기 시작한다.

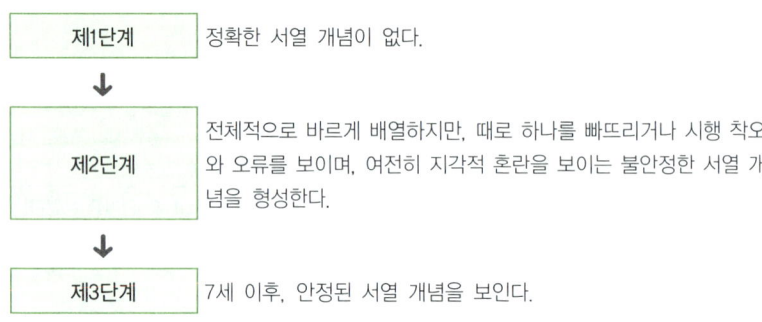

(8) **공간 개념**
위·아래, 오른쪽·왼쪽, 먼 곳·가까운 곳 등 **대상의 위치, 방향, 거리 등을 정확하게 이해하는 것을** 말한다.

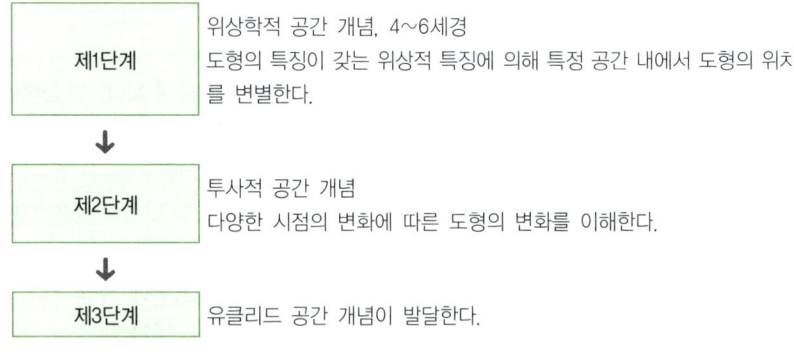

> **참고** 구체적 조작기의 사고 특성

1. **가역적 사고의 발달**
   (1) 구체적 조작 속에 나타나는 논리적 사고의 가장 중요한 특징으로 가역성 개념을 들 수 있다. 가역성이 가능해짐으로써 아동들은 **어떤 현상을 역으로 상상할 수 있게 되며, 어떤 상황을 본래의 상황으로 변환시킬 수 있다.**
   (2) 구체적 조작기의 논리적 조작은 보존(conservation), 분류(classification), 서열(seriation) 등에서 나타난다.
   (3) 구체적 조작기의 사고 역시 구체적 대상에만 조작이 가해질 수 있다는 점에서는 여전히 제한적이다.

2. **보존 개념**
   (1) 구체적 조작기 동안 길이, 무게, 부피 등 여러 형태의 보존 개념을 습득한다. 이제 인지적 조작 능력으로 무장된 아동은 지각적 특성에 의해서가 아니라 논리적 조작에 의해서 보존 문제를 해결할 수 있게 된다.
   (2) 그러나 동일한 가역성이 적용됨에도 불구하고 과제의 유형에 따라 가역 조작의 획득 시기는 다르게 나타난다. 일반적으로 길이, 크기, 양, 수의 보존 개념은 6~7세에, 무게의 보존 개념은 8~9세에, 넓이와 부피의 보존 개념은 11~12세경에 획득된다(Piaget, 1973).

3. **분류 조작**
   (1) 구체적 조작기에 이르면 **유목에 근거한 분류 조작이 가능**해진다. 아동은 대상이 여러 차원에 따라 다양한 방식으로 분류될 수 있다는 것을 이해하게 된다. 그 결과 여러 대상들을 속성에 따라 다양하게 분류하고 통합하여 유목의 위계적 망을 형성할 수 있다.
   (2) 이는 분류 시에 전체와 부분 간의 관계, 상위 유목과 하위 유목 포함 관계를 이해함을 의미한다. 따라서 상위 유목과 하위 유목을 혼동하지 않으며 **유목 포함**(class-inclusion) 과제를 해결할 수 있다. 나아가 두 개 이상의 기준을 동시에 고려하여 대상을 분류하는 **중다 분류**(multiplicate classification) 조작도 가능해진다.

4. **서열 조작**
   (1) 구체적 조작기에 사물을 길이나 크기 등의 기준에 따라서 증가 혹은 감소하는 순서대로 배열하는 서열 조작 능력이 발달된다.
   (2) 여기에는 요소들 간의 이행 관계를 기술하는 개념으로서, 이행성(transitivity) 조작과 다중 서열(multiple seriation) 조작이 포함된다.
   (3) **이행성 조작**은 A가 B보다 길고, B가 C보다 길 경우 A가 C보다 길다는 것을 이해하는 것이고, **다중 서열 조작**은 동시에 두 개 이상의 범주적 요인을 비교하고 통합하는 것을 의미한다.
   (4) 보존 개념에서와 마찬가지로 서열 조작의 획득 시기는 과제의 유형에 따라 다를 수 있다. 길이와 관련된 서열화는 7~8세경, 무게에 대한 서열화는 9세경, 부피에 대한 서열화는 11~12세경에 나타난다.

2 비고츠키(Vygotsky) 이론

1. 기본 관점

(1) 지식 구성에 대한 관점
① 비고츠키(Vygotsky)는 지식을 구성하는 능동적 존재로서의 유아에 대한 인식은 Piaget와 같은 입장이지만, 인지 구성에서 사회적 맥락의 영향을 강조한다.
② Vygotsky는 수학적 사고의 획득 과정이 보편적이며 개별적 활동을 강조하는 Piaget와는 달리, 인지 능력은 사회적 또는 맥락적 지원의 종류에 영향을 받으며 발달하므로 성숙된 사회 일원과 공유하는 협력적 활동의 중요성을 강조한다.

(2) 수학 교육에 대한 입장
① 사회·문화적 맥락에 따른 인지 능력의 차이는 실제 상황에서 경험적 방법의 사용을 강조하는 사회·문화적 맥락의 사고 패턴과 연계되어 있다.
   > 예
   > - 더하기의 경우, 미국 유아들은 계속 세기의 전략(8+3인 경우, 9, 10, 11로 계속 세어 답을 냄)을 흔히 사용하고 있음을 볼 수 있는 반면 우리나라 유아는 거의 사용하지 않는다.
   > - 길가에서 물건을 파는 브라질 아동의 경우, 연산에 의한 계산은 못하지만 다양한 세기 전략을 사용하여 해결한다.
② 학교에서의 수학 수업에 대한 어려움은 학교에서 배우는 수학의 연산이나 문제 해결 전략 등이 유아가 지식을 획득하는 상황과 분리되어 있기 때문이다. 그러므로 학교에서 제공되는 학습이 유아의 지식 획득이 이루어지는 비형식적 상황과 연계되어야 한다.
③ 학교에서 제공되는 수학적 활동들은 효율성과 추상적 사고와 합리성을 추구하는 중산층의 문화적 배경을 가진 유아에게는 적합하나, 경험적이고 사회성이나 표현성을 추구하는 저소득층의 문화적 배경을 가진 유아에게는 부적합하다. 따라서 개별 유아의 사회·문화적 맥락에 적합한 수학 활동을 제공하는 것이 중요하다.

2. 비고츠키 관점에 기초한 유아 수학 교육

(1) 근접 발달 지대와 스캐폴딩
① 피아제와 달리 비고츠키는 '교육은 발달에 선행해야 한다.'고 하였으며 이는 유아의 발달 수준보다 조금 앞선 자료를 제시해야 함을 시사한다. 처음에는 유아가 충분히 이해하지 못하더라도 적절한 스캐폴딩을 받음에 따라 점차 이해할 수 있기 때문이다.
② 교사는 각 유아의 근접 발달 영역에 있어 최저 수준과 최고 수준을 파악하여 이 범위 안에서 교육 내용을 선정하고 지식을 구성할 수 있도록 지원해야 한다.

③ 초기 학습 단계에서 유아는 상당한 양의 도움을 필요로 하지만 이는 점차 감소하므로 스캐폴딩을 적절히 조절하여 제공할 필요가 있다.

④ 효과적인 스캐폴딩의 방안

'유아가 이해할 수 있는 말로 문제를 정의해주기', '어려운 과제에 대해서는 부분적인 해결을 유도하기', '쉬운 과제는 어려움을 체계적으로 증가시키기', '문제를 해결하는 데 필요한 지식이나 인지 전략을 가르쳐 주기', '공동 활동 중 따뜻하게 반응하기' 등이 있다.

(2) 또래 학습 및 협동 학습의 강조

① 지식 획득 과정에서 또래와의 공유된 경험을 강조한다.

유아들은 자신보다 약간 나이가 많거나 좀 더 유능한 또래와 협동을 통해 많은 도움을 받을 수 있기 때문이다.

② 또래들과의 상호작용을 통해 얻는 지도, 지원, 설명, 도움 등이 잠재적 발달 수준의 범위에 있게 될 경우 발달을 촉진할 수 있다.

③ 수학 활동 시 혼합 연령 집단을 구성하거나 공동으로 조사하는 협동 작업 등을 통해 다양한 수준의 사회적 상호작용을 활성화하는 것이 중요하다.

* Piaget도 또래와 상호작용을 통해 직면하는 인지적 갈등은 평형화를 깨뜨리며 이러한 과정에서 내적 인지적 재구성이 일어나므로 사회적 상호작용에 가치를 두었으나 교사의 역할은 강조하지 않는다.

(3) 언어적 상호작용의 강조

① 언어적 교수에 의존한 교육을 부적절한 것으로 본 피아제와는 달리 비고츠키는 유아가 말하는 동안 생각하는 것은 활동의 힘을 증가시키며 단지 막연하게 생각했던 것을 구체적인 아이디어로 만들어 내게 된다고 하였다.

② 교사는 유아가 이해할 수 있도록 큰 소리로 말하면서 수학적 과제의 접근 방법에서부터 해결까지의 모든 과정을 보여줄 수 있고, 반대로 유아가 어떻게 문제를 해결했는지 소리 내어 말해보게 하거나, 친구들의 설명을 잘 경청하도록 할 수 있다.

(4) 교사 역할

① 유아의 수학 이해 과정을 확인하여 근접 발달 지대에서 과제를 제시한다.
② 수학 과제의 시범을 제공한다.
③ 유아의 발달 수준에 적합한 수학적 언어의 재구성을 통해 수학적 개념의 발달을 지원한다.
④ 수학적 힌트와 단서를 이용하여 상호작용한다.
⑤ 수학적 질문을 사용하여 유아에게 갈등을 일으키거나 사고를 촉진한다.

3 정보 처리 이론 및 가드너(Gardner) 이론

1. 정보 처리 이론

Piaget 이론이 개념적 지식의 획득에 관한 이해를 도왔다면, 정보 처리 이론은 절차적 지식의 획득에 관한 이해를 돕는 데 기여하였다.

(1) 수학 교육의 강조점

① 유아가 정보를 획득하고 저장하며 인출하고 처리하는 인지적 과정, 유아의 기억 용량과 그 한계, 정보와의 친숙성 등이 과제 처리에 영향을 준다.
② 일상생활에서의 친숙한 경험이나 상황을 통한 수학 과제의 제시 및 수학적 경험의 연습 과정은, 정보 처리의 자동화 능력을 높여주며 나아가서는 상위 수준의 정보 처리를 도울 수 있다.
③ 개념적 지식뿐 아니라 절차적 지식을 획득해야 효율적인 문제 해결이 가능하며, 다양한 문제 해결 경험이 숙련된 전략의 사용과 처리 속도에 중요하다.

> **길라잡이**
>
> **개념적 지식과 절차적 지식(Herbart & Lefevre, 1986)**
>
> | 개념적 지식(Conceptual Knowledge) | 절차적 지식(Procedural Knowledge) |
> | --- | --- |
> | • 사물이나 상황의 관계에 관한 지식을 말한다.
• 이는 자발적으로 현재의 수학적 상황을 자신이 이해하고 있는 과거의 학습 상황과 관련지어 생각함으로써 구성되는 일종의 비형식적 지식이다.
• 유아는 자신이 습득한 개념적 지식을 말로 정확하게 설명하지 못할 수 있지만 유아가 문제를 해결하는 데 많은 도움을 준다. | • 수학 문제를 풀기 위해 필요한 공식이나 절차 혹은 수학 기호에 관한 지식을 말한다.
• 학교에서의 직접적인 교육을 통해 얻어지며 형식적 지식의 성격을 띤다.
• 개념적 지식과 절차적 지식은 상호작용하며 수학 학습에 깊이를 제공한다. 따라서 개념적 지식이 없는 상태에서 절차적 지식만을 가르칠 경우 수학을 싫어하게 되는 요인이 될 수 있다. |

(2) Siegler의 전략-선택 모형(Strategy-choice model)

① 유아는 문제 해결에 필요한 비중이 다른 여러 대안적 전략을 가지고 있으며, 과거에 성공적인 경험을 한 전략의 사용 여부를 기초로 전략을 선택·사용하게 되며, 특정한 전략의 사용이 지속적으로 성공하면 다른 전략보다 우선적으로 선호한다.
② 유아들은 각각의 문제 해결을 위한 시도에서 상황에 따라 다른 전략을 사용하게 되며, 점차 초기의 부적절한 전략의 사용은 줄고 더 적합한 전략의 사용이 증가된다. 그러나 정확한 전략을 발견한 후에도 상황에 따라 여전히 자신에게 익숙한 부적절한 전략을 사용하기도 한다.
③ 정확한 전략을 지속적으로 사용하려면 오랜 시간이 걸리며, 정확한 전략의 사용을 위한 학습뿐 아니라 초기의 부적절한 전략에 의존하지 않는 학습을 포함하는 두 종류의 학습이 필요하다.

2. 가드너의 다중 지능 이론

(1) 다중 지능 이론과 유아의 수학적 능력

① 다중 지능 이론은 학습자의 개별적 특성에 적합한 학습 기회의 제공을 강조한다.

② 유아들은 자신이 강한 영역에서 쉽게 참여하고, 자신감을 가지며, 높은 집중도를 나타내므로 논리・수학적 지능이 낮은 유아라 할지라도 **유아들의 강점 영역과 관련된 작업 양식으로 수학 활동을 제공하는 것**이 바람직하다.

> 예 시・공간 지능이 높은 유아의 경우 그림이나 도표, 벤다이어그램 등을 활용한 수업을 전개하고, 음악적 지능이 높은 유아들은 패턴을 중심으로 한 활동이나 반복적 수 세기와 관련한 더하기, 빼기 활동을, 언어적 지능이 높은 유아에게는 비형식적 경험을 바탕으로 한 문장제 수학 활동을 적용한다.

③ 다중 지능 이론이 적용된 수학 교육에서의 평가는 유아들의 의사 전달이나 반성적 사고, 또는 포트폴리오와 같은 학습 결과물을 통해 이루어진다.

(2) 다중 지능 이론과 수학적 과정

구분	문제 해결	추론 & 논증	의사소통	연계	표상
언어적 지능	• 문장제에 대한 맥락으로서 이야기를 쓴다. • 문제 해결에 대해 쓴다.	• 다른 사람을 이해시키는 방법으로 논쟁한다. • 수학적 아이디어를 반박, 지지한다.	• 수학에 대한 문어적 표현의 촉구에 반응한다. • 용어를 정의한다.	• 수학적 개념 간의 관계에 대해 쓴다.	• 문장제를 대수적 표현으로 혹은 그 역으로 옮겨 본다.
논리-수학적 지능	• 문제 해결을 위해 수리적 자료를 수집, 기록, 사용한다. • 문제 해결을 위해 계산한다.	• 수학적 결론을 일반화한다. • 비예시적인 것을 제공한다.	• 구어적, 문어적, 수학적 정보를 분류하기 위해 범주를 사용하고 개발한다.	• 수를 범주화하고 분류한다. • 다른 과목에서 수를 사용하는 것을 탐색한다.	• 자료를 분류하고 표상하기 위한 테크놀로지를 사용한다. • 다양한 방법으로 수를 표상한다.
공간적 지능	• 문제 해결 전략으로 그림과 도표를 사용한다. • 유도된 해결책을 설명한다.	• 개념을 증명하기 위해 종이 접기나 자르기를 사용한다.	• 2차원 모양과 3차원 물체의 특성을 기술한다.	• 건축에서 수학을 사용하는 경우를 찾아본다. • 교실과 학교를 기술한다.	• 문제를 해결하기 위해 표, 차트, 그림과 도표를 사용한다.
신체 운동적 지능	• 문제 해결을 위한 전략으로서 가상화를 사용한다.	• 개념에 대한 추론을 위해 신체의 일부를 사용한다.	• 수학적 메시지를 전하기 위해 보디랭귀지, 제스처를 사용한다.	• 실제에서 다양한 제한점과 연계에 대해 조사한다.	• 사람에게 사물을 분배함으로써 나눗셈을 모델화한다.
음악적 지능	• 회상을 돕기 위해 해결 전략을 음악적 음조로 옮겨본다.	• 끝없이 돌아가는 패턴을 가진 노래와 패턴을 비교하여 본다.	• 다른 문화와 언어에서 사용하는 수 세기 노래를 들어본다.	• 음악 프로그램과 연계하여 수학적 음악을 만들어 본다.	• 리듬의 모델을 위해 사물을 사용한다. • 구체적 사물의 소리를 탐색한다.

대인간 지능	• 협동 학습을 통해 문제를 해결한다. • 문제 해결의 실행을 유도한다.	• 논쟁과 증명을 위해 다른 사람과 협동한다.	• 협동적 집단에서 상호적인 역할을 공유한다.	• 수학적 연계에 대한 토의에서 또래들을 이끌어 간다.	• 다양한 표상의 적용을 토론한다.
개인내 지능	• 발전을 위한 목표를 세운다. • 문제 해결 과정을 모니터한다.	• 추측에 대한 토대 형성을 위해 개인적 사전 지식을 사용한다.	• 수학에 대한 느낌과 태도를 기술한다. • 소리 내어 생각한다.	• 수학이 자신의 인생에서 사용되는 방법을 고려해 본다.	• 다양한 표상에 따라 사고를 조직한다. • 다양한 표상을 사용한다.

> **참고** 행동주의 관점에 기초한 유아 수학 교육의 특징
>
> 1. **수동적, 수용적인 학습**
>   수학적 사실과 기술을 외부로부터 복사하는 수동적 과정
>
> 2. **누적 학습**
>   기본적 수학 사실과 기술이 새로운 연합에 의해 복잡한 수학적 사실과 기술로 구성된다.
>
> 3. **효율적이며 획일화된 학습**
>   ① 유아의 학습 과정은 단순하고 획일적이며 직선적인 복사 과정이다.
>   ② 유아들은 동일한 기억 능력과 성취력을 가지며, 학습의 효율성은 상대적인 학습 속도와 비율에 의해 결정되므로, 수학적 사실과 기술의 명확한 제시와 충분한 연습이 그 효율성을 결정한다.
>
> 4. **외적 통제에 의한 학습**
>   ① 정확한 연합과 바른 복사 과정을 형성하기 위해, 학습자의 반응에 보상과 벌을 연합하여 사용한다.
>   ② 학습의 내재화는 외적 통제에 의한 보상과 벌의 동기 유발에 의한다.

02 유아 수학 교육의 이해

1 유아 수학 교육 동향

길라잡이

수학 교육의 시대별 특징

시대	특징	비고
1960년대	New Math	• 추상성, 엄밀성, 형식성 추구 • 러시아의 스푸트닉호의 발사에 의한 영향 • 우리나라 3차 수학 교육과정에 영향
1970년대	Back to Basics	기본 기술 습득
1980년대	Problem solving	NCTM, An Agenda for Action
1990년대	Problem solving	• 구성주의, 테크놀로지 기반 사회 도래 • 우리나라 7차(초, 중등) 수학 교육과정에 영향
2000년 이후	미국 내 교육과정 전쟁	NCTM vs 캘리포니아주 교육과정

1. 최근 유아 수학 교육 관련 연구 동향

(1) **비형식적 지식과 형식적 지식**(Ginsberg, 1982)

비형식적 지식(Informal Knowledge)	형식적 지식(Formal Knowledge)
다양한 경험을 통해 얻어지는 지식이며, 일상생활의 양적 상황을 다룰 때 획득되는 직관, 지각적 정보, 창안적 전략으로 이루어지며, 매우 유용하게 활용된다.	직접적 교수에 의해 획득되는 지식이며, 형식적 지식은 문제 해결을 위한 효율적 방법, 절차, 규칙으로 구성된다.

(2) **유아들은 취학하기 이전에 이미 놀라운 비형식적 지식을 가지고 있다.**

심지어 신생아들도 양에 대해 민감하게 판단하는 능력을 보이며, 이는 타고나는 것으로 보인다. 또한 문해 능력의 획득처럼 유아들은 스스로 일상생활을 통해 많은 비형식적 수학 지식을 나름대로 구성하게 된다.

(3) **비형식적인 수학적 지식의 획득은 생물적·물리적 환경과 문화에 의해 안내되고 구성되는 인지적 과정이다.**

① 인간은 양에 대한 기초적 능력을 가지고 태어나지만, 수 단어를 세는 방법 같은 수학적 사고의 도구를 제공하는 문화적 맥락 내에서 점차 비형식적 지식을 획득하게 된다.
② 또한 유아들은 구체적인 물체와의 조작을 통해 스스로 지식을 구성한다.

(4) 유아기의 대표적인 비형식적 지식은 수 세기이다.
   ① 수 개념의 획득은 수 세기를 위한 추상적 원리를 이해함으로써 가능하다. 그러므로 수 세기는 취학 전 유아의 수학적 사고 발달에 가장 중요한 역할을 한다.
   ② 유아는 수 세기를 통하여 수리적 관계의 이해를 터득하고 실제적인 수학적 학습 도구로 다양한 수 세기 전략을 활용할 수 있다.

(5) 유아는 자신의 기존 지식과 새로운 지식을 동화시켜 의미를 구성한다.
   유아가 자신의 일상생활에서 획득한 직관적이고 비형식적인 지식은 추후 수학 학습에 의한 형식적 지식과의 동화를 통해 점차 효율적이고 체계적인 수학적 지식으로 구성된다. 따라서 수학 학습은 이들의 연계를 돕는 데 초점을 두어야 한다.

(6) 유아의 수학적 사고 능력은 유아가 속한 사회의 역사적·문화적 영향을 받는다.
   저소득층이나 소수 민족의 유아들이 추후 수학 학습에 어려움을 겪는 것은 학교에서 제공하는 수학이 이들의 비형식적 수학 지식의 구성 맥락과 연계를 갖지 못하기 때문일 수 있다. 따라서 유아의 사회·문화적 배경에 적합한 교수의 적용이 필요하다.

(7) 최근 뇌 발달과 정보 처리 관련 연구들의 반영
   주의집중은 이미 뇌에 저장된 기존의 정보와 새로운 자극이 관련이 있으며 정서적인 정보와 관련될 경우 더욱 의미 있게 이루어진다. 그러므로 효과적인 수학 학습을 위해서는 실제 생활에서 접하는 문제를 해결하거나 다양한 프로젝트와 시각적, 청각적, 감각적 조작을 포함하는 벤다이어그램, 지도, 차트, 웹, 리듬 등의 활용 또한 필요하다.

2. NAEYC & NCTM이 제시한 5개 영역의 유아 수학 교육 내용 지침(2002)

내용 영역	수학적 지식과 기술	
	3세 ─────────────────────→ 6세	
수 & 연산	1~4개의 물체를 세고 마지막 단어가 물체의 양임을 이해하기 시작	10단위의 묶음을 사용하여 100까지 집합을 세기(예 10, 20, 30, …, 14, 24, 34)
	1~3개의 물체의 집합을 빨리 보고 말하기(즉지하기)	수 6까지 패턴화된 집합의 수(예 도미노, 주사위)와 패턴을 갖지 않은 집합의 수를 빨리 보고 말하기
	수가 적을 때 더하고 빼기	계속 세기와 같은 세기 전략을 사용하여 더하기와 빼기(합이 10이 넘지 않게)
기하와 공간	• 2D와 3D의 명명하기와 짝짓기 : 같은 크기, 방향 짝짓기 ⇨ 다른 크기, 방향의 모양 짝짓기 • 그림을 만들기 위해 모양을 사용하기 • 물체의 위치를 공간적 단어를 사용하여 설명하기(위, 뒤, 사이 등) • 집, 차, 나무 같은 장난감으로 의미 있는 지도 만들기	• 다양한 2D와 3D의 명명하기와 인식하기(예 마름모, 구, 육면체 등), 모양의 기본 특성을 설명하기(변, 각의 수) • 모양을 조합하여 그림 만들기 • 교실 또는 놀이터 같이 친숙한 장소의 단순한 지도를 만들고 찾아가기
측정	• 물체의 측정 가능한 특성을 말하고 인식하기(예 나는 긴 줄이 필요해, 이것이 무겁니?) • 특성에 따라 비교하고 분류하기(더 많은 / 더 적은 / 무거운 / 가벼운 다리를 만들기에는 너무 짧아)	• 측정을 위한 다양한 과정과 단위를 시도하고 서로의 결과가 다름을 알기(표준화 단위를 사용하지 않을 때) • 비표준화 단위의 사용 또는 비표준화된 방법으로 컵과 자 등을 사용(예 그것은 자 셋의 길이이다)
패턴과 대수	단순히 반복되는 패턴을 인식하고 모방하기(적목 - 긴 / 짧은 / 긴 / 짧은)	수학에서 패턴을 인식하고 토의하기(예 어떤 수에 1을 더하면 수세기의 다음 수가 된다)
자료 전시와 분석	• 물체를 분류하고, 세고, 묶인 집단을 비교하기 • 단순한 그래프 만들기를 돕기(그림 형태 도표)	막대 그래프처럼 단순한 수리적 표상을 통해 자료를 조직하고 전시하고, 비교 집단의 수를 세기

2 구성주의 유아 수학 교육

1. 발달적으로 적합한 유아 수학 교육

⑴ 유아의 사전 지식, 경험, 흥미를 기초로 한 유아 중심적 접근이다.

⑵ 유아 자신의 능동적인 조작, 탐색 및 또래들과의 상호작용, 유아와 교사의 상호작용을 기초로 하는 것이다.

⑶ 실제 문제 상황을 통하여 수학적으로 추리하여 해결하는 경험을 제공하는 것이다.

⑷ 유아 개개인의 문화적 배경, 인지 능력, 사전 경험, 학습 유형의 차이 등에 따른 다양한 요구에 융통성 있게 적용될 수 있는 것이어야 한다.

2. 구성주의 유아 수학 교육의 교수 원리

⑴ 유아와 유아 간 또는 유아와 교사 간 상호 관점을 수용하고 차이를 존중하며, 경쟁보다는 협력적 관계를 촉진하는 사회 도덕적인 분위기가 우선되어야 한다.

⑵ 유아가 학습에서 주도적·능동적 역할을 하는 주체가 되어야 한다. 따라서 교사는 유아가 보이는 관심이나 흥미를 인식하고, 그들이 할 수 있는 가능한 활동을 제안하고, 무엇을 할지 물어보고, 선택할 충분한 기회를 제공한다.

⑶ 유아가 참여하는 활동과 관련된 지식에 따라 다르게 가르쳐야 한다.
유아의 활동이 사회적 지식과 관련이 있다면 교사는 직접 말을 해주거나 관찰할 수 있도록 보여주어야 하고, 물리적인 지식과 관련이 있는 개입을 한다면 직접적·조작적 경험을 제공해 주어야 한다. 논리·수학적인 지식과 관련이 있는 개입을 한다면 유아가 조작적 상황을 기초로 자신이 스스로 사물들 간의 관계를 터득하도록 지원해야 한다. 따라서 교사는 유아의 관심이나 관련된 상황에 따라 어떠한 지식 형태의 구성을 도울 것인지를 결정하고 이에 따른 적절한 개입을 한다.

⑷ 유아에게 깊이 있는 참여와 조사를 가능케 하는 내용을 선정하고 이를 위한 충분한 시간을 제공한다. 다양한 수준의 참여와 조작이 가능하도록 돕기 위해서는 작은 주제보다는 큰 주제에 초점을 두는 것이 필요하다. 예를 들면, 색의 혼합보다는 물의 흐름이라는 주제를 통해 보다 지속적이고 깊이 있는 탐구를 할 수 있다.

⑸ 질문과 개입을 통해 유아의 추론을 증진시켜야 한다.
교사가 하는 질문과 개입은 유아가 어떻게 생각하고 있는지 알기 위해, 상반된 사례를 제시하기 위해, 필요한 정보를 얻기 위해, 유아의 목적을 고무시키기 위해, 타당성을 설명하도록 하기 위해 다양한 목적과 방법으로 행할 수 있으며, 이를 통해 유아가 스스로 관계를 터득하도록 돕는다.

* 피아제 이론은 유아 스스로 사고하고 관련성을 찾아 유추하는 능동적인 지식의 구성자가 되도록 지원하는 이론적 근거를 제시하고 있다.

3. 유아 수학 활동 지도 방법

(1) 학습 경험을 계획하기(planning experiences)
① 유아의 발달과 학습에 대한 지식, 수학에 대한 지식, 유아의 수학적 능력과 수학 기술의 획득에 대한 지식, 흥미와 요구, 교실의 사회·문화적 맥락을 고려한다.
② 인식(awareness), 탐색(exploration), 탐구(inquiry), 활용(utilization)의 순환적 과정이 지속적으로 일어날 수 있는 학습 과정을 만들어야 한다(Bredekamp & Rosegrant, 1992).
③ 개별 유아의 요구에 부합하도록 각기 다른 수준에서 수학적 경험을 계획한다.

(2) 유아와 상호작용하기(interacting with children)
① 교사는 유아가 직면하고 있는 문제와 더 씨름하도록 놓아둘지, 언제 직접적으로 개입할지, 간접적 단서만을 제공할지, 새로운 도전적 문제를 제시할지, 도전적 질문을 할지 등과 관련하여 수많은 결정을 하고 이에 따른 상호작용을 한다.
② 교사는 개입이나 반응을 하기 전에 자신의 행동이 유아에게 수학적 사고의 기회를 제공하거나 확장하도록 돕는 것인지를 점검해 본다.
③ 교사는 수학적 상호작용을 위해 개입하는 형태로 질문을 활용할 수 있다.

> **참고 수학적 사고를 유도하는 질문의 예**
>
> | | |
> |---|---|
> | 수와 연산 | • "이 집단에 얼마나 더 있니?"
• "다음 혹은 후에 무슨 수가 오니?", "이 수와 저 수가 어떻게 다르니?"
• "11은 5와 6으로 가를 수 있다고 했는데 또 다른 방법으로 가를 수 있니?"
• "여기에 얼마가 있는지 어림할 수 있니?" |
> | 기하와 공간 | • "이 모양과 저 모양이 어떻게 비슷하니 / 다르니?"
• "왜 이 모양도 둥근데 동그라미가 아니니?"
• "동그라미는 어떤 모양이어야 하니?"
• "이 모양을 뒤집는다면 / 여기서 저기로 옮긴다면 어떻게 될까?"
• "쌓을 수 있는 모양의 공통점은 무엇일까?"
• "유치원에 오는 길을 그려 볼 수 있겠니?"
• "미끄럼틀에 올라가보면 어떻게 보일까?" |
> | 측정 | • "어느 것이 더 길까 / 무겁니 / 크니?"
• "얼마만큼 긴지 보여줄래?", "크기 순서대로 놓아볼래?"
• "이 길이만큼 긴 것을 찾아볼래?", "어떻게 같은 길이인지 알 수 있니?"
• "이것으로 재면 어떻게 될까?" |
> | 패턴과 대수 | • "어떤 규칙을 찾아볼 수 있니?", "다음에 무엇이 올까?"
• "이것들로 또 다른 규칙적 배열을 만들 수 있니?"
• "이곳을 바꾼다면 어떻게 될까?", "점점 커지는 규칙도 있을까?"
• "이들 패턴의 규칙을 어떻게 나타낼까?" |
> | 수집과 자료 분석 | • "어떤 점이 같니 / 다르니?", "이것이 이 집단에 속할까?"
• "같은 것끼리 묶어 볼래?", "어떤 집단이 더 많니?"
• "그래프로 나타내면 어떨까?", "이 집단의 이름을 무엇이라 할까?" |

(3) **교실 활동을 조화 있게 편성하기**(orchestrating classroom activities)
  ① 하루 일과 중 교실 내에서 대집단, 소집단, 개별 활동 등 다양한 수학 활동을 조화롭게 계획한다.
  ② 다른 놀이 영역에서도 수학과 연계된 경험과 탐색이 가능하도록 계획한다.
    예 소꿉놀이 영역에서 사회적 역할 놀이뿐 아니라 수학적 지식을 적용할 수 있도록 배려한다(병원 놀이에서 환자의 차트에 숫자 매기기, 진료를 받기 위한 환자에게 대기 번호 나누어 주기).

(4) **가족 – 학교의 관계를 촉진하기**(facilitating family – school relations)
  ① 수학적 지식의 획득은 유아와 부모의 의미 있는 일상 생활 경험을 통해 자연스럽게 양적, 형태적, 공간적 관계를 다루면서 이루어진다.
  ② 유아들은 일상생활에서 부모가 수학을 활용하는 것을 관찰하거나 부모와 함께 수학적 상황이 포함된 문제해결에 참여할 수 있다.
    예 잘못 배달된 우편물의 주소를 보고 아파트의 주소를 확인하여 그 주소와 맞는 우편함에 다시 넣어 주는 경험을 통해 유아는 숫자들이 위치적 관계를 나타내는 데 사용될 수 있고 정확히 사용되지 않으면 문제가 생길 수 있다는 것을 알게 된다.

4. 수학 과정

[출처] 『유아수학교육』, 이정욱, 정민사, 2012.

(1) 문제해결하기

① 문제해결이란 즉각적인 해결 방법이 불분명한 상황에서 답을 찾는 행위이다.

> 문제해결의 과정 : 문제이해 ⇨ 해결방안 계획 ⇨ 실행 ⇨ 검토

② 문제해결 단계별 교사 역할

문제 이해	• 유아들이 문제를 이해할 수 있도록 교사는 문제를 탐색할 수 있는 충분한 시간과 분위기를 조성한다. • 유아에게 문제에 관련된 정보나 문제의 목적이 무엇인지에 초점을 맞춘 질문을 제기한다. 예 "무엇이 문제가 되지?", "~가 무슨 뜻이니?", "문제가 무엇인지 설명해 보겠니?"
해결방안 계획	• 질문을 통해 해결방안을 계획하도록 격려한다. • "이렇게 하면 어떻게 될까?", "또 다른 방법은 없을까?", "무엇을 제일 먼저 해야 한다고 생각하니?"
실행	• 유아들이 문제를 해결하는 과정을 관찰하고, 필요할 때 도와주고, 격려한다. • 유아 자신이 진행하는 과정을 되돌아 볼 수 있도록 어떤 일이 일어날지 예측해 보고, 검증해 보도록 유도한다.
검토	• 유아들이 무엇을 했는지, 왜 그렇게 했는지 생각해 보게 한다. • "너의 해결책이 질문에 적합한 것이었니?", "만약 ~했다면 어떻게 되었을까?"와 같이 문제해결 결과만이 아니라 과정에 초점을 맞추도록 도와준다.

③ 생각할 시간을 충분히 주고 유아 스스로 문제를 해결할 수 있다고 믿어 준다.
④ 교실에 다양한 자료를 준비해 주어 이해 수준이 다른 유아들이 각자의 전략을 사용하여 문제를 해결할 수 있도록 하며, 문제를 해결하는 데 유아가 새롭게 학습한 수학적 지식 및 기능을 활용하도록 격려한다.
⑤ 문제해결 과정에서 유아가 이미 알고 있는 것과 일치하지 않는 상황을 제공하여 인지적 갈등을 야기함으로써 다양한 측면에서 문제를 생각해 볼 수 있는 기회를 제공하는 것도 필요하다.
⑥ 교사는 유아가 사용하는 문제 해결 전략을 파악하여 개별 유아의 수학적 사고 발달을 돕는 방안을 모색해야 한다.
예 우리 유치원 친구들이 모두 먹으려면 몇 개의 사과가 필요할까?
  우리 반 친구들이 가장 좋아하는 간식은 무엇일까?
  바깥 놀이를 가장 많이 한 계절은 언제일까?

(2) 추론하기(reasoning)

① 관찰되고 기술된 정보로부터 구체적으로 제시되지 않은 정보를 유추하는 것을 의미한다. 추론은 문제의 분석을 기초로 추측, 가설, 결론을 내릴 때 사용하며, 비록 어린 유아일지라도 제한적이기는 하지만 자신의 경험으로부터 나름대로 추측할 수 있다. 추론은 막연한 추측(guess)과는 달리 제시된 정보를 근거로 추정하여 결론을 내리는 논리적 추측이라 할 수 있다. 유아가 논리적으로 타당한 결론을 내리고 자신의 주장을 입증하기 위해서 주로 사용하는 추론 방법은 패턴 인식과 분류 기술이며 이는 유아들의 추론 능력 발달을 위해 중요한 기회가 된다.

② 비록 유아들이 다양한 정보를 종합적으로 고려하여 추론하지는 못하지만 나름대로 추론능력이 출현하고 있음을 알 수 있다. 예를 들면, 분류 활동에서 분류한 근거를 찾고 이를 설명하여 그 근거를 말하는 것은 유아들에게 자신의 사고 과정을 점검하고, 이를 입증할 증거를 찾는 기회를 제공하기 때문에 연역적 추론 능력의 발달을 도울 수 있다.

③ 추론하기의 지도 방법(홍혜경, 2010; Copley, et al., 2007; NCTM, 2000).

  ㉠ 추론을 촉진하기 위한 방식으로 상호작용하려면 유아를 잘 관찰하고 그들이 하는 언어적 표현을 잘 듣고 개입해야 한다.
  - 유아가 예측하거나 패턴에 대해 인식하는 반응을 보일 때, '왜 그렇게 생각하니?', '다른 것은 없을까?', '네가 맞는지 다시 한 번 확인해 볼까?' 등의 질문을 통해 개입함으로써 유아 자신의 추론을 언어화하고, 자신의 생각을 증명하고자 하는 것을 도울 수 있다.
  - 유아의 설명을 듣는 것은 유아의 추론이 존중받고 있음과 어떻게 추론하게 되었는지를 파악하도록 도울 뿐 아니라, 유아 자신의 추론을 공유하고 타당화하려는 노력을 고무시킬 수 있다. 교사는 이러한 과정에서 유아에게 이미 아는 지식이나 경험을 활용해 추측이나 다음에도 그렇게 나올지 일반화해 보게 하고, 질문을 통해 점검하도록 하고, 타당성을 설명해 보도록 도와야 한다.

  ㉡ 추론하는 경험을 제공하는 활동을 계획해야 한다.
  - 유아 자신이 추측해 보고 자신의 생각을 정당화해 볼 수 있는 활동으로는 분류 활동, 패턴 활동, 추측 게임 등을 들 수 있다. 분류 활동의 경우 준거를 제시하여 적용하는 것보다는 이미 분류된 것을 보고 어떤 준거로 분류되었는지 추론해보도록 할 수 있다. 먼저 제시된 대상들이 어떤 기준으로 분류한 것인지, 왜 그렇게 생각한 것인지 또 다른 같은 점은 없는지 왜 같다고 생각하는지 등의 질문을 통해 함께 추론을 검토하고 설명을 듣고 반박하는 과정 등을 통해 자신의 추론을 정당화하는 능력을 갖게 될 것이다.

ⓒ 수학적 관계를 근거로 추론하는 기회를 제공하는 다양한 질문을 활용한다.

예 – 네 생각이 확실하니? 어떻게 알았어?
– 다음에 무엇이 일어날 것 같니?
– 다음에 무엇이 올 것이라 생각하니? 왜 그렇게 생각했니?
– 네가 발견한 규칙을 말할 수 있니?
– 이 패턴이 지속될 것으로 생각하니? 왜 그렇게 생각하니?
– 네 방법이 더 좋은 이유를 말해 볼까?
– 친구의 방법이 적절하지 않다고 생각한 이유는 무엇이니?

참고 추론하기의 방법

NCTM에서는 Pre-K 수준에서 수학적 관계성을 인식하고 추리하고 일반화하고 추론을 설명하는 등의 추론하기에 적용되는 방법을 다음과 같이 제시하고 있다(Greens, et al., 2003).

(1) 수학적 관계성의 인식

유아들은 물체의 양이나 형태 또는 크기 등의 속성에서 같은 점과 다른 점을 찾고, 이를 순서짓고 분류하고 범주화하고 수량화하는 등의 과정을 통해 물체들 간의 '더 크고', '더 많고' 등의 관계성을 찾게 되고, 이러한 속성을 인식하고 비교하는 것을 토대로 물체 간의 관계를 파악하는 것이다.

(2) 추리하기(inference)

관찰되거나 이미 아는 정보로부터 제시되지 않는 정보를 찾아내는 전략으로 사용되며, 기존의 정보를 토대로 이와 관련된 결론을 도출하는 것을 의미한다. 따라서 단지 임의적 추측과는 다르다고 할 수 있다.

예 강아지, 토끼, 강아지, 토끼, 강아지, 토끼 등으로 배열된 패턴을 보고 규칙적인 관계를 토대로 다음에 무엇이 올지를 추측할 경우 추리하기(inference)라고 할 수 있다.

(3) 일반화하기(generalization)

정보나 사건의 규칙성을 인식하고, 유사한 상황에 대한 결론을 내리는 데 이 규칙성을 적용하는 것을 의미한다.

예 자석 부분을 물고기 몸체 중 클립 부분에 갖다 대면 물고기가 붙는다는 관계를 알아내고 이를 물고기를 잡는 데 지속적으로 적용하는 행동이다.

(4) 정당화하기(justifying)

논리적으로 추리한 것의 타당함을 밝히는 과정을 의미하며, 점검하고 확인하는 과정이 포함된다. 일상생활에서 '왜 그렇게 생각하니?'라는 물음에 유아들은 자신의 판단근거를 설명할 경우 정당화하기가 요구된다고 할 수 있다.

예 사과, 바나나, 사과, 바나나, 사과, 바나나, 사과의 배열을 제시하고 그 다음에 무엇이 올지를 묻고 난 뒤에 '왜 그것이 올 거라고 생각하니?'라는 질문에 유아는 자신의 판단에 대한 근거를 설명하며 정당화하려고 한다.

(3) 의사소통하기

① 유아가 매일 사용하는 언어를 수학적 언어 및 상징과 관련시키는 것이며, 수학적 이해에 대해 의사소통하는 것을 의미한다.

② 수학적 사고에 대한 의사소통은 수학적 문제 상황을 듣고, 읽고, 이에 대한 자신의 생각을 말로 표현하는 과정을 의미한다. 유아는 이러한 과정을 통해 자신의 지식과 문제 해결 방법에 대해 반성적으로 사고하고, 자신의 사고 과정을 다른 사람에게 전달하면서 되돌아봄으로써 자신이 아는 것과 모르는 것을 깨닫게 되며, 다른 유아의 전략이나 설명을 들으면서 새로운 전략이나 추론 과정을 배우게 된다.

③ 의사소통 전략에서 교사 개입의 3가지 수준(Copley, 2000)

기술하기 (validate)	본 대로 말해주기(확인시켜 주기) 유아가 하는 행동이나 활동한 것을 보고 그대로 기술하며 관심을 보여주기 예 "동그라미를 큰 것부터 순서대로 놓았구나." "호랑이 2마리, 사자 2마리, 코끼리 2마리… 이렇게 같은 동물을 2마리씩 짝을 지어 놓았구나."
재검토하기 (review)	유아가 자신의 사고과정을 다시 검토하도록 설명을 요구하거나 질문을 하는 것 예 "어떻게 분류한 것인지 말해주겠니?", "어떻게 같다는 것을 알 수 있었니?"
확장하기 (challenge)	도전하도록 하기, 유아에게 질문을 제기하여 새로운 도전을 시도하거나 또 다른 사고로 확장하도록 유도하는 것 예 "또 다른 방법으로 분류해 볼 수 있을까?", "다른 방법으로 패턴을 만들어 볼 수 있을까?" "같은 동물은 같은 우리 속에 살아. 그럼 여기 있는 동물들에게 필요한 우리는 모두 몇 개일까?"

(4) 관련짓기(연계하기, connections)

① 학습한 수학적 사실들을 반복적인 연습과 훈련을 통해 단편적으로 암기하는 것이 아니라 그들 간에 관계를 지어 이해하는 것을 말한다.

② 관련짓기는 매일의 일상생활과 수학, 유아의 비형식적 지식과 형식적 지식, 수학적 개념들 간, 수학과 다른 교과와의 관련을 찾음으로써 유아에게 수학을 의미 있는 것으로 만든다. 즉, 유아가 수학적 개념들이 서로 분리된 것이 아니라 하나로 연결되며 실생활의 문제를 해결하는 데 유용하다는 것을 이해하고, 수학을 학습하는 목적과 즐거움을 갖게 한다.

③ 수학적 개념들 간의 관련짓기는 이전에 학습한 수학적 개념을 새로운 맥락에서 활용하도록 연계하면서 이루어진다. 예를 들면, **빼기** 활동은 이미 익숙한 더하기 문제 상황과 똑같은 맥락에서 빼기의 문제를 제시하여 더하기와 **빼기** 간의 관계를 살펴볼 수 있다.

④ 유치원의 여러 활동 중에서 수학적 개념이 포함되어 있는 상황을 파악하여 수학과 다른 활동, 다른 교과와의 관련짓기를 도울 수 있다.

- 조형 활동에서 데칼코마니를 하면서 대칭 탐색하기
- 과학 영역에서 나뭇잎 분류하기
- 반복되는 음률로 노래 부르기
- 그림책에 나타난 수 관련 어휘 경험하기
- 게임을 할 때 각 팀의 인원수 세어 보고 비교하기

(5) **표상하기**

① 수학적 개념과 관계를 파악하기 위하여 다양한 매개물로 자신의 내적인 사고를 나타내는 수학적 과정으로 유아들은 수학적 문제를 해결하고, 자신의 사고와 이해를 의사소통하기 위해 표상한다.

② 표상하기는 수학적인 생각을 의사소통하고, 자신과 타인을 이해하며, 수학적 개념들 사이의 관련성을 인식하고, 실제 문제 상황에 수학적 지식과 기능들을 적용하기 위해 필요하다.

③ 표상하기는 교사들이 활동에 대한 유아의 반응을 알 수 있는 창구가 되며, 수업을 계획하는 데 지침을 제공한다. 교사들은 수업을 구상할 때 표상의 5가지 구성 요소를 중심으로 '어떠한 표상이 유아에게 가장 의미가 있을까?', '표상들을 어떤 순서로 제시하고, 표상들 간의 차이를 어떻게 소개할 것인가?', '어떠한 표상이 유아의 수학적 사고를 증진시킬 것인가?' 하는 점을 고려해야 한다.

④ Lesh, Post와 Behr(1987)는 수학적 아이디어를 표상하기 위해 그림, 구체물, 말하기, 관련된 상황, 상징의 5가지 방법이 있다고 제시하고 그들 간의 상호연계성을 강조하였다.

그림	수학적 아이디어에 대해 교사가 그린 그림, 책에 그려진 그림 또는 유아가 직접 그린 것이 포함된다.
구체물	문제를 해결하기 위해 유아들이 만지고, 옮기고, 쌓아올릴 수 있는 유니픽스 큐브나 블록 등을 의미한다.
말하기	유아가 자신의 답을 말하는 것과 자신이 추론한 것을 말로 표현하는 것이다.
관련된 상황	일상생활에서 유아들에게 의미있는 상황으로 연계하는 것을 말한다.
상징	수학적 상징기호, 예를 들면 +, -, =, 1/2과 같으며, 이는 다른 표상 방법보다 추상적이어서 이미 친숙한 다른 표상 방법들과 연계하여 수학적 상징을 제시하는 것이 효과적이다.

유아교육과정

기출탐구

01 다음은 만 5세 유아들의 블록놀이를 관찰한 후에 가진 교사 협의회 장면이다.

■ 2013년

> 김 교사 : 유아들이 블록을 가지고 집과 다리 만들기 놀이를 하는 걸 보았는데 이런 일상적 놀이 경험을 수·과학적 지식으로 확장시켜 주면 좋겠어요.
> 박 교사 : 저도 그렇게 생각해서 지난주에 유아들과 각 블록의 특성을 알아보고, 그 결과를 함께 표로 만들어 보았는데 한번 보실래요?
>
> (가) 활동결과표
>
> | 블록 종류 | 블록 모양 | 블록 특성 |
> |---|---|---|
> | 레고 블록 | | 플라스틱으로 만들었다. 색깔이 여러 가지다. 사람 모양도 있다. 끼우기 쉽게 올록볼록하다. |
> | 종이 블록 | | 두꺼운 종이로 만들었다. 진짜 벽돌은 아니다. 네모 모양이다. 세게 밟으면 찌그러진다. |
> | 유니트 블록 | | 나무로 만들었다. 여러 가지 모양이 있다. 색깔은 한 가지다. 나무색이다. 밟아도 안 부서진다. |
>
> 김 교사 : [활동결과표 (가)를 함께 보면서] 이렇게 정리해서 보니까 좋은데요. 보통 탐구 활동은 수학과 과학을 분리해서 생각하곤 했는데 활동결과표를 보니까 블록 활동이 '수학적 탐구'도 되고 ㉠'과학적 탐구'도 되는군요.
> 박 교사 : 그렇죠. 이제 유아들의 블록놀이에 대한 확장활동을 계획해 보면 어떨까요?
> 김 교사 : 먼저 유아들이 만든 집이나 다리를 그림으로 그려보게 하면 어떨까요?
> 박 교사 : 좋은 생각이에요. 유아들이 만든 집이나 다리를 다양한 위치에서 보고 서로 비교해보는 활동도 재미있어 할 것 같아요.
> 김 교사 : 좋은 활동이네요. 그렇게 하면 유아들이 보는 위치와 방향에 따라 사물의 모양이 다르게 보인다는 것을 충분히 탐색할 수 있겠죠.
> 박 교사 : 그리고 여러 가지 블록을 모양별로 분류해 본 후에 색깔별로 재분류해 보는 것도 좋겠어요.
>
> … (후략) …

위에서 유아들의 수·과학적 지식 형성을 돕기 위해 교사들이 확장활동으로 제안한 시각적 표상 활동 1가지를 찾아 쓰시오.

• _____

02 다음은 5세반 김 교사와 박 교사가 나눈 대화의 일부이다. 물음에 답하시오.

■ 2013년 추가시험

> … (상략) …
> 박 교사 : 선생님, 새로운 수학 활동 좀 추천해 주세요.
> 김 교사 : ㉠ '교실의 여러 물체를 연필, 끈 등으로 재어 보는 활동', '주사위 2개를 던져 나온 수의 합만큼 말을 움직이는 판 게임', '비밀주머니 안에 있는 도형을 만져 보고 찾는 활동', '우리 반 친구들의 수를 한 명씩 세어 보는 활동'은 어떠세요?
> 박 교사 : 선생님은 아이디어가 참 많으시네요.
> 김 교사 : 그런데 수를 세어 보고, 물체를 측정해 보는 등의 활동 자체도 중요하지만 활동을 실행해 본 후, 수치나 모양 등의 ㉡ 활동 결과들이 친구들 간에 왜 서로 다른지 생각해 보도록 하는 것이 중요한 것 같아요.
> 박 교사 : 맞아요. 유아들이 ㉢ 문제가 무엇인지 이해하고, 해결 방법을 스스로 결정하고 그 방법을 실행해 보는 과정도 필요하더라고요.
> 김 교사 : 저도 그렇게 생각해요. 유아들이 선택한 방법을 자유롭게 실행해 보고 자신들의 생각을 그림이나 글로 기록하도록 하는 것도 좋더라고요.
> 박 교사 : 맞아요. 활동이 마무리된 후 유아들이 함께 모여 활동 과정에서 사용한 ㉣ 자신의 전략이나 방법을 친구들에게 말하고 들으며 서로의 생각을 공유하는 것도 좋겠어요.

㉡은 수학적 과정 중 '추론하기'에 해당한다. ㉢, ㉣에 해당하는 수학적 과정 1가지를 각각 쓰시오.

- ㉢ : _____
- ㉣ : _____

03 다음은 윤 교사가 동료 교사와 나눈 대화 내용이다. 물음에 답하시오. ■ 2017년

> 윤 교사 : 오늘은 수·조작 영역에서 여러 가지 모양 조각으로 교통기관 만들기 활동을 해 보았어요. 수학활동으로 좀 더 확장해 보고 싶은데 어떤 활동이 있을까요?
> 허 교사 : 저는 늘 모양 조각 탐색 후에는 여러 가지 특성을 기준으로 분류해 보기 활동을 해요.
> 김 교사 : 모양이나 색깔 패턴 만들기 활동도 좋아요. 패턴 만들기 활동에서 ○△□△ 다음에 어떤 모양이 와야 하는지 생각해 보게 하고, ㉠ 왜 네모 모양이 와야 한다고 생각하는지 이야기해 보는 활동으로 전개해도 좋을 것 같아요.
> 허 교사 : ㉡ 동그라미, 세모, 네모로 패턴을 만드는 활동을 확장해서 이 패턴을 몸으로 표현해 보는 활동도 재미있을 것 같아요. 이처럼 ㉢ 한 활동에서 학습한 수학적 개념을 다른 활동에 적용해서 설명해 보는 과정은 유아들의 수학적 사고를 확장시켜 줄 수 있을 것 같아요.
> 윤 교사 : 선생님들의 의견을 들어보니 ㉣ 색깔과 모양이 다른 조각을 주고 분류해 보는 활동을 먼저 해보아야겠어요.
> … (하략) …

㉠, ㉢의 활동을 통하여 유아가 학습할 수 있는 수학적 과정 기술(mathematical process skill)을 각각 쓰시오.

- ㉠ : _____
- ㉢ : _____

04 다음은 만 5세반 교사들의 대화이다. 물음에 답하시오.　　■ 2019년

> 이 교사 : 유아들이 쌓기영역에서 놀이하는 것을 좋아해요. 수학 활동으로 좀 더 확장해 보고 싶은데, 어떤 활동이 있을까요?
> 최 교사 : 저는 블록의 모양에 따라 분류하기 활동을 주로 계획해요. 그리고 작은 원기둥을 쌓아서 하나의 커다란 원기둥 만들기 활동도 자주 해요.
> 민 교사 : ㉠ 유아들이 만든 입체 구성물을 옆에서 봤을 때와 위에서 봤을 때 어떻게 보이는지를 살펴보는 활동도 의미 있어요.
> 이 교사 : 그 활동을 하고 난 후 ㉡ 위에서 본 모습을 그림으로 그려보는 것은 어떨까요?
> 최 교사 : 좋아요. 그 구성물을 어떤 방법으로 만들었는지 친구들과 이야기하는 것도 도움이 될 것 같아요.
> … (하략) …

㉡ 활동을 통하여 유아가 학습할 수 있는 수학적 과정 기술(mathematical process skill)을 쓰시오.

- _____

05 (마)는 김 교사 저널의 일부이다. 물음에 답하시오.　　■ 2020년

(마)
> … (중략) …
> 오늘 수·조작영역에서 유아들은 밤 5개를 몇 개로 나눌 것인지와 모두 모으면 몇 개가 되는지에 대한 자신의 생각을 말로 이야기 나누는 과정에서 수학적 과정 기술 중 (㉢)을/를 활용하였다.

(마)의 ㉢과 ⓑ에 공통으로 들어갈 말을 쓰시오.

> (ⓑ)은/는 유아들이 일상생활과 수학적 상황에서 수학적 언어 및 상징을 사용하고, 수학으로 이해한 것을 다른 사람과 공유하기 위해 말이나 글로 표현하는 수학적 과정 기술을 의미한다.

- _____

모범답안

01. • 유아들이 블록으로 만든 집이나 다리를 그림으로 그려보게 하는 활동
02. • ⓒ : 문제 해결하기 • ㉢ : 의사소통하기
03. • ㉠ : 추론하기 • ⓒ : 연계하기(관련짓기)
04. • 표상하기
05. • 의사소통하기

03 유아 수학 교육 내용

1 수와 연산

1. 수 개념 발달과 사고 특성

(1) 수 개념 발달에 영향을 미치는 요인

① 사회·문화적 요인
   수 단어의 구성 체계나 수의 실제적 활용 같은 사회·문화적 요인을 말한다.
   예 규칙적인 수 단어 구성 체계를 사용하는 중국 유아들은 미국 유아들에 비해 수 세기 능력이나 산술 능력에 앞선다.

② 생물학적 요인
   인간은 수량의 민감성을 가지고 태어나며, 수량에 대한 변별력은 훈련이나 집중적인 지도 없이 자기 주도적으로 수량의 차이, 증감에 대한 인식이 가능하다.

③ 학습
   지각적으로, 3~4 이하의 수량 인식은 **즉지화**(subitizing)를 통해서 가능하다. 그러나 5 이상의 수량을 즉지화하기는 어려우며 큰 수의 이해를 위해서는 수 세기 과정의 학습이 필요하다.

> **즉지하기(subitizing)란?**
>
> 일일이 물체의 수량을 세지 않고 그 수량을 직관적으로 헤아리는 신속한 과정이다. 즉지하기는 생득적으로 가지고 태어나는 기본 능력으로 이후 수 능력 발달에 기초가 된다. 걸음마기에는 1개~3개, 3세에는 1개~4개, 4~5세에는 1개~5개 정도 가능하다. 배열이 일정하지 못한 경우보다 배열이 일정한 경우 즉지하기가 수월하다.

(2) 피아제(Piaget)와 수량 보존 개념의 발달

① 유아기 사고 특성 : 직관적 사고, 비가역적 사고, 중심화

직관적 사고	유아는 수량과 같은 사물의 본질적 속성이나 관계에 대해 추리하기보다는 지각에 의존하여 판단한다. 따라서 이 시기 유아들은 같은 수량의 물체를 두 줄로 배열한 후 한 줄을 더 길게 늘여 놓으면 더 긴 줄의 수량이 더 많은 것으로 생각한다.
비가역적 사고	유아의 조작적 사고 능력은 이전의 상태로 변환시켜 비교할 수 있는 정신적인 조작 능력이 미흡하기 때문에 길게 펼쳐 놓은 물체를 다시 모아 놓아도 처음의 수량과 같으며 따라서 수량에 차이가 없게 된다는 가역적 관계를 다룰 수 없다.
중심화	유아들은 자기의 관점이나 특징적인 한 변인에만 집중하는 중심화의 특성을 보이므로 유아들은 수나 양 등의 보존 개념 문제를 해결할 수 없다.

② Piaget의 인지 이론에 의하면, 유아의 수학적 지식에 기초가 되는 조작으로는 논리 – 수학적 지식과 공간 – 시간적 지식 구조에 의한 조작으로 구분된다. 따라서 수 개념 획득 이전에 분류와 서열화 등에 대한 체계적인 논리적 조작의 경험이 필수이며, 수 개념의 이해는 물체 간의 관계에 대한 논리적 조작의 관계와 병행한다.

③ 수량 보존 개념의 발달을 위한 1:1 대응 활동 강조
  수량 보존을 이해할 수 있어야 수 개념이 획득된다. 따라서 수량의 동등성은 물체의 위치적 변형에 무관함을 이해하도록 돕는 1:1 대응 활동을 포함시켜야 한다.

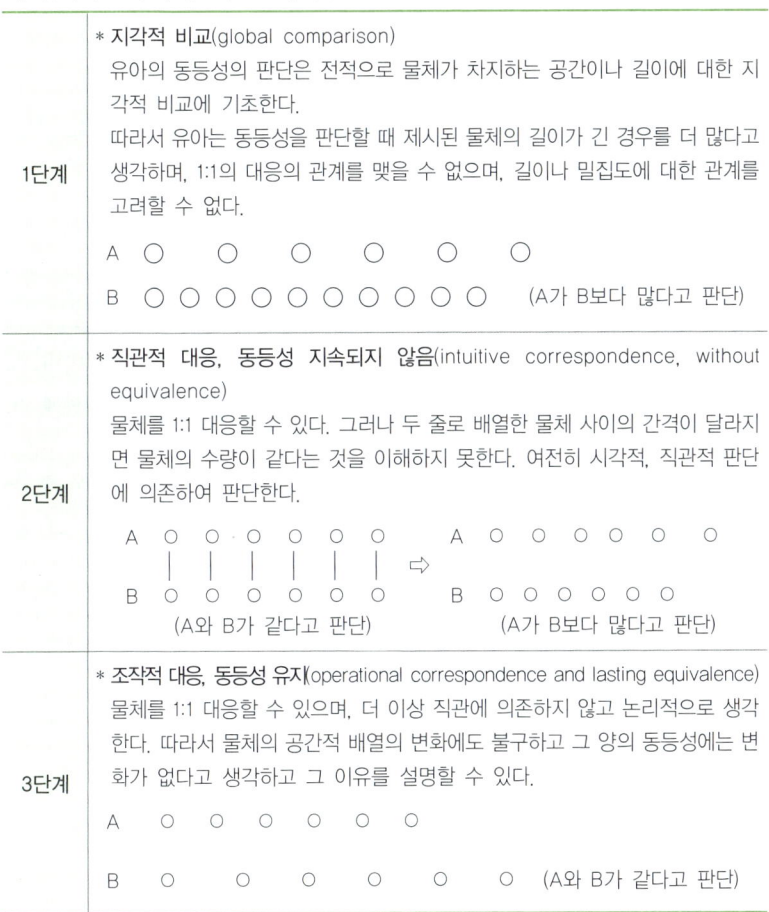

[출처] 『유아수학능력 발달과 교육』, 홍혜경, 양서원.

○ 보존 개념 조작의 유형

반환성	**시간적 탈중심성**이 형성되어, 사물의 형태를 달리해도 사물을 원래의 형태로 환원시키면 본래의 양, 무게, 부피 등에 변함이 없음을 설명할 수 있다.
보상성	공간적 탈중심성이 형성되어, 사물의 형태가 바뀌어도 사물은 넓이와 높이라는 두 차원의 변화에 의한 상쇄 때문에 그 속성은 변함이 없다는 것을 설명할 수 있다.
동일성	어떤 물질의 형태가 바뀌더라도 바뀌기 이전과 동일한 물체임을 이해함으로써 본래의 양, 무게, 부피 등이 변하지 않았다는 것을 설명할 수 있다.

(3) **겔만**(Gelman) : **수 세기 능력의 중요성 강조**

① 수 추상 능력의 발달을 기초로 ⇨ 수 추리 능력이 발달한다.

수 추상 능력	수량을 물체의 특성과 상관없이 수량적 관계로 추상화하는 능력 예 수 세기 활동
수 추리 능력	동등성, 위치 변형의 무관성 등을 포함하는 수의 조작적 관계를 이해하는 능력 예 수 보존 활동

② Piaget는 수 세기가 수의 추리적 사고에 기여하지 못한다고 본 반면, Gelman은 수 세기가 수의 구체적 표상을 돕고, 이후 수 추리적 사고의 형성에 기초가 된다고 보았다.

③ 마술 실험을 통해 3~4세의 어린 유아들도 작은 수를 다룰 경우에는 수 추리적 사고가 가능함을 밝히고 있다. Gelman의 마술 실험에서는 Piaget 수 보존 과제의 문제점으로 지적되고 있는 수량 관련 언어의 사용, 수의 배열, 사용된 수의 크기 등의 문제점을 보완하였으나 큰 수를 적용할 경우에는 여전히 유아들은 실패하였다.

2. 수 개념 발달을 위한 교육 내용

(1) **일대일 대응**(one to one correspondence)

① 물체 하나에 다른 물체 하나를 짝지어봄으로써 한 집단이 다른 집단과 수가 같다는 것을 이해하는 것, 일대일 대응 개념은 수 세기 발달에 중요한 역할을 한다.

② 일대일 대응 지도 방법

㉠ 일과를 통해 일어나는 비형식적인 일대일 경험을 제공한다.

예 미술 시간에 가위를 자기 조의 친구들 수만큼 가져와 한 개씩 나누어 주기

㉡ 유아들은 한 물체를 중복해서 세거나 **빠뜨리고 세기**, 하나의 수 이름을 중복해서 배치하는 것 같은 실수가 나타난다.

○ 효과적인 일대일 대응을 위해 고려할 사항

① 대응할 물체의 지각적 속성	같은 물체들끼리 대응시키기보다 다른 물체들끼리 짝짓는 것이 더 쉽다. 대응해야 할 물체들이 시각적으로 잘 드러나기 때문이다.
② 대응할 물체의 개수	물체의 수가 많을수록 대응하기 어렵다. 처음 일대일 대응을 할 때는 5개 이내에서 시작하여 차츰 개수를 늘려간다.
③ 대응할 물체의 개수 일치 여부	대응할 물체의 개수가 같을 때 대응하기 더 쉽다.
④ 대응할 물체의 연결 여부	대응할 물체들이 서로 연결되어 있을 때 더 쉽다. 예 사람과 의자

(2) 말로 세기(rote counting) : 수 단어 획득

수 단어는 문화권마다 다른 체계를 가지고 있어 발달에도 차이가 있다. 우리나라는 고유어(하나, 둘, 셋, 넷…)와 한자어(일, 이, 삼, 사…)로 된 두 종류의 수 단어 체계를 가지고 있어 이 두 가지를 모두 익혀야 하므로 많은 경험과 시간이 필요하다.

✱ **수 세기 발달** : 말로 세기 ⇨ 물체 세기 ⇨ 정신적 세기

① 기계적 수 세기라고도 하며 기억에 의해 수의 이름을 무조건 암기해서 말하는 것으로 2세경부터 발달한다.

② 말로 세기에서 흔히 나타나는 실수

같은 물건을 두 번 세거나 건너뛰고 세는 것으로, 이는 모든 물체를 반드시 한 번씩만 세어야 한다는 것을 이해하지 못했기 때문이다.

③ 말로 세기에 일대일 대응 개념이 더해질 때 물체 수 세기 또는 합리적 수 세기가 될 수 있다.

④ 3세경까지는 10까지 셀 수 있으며, 4세경까지는 30까지 셀 수 있고, 5세경에는 100까지 셀 수 있다.

✱ 우리나라의 경우 수 세는 방법이 두 가지이므로 혼동하지 않도록 해야 한다.

⑤ 지도 방법
- 말로 세기와 관련된 노래(열 꼬마 인디언), 손유희나 율동 등을 활용한다.
- 말로 차례대로 세기와 함께 거꾸로 세기를 익히도록 돕는다.

(3) 물체 수 세기, 합리적 수 세기(rational counting)

① 각 숫자의 이름을 물체와 순서대로 짝지을 수 있는 것, 즉 수의 명칭과 물체를 정확하게 일대일 대응시켜 세는 것이다.

② 수의 구조를 머릿속에 구성할 수 있고 눈, 손, 말하기와 기억을 협응해야 하므로 2~3세 유아에게는 어렵고 눈과 손의 협응력이 성숙하는 4~5세 무렵 가능하다.

유아교육과정

③ 물체 세기의 원리(Gelman)

1:1 원리	⊙ 배열된 각 물체에 대해 한 개의 수 단어(수 이름)를 부여하여야 한다는 의미로 분할하기 과정과 수 이름 부여하기 과정의 협응이 요구된다.	
	분할하기 (partitioning)	배열된 물체에서 이미 센 부분과 세어야 하는 부분을 정신적 또는 물리적으로 구분하는 능력
	수 단어 부여 (tagging)	각 물체에 한 번에 하나의 수 단어를 회상하고 부여하는 과정
	ⓒ 협응 과정을 돕는 전략 ⇨ 손가락으로 가리키며 지적하기(pointing)	
	ⓒ 1:1 원리에 의한 수 세기 오류 : 물체의 항목을 빠뜨리고 세거나 이미 센 것을 다시 세는 것	
안정된 순서의 원리	배열된 물체에 대응하기 위해 사용되는 수 단어들은 반복 가능하고 안정된 순서로 사용되어야 한다. 즉, 관습적으로 사용되는 수 단어의 배열 순서대로 안정되게 나열할 수 있어야 한다.	
기수의 원리	물체의 집합을 세는 데 마지막 항목에 적용된 수 단어가 그 집합의 물체 수량을 나타낸다는 것을 아는 것이다.	
추상화의 원리	구체적으로 지각 가능한 물건뿐 아니라 자신이 경험한 것이나 사건 등 정신적 실체도 수 세기가 가능함을 이해하는 것이다. 앞에서 논의한 3가지 원리는 수 세기의 방법(how to count)에 관련된 원리이지만 추상화의 원리는 헤아릴 내용(what to count)을 다룬 원리이다.	
순서 무관의 원리	배열된 항목을 세는 순서는 수량과는 무관하다는 의미이다. 수량을 세는 데 있어 어떤 항목에 어느 수 단어를 대응시켜야 한다든지, 어디서부터 수 세기를 시작하여야 한다든지 하는 순서와는 상관이 없음을 아는 것이다.	

갈무리

수 세기의 유형

① 즉지화	3~4 이하의 수량 인식이 지각적으로 이루어지는 것이다.
② 말로 세기 (기계적 세기)	수의 이름을 순서대로 암송하는 것. 흔히 하는 실수는 같은 물건을 두 번 세거나 건너뛰고 세는 것, 이는 모든 물체를 한 번씩 세어야 한다는 것을 이해하지 못했기 때문이다. 일대일 대응 개념이 더해질 때 물체 세기가 된다.
③ 물체 세기 (합리적 세기)	수의 명칭과 물체를 정확하게 일대일 대응시켜 세는 것이다.
④ 손가락으로 세기	기계적 세기에서 정신적 세기로 넘어가는 과도기적 전략. 분할하기와 수 이름 부여하기의 협응을 돕는다.
⑤ 정신적 세기	숫자만을 이용하여 추상적으로 수를 세는 것이다.

(4) 숫자 인식 : 수(아이디어) / 숫자(이름, 상징)

① 숫자에 대한 인식은 숫자의 모양이 서로 다르다는 것을 알고 숫자를 구별할 수 있으며, 숫자 읽기, 숫자 쓰기의 형태로 나타난다.

② 숫자 인식 능력
㉠ 숫자를 읽으려면 각 숫자의 모양에 대해 부분과 전체로 이루어진 정신적 이미지를 구성할 수 있어야 하고 운동적 계획 능력이 있어야 한다.
㉡ 정신적 이미지를 가지고 있어도 운동적 계획이 불완전하면 수를 보면서도 쓰기 어려워하고 거꾸로 쓰거나 획순이 틀리기도 하고 다른 숫자로 바꿔 쓰는 오류를 나타내지만 시간이 흐르면 자연스럽게 고쳐진다.

> * 운동적 계획(motor plan)
> 숫자를 쓸 때 어디서 시작할지, 어떤 방향으로 진행할지, 어떻게 방향을 바꿀지, 어디서 멈출지 등을 계획하는 것

③ 효과적인 숫자 쓰기 지도 방법
㉠ 일상생활 속에서 자주 접하는 상품 포장, 자동차 번호판, 달력 등에서 숫자를 찾아 읽어본다.
㉡ 숫자와 관련된 계산기나 장난감 전화기 등을 이용하여 숫자를 관찰한다.
㉢ 나와 친구에 관한 숫자 쓰기 : 생일카드 만들기, 집 주소나 전화번호 쓰기 등
㉣ 청각적, 시각적 이미지 구성 활동 : '하나하면 할머니' 노래 부르기, 숫자 모양 만들기
㉤ 감각 자료를 이용하여 숫자 써 보기 : 모래에 쓰기, 끈으로 숫자 만들기, 지오보드에 숫자 만들기
※ 숫자 카드는 색깔과 크기를 일정하게 제작한다.

(5) 부분과 전체

① 의미
부분과 전체 개념은 전체는 여러 부분으로 나눠질 수 있고 이 부분들이 합쳐져서 다시 전체를 이룰 수 있음을 이해하는 것이다.

② 중요성
㉠ 논리적 사고의 중요한 부분이며, 더하기, 빼기, 곱하기, 나누기, 분수, 비율 등의 고차원적인 수 개념 학습과도 밀접한 관계가 있다.
㉡ 집합적 사고의 형성
부분과 전체의 관계는 연산에도 적용된다. 유아는 수 세기를 통하여 초보적인 수 개념을 형성하고 수들 사이의 관계를 이해하기 시작한다. 이에 전통적인 교육과정에서는 수 세기에 이어 곧바로 더하기와 빼기를 도입하는 경향이 있었다. 그러나 부분과 전체의 개념을 인식했을 때만이 의미 있는 더하기와 빼기에 대한 이해가 이루어질 수 있다. 왜냐하면 유아는 부분과 전체에

대한 개념이 있어야만 5라는 전체집합은 2라는 부분집합과 3이라는 부분집합으로 구성되며, 이와 동시에 3이라는 부분집합과 2라는 부분집합으로 이루어질 수도 있음을 알 수 있기 때문이다.

③ 지도 방법
  ㉠ 전체와 부분의 관계를 이해하도록 돕기 위해서는 간식시간에 부족한 간식을 나누는 것과 같이 실제 상황에서 물체를 가지고 문제를 해결하게 한다.
  ㉡ 물체를 균등하게 나누는 유아의 자발적인 흥미를 학습 기회로 활용하며 일상 대화에서 전체와 부분과 관련된 용어(전체, 부분, 반, 약간)를 사용하도록 한다.
  예 "찰흙을 전부 다 쓸까 아니면 반만 쓸까?"
  ㉢ 퍼즐이나 찰흙 등을 이용하여 전체를 가지고 부분으로 나누고 다시 전체로 합쳐 보는 경험을 제공한다.
  ㉣ 물체를 다양한 방법으로 나누어 보게 한다.
    • 여러 개의 물체를 같은 개수로 나누기(곱하기와 나누기 개념)
      예 사탕 6개를 두 명이 나눠 먹을 때와 세 명이 나눠먹을 때
    • 여러 개의 물체를 다른 개수로 나누기(더하기와 빼기 개념)
      예 사탕 6개를 2개와 4개로 나누어보고 다시 1개와 5개로 나누기
    • 하나의 물체를 부분으로 나누기(분수 개념)
      예 피자를 사람 수에 따라 같은 크기로 나누기

(6) 연산(operation/calculation)

> 1. 연산(operation/calculation)이란?
>   수, 함수 등에서 일정한 법칙에 따라 결과를 내는 지적 조작을 말한다.
>
> 2. 사칙연산이란?
>   수의 연산에서 덧셈, 뺄셈, 곱셈, 나눗셈을 네 가지 기본 연산이라는 뜻에서 사칙연산(arithmetic operations) 또는 사칙계산이라고 한다. 근래에는 '사칙연산'보다는 '사칙계산'을 더 자주 사용한다.

① 더하기와 빼기를 위해서는 부분과 전체의 논리적 관계를 이해하는 것이 중요하므로 부분 – 부분이 합하여 전체가 되고, 전체는 여러 개의 부분으로 나눌 수 있는 활동이 우선되어야 한다.
② 더하기와 빼기는 수 개념을 이해하는 데 중요한 연산 능력이지만 피아제에 의하면 유아들은 사고의 가역성이 미숙하기 때문에 더하기와 빼기를 할 수 없다고 하여 구체물을 가지고 더하고 빼는 정도로 다루도록 하고 있다.
③ 수 세기 전략
  ㉠ 수 세기 전략은 조작 가능한 물체가 있는지의 여부, 다루는 수의 크기, 문제의 난이도 등에 따라 영향을 받는다. 또한 더하기・빼기 문제에 대한 수 세기 전략의 사용은 문화권에 따라 차이를 보인다.

ⓒ 더하기 전략의 발달 순서

　구체적 물체를 전부 세기(counting all) → 손가락 또는 대체물로 세기(finger counting) → 정신적 세기 책략

● **덧셈 상황의 수 세기 전략**

물체 세기	전부 세기 전략 (counting all)	두 집합의 물체를 모아 놓고 전부를 세는 것으로 가장 초보적인 전략이다.
과도기	손가락으로 대체하여 세기 (finger counting)	물체의 수량이 제공되지 않은 경우에 손가락으로 대치하여 수를 나타낸 후 더하기나 빼기를 한다.
정신적 세기	첫째 수 다음부터 계속 세기 (counting on from first number)	이어 세기 / 물체를 세는 대신 수 단어를 세는 전략으로 첫째 수 단어 다음부터 더하여지는 수만큼 세어 결과를 낸다. 예 2+5 : 2 다음부터 다섯을 세어 오른다. 　(⇨ 3, 4, 5, 6, 7)
	큰 수 다음부터 계속 세기 (counting on from larger number)	큰 수 단어 다음부터 더하여지는 수만큼 세어서 결과를 낸다. 예 2+5 : 5 다음부터 둘을 세어 오른다. 　(⇨ 6, 7)

● **뺄셈 상황의 수 세기 전략**

물체 세기	덜어내기 (separating from)	구체적 물체를 덜어낸 후 남은 물체의 수를 센다. 🍎🍎🍎🍎🍎－🍎🍎 ⇨ 🍎🍎🍎
	감수에서 피감수까지 더해가기 (adding on)	구체적 물체를 감수로부터 피감수까지 더해간다. 🍎🍎🍎🍎🍎－🍎🍎 ⇨ 🍎🍎＋🍎🍎🍎
정신적 세기	피감수까지 세어 오르기 (counting up)	피감수가 될 때까지 감수 다음부터 계속 더하여 세는 것으로, 물체를 사용하기도 하고 수 단어만 활용하기도 한다. 예 8-5 : 6부터 세어 8이 될 때까지 세어 올라간다. ⇨ 6, 7, 8 (3)
	피감수부터 거꾸로 세기 (counting down)	피감수에서부터 감수만큼 거꾸로 세어 내려간다. 예 8-5 : 8부터 다섯을 거꾸로 세어 내려간다. 　⇨ 8, 7, 6, 5, 4, 3 • 이 경우 수 단어 나열 순서를 거꾸로 짚어가야 하는 어려움뿐만 아니라 세는 수 단어의 수를 기억해야 하기 때문에 뺄셈 과정이 더욱 힘든 과제가 된다.

곱하기 전략과 나누기 전략

곱하기 전략	• 묶어 세기(skip counting) 수 세기 전략인 묶어 세기를 사용하여 곱하기 상황의 문제를 해결함. 둘씩, 셋씩, 열씩 묶음으로 세는 것
나누기 전략	• 덤핑 전략(dumping) 양의 동등성에는 관심 없이 마구 집어주는 전략 • 연속 전략(consecutive) 차례대로 분배하는 전략. 먼저 한쪽에게 나눠주고, 다른 쪽에 나머지를 주는 것 • 중복 전략(overlapping) 2개의 세트를 오가면서 주는 것. 한 사람에게 하나씩 주고 다시 하나씩 분배하는 전략. 어떤 경우 1:1 대응을 사용하기도 함

④ 덧셈과 뺄셈 문제 유형(Geary, 1994)

① 변화 (change)	주어진 수가 있는데 추후 더하여지거나 덜어내어지는 경우의 결과를 묻는 문제로서 흔히 유아들이 해결할 수 있는 문제의 유형 ㉠ 지완이가 과자 5개를 가지고 있었다. 태호에게 2개를 주었다. 지완이는 현재 몇 개를 가지고 있는가? ㉡ 지완이가 과자 5개를 가지고 있었다. 태호가 과자 몇 개를 주었다. 지완이는 현재 7개를 가지고 있다. 태호는 지완에게 몇 개의 과자를 주었는가?
② 연합 (combine)	주어진 두 수를 합하거나 주어진 한 수를 둘로 나눌 경우의 결과를 묻는 문제로서 변화의 문제 유형과는 개념적으로 다른 하위요소에 대한 이해와 정적인 관계성을 포함함 ㉠ 지완이가 과자 5개를 가지고 있었다. 태호도 과자 2개를 가지고 있었다. 이들은 모두 몇 개를 가지고 있는가? ㉡ 지완이는 과자 5개를 가지고 있었다. 과자의 2개는 크래커이고 나머지는 초코하임이다. 지완이가 가진 초코하임은 몇 개인가?
③ 비교 (compare)	주어진 두 수의 차이를 비교하는 문제로서 유아에게는 비교적 어려운 문제 유형 ㉠ 지완이가 과자 5개를 가지고 있었다. 태호도 과자 2개를 가지고 있었다. 지완이는 태호보다 몇 개 더 가지고 있는가? ㉡ 지완이가 과자 5개를 가지고 있었다. 태호도 과자 2개를 가지고 있었다. 태호는 지완이보다 몇 개 덜 가지고 있는가?
④ 동등 (equalize)	개념적으로는 변화 유형의 문제와 유사하지만 결과가 같아야 한다는 조건이 포함되는 유형의 문제 ㉠ 지완이가 과자 5개를 가지고 있었다. 태호도 과자 2개를 가지고 있었다. 태호가 지완이와 같게 되려면 몇 개 더 가져야 하는가? ㉡ 지완이가 과자 5개를 가지고 있었다. 태호도 과자 2개를 가지고 있었다. 지완이가 태호와 같게 되려면 몇 개를 먹어야 하는가?

⑤ 지도 방법
  ㉠ 일상 생활 속의 문제 상황을 해결하게 한다.
  ㉡ 학습지보다는 구체물을 이용하여 문제를 제시한다.
  ㉢ 구체물을 이용하고 답이 너무 큰 수가 되지 않도록 5 또는 10 이하로 제한한다.
  ㉣ 더하기와 빼기 전략의 사용을 격려한다.

기출탐구

01 다음은 5세반 게임 활동 장면이다. 물음에 답하시오. ■ 2015년

  교사 : (세 명의 유아들 앞으로 주사위 두 개를 던지며) 얘들아, 몇 개니?
  ┌ (두 개 주사위가 책상 위에 떨어지는 것과 동시에)
㉠ │ 미나, 다희 : 다섯, 넷.
  └ 지호 : 넷, 다섯.

… (중략) …

  ┌ 다희 : 우리 하나씩 과일을 세어서 누가 더 많은지 보자.
  │ (미나와 다희가 동시에 과일 그림 카드를 각자 하나씩 바구니에서 꺼
  │ 내 놓으며)
  │ 미나, 다희 : (동시에) 하나.
㉢│ 미나, 다희 : (동시에) 하나.
  │ 미나 : 난 이제 없어.
  │ 다희 : 와! (바구니에 남아 있는 과일 그림 카드를 보며) 내가 더 많
  └   다. 하나, 둘, 셋. 내가 너보다 세 개 더 많아!

유아들이 ㉠과 같이 수량을 인식하는 것을 지칭하는 용어 1가지와, ㉢에서 다희와 미나가 수량 비교하기 활동에 사용한 방법 1가지를 각각 쓰시오.

• ① 용어 : _____
• ② 방법 : _____

유아교육과정

02 다음의 ㉠에 공통적으로 들어갈 수 세기의 원리로 알맞은 것은? ■ 2010년

> (㉠)는 한 집합의 물체의 수를 셀 때 마지막 물체에 적용된 수 단어가 그 집합의 전체 수량을 나타낸다는 것이다. 따라서 마지막 수 단어는 그 물체에 대응된 수 단어일 뿐 아니라 그 집합의 전체 수량을 표상하는 특정 수 단어의 의미도 함께 가진다는 것을 뜻한다. 유아들에게 "모두 몇 개니?" 하고 물으면, 세는 행동은 하지만 마지막 수 단어를 말하지 못하며, 다시 "모두 몇 개니?" 하고 물으면 세는 행동을 반복하는 경우를 흔히 본다. 이러한 경우는 유아가 (㉠)를 이해하지 못한 것으로 해석된다.

① 일대일 대응의 원리 ② 기수의 원리
③ 안정된 순서의 원리 ④ 추상화의 원리
⑤ 순서 무관의 원리

03 다음은 바깥놀이 중 마당에 떨어져 있는 나뭇잎 놀이를 하고 있는 동수와 영희의 대화 내용의 일부이다. 물음에 답하시오. ■ 2016년

> … (상략) …
> 영희 : ㉠ 여기 단풍잎만 세어 보자. 이쪽부터 세어도 하나, 둘, 셋이고, 저쪽부터 세어도 하나, 둘, 셋이야.
> 동수 : 응, 그래. 그런데 나뭇잎 크기가 다 달라.
> 영희 : 그러네. (큰 단풍잎을 가리키며) 이건 아빠 단풍잎, (중간 단풍잎을 가리키며) 이건 엄마 단풍잎, (작은 단풍잎을 가리키며) 이건 애기 단풍잎. 애기 단풍잎이 제일 귀엽다, 그렇지? 우리 이 단풍잎을 접시에 담아볼까?
> 동수 : 그래, 그러자. 내가 접시 가지고 올게.
> … (하략) …

① ㉠에서 나타난 영희의 수 세기 원리를 쓰시오.

- ① : _____

04 다음은 5세반 놀이 상황의 일부이다. 물음에 답하시오. ■ 2014년

> 교사 : 얘들아, 어제 친구들이랑 동물원을 갔다 왔는데 어땠니?
> 보경 : 친구랑 가니까 좋아요. 동물도 보고, 간식도 먹었어요.
> 진희 : 저는요, ㉠ 아빠랑 엄마랑 동물원에 세 번 갔다 왔어요.
> 교사 : 그랬구나. 그럼 동물원은 어떻게 만들면 좋을까? 선생님이 한 것처럼 종이벽돌을 짧은 것, 긴 것, 짧은 것, 긴 것으로 놓아서 울타리를 만들어 보자.
> … (이하 생략) …

㉠에서 진희가 '추상화의 원리'로 수세기를 하고 있다고 판단되는 이유 1가지를 쓰시오.

• 이유 : _____

05 다음은 만 4세반 교사가 유아들과 함께 유치원 주변을 돌아보며 나눈 대화이다. 물음에 답하시오.　　　　　　　　　　　　　　　　　■ 2018년

> 교　사 : 오늘은 우리 유치원 주변을 돌아보기로 했지요?
> 유아들 : 네, 빨리 가고 싶어요.
> 　　　　　　　　… (중략) …
> 교　사 : 자, 이제 무엇이 있는지 잘 살펴보며 갈까?
> 나　눔 : (유치원 앞 공원을 보며) 와! 공원이다.
> 교　사 : 그래, 공원이 있구나.
> 경　표 : 선생님, 나무도 있어요.
> 은　별 : 집도 있어요.
> 교　사 : (소방서 옆에 멈추어서) 나눔아, 네 옆에 무엇이 있니?
> 나　눔 : 소방서요. 소방차도 보여요.
> 은　별 : 와! 소방차다. 119야, 119.　　　　　　] [A]
> 경　표 : 나도 119 알아요.
> 　　　　　　　　… (중략) …
> (빵집 앞에 서서)
> 은　별 : 빵집 안에 사람들이 있어요.
> 교　사 : 어, 그러네. 모두 몇 사람이 있니?
> 은　별 : (하나, 둘, 셋, 넷) 모두 네 명이에요.　　] [B]
> 교　사 : 아, 모두 네 명이 있구나.
> (세탁소로 걸어간 후 앞에 서서)
> 교　사 : 빵집에서 가장 가까운 곳에는 무엇이 있을까?
> 유아들 : 세탁소요.
> 은　별 : 빵집 옆에 세탁소가 있어요.
> 　　　　　　　　… (하략) …

① [A]와 ② [B]에서 유아들이 사용하고 있는 수의 의미를 각각 1가지씩 쓰시오.

• ① : _____
• ② : _____

06 다음은 ○○유치원의 '보물찾기' 활동에 한 교사의 후 작성한 활동 방법이다. 물음에 답하시오. ■ 2019년 추가시험

보물찾기 활동 방법

- 활동 일시 : 5월 ○○일 ○○시~○○시
- 활동 장소 : 바깥놀이터와 뒷동산
- 활동 자료 : 동일한 보물 쪽지(5cm × 5cm)

(가) 보물 위치 안내 방법

1단계 방법	2단계 방법	3단계 방법
유아를 중심으로 보물 위치를 찾도록 안내하기	㉠ _____	지도를 활용해 보물 위치를 찾도록 안내하기

(나) 보물 수 세기 지도 방법

방법 1	방법 2
일대일 대응의 원리에 따라, 보물 쪽지를 하나씩 바닥에 그려진 원 안에 놓으며 대응되도록 세어 주기	(㉡)에 따라, 개수를 셀 때 수의 순서를 익히도록 순서대로 천천히 세어 주기

방법 3	방법 4
(㉢)에 따라, 개수를 셀 때 마지막 수가 전체 수량을 나타낸다는 것을 이해하도록 세어 주기	(㉣)

※ 하원 시, 보물 쪽지와 준비된 보물을 교환하여 주기

(나)는 겔만과 갈리스텔(R. Gelman & C. Gallistel)의 5가지 수 세기 원리를 근거로 서로 다른 방법을 제시한 것이다. ㉡의 수 세기 원리를 쓰고, ㉢의 원리 이해를 돕기 위한 질문 1가지와 ㉣에 제시할 수 있는 수 세기 원리 지도방법 1가지를 쓰시오.

- ㉡ : _____
- ㉢ : _____
- ㉣ : _____

07 (가)~(라)는 5세반 자유선택활동 상황의 일부이고, (마)는 김 교사 저널의 일부이다. 물음에 답하시오.
■ 2020년

(가)

(나)

(다)

(라)

··· (중략) ···

김 교사 : (밤 5개를 모으게 한 후에) 접시에 있는 밤의 수를 세어 보자.
수　 지 : ㉠ (나란히 배열된 밤을 하나씩 가리키며 수 이름을 말한다.) 하나, 둘, 셋, 넷, 다섯.
김 교사 : 그럼 밤이 2개 남으려면 어떻게 해야 할까?
지　 호 : ㉡ (밤 5개 중에서 3개를 접시 밖으로 옮긴 후 남은 밤을 하나씩 가리키며) 하나, 둘, 두 개요.

(1) (나)에서 (다)로 진행된 활동에서 유아들이 경험한 연산을 쓰시오.
- _____

(2) ① ⓐ에 들어갈 말을 쓰고, ② (라)의 ㉠에 근거하여 ⓐ의 특징을 쓰시오.

> 수 세기는 각 수를 지칭하는 이름을 순서대로 기억하여 기계적으로 세는 일반적 수세기와 (ⓐ)이/가 있다.

- ① : _____
- ② : _____

(3) (라)의 ㉡과 관련된 구체물을 활용한 빼기 전략을 쓰시오.
- _____

08 다음은 바깥 놀이터에서의 놀이 상황이다. 물음에 답하시오. ■2021년

… (상략) …

교사: (정리 시간을 알리며) 얘들아, 이제 모이자.
서영: 선생님, 우리 종이비행기 날리기 조금밖에 못했어요.
다빈: 종이비행기 한 번 더 날리고 싶은데….
교사: 너희들 더 놀이하고 싶구나. 오늘이 금요일이니까, 세 밤 자고 월요일에 만나서 많이 하자.
지수: ㉠ (친구들을 보며) 우리 세 밤 자고 유치원에서 종이비행기 날리기 열 번 하자.
유아들: 그래, 열 번, 백 번 하자. 하하.
교사: (시계를 가리키며) 긴 바늘이 8에 있으니까 40분이야. 11시 40분이 되었네.

[B]

… (하략) …

㉠에 나타난 합리적 수 세기의 원리를 쓰시오.
- _____

모범답안

01. • ① 용어 : 즉지화   • ② 방법 : 일대일 대응
02. ②
03. • ① : 순서무관의 원리
04. • 이유 : 동물원에 갔다 온 경험과 같은 정신적 실체도 수세기가 가능함을 알고 세 번 갔다 왔다고 말했기 때문이다.
05. • ① : 이름수(명목수)   • ② : 집합수(기수)
06. • ㉡ 안정된 순서의 원리   • ㉢ "네가 가진 보물이 모두 몇 개인지 세어볼까?"
    • ㉣ 물체의 수를 셀 때 어떤 물체부터 세기를 시작해도 되며, 왼쪽이나 오른쪽, 등 다양한 방향으로 세어도 결과가 같다는 것을 실제 확인하도록 지도한다.
07. (1) • 더하기(덧셈, 연합)
    (2) • ① : 합리적 수세기(물체 수세기)
        • ② : 수의 명칭과 물체를 일대일로 대응시켜 세는 것
    (3) • 덜어내기
08. • 추상화의 원리

2 공간과 기하 도형

공간과 기하를 이해하는 것은 공간 내에서 물체 간의 공간적 관계, 물체의 선이나 면 같은 형태적 관계, 공간 내에서의 회전이나 이동 같은 변형적 관계 등을 다루는 것을 의미한다.

1. 공간 능력

공간 능력이란, 공간에서 물체들의 위치와 방향, 거리의 관계를 인식하고 의사소통하는 방법을 학습하는 것이다.

(1) 공간 학습의 중요성
① 공간 능력은 숫자쓰기, 정보를 요약한 차트나 도표 읽기, 지시에 따라 어떤 위치 찾아가기, 지도 읽기, 언어로 묘사된 것을 시각화하기 등의 활동과 밀접하게 관련된다.
② 공간적 이미지를 활용하는 능력은 과학과 공학, 건축, 컴퓨터, 미술 등의 현대 산업 분야에서 점차로 많이 요구되는 중요한 능력이다.
③ 유아들은 일상생활에서 공간에서의 위치, 방향, 거리, 시각적 기억 및 표상 등을 경험하면서 비형식적 지식을 습득하고 있다.

(2) 공간 능력의 구성 요인

① 공간 추론	㉠ 공간 과제를 해결하기 위하여 기하적 아이디어를 추측하고 추측된 아이디어를 탐구하며 논리적으로 추론을 평가하는 과정 ㉡ 공간 대상, 관계, 변환을 위한 정신적 표상이 구성되고 조작되는 일련의 인지 과정	
② 가드너의 공간 지능 (spatial intelligence)	공간에 대한 정신적 상(mental image)을 구성하고, 표상하고, 변형 및 조작하고, 이에 관한 공간적 추론을 수행할 수 있는 인지 능력	
③ Clements(1999)의 공간 능력 구성 요인	㉠ 공간적 오리엔테이션 (spatial orientation)	3차원 공간에서 다른 물체들 간의 위치 관계를 이해하고 조작하는 능력이다. 위치를 파악하고 목적지까지 갈 수 있으며, 제시된 형상이 다른 시각에서는 어떻게 나타나는지 이해할 수 있는 능력이다. 이는 우리가 어디에 있고 어떻게 움직이는지에 대한 지식으로 공간의 방향과 위치, 거리, 순서 등을 여러 관점에서 이해하며, 관련 어휘를 이해하고 활용하는 능력이다.

③ Clements(1999)의 공간 능력 구성 요인	ⓒ 공간적 시각화와 상 (spatial visualization and imagery)	문제를 해결하기 위해 정신적으로 이미지를 조작하고 변형하는 사고 능력이다. ㉠ 2차원과 3차원 물체의 가상적인 움직임을 이해하고 실행하는 것으로 정신적 심상을 만들어 조작하고 대상을 회전, 재배열, 조합하여 시각화할 수 있는 능력을 의미한다. ⓒ 옮기기, 뒤집기, 돌리기 등 이동 기하의 경험을 통해 형성된다. ㉣ 탱그램, 퍼즐맞추기, 칠교 놀이, 유니트 블록, 지도 그리기와 읽기 등을 통해 발달한다.

(3) 공간 표상 능력의 발달(R. S. Siegler, 1998) : 공간 내 위치 관계를 표상하는 것

① 자기중심적 표상 (egocentric representations)	• 자기중심적 표상은 자기 자신과 관련지어 위치를 이해하는 것이다. 즉, 한 사물의 위치는 '내 왼쪽으로 10보가량' 하는 식으로 표상된다. • 공간에서 자기주도하에 움직일 수 있도록 허용하고 격려하는 환경에서 공간적 관계의 이해가 증진될 수 있다. 즉, 유아가 자기중심적 표상에서 벗어나기 위해서는 공간적 관계를 탐색하기 위한 경험의 제공이 중요하다.
② 지표물 중심 표상 (landmark-based representations)	• 주위 환경에 있는 다른 물체와 관련지어 나타내는 것으로 흔히 지표가 되는 특정 건물이나 나무 등 물체를 활용하는 것이다. 즉, 새로운 곳을 찾아갈 때나 기억할 때 주변의 특정 건물이나 나무 또는 동상 같은 특정물을 지표로 활용하는 것이다. • 5세경이 되면 여러 지표물을 활용할 수 있게 되며, 자신의 위치에 덜 의존적이 된다(Siegler, 1998).
③ 추상적 표상 (allocentric representations)	• 주위 환경에 있는 목표물을 일반적이고 객관적인 참조의 추상적 체계와 관련지어 나타내는 것이다. 즉, 지도나 좌표가 제공하는 것과 같은 추상적인 참조의 틀과의 관계로 공간적 배치를 표상한다. • 자기중심적 표상과 지표물 중심 표상은 언어적으로 표현하는 것이 쉽지만 추상적 표상은 공간에 있는 모든 물체의 관계를 언어로 표현하기 어렵고 추상적 체계를 포함하므로 어렵고 도전적 과제이다.

[출처] 『유아수학능력 발달과 교육』, 홍혜경, 양서원

(4) 델 그란트(Del Grande, 1990)의 공간 능력

① 눈과 운동 협응 (eye – motor coordination)	시각적인 관찰과 신체의 움직임을 결합하는 능력으로 기하학적인 아이디어나 개념을 이해하는 데 필요 예 점을 이어 형태 만들기, 선 따라 그리기, 그림이나 도형 안에 색칠하기, 이쑤시개와 뿅뿅이로 입체도형 만들기
② 도형·바탕 지각 (figure – ground perception)	복잡한 배경 속에서 형상을 찾아 인식하는 능력 예 숨은 그림 찾기, 칠교판과 같은 미완성 도형을 완성시키기, 패턴블록 모아 형태 만들기, 부분 그림 완성하기

③ 지각적 항상성 (perceptual constancy)	물체를 보는 위치나 각도에 따라 그 물체의 모양이나 크기가 달라 보일지라도 실제로는 모양과 크기가 동일함을 인식하는 능력 예 크기가 다르지만 모양이 같은 것 찾기, 크기에 따라 물체를 순서 짓기, 위치와 방향이 바뀌었을 때 같은 모양 찾기
④ 공간 내 위치 지각 (position – in – space perception)	유아 자신과 한 대상과의 관계, 또는 한 대상과 다른 대상과의 관계를 인식하는 능력 예 거울의 상 만들기, 도형의 회전과 대칭이동, 사물의 위치 변화
⑤ 공간 관계 지각 (perceptual of spatial relationship)	둘 또는 그 이상의 대상을 유아 자신과 관련하여 또는 대상끼리 서로 관련지어 볼 수 있는 능력 예 주어진 그림에 따라 블록 쌓기, 목적지로 가는 최단거리 찾기, 도형을 뒤집거나 거꾸로 해서 패턴 만들기
⑥ 시각적 변별 (visual discrimination)	위치와 무관하게 물체들 간의 차이점을 구별하고 유사점을 인식하는 것 예 동일한 한 쌍의 물체를 확인하기, 여러 개의 대상들 중에서 같지 않은 하나를 찾기, 여러 개의 대상들 중에서 서로 같은 것 찾기
⑦ 시각적 기억 (visual memory)	시야에서 벗어난 경우에도 대상을 정확하게 회상할 수 있는 능력 예 주어진 그림에 있는 물체 기억하기, 교사가 만든 지오보드 모양을 기억해서 그대로 만들어 보기 등

[출처] 『유아수학교육』(개정증보), 한유미 지음, 창지사.

(5) 근접성

① 근접성(proximity)은 최초로 나타나는 위상학적 개념으로 물체의 위치에 관한 인식을 말한다.
② 근접성에 해당하는 내용은 구체적으로 앞-뒤, 원-근, 빙빙 돌아서-관통해서(around-through), 위-가운데-아래, 위로-아래로, 좌-우 등이 있다.

> • 정수(3세)는 가구 밑에 웅크리고 있거나 가구 아래를 기어서 통과하곤 한다.
> • 주말 부부 가족인 미주(5세)는 가족그림을 그릴 때 늘 자기와 엄마는 가깝게, 아빠는 멀리 그린다.

(6) 공간 능력 발달을 위한 교육 내용

① 위치 및 방향적 관계의 인식과 관련된 어휘 사용하기
② 친숙한 지역의 물체 지도, 단순한 지도를 읽고 그리기
③ 위치적 관계를 기억하고 그리기
④ 위치 찾기

(7) 공간 능력 발달을 돕는 지도 방법

① 교실 지도나 주변 지역의 단순한 지도를 읽거나 이를 보고 찾아가는 활동, 친숙한 장소와 위치를 시각화하고 그려보는 활동을 통해 물체에 대한 표상만이 아니라 공간적 위치나 배열에 대한 표상으로 확장된다.

② 일상생활에서 자연스럽게 공간적 관계의 활용에 참여하도록 공간적 관계를 인식하고 표현할 수 있는 질문을 하거나 반응을 유도한다.

> 예 "내가 너희 집에 가려면 여기서 어떻게 가야 하는지 말해줄 수 있니? 그림으로 그려줄래?", "의자 위에서 볼 수 있는 것은 무엇이니? 내려와서 볼 수 있는 것은? 무엇이 다르니?", "그것이 어디에 있다고 생각하니? 어느 길로, 어떤 방향으로, 얼마만큼 가야 하는지 말해줘."

2. 기하 도형에 대한 이해

(1) 피아제(Piaget)

위상 공간	한 물체와 다른 물체 간의 관계를 인식하는 것으로 접근(proximity), 분리(separation), 순서(order), 포위(enclosure)의 관계를 이해하는 것이며 열린 모양(open figure)과 닫힌 모양(closed figure)을 구별하는 능력이다.
투사 공간	상, 하, 전, 후, 좌, 우의 방향에서 물체를 볼 때 보는 위치에 따라 물체의 모양은 다르게 보인다는 것을 인식하는 것으로, 즉 다른 관점을 인지할 수 있는 능력이라고 하겠다. 이것은 공간 조망에 대한 인식을 갖는 시초가 될 수 있다.
유클리드 공간	모든 도형은 뒤집기나 돌리기, 옮기기 등의 변환을 가할 경우 위치는 변해도 모양이나 크기, 각도 등은 변하지 않고 보존된다는 특성을 이해하는 것, 즉 유클리드적 기하는 고정된 형태, 크기, 변의 수 및 모서리의 수를 갖고 있는 특성이 있다.

(2) Clements

① 기하 도형 교육의 이상적 시기는 3~6세 사이이며 이미 많은 기하학적 개념을 나름대로 획득하고 있다고 한다(Hannibal & Clements, 2000, 조형숙 2009에서 재인용). 즉, 유아기에도 도형의 속성을 이해하고 언어적으로 설명하는 것이 나타나므로 유아 수학 교육에서 도형의 특성을 탐색하고 언어화해보는 경험이 주어져야 한다고 보았다.

② 기하학적 사고 수준의 발달(D. Clements & Battista, 1992)

전인식 수준 (prerecognitive level)	도형의 형태를 지각하지만 여러 도형들 중에서 그 형태를 인식하지 못하여 구별해 내지 못한다. 기하학적 모양을 본 후에 모양을 재구성할 수 있는 적절한 시각적 이미지를 형성하는 지각적인 능력이 부족하기 때문으로 원, 삼각형, 사각형을 그릴 때 모두 동일하게 불규칙적인 곡선으로 그린다. 예 곡선과 직선 도형이 서로 다른 것을 인식하나, 직선 도형 내에서 사각형과 삼각형 간의 차이를 구분하지 못한다.
시각적 수준 (visual level)	도형을 변별할 때 3개의 변, 4개의 각이라는 도형의 특성을 인식하고 주목하여 도형을 구별하는 것이 아니라 자신이 일상생활 속에서 자주 보았던 도형과 비슷한 것, 즉 시각적 원형을 사용한다. 예 문 같이 생겼으니까 네모, 사각형이라고 한다.
통합적 수준 (syncretic level)	시각적 지식뿐 아니라 언어 설명적 지식을 가지고 있어 분석적이지는 않지만 모양의 속성이나 요인을 언급할 수 있다.
기술적 수준 (descriptive level)	도형에 특성에 주목하여 도형을 인식하고 이해한다. 시각적 원형에서 자유로우며, 도형의 구성 요소와 성질에 대한 지식을 가지고 있다. 예 삼각형의 경우 세 개의 직선, 세 개의 꼭짓점이 있으며 닫혀있는 모양임을 이해한다.

※ 연령에 따른 도형 인식 능력의 발달

3세경	• 삼각형, 사각형 등의 도형보다는 빵 모양, 공 모양, 책 모양과 같이 일상생활에서 볼 수 있는 사물들의 모양을 먼저 인식한다. • 이 시기의 유아는 도형 간의 차이를 명확하게 구별하지는 못한다. 즉, 삼각형과 사각형의 차이를 분명하게 이해하고 있지 않다.
4~6세경	• 동그라미(원)를 가장 먼저 이해하고 그 다음 정사각형, 삼각형의 순서로 이해하며, 복잡하거나 변형된 도형, 즉 동일한 도형이 기울거나 비율이 달라질 경우 모양을 인식하는 것을 어려워하기도 한다.

③ 도형의 조합과 분해 능력 발달(Clements, 2004)

전조합 단계 (pre - composer) (2~3세)	• 특정한 하나의 모양을 구성할 때 여러 개의 도형을 결합하여 하나의 모양을 나타내지 못하고 분리된 모양으로만 조작한다.
조각 모으기 단계 (piece assembler) (5세)	• 전조합 단계와 유사하나 하나의 그림을 만들기 위해 도형을 연결할 수 있다. • 다리를 만들 때 다리의 서로 다른 부분을 구성하기 위해 각각의 다른 도형을 사용한다. 즉, 각각의 도형을 다리의 각 부분의 특성을 표현하기 위해 사용한다.
그림 만들기 단계 (picture maker) (5~6세)	• 하나의 모양을 구성하기 위해 여러 개의 도형을 연결해서 사용한다. • 다리를 만들 때 3개의 사각형을 연결하여 하나의 다리를 구성한다.

유아교육과정

(3) 반힐레(Van Hiele) : 도형에 대한 이해 능력 발달

※ 유아들이 도형에 대해 이해하는 것은 연령에 따른 변화이기보다는 경험의 정도에 의해 결정된다고 하였다. 따라서 유아들에게 도형을 학습할 수 있는 기회를 제공하면 유아들의 도형에 대한 이해는 향상될 수 있다고 한다.

① 1수준 시각적 인식 수준 (recognition)	구체물	형	• 구성 요소의 속성에 대한 고려 없이 전체적인 시각적 외양을 토대로 도형을 인식하는 사고 수준(외양 중심)이다. • 기본 도형을 인식할 때 보여지는 전체적 모양새로 인식, 판별하며, 도형의 성질을 의식하거나 주목하지 않는다. • 이 수준의 유아들은 비슷한 도형끼리 짝을 짓거나 그릴 수 있다.
② 2수준 기술적 / 분석적 인식 수준 (analysis)	형	성질	• 유아들은 시각적으로 지각되는 모양을 분석함으로써 도형의 구성 요소와 성질에 대해 알게 된다. 예를 들어, 시각적 수준에서 삼각형은 '삼각형이라 부르도록 배웠던 것과 같은 모양'을 의미하지만, 기술적 수준에서 삼각형은 '세 변을 가진 도형'이 된다(도형의 성질, 속성). • 이 수준의 유아는 관찰 및 조작, 실험 등을 통하여 도형의 성질을 표현하고 특정 성질에 따라 도형을 모으거나 분류할 수 있다. 그러나 도형 사이의 관계는 인식하지 못한다.
③ 3수준 관계적 / 추상적 인식 수준 (ordering)	성질	명제	• 도형의 구체물에서 완전히 벗어나 순수한 도형의 입장에서 정의하고, 그 성질을 파악할 수 있다. • 도형의 외연적 개념이 수학적인 명제로 접근할 수 있는 수준이다.
④ 4수준 형식적 연역 수준 (deduction)	명제	논리	수학적 명제가 연구의 대상이 되고 이들 명제들의 논리 관계가 학습방법이 됨으로써 연역적 추론이 가능한 수준이다.
⑤ 5수준 엄밀한 수학적 수준 (rigor)	논리	적용	기하학의 발달 과정과 그 구조를 이루는 논리와 이론이 연구의 대상이 되므로 논리를 엄밀하게 분석하고, 추론함으로써 일반적인 도형의 성질을 발견할 수 있다.

[출처] 『유아 수학 교육의 탐구』, 김민경·홍혜경·이지현·이정욱, 교우사.

(4) **입체 도형 그리기 능력 발달** : 만 4~5세는 주로 평면 도식기와 공간 도식기에 속한다.

평면 도식기	입체 도형을 마치 한 면(정면, 평면)에서 본 것처럼 표상한다.
공간 도식기	숨겨진 면들을 도형에 나타내지만 여러 면들 간의 관계를 하나의 시각에서 통합하지 못하고 수직적 관계를 중심으로 표현한다.
전사실기	기저선을 중심으로 깊이를 표현한다.
사실기	평행적인 면을 평면에서 나타내고 깊이를 나타낸다.

[출처] 『유아수학능력 발달과 교육』, 홍혜경, 양서원

(5) **기하 도형의 학습 내용**

> 참고 **NAEYC와 NCTM 지침(2002)의 기하와 공간 교육 내용**
>
> | 내용 영역 | 수학적 지식과 기술 | |
> |---|---|---|
> | | 3세 ◀────▶ | 6세 |
> | 기하와 공간 | 2D와 3D의 명명하기, 짝짓기 : 같은 크기, 방향 ⇨ 다른 크기, 방향의 모양 짝짓기 | 다양한 2D와 3D의 명명하기, 인식하기(마름모, 구, 육면체 등), 모양의 기본 특성을 설명하기(변, 각의 수) |
> | | 그림을 만들기 위해 모양 사용하기 | 모양을 조합하여 그림 만들기 |
> | | 물체의 위치를 공간 단어를 사용하여 설명하기 | 교실 또는 놀이터 같은 친숙한 장소의 단순한 지도를 만들고 찾아 가기 |
> | | 집, 차, 나무 같은 장난감으로 의미있는 지도 만들기 | |

① 평면 도형과 입체 도형의 속성 탐색, 관련 어휘, 도형 구성하기	• 유아들은 면이나 변 같은 용어는 사용하지 못하지만 가장자리, 세모, 네모 등의 비형식적 용어를 언급할 수 있다. • 이를 삼각형, 사각형 등의 형식적 어휘를 소개할 수 있는 기회로 활용한다(도형의 특징적 속성을 비교하고 기술하는 것에 중점).
② 도형의 다양한 크기, 위치, 움직임에 대한 이해	• 탱그램, 패턴 블록, 속성 블록 등을 사용하는 놀이에 교사가 개입하여 크기, 위치, 움직임 등에 대한 사고를 유도한다. • "이것을 돌리면, 옆으로 옮기면, 뒤집으면 어떻게 될까?", "이 모양의 블록이 그곳에 맞겠니? 왜 그렇다고 생각하니?"
③ 도형을 나누고 합하여 보고, 결과를 예측하기	• 도형의 구성 활동이나 종이 접기 등의 활동에서 도형의 조합과 합성의 관계를 탐색하는 기회를 제공한다. • "어떤 모양이 사용되었는지, 반으로 접으면 어떤 모양일지, 그 모양들로 다른 형태를 만들 수 있는지?" 등의 질문을 하여 도형을 다른 부분으로 나누거나 합치는 경우의 결과를 생각하고 예측하며 자신의 생각을 구체화하도록 한다.
④ 평면과 입체 도형을 사용하여 다양한 구성을 만들어보고 그려보기	• 구성물을 쌓아보기 → 쌓은 구성물을 그려보기 → 그린 것을 보고 쌓아보기의 과정을 통해 활동을 제공한다. • 평면과 입체 도형의 연계와 공간적 기억, 시각화 및 표상, 형태, 위치, 관점의 인식, 기하학적 도형의 정신상 등 의미 있는 기하학적 사고의 기회를 제공한다.

> 유아교육과정

> **참고** 도형의 합동, 대칭, 변형

합동	• 유아들은 두 형태가 같은지에 대한 지각에 기초하여 모양에 대한 생각을 형성한다. • 4세의 유아는 모양이 같은지를 판단하기 위해 전략적 시도를 할 수 있게 되며, 점차 모양의 속성 간의 차이에 초점을 두는 것으로 옮겨간다.
대칭	• 대칭에 대한 직관적 인식은 어린 영아부터 나타나며, 수직적 대칭에 대한 선호는 생후 4~12개월에 발달하기 시작한다. • 또한 패턴 블록 활동에서 선 대칭과 회전 대칭의 활용도 관찰되기는 하지만 대칭의 개념을 확실히 이해하고 활용하는 것은 초등학교 2학년이 되어야 가능하다.
변형	• 이동 → 뒤집기 → 회전 순으로 나타난다. • 4~5세 유아들도 방향적 단서와 단순한 과제에서는 회전도 해결할 수 있다. • 정신적 회전은 2학년이 되어야 가능하다. ＊ 탱그램이나 패턴 퍼즐의 활동에서 자연스럽게 기하학적 변형을 조작할 수 있으며 기하학적 변형에 대한 이해도 나름대로 터득해간다.

> **기출탐구**

01 다음은 ○○유치원의 '보물찾기' 활동에 한 교사의 후 작성한 활동 방법이다. 물음에 답하시오.
　　　　　　　　　　　　　　　　　　　　　　　　　■ 2019년 추가시험

> **보물찾기 활동 방법**
>
> • 활동 일시 : 5월 ○○일 ○○시~○○시
> • 활동 장소 : 바깥놀이터와 뒷동산
> • 활동 자료 : 동일한 보물 쪽지(5cm×5cm)
>
> (가) 보물 위치 안내 방법
>
> | 1단계 방법 | 2단계 방법 | 3단계 방법 |
> |---|---|---|
> | 유아를 중심으로 보물 위치를 찾도록 안내하기 | ㉠ _____ | 지도를 활용해 보물 위치를 찾도록 안내하기 |
>
> (나) 보물 수 세기 지도 방법
>
> | 방법 1 | 방법 2 |
> |---|---|
> | 일대일 대응의 원리에 따라, 보물 쪽지를 하나씩 바닥에 그려진 원 안에 놓으며 대응되도록 세어 주기 | (㉡)에 따라, 개수를 셀 때 수의 순서를 익히도록 순서대로 천천히 세어 주기 |
> | **방법 3** | **방법 4** |
> | (㉢)에 따라, 개수를 셀 때 마지막 수가 전체 수량을 나타낸다는 것을 이해하도록 세어 주기 | (㉣) |
>
> ※ 하원 시, 보물 쪽지와 준비된 보물을 교환하여 주기

(가)는 3차원 공간 내에서 위치 관계를 이해하도록 돕는 활동 방법이다. ① 공간능력 2가지 중 기르고자 하는 능력이 무엇인지 쓰고, ② 그에 근거하여 ㉠에 들어갈 적절한 안내 문장을 쓰시오.

• ① : _____
• ② : _____

02 다음은 만 4세반 교사가 유아들과 함께 유치원 주변을 돌아보며 나눈 대화이다. 물음에 답하시오.
■ 2018년

교 사 : 오늘은 우리 유치원 주변을 돌아보기로 했지요?
유아들 : 네, 빨리 가고 싶어요.
　　　　　　　　… (중략) …
교 사 : 자, 이제 무엇이 있는지 잘 살펴보며 갈까?
나 눔 : (유치원 앞 공원을 보며) 와! 공원이다.
교 사 : 그래, 공원이 있구나.
경 표 : 선생님, 나무도 있어요.
은 별 : 집도 있어요.
교 사 : (소방서 옆에 멈추어서) 나눔아, 네 옆에 무엇이 있니?
나 눔 : 소방서요. 소방차도 보여요.
은 별 : 와! 소방차다. 119야, 119.　　　　　　[A]
경 표 : 나도 119 알아요.
　　　　　　　　… (중략) …
(빵집 앞에 서서)
은 별 : 빵집 안에 사람들이 있어요.
교 사 : 어, 그러네. 모두 몇 사람이 있니?
은 별 : (하나, 둘, 셋, 넷) 모두 네 명이에요.　[B]
교 사 : 아, 모두 네 명이 있구나.
(세탁소로 걸어간 후 앞에 서서)
교 사 : 빵집에서 가장 가까운 곳에는 무엇이 있을까?
유아들 : 세탁소요.
은 별 : 빵집 옆에 세탁소가 있어요.
　　　　　　　　… (하략) …

① 아래의 ⓐ, ⓑ에 들어갈 말을 순서대로 쓰고, 위 사례에서 ② ⓐ에 해당하는 교사 발문 1가지와 ③ ⓑ에 해당하는 교사 발문 1가지를 각각 찾아 쓰시오.

시글러(R. S. Siegler)는 3차원 공간에서 위치의 관계에 대한 이해가 (ⓐ) ⇨ (ⓑ) ⇨ '객관 중심적 표상'의 순서로 발달해 간다고 하였다.

- ① : _____
- ② : _____
- ③ : _____

03 다음은 만 4세 민수와 혜주의 놀이 활동을 관찰한 내용이다. ■ 2012년

자유 선택 활동 시간에 민수와 혜주는 수·조작 놀이 영역에서 패턴 블록을 가지고 놀고 있다. 배를 만들고 있던 혜주가 "어, 여기에 네모가 필요한데 동그라미, 세모밖에 없어. 어떡하지?"라고 하면서 사각형처럼 생긴 타원형 모양을 몇 번 맞춰보다가 "안 되네. 못하겠다."라고 말한다. 그러자 옆에서 놀고 있던 민수가 "왜 안 되는데? 내가 한번 해볼까?"라고 하면서 혜주가 만들고 있던 배를 살펴본다. 그리고 민수는 혜주가 넣은 타원형 모양을 뺀 후 "봐봐, 이거는 뾰족한 데가 없잖아. 네모는 이것처럼 뾰족한 데가 있어야 해."라고 말하며 삼각형을 사용하여 빈 곳에 맞추어 본다.

위에서 나타난 민수와 혜주의 도형 이해 능력을 알 수 있는 각 사례를 찾아 제시하고 그 발달 경향과 함께 각각 논하시오.

_____
_____

04 (가)는 유아들이 수학영역에서 활동하는 장면이다. 물음에 답하시오. ■ 2019년

(가)

(모양 조각을 이용하여 다양한 모양을 만드는 활동을 하고 있다.)
연희 : 세모는 산처럼 생겨서 세모라고 해. 난 세모가 제일 좋아.
우진 : 세모는 뾰족한 곳이 세 개, 평평한 곳이 세 개, 이름도 세모야.   ⎫
연희 : 세모는 산처럼 생겼는데……   ⎬ [A]
우진 : 네모는 뾰족한 곳이 네 개, 평평한 곳이 네 개, 이름도 네모야.   ⎭
　　　　　　　　　… (하략) …
승우 : 집을 만들려면 네모가 있어야 하는데, 네모가 하나도 없어.   ⎫
은영 : 여기 동그라미랑 세모는 있는데……   │
영채 : 동그라미랑 세모는 몇 개씩 있어?   ⎬ [B]
승우 : 네모가 없어서 집을 못 만들겠어.   │
영채 : 만들 수 있어. 자, 봐. 세모 2개를 가지고 이쪽과 저쪽으로 방향을 돌리니까 네모가 됐지?   ⎭
　　　　　　　　　… (하략) …

(1) [A]에서 반 힐레(P. van Hiele)의 이론에 근거하여 ① 연희의 기하 도형에 대한 이해 수준을 쓰고, ② 그 근거를 [A]에서 찾아 쓰시오.
- ① : _____
- ② : _____

(2) [B]에서 유아의 공간시각화 개념과 관련된 가장 적절한 사례를 보여 주는 유아의 이름과 말을 찾아 쓰시오.
- _____

모범답안

01.
- ① : 공간방향화
- ② : 주변의 나무나 놀이 기구 같은 지표물을 중심으로 보물 위치를 찾도록 안내하기

02.
- ① : ⓐ 자기 중심적 표상, ⓑ 지표물 중심 표상
- ② : "나눔아, 네 옆에 무엇이 있니?"
- ③ : "빵집에서 가장 가까운 곳에는 무엇이 있을까?"

03.
- ① 혜주 : "네모가 필요한데 동그라미, 세모 밖에 없어서 못 하겠다."에서와 같이 도형의 생김새를 구별하고 이름을 알지만, 도형의 구체적인 특성은 아직 이해하지 못함. 또한 도형을 합하거나 나누어 모양을 구성하는 능력은 없음
- ② 민수 : "네모는 이것처럼 뾰족한 데가 있어야 해."와 같이 도형의 구체적인 특성을 이해하고 있으며, 네모를 만들기 위해 삼각형을 사용하여 빈 곳을 맞춘 것처럼 도형을 결합하거나 나누어 모양을 구성할 수 있는 능력이 있음
* 따라서 1수준의 혜주에서 2수준의 민수로 발달함

04. (1)
- ① : 시각적 (인식) 수준
- ② : "세모는 산처럼 생겨서 세모라고 해."라고 말한 것처럼 도형의 외양을 중심으로 판단함

(2) • 영채, "세모 2개를 가지고 이쪽과 저쪽으로 방향을 돌리니까 네모가 됐지?"

유아교육과정

3 측정

측정은 물리적 특성(길이, 넓이, 부피, 무게)과 비물리적 특성(시간, 온도, 돈 등)을 가진 연속적인 양을 가진 사물을 비교하거나 측정 단위를 사용하여 사물 간의 관계를 세우는 과정이다(SMITH, 2000). 피아제는 유아들이 측정을 실행하기 위해서는 보존 개념과 이행성의 원리를 이해해야 한다고 주장했다. 그러나 최근의 이론들은 구체적인 측정 경험을 통해 이런 개념들이 점차 발달해간다고 한다.

1. 비교하기(comparison)

(1) 비교하기의 의미

비교하기는 어떤 속성에 따라 두 개의 물체를 관계 짓는 것을 말한다.

(2) 중요성

① 비교하기는 길이, 크기, 무게, 들이 등과 같은 물체의 특정한 속성에 기초하여 물체들 간의 관계를 파악하는 것이기 때문에 특정 속성에 있어서 차이점에 주목하게 되며 순서 짓기 및 측정의 토대가 된다.
② 비교하기는 순서 짓기보다 먼저 발달하며, 이후 순서를 지을 수 있는 능력의 기초가 된다.
③ 유아는 일상생활 속에서 두 물체의 비교를 통해 자발적으로 비형식적인 측정을 시도하며, 이는 단위를 사용하여 물체의 양을 정하는 측정 개념 발달의 토대가 된다.

(3) 비교하기의 세 가지 형태(Reys, Suydam, & Lindquist, 1994)

① 시각적 비교	물체의 크기를 비교할 때, 두 물체의 크기 차이가 두드러져 시각적 요소만으로 비교가 가능한 상태이다.
② 직접 비교	두 물체의 크기 차이를 알아보기 위해 두 물체를 나란히 놓거나 한 물체를 다른 물체 위에 겹쳐 놓고 그 차이를 비교하는 것이다.(길이, 넓이, 부피, 무게 등)
③ 간접 비교	물체를 움직일 수 없어서 직접적 비교가 가능하지 않을 경우 제3의 물체를 사용하여 비교하는 것으로서 이행성의 개념이 포함된다. 예 책상과 칠판의 크기를 비교하고자 할 때 책상의 크기만큼 종이를 자른 후에 이를 칠판 위에 대어보고 크기를 비교하는 것은 책상과 종이의 크기, 종이와 칠판의 크기 관계를 통해 책상과 칠판의 크기 관계를 추론하는 이행성이 요구된다.

(4) 비교하기 전략의 발달

① 직접적인 길이 비교 ⇨ 시작점 맞추기

두 물체들의 한쪽 끝이 같은 지점에 있도록 하여 동일한 기준에서부터 길이를 비교해야 한다. 만 5세 이전의 많은 유아들이 동일한 기준점에서 시작하여 길이를 비교해야 한다는 것을 이해하는 능력이 부족하다(Piaget).

② 두 물체의 크기 또는 면적(넓이) 비교

㉠ 두 물체의 직접 비교

유아들이 두 물체의 크기 또는 면적을 직접적으로 비교할 경우에는 가로와 세로의 두 차원을 동시에 고려해야 하지만 유아들은 길이의 한 차원에만 초점을 맞추는 경향이 있으며 이는 '면적'이라는 속성에 대한 이해가 부족하기 때문이다.

㉡ 사각형의 넓이 비교

유아들은 사각형의 넓이 비교에서 가로 변 혹은 세로 변을 맞대어 놓은 후 변의 길이가 더 긴 것이 더 넓다고 반응하는 경향이 있다.

㉢ 면적과 크기의 직접 비교 전략 ⇨ 놓기 전략, 조절 전략의 사용

놓기 전략 (placement strategy)	• 두 도형의 크기를 비교할 때 한 도형 위에 다른 도형을 겹쳐 올려놓는 방법 • 두 도형의 한 변을 서로 맞붙여 놓는 방법 • 한 도형을 다른 도형 옆에 간격을 두고 나란히 놓는 방법
조절 전략 (adjustment strategy)	도형의 모양이 유사하도록 방향을 조절하여 배치하는 전략 • 두 도형의 모양이 비슷하도록 조절하여 배치하기 • 도형의 모양은 고려하지 않고 한 변만 맞붙도록 조절하여 배치하기 • 전혀 조절이 되지 않아 두 도형이 서로 떨어져 있거나 뒤틀어진 채 비교하기

✳ 크기 비교는 면적이라는 두 가지 차원을 고려해야 하므로 시각적 비교로는 어렵기 때문에 두 도형의 모양이 비슷하도록 방향을 조절하여 하나의 도형 위에 다른 도형을 겹쳐 놓는 것이 가장 효과적이다.

(5) 비교하기의 지도 방법

① 비교할 속성 이해하기	• 비교를 하려면 비교의 기준이 되는 속성이 있어야 한다. 따라서 비교를 하기 전에는 먼저 비교할 속성에 대해 인지해야 한다. 예를 들어, 유아는 길이에 대한 개념이 발달하기 전에는 두 연필 중 어떤 것이 더 긴지 판단할 수 없다. • 유아가 흔히 비교 기준으로 사용하는 속성은 길이(긴 – 짧은), 크기(큰 – 작은), 무게(무거운 – 가벼운), 속도(빠른 – 느린), 높이(높은 – 낮은) 등이다.
② 비교하기와 관련된 용어 사용하기	'~보다 더 크다', '~보다 더 길다'와 같은 비교하기와 관련된 용어는 수학적 사고를 신장시킬 수 있다.

2. 순서 짓기(서열화, seriation)

(1) 순서 짓기의 의미

순서 짓기는 물체의 어떤 공통적인 속성의 차이에 따라 순서대로 배열하는 것으로, 속성의 차이점을 인식하고 차이의 정도를 변별하여 배열하는 과정이다. 순서 짓기를 위해서는 물체들 간의 반복적이며 연속적인 비교가 이루어져야 하므로 비교하기 능력이 필수적으로 요구되며, 단순 서열, 이중서열, 복합서열 등이 있다.

(2) 순서 짓기의 특징

① 이행성

3개 이상의 물체들을 순서 짓기 하는 관계에서 공통적인 원칙은 이행성이다. 이행성은 같은 종류의 양 a, b, c를 비교할 때, a와 b의 관계, 그리고 b와 c의 관계로부터 a와 c의 관계를 논리적으로 추론해 내는 것이다. 측정 과정에서 이행성에 대한 이해가 필수적이므로 유아들은 물체의 길이, 무게, 크기 등과 같은 속성에 따라 순서 지어 보는 경험을 많이 하는 것이 필요하다.

② 순서 짓기에는 시작과 방향이 있고, 일관된 규칙을 적용해야 한다.

③ 어느 쪽에서 순서 짓기를 시작해도 좋지만 중간에 진행 방향을 바꾸어서는 안 된다.

④ 왼쪽에서 오른쪽으로 순서를 짓는 것은 읽기에 도움이 되고, 오른쪽에서 왼쪽으로 순서 짓는 것은 가역적 사고에 도움이 된다고 한다(권영례, 1997).

(3) 순서 짓기의 세 가지 유형

① 단순 서열	• 단순 서열은 순서 짓기 유형 중 가장 기본적인 것으로서, 세 개 이상의 물체를 한 가지 속성에 따라 배열하는 것을 말한다. • 단순 서열을 가르치기 위해서는 먼저 2개의 물체를 대상으로 비교하기 활동을 제시한 후 3개의 물체를 순서 짓게 하고 차차 물체의 개수를 늘려가야 한다. 처음부터 다섯 개 이상의 물체를 사용하면 시각적으로 쉽게 변별되지 않기 때문에 좋지 않다.
② 이중 서열 (double seriation)	• 1:1 대응을 사용해서 두 집단의 사물들을 순서적으로 배열하는 것이다. 즉, 두 집단을 짝을 지어 순서 짓는 것을 말한다. 예 아빠 곰에게는 큰 그릇, 엄마 곰에게는 중간 그릇, 아기 곰에게는 작은 그릇을 짝지으면서 배열하는 것을 들 수 있다. 예 1등에게는 금메달을, 2등에게는 은메달을, 3등에게는 동메달을 준다.
③ 복합 서열 (multiple seriation)	• 세 개 이상의 물체를 두 가지 속성을 동시에 고려하여 순서 짓는 것을 말한다. • 복합 서열은 두 가지 속성을 동시에 고려해야 하므로 단순 서열보다 유아가 이해하기 훨씬 더 어렵다. 예 높이와 넓이를 동시에 고려하여 원기둥을 배열하기

(4) 순서 짓기 능력의 발달

① 3~4세	• 물체 간의 차이를 비교할 수 있고, 처음 두세 개는 순서대로 배열하지만 그 이후에는 지속적으로 순서 짓지 못한다. • 길이가 다른 막대를 주면 순서대로 배열하지 못하고 아무렇게나 놓는다.
② 5~6세	• 시행착오를 거쳐 막대를 순서대로 놓는다. • 1~2개를 빠뜨리고 배열한 경우 빠진 것을 적절한 위치에 놓으라고 요구하면 처음부터 다시 배열을 시작하는 경향이 있다.
③ 6~7세	• 길이가 다른 막대를 순서 짓기 할 때 막대의 양쪽 끝을 다 고려한다. • 막대를 움직이기 전에 모든 막대를 생각한다. 즉, A〉B, B〉C이면, A〉C임을 추론할 수 있으므로 먼저 계획하고 나서 체계적으로 배열한다. • 순서 짓기를 양방향으로 할 수 있다. 예를 들어, 큰 것에서 작은 것 순서로 배열할 수 있을 뿐 아니라 작은 것에서 큰 것의 순서로도 늘어놓을 수 있다.

(5) 순서 짓기의 지도 방법

① 일과를 통해 순서 짓기 경험을 제공한다.	• 장난감이나 교구 등을 정리 시 순서대로 보관하게 한다. • 일과 활동의 사진을 찍어서 게시판에 순서대로 붙여 놓는다.
② 물체 간의 차이를 발견하도록 장려한다.	• 이 연필들은 어떤 점이 다를까? • 가장 긴 것은 어느 것이니? • 가장 짧은 것은?
③ 유아의 발달에 따라 순서 짓기 활동의 난이도를 조절한다.	• 먼저 두 개를 비교한 뒤 세 개를 순서 짓고 차차 숫자를 늘려간다. • 세 개를 순서 지을 때 어려워하면, 가장 긴 것을 고른 후 나머지 두 개를 대어 보게 한다. • 순서 짓기라는 말은 이해하지 못하면, 시범을 보여주거나 처음 몇 개는 교사가 배열한 후 나머지를 유아가 놓아 보게 한다.

3. 측정하기

(1) 측정의 의미

① 측정이란, 연속적 속성을 가진 물체의 양을 알아보기 위해 수를 부여하는 것이라고 정의할 수 있다. 인류는 길이, 무게, 부피, 시간 등의 연속적 물체의 속성을 다룰 때 분리된 양으로 만들어 수를 부여하여 다루는 방법을 창안하였다.

② 유아들의 양적 비교에 의한 판단은 주로 지각에 의존하고 있으며, 지각적으로 현저한 차이가 있을 때는 효과적이지만 그렇지 않을 경우 직관에 의한 판단은 매우 부정확하다. 이러한 직관적 판단에 의한 측정의 비형식적인 지식은 보다 체계적이고 효율적인 형식적 지식과 연결되어야 하고 확장되어야 한다.

(2) 측정 능력의 발달
① 직접 비교하기
측정 능력의 초기 단계는 직접 두 개의 물체를 들어 무게를 알아보거나 시각적 판단에 의해 사물의 길이나 부피 등을 비교하는 방법을 사용한다. 자신의 신체와 관련하여 키를 대어보거나 몸무게를 알아보는 데 관심을 갖는다.

② 임의 측정 단위 사용하기
점차 자신의 손이나 발 같은 신체 부위를 사용하여 측정 문제를 해결하고, 이후 임의의 구체물을 사용하여 측정하다가 표준화 단위를 이용하여 측정하는 단계로 나아간다.

③ 연령별 발달
㉠ 만 3, 4세 유아는 성인들의 측정 행동을 모방하거나 놀이로 나타내거나 직관적인 수준에서 비교하는 정도이다.
㉡ 만 5세 유아는 사물의 길이를 알아보기 위해 이쑤시개나 클립과 같은 임의의 단위로 측정하거나 다른 사람과 공유할 수 있는 표준 단위의 필요성에 대해 생각하기 시작한다.

[출처] 『유아수학능력 발달과 교육』, 홍혜경, 양서원.

(3) 측정 개념 발달 단계(Charlesworth, 2000)

[출처] 『유아수학교육』, 한유미, 창지사, 2014.

측정 개념의 단계	내용
① 놀이와 모방 (play and imitates)	• 출생 후 시작하여 감각운동기를 지나 전조작기까지 계속되는 단계로 유아는 자기보다 나이 많은 아동이나 성인을 모방한다. • 다른 사람들이 하는 것을 보고 숟가락이나 자 또는 저울을 가지고 측정하는 시늉을 하면서 논다. • 모래나 물을 한쪽 그릇에서 다른 쪽 그릇으로 옮겨 부으면서 부피의 속성을 탐색한다. 자기보다 키가 큰 유아들이 더 많은 활동을 할 수 있음을 발견하면서 길이에 대한 첫 개념을 갖게 된다. 그리고 팔이 짧아서 자기가 원하는 물건을 잡을 수 없음을 발견하게 된다.
② 비교 (comparisons)	• 주로 전조작기에 해당하며, 무거운 것과 가벼운 것, 긴 것과 짧은 것, 큰 것과 작은 것, 뜨거운 것과 차가운 것 등 비교하기를 좋아한다. • 아직 보존 개념이 형성되지 않아서 지각 의존적인 측정을 한다. 예로 길이가 같은 두 개의 막대기를 비교할 때 막대기 양쪽 끝의 관계를 생각하지 못하고, 한쪽 끝만 보고 판단한다.

③ 임의적 단위 사용 (arbitrary units)	• 전조작기 말과 구체적 조작기 초, 이 단계에서 유아는 임의적 단위를 사용하는 것을 배운다. • 자기 발이 이쑤시개로 몇 개의 길이인가 또는 양동이에 물이 몇 컵 들어갈까를 알아내려고 하는 경우 이쑤시개의 길이나 컵의 부피를 임의적 단위라고 할 수 있다. • 임의적 단위를 사용하는 단계를 통해 유아는 표준적 단위의 필요성을 학습하게 된다.
④ 표준 단위의 필요성 인식 (need for standard units)	• 구체적 조작기가 되면 표준 단위를 사용할 필요성을 느끼기 시작한다. 다른 사람이 이해할 수 있는 방법으로 의사소통을 해야 한다는 것을 알게 되며, 다른 사람들이 쓰는 것과 같은 단위를 사용해야 함을 발견하게 된다. • 유아가 "엄지손가락 9개 넓이의 종이를 주세요."라고 말하는 경우 다른 사람들은 그 유아의 손으로 측정하지 않는 한, 같은 폭의 종이를 찾을 수 없다. 만약 유아가 "20cm 폭의 종이를 주세요."라고 말했다면 다른 사람들도 정확히 종이의 폭을 알 수 있다. 이 예에서 엄지손가락은 임의적 단위이고, cm는 표준적 단위이다.
⑤ 표준적 단위 사용 (uses standard units)	• 마지막 단계는 구체적 조작기에 시작한다. • 이 단계에서 유아는 cm, m, l, g 등의 표준적 측정 단위를 사용하고 이해하기 시작한다.

(4) 측정 활동을 위한 교육 내용

① 측정 가능한 속성 인식하기

유아들이 물체의 여러 속성 중에서 길이, 용량, 무게, 면적, 시간 등 측정 가능한 속성을 파악할 수 있도록 충분히 탐색할 수 있는 기회를 제공한다.

- 물체의 길이나 높이를 인식한다.
- 용기에 얼마나 담을 수 있는지를 통해 용량을 인식한다.
- 용량의 많고 적음을 안다.
- 무겁고 가벼움을 안다.
- 크고 적음을 안다.
- 오전, 오후 / 낮과 밤을 구별한다.
- 시간적 어휘(어제, 오늘, 내일)를 사용한다.

② 비교하고 순서 짓기

길이 비교	• 물체의 길이나 높이의 차이가 큰 것을 비교하는 것부터 시작하여 점차 여러 개의 물체를 길이 또는 높이에 따라 비교하고 순서 짓는다. • 적합한 길이 비교 용어를 사용한다. • 길이와 높이의 관계를 탐색한다(길이 ⇨ 높이). • 길이나 높이를 비교할 때 물체들의 한쪽 끝을 동일선상에 맞추어서 배열해야 함을 이해한다.
용량 비교	• 용량을 비교하고 순서 짓는다. • 적합한 비교 용어를 사용한다.

무게 비교	• 양팔 저울을 사용하여 물체의 무게를 비교한다. • 양팔 저울의 높이 차이가 나타내는 관계를 이해한다. • 2~3개 물체의 무게를 비교하고 순서 짓는다. • 적합한 무게 비교 용어를 사용한다.
면적 비교	위에 겹쳐 놓기를 통해 물체의 대략적인 크기를 비교한다.
시간 비교	• 사건의 순서를 안다. • 익숙한 사건을 통해 시간의 경과를 비교한다.

③ 측정하기 : 측정 속성별 내용

길이	• 비표준 단위와 친숙한 표준 단위(예 5센티 도미노 적목)를 사용하여 측정한다. • 어림하여 측정해본다.
용량	• 비표준 단위를 사용하여 측정한다. • 요리 활동 등을 통해 1컵, 1/2컵 등의 표준 단위를 이해한다. • 용기 간의 관계를 탐색한다(1/2컵 2번은 1컵). • 어림하여 측정해본다.
무게	• 비표준 단위와 양팔 저울을 사용하여 측정한다. • 물체의 크기와 무게의 관계를 탐색한다.
면적	비표준 단위로 반복적으로 덮어가며 면적을 측정한다.

(5) 측정 능력

측정 능력에는 물체의 특성에 적합한 측정 단위를 선택하는 능력과 측정 과정에 필요한 기술이 있으며 이런 능력은 실제 측정 활동을 통해 함께 경험할 수 있다.

① 물체의 특성에 적합한 측정 단위 선택하기

길이, 넓이, 부피, 무게 등과 같은 물체의 특성에 적합한 측정 단위를 선택할 수 있도록 "길이는 손뼘이나 줄자로 재는데 몸무게를 재려면 무엇이 필요할까?"와 같은 질문으로 지원하도록 한다. 또한 선택한 측정 도구를 일관성 있게 지속적으로 사용해야 한다는 것도 이해하도록 해야 한다.

	비표준화(임의) 측정 도구	표준화 측정 도구
길이	걸음, 국자, 클립, 실, 연필, 유니픽스큐브	자, 줄자
넓이	색종이, 타일, 포스트잇, 모눈종이	
부피	숟가락, 종이컵, 우유갑, 페트병	계량스푼, 계량컵
무게	양팔저울, 동전, 바둑알,	저울
시간	모래시계, 타이머	시계

② 측정 기술

정확한 측정을 위해서는 측정 기술이 필요하다. 양을 잴 때 시작점을 동일하게 하고, 동일한 크기의 단위를 반복해서 사용해야 하며, 단위가 반복될 때 앞에 놓여졌던 부분과 사이가 벌어지지 않도록 단위 간의 간격을 정확하게 연결해야 한다. 또한 측정한 후 결과를 표상하도록 하면 유아마다 결과가 다르게 나왔을 때 왜 이런 일이 생겼는지 특정 기술에 대해 토론할 수 있는 기회를 제공하게 된다.

(6) **측정 활동 시 유의 사항**

① 측정의 학습은 길이에만 국한하지 말고 면적, 부피, 무게, 시간 등 다양한 영역의 측정과 관련된 경험을 제공하도록 한다.

② 측정을 위한 활동은 구체물 비교 ⇨ 속성에 따른 순서 짓기 ⇨ 비표준화된 측정 단위로 측정하기 ⇨ 표준화된 구체물로 측정하기 ⇨ 표준화된 측정 단위로 측정하기의 순서로 제공해야 한다.

구체물의 비교	자기만의 방식으로 측정하는 경험을 격려한다. 그릇에 작은 블록이나 종이를 담거나 바구니에 공이나 놀잇감을 담으며 비교할 수 있다.
속성에 따른 순서 짓기	"어느 것이 가장 길지?", "~보다 더 무거운 것은 무엇이니? 그 다음에 무거운 것은 무엇이지?"와 같은 질문으로 비교하고 순서 짓도록 격려한다.
비표준 측정 단위로 측정하기	자신의 신체를 사용하여 측정할 경우 신체 단위를 일관성 있게 사용하도록 지도한다(손을 크게 폈을 때와 살짝 폈을 경우 등). 신체 단위를 사용할 경우 재는 사람마다 결과가 다르다는 것을 발견하도록 한다.
표준화된 구체물로 측정하기	측정하는 사람에 따라 다른 결과가 나오지 않기 위한 임의 단위 사용의 필요성을 깨닫도록 한다. 예 블록, 끈, 클립, 동전, 바둑알, 구슬 등
표준 측정 단위로 측정하기	교사가 자, 저울, 계량컵 등을 사용하여 측정하는 모습을 보여 주어 표준단위 도구를 사용하는 경험을 보여준다.

＊ 표준화 측정 단위 측정활동은 유치원에서는 다루지 않지만 퀴즈네어 막대(1~10cm)나 단위 적목(2cm), 우유나 요구르트(200㎖), 페트병(1ℓ) 등을 비표준화 단위와 표준화 단위의 학습을 연계하는 데 활용할 수 있다.

③ 유아가 직면하는 실제적 상황을 제시하여 측정에 참여할 수 있도록 유도한다. 예로 컴퓨터 영역에서 한 유아가 얼마나 활동을 하고 시간을 어떻게 비교할 것인지, 유아가 쌓아 놓은 구성물의 높이를 비교할 때 등이 있다.

④ 교사는 측정과 관련된 대화를 유도하여 측정 활동을 격려하고, 질문을 통해 측정 관련 어휘를 사용할 기회를 제공한다.

예 5분 이내에 끝내야 한다. 어느 친구가 블록을 더 길게(높게) 쌓았니? 어떻게 알 수 있을까? 얼마나 더 높을까?

> **참고** 초등학교에서의 측정 활동
>
> 일반적으로 초등학교의 측정에서는 길이 / 시간, 들이, 무게 등의 제시가 순차적으로 이루어지며 길이의 측정은 2학년, 들이의 측정은 3학년, 무게의 측정은 4학년에 제시하고 있다.

4. 시간 개념

(1) 의미

① 시간은 과거로부터 현재를 통해 미래로 움직이는 비(非)공간적인 연속체를 말한다. 따라서 길이나 넓이, 부피, 무게와 달리 시간은 눈으로 보거나 느낄 수 없다.

② 시간의 차원

순차적 시간(sequence)	아침에 일어나서, 세수를 하고, 옷을 입고, 아침식사를 한다.
시간 간격(duration)	대체로 영화는 2시간 동안 상영된다.

＊ 유아는 대개 초, 분, 월, 년 등의 시간 간격보다 먼저 사건의 순서에 기초하여 시간 개념을 이해함(Charlesworth, 2000)

(2) **피아제**(Piaget) : 유아기 시간 개념의 발달

1단계 (0~2세)	① 감각운동기의 영아는 전, 후의 사건 관계를 경험함으로써 **시간의 흐름**을 인식한다. 즉, 일시적인 경험에 의하여 막연한 감정의 경험을 하게 된다. ② 배가 고파서 울면 엄마가 나타나고 곧이어 우유를 먹게 된다는 것을 알게 됨으로써 사건이 차례로 일어난다는 것을 학습하게 된다.
2단계 (2~7세)	① 전조작기 유아는 점심 시간, 낮잠 시간과 같은 **사건의 순서와 간격**을 이해하기 시작한다. ② 그러나 자기중심적인 인지 특성을 가지고 있는 이 시기의 유아는 시간을 비연속적이며 멈출 수 있는 것으로 생각한다. 예를 들면, 시간이 지남에 따라 나이는 누구에게나 똑같이 증가한다거나 시간이 흐르면 엄마도 할머니처럼 된다는 것을 이해하지 못한다. ③ 연대에 대한 개념이 부족하기 때문에 과거의 사건들을 연대적으로 순서 짓는 데 어려움을 느낀다. 즉, 최근 일어난 두 사건의 전후관계를 순서 짓는 것은 4세경이면 가능하지만, 60일 전의 두 사건의 전후 관계를 순서 짓는 것은 9세경이 되어야 한다(Siegler, 1998). ④ 시곗바늘이 움직이는 속도는 시간을 재려는 물건이 빠르면 빨리 움직이고, 물건이 느리게 움직이면 시곗바늘도 느리게 움직인다고 생각한다.
3단계 (8세 이후)	① 구체적 조작기에 도달하면, 유아는 일련의 사건을 연속적으로 배열할 수 있고 서로 관련지을 수 있다. ② 시계의 동시성을 파악할 수 있어서 사람이나 물체가 빨리 움직이든, 느리게 움직이든 간에 시곗바늘이 움직이는 속도는 항상 일정하다는 것을 이해한다. 이는 '시간 = 거리 / 속도'임을 이해하는 능력으로서, 시간과 관련된 단위(시, 분, 초)를 이해하기 위한 기초가 된다.

(3) 시글러(siegler, 1998)의 시간 개념 발달

① 경험적 시간	ⓐ 사건의 순서와 기간의 주관적 경험을 포함하는 관계이다. ⓑ 유아들은 자신이 경험한 사건의 시간을 이해하는 것부터 시작해서 사건 발생 순서를 이해하게 되며 20개월 무렵 3개의 연속된 사건을 순서화할 수 있다. ⓒ 사건이 일어나는 기간을 예측하는 것은 훨씬 어려운 능력이며 5세경이 되어야 30~40초 간격으로 소리를 반복해서 들을 경우 기간을 예측할 수 있으며, 이때 수 세기를 사용하기는 하지만 10초를 빠르게 세거나 천천히 세거나 모두 객관적으로 10초를 세는 것으로 생각한다.
② 논리적 시간	5세 유아의 경우 시작 시간과 끝난 시간의 논리적 관계에 대한 기초적 이해는 나타나지만 불안정하다. 즉, 5세 유아들은 같이 자기 시작한 인형이 깨는 시간이 다를 경우 누가 더 오래 잤는지는 판단할 수 있다. 하지만 6~7세 유아에게 속도가 다른 두 개의 기차가 동시에 출발하여 동시에 멈추었을 경우 더 멀리 가서 멈춘 기차가 더 오래 달린 것으로 반응한다. 즉, 전조작기 후반의 유아들에게는 속도와 거리가 함께 고려되어야 하는 논리적 시간 관계는 어려운 과제이다.

(4) 찰스워스(Charlesworth, 2000) : 유아가 학습해야 할 3가지 시간 개념

① 개인적 경험 시간 (personal experience time)	ⓐ 자신의 경험을 중심으로 과거와 현재 그리고 미래를 생각하는 것 ⓑ 자신의 과거에 대해 '어제'로 먼 과거의 일에 대해서는 '옛날에', '내가 아기였을 때'로 표현한다. ⓒ 미래의 일에 대해서는 '낮잠 잔 후에', '내가 크면' 등으로 표현한다. 유아들은 엄마 아빠가 어렸을 때가 있었다는 것을 잘 이해하지 못한다.
② 사회적 활동 시간 (social activity time)	ⓐ 사회활동을 통해 정해진 일과의 순서를 예측하는 능력 ⓑ 자유선택활동 ⇨ 정리정돈, 점심 ⇨ 양치질 ⇨ 실외놀이와 같은 일과의 순서 ⓒ 유아들의 경우 규칙적인 스케줄에 편안함을 느끼며 일과에 안정적으로 적응할 수 있다. 그러나 유아들에게 시간이란 예측 가능한 순서이기 때문에 스케줄이 변경되면 당황한다.
③ 문화적 시간 (cultural time)	ⓐ 시계와 달력에 의해 고정된 객관적 시간 ⓑ 일(days of the week), 월(months), 또 연속적인 시간을 분리된 기간으로 나누는 데 사용되는 사회적 장치를 말한다. ⓒ 유아들은 시간에 대한 용어를 학습할 수는 있지만 문화적 시간을 이해하는 것은 어렵다. 시각 읽기가 어려운 것은 시계가 십진법이 아닌 십이진법으로 되어 있고 시곗바늘이 가리키는 숫자와 시각이 일치하지 않기 때문이다.

유아교육과정

(5) 지도 방법

① 일과를 통해 시간의 개념을 이해하게 한다.
　㉠ 개인적 경험을 통한 시간 개념을 소개하는 것으로 시작해서 사회적 활동 시간이 하루를 사건 순서대로 생각해볼 수 있는 기회를 제공한다.
　㉡ 일과가 규칙적이며 예측 가능할 때 시간의 순서나 간격을 이해하기 쉬우므로 그림과 글로 된 일과표를 제시한다.

② 시간과 관련된 어휘를 사용하는 모델을 제공한다.
　㉠ 전에, 후에
　㉡ 요일, 달, 계절
　㉢ 어제, 오늘, 내일, 그제, 엊그제, 모레, 글피
　㉣ 아침, 점심, 저녁, 밤, 새벽
　㉤ 첫 번째, 두 번째
　㉥ 먼저, 지금, 다음, 나중

③ 순차적 시간 개념을 느낄 수 있는 기회를 제공한다.
　㉠ 사건의 순서를 회상, 표상, 설명하기(요리활동 순서 알아보기, 하루 일과 회상하기)
　㉡ 같은 장소를 봄, 여름, 가을, 겨울에 찍은 사진을 게시하기
　㉢ 같은 사물을 아침, 점심, 저녁 등 다른 시점에서 그리기

④ 시간 간격을 경험할 수 있는 기회를 제공한다.
　㉠ 작업 시 모래시계나 요리용 타이머를 사용하기
　㉡ 눈을 감은 뒤 일정 시간이 지났다고 생각하면 눈뜨기
　㉢ 어떤 일을 하려면 얼마나 시간이 걸릴까 추정하기

⑤ 달력이나 시계에 대해 관심을 가지고 기초적인 개념을 형성하도록 한다.
　㉠ 달력을 관찰하여 1년은 12개월이며, 12월이 지나면 새해가 됨을 이해하도록 돕는다.
　㉡ 소풍, 생일 등 행사일을 달력에 표시하고 매일 아침 하루씩 날짜를 지워간다
　　(바깥 놀이 시간인데, 짧은 바늘은 10에 있고 긴 바늘은 6에 있네).
　㉢ 시계의 원리를 가르치기보다는 시계에 관심을 갖게 하는 데 초점을 둔다.

기출탐구

01 다음은 5세반 김 교사와 박 교사가 나눈 대화의 일부이다. 물음에 답하시오.

■ 2013년 추가시험

(가)
박 교사 : 저희 반 은주가 어제 자유선택활동 시간에 책상의 길이를 유니트 블록으로 재었는데, 동일한 길이의 유니트 블록 4개를 책상 위에 올려놓고 '책상은 블록 4개랑 길이가 똑같네.'라고 하더군요.

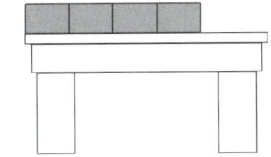

김 교사 : 저도 다른 유아들에게서 비슷한 사례를 본 적이 있어요.
… (중략) …
박 교사 : 선생님, 새로운 수학 활동 좀 추천해 주세요.
김 교사 : ㉠ '교실의 여러 물체를 연필, 끈 등으로 재어 보는 활동', '주사위 2개를 던져 나온 수의 합만큼 말을 움직이는 판 게임', '비밀주머니 안에 있는 도형을 만져 보고 찾는 활동', '우리 반 친구들의 수를 한 명씩 세어 보는 활동'은 어떠세요?
박 교사 : 선생님은 아이디어가 참 많으시네요.
김 교사 : 그런데 수를 세어 보고, 물체를 측정해 보는 등의 활동 자체도 중요하지만 활동을 실행해 본 후, 수치나 모양 등의 ㉡ 활동 결과들이 친구들 간에 왜 서로 다른지 생각해 보도록 하는 것이 중요한 것 같아요.
박 교사 : 맞아요. 유아들이 ㉢ 문제가 무엇인지 이해하고, 해결 방법을 스스로 결정하고 그 방법을 실행해 보는 과정도 필요하더라고요.
김 교사 : 저도 그렇게 생각해요. 유아들이 선택한 방법을 자유롭게 실행해 보고 자신들의 생각을 그림이나 글로 기록하도록 하는 것도 좋더라고요.
박 교사 : 맞아요. 활동이 마무리된 후 유아들이 함께 모여 활동 과정에서 사용한 ㉣ 자신의 전략이나 방법을 친구들에게 말하고 들으며 서로의 생각을 공유하는 것도 좋겠어요.

(가)에서 은주가 책상의 길이를 잴 때 범한 측정 오류 1가지를 쓰시오.

• _____

02 다음은 바깥놀이 중 마당에 떨어져 있는 나뭇잎 놀이를 하고 있는 동수와 영희의 대화 내용의 일부이다. 물음에 답하시오.
■ 2016년

… (상략) …

동수 : 영희야, 우리 나뭇잎 기차 만들자. 우리 누가 더 길게 놓는지 한번 시합해 볼래?

영희 : 와! 정말 기차 같네? 내 것이 네 것보다 길지?

동수 : ㉠ 그래, 맞아. 그런데 네 것이 내 것보다 얼마나 더 길까? 음…. 아, 내가 알 수 있어. 이 나뭇가지로 재 볼게. 내 나뭇잎 기차는 이 나뭇가지로 두 번 갔고, 네 것은 세 번 갔어. 네 것이 한 번 더 갔어.

영희 : ㉡ 여기 단풍잎만 세어 보자. 이쪽부터 세어도 하나, 둘, 셋이고, 저쪽부터 세어도 하나, 둘, 셋이야.

동수 : 응, 그래. 그런데 나뭇잎 크기가 다 달라.

영희 : 그러네, (큰 단풍잎을 가리키며) 이건 아빠 단풍잎, (중간 단풍잎을 가리키며) 이건 엄마 단풍잎, (작은 단풍잎을 가리키며) 이건 애기 단풍잎. 애기 단풍잎이 제일 귀엽다, 그렇지? 우리 이 단풍잎을 접시에 담아볼까?

동수 : 그래, 그러자. 내가 접시 가지고 올게.
(동수는 모래놀이 옆에 있는 역할놀이 교구장에서 큰 접시, 중간 접시, 작은 접시 세 개를 찾아서 영희에게로 온다.)

동수 : ㉢ 아빠 단풍잎은 여기에 담고(큰 접시 위에 큰 단풍잎을 올려놓는다.), 엄마 단풍잎은 여기에 담고(중간 접시 위에 중간 단풍잎을 올려놓는다.), 애기 단풍잎은 여기에 담자(작은 접시 위에 작은 단풍잎을 올려놓는다.).

(1) ㉠에서 동수가 측정할 때 사용한 나뭇가지를 지칭하는 용어를 쓰시오.
   • _____

(2) ㉢에서 나타난 순서 짓기의 특징을 쓰시오.
   • _____

03 다음은 '친구에게 소리 전달하기 게임' 중 '임의 단위를 이용한 길이 재기'를 하고 있는 장면이다. 물음에 답하시오.
■ 2018년

(유아들이 교실 앞문에서 옆 반 앞문까지 소리를 전달할 수 있는 방법에 대해 이야기 나누고 소리 전달을 시도한다.)
영　수 : (유아들이 길게 만들어 둔 호스를 들고) 이건 너무 짧아서 안 돼. 호스가 더 필요해.
희　수 : 얼마나 더 필요한지 길이를 재 보자.
영　수 : 무엇으로 잴까?
희　수 : 벽돌 블록으로 재자.

… (중략) …

(유아들이 길이를 재고 있는 모습을 관찰하던 최 교사는 유아들과 동일한 벽돌 블록을 들고 유아들 옆으로 간다.)
최 교사 : (벽돌 블록을 보여 주며) 선생님도 너희들과 같은 블록을 가져왔어.
희　수 : (선생님을 보며) 왜요? 선생님도 하려고요?
최 교사 : 그래. 선생님도 재려고.

(최 교사는 유아들 옆에서 길이를 재기 시작한다.)

… (중략) …

영　수 : (벽돌 블록으로 길이를 다 잰 후) 선생님! 다 했어요.
최 교사 : 그래?

(유아들은 자신들이 놓은 벽돌 블록의 수와 선생님이 놓은 벽돌 블록의 수를 세어 본다.)

[유아들이 놓은 벽돌 블록]

[최 교사가 놓은 벽돌 블록]

희　수 : 우린 블록이 6개인데 선생님은 8개예요.
최 교사 : 오! 그렇구나. 같은 길이를 쟀는데, 너희가 놓은 벽돌 블록 수와 선생님이 놓은 벽돌 블록 수가 왜 다를까?

(영수와 희수는 선생님이 놓은 벽돌 블록과 자신들이 놓은 벽돌 블록을 번갈아 가며 본다.)

… (하략) …

다음의 ① ⓐ, ⓑ에 들어갈 용어를 순서대로 쓰고, ② ⓐ에 해당되는 유아의 측정 기술 특징 1가지와 ③ ⓑ로서의 역할을 수행하는 교사 발문 1가지를 지문에서 각각 찾아 쓰시오.

> 비고스키(L. Vygotsky)는 유아가 (ⓐ)에서 잠재적 발달수준으로 나아가기 위해서는 유능한 또래나 성인의 (ⓑ)(으)로서의 역할이 중요하다고 하였다.

- ① : _____
- ② : _____
- ③ : _____

04 (가)는 5세반 유아들의 대화 상황이고, (나)는 (가)를 관찰한 후 교사가 작성한 활동 계획안의 일부이다. 물음에 답하시오. ■ 2020년

(가)

> 서진 : (파란 공을 들고) 우리 제일 큰 이 공으로 공놀이 하자.
> 재윤 : 그런데 바구니에 있는 빨간 공이 더 큰 것 같지 않니?
> 지연 : (잠시 공 두 개를 쳐다본 후) 비슷해서 잘 모르겠는데? ㉠ 어느 공이 더 큰지 대 보자.
> 재윤 : 내 말이 맞지? 빨간 공이 더 커.
> 서진 : 큰 공은 무거우니까 우리 가벼운 공으로 놀자. 바구니에서 작은 공을 골라 보자.
> 재윤 : 왜 작은 공을 골라야 해?
> 서진 : 탁구공이 축구공보다 가볍잖아.
> 지연 : 작은 공이 모두 가볍지는 않아.   ⎤
> 재윤 : 큰 공이 다 무거운 건 아니야.   │
> 서진 : 뭐든지 큰 공은 무겁고 작은 공은 가벼운 거야.   │ [A]
> 재윤 : 물놀이 할 때 비치볼은 축구공보다 크지만 더 가벼웠어. │
> 지연 : 우리 빨간 공과 파란 공 중 어떤 공이 무거운지 알아볼까? ⎦

(나)

활동 목표	㉡ 물체의 크기가 같아도 무게가 다를 수 있다는 것을 안다. … (하략) …	
활동 자료	양팔저울, 바둑알, 장난감공, (㉢)	
활동 방법	○ 장난감공과 (㉢)을/를 양팔저울의 접시에 올려놓는다. – 어느 것이 더 무겁니? – 어느 것이 더 무거운지 어떻게 알 수 있었니? – 무거운 쪽의 접시가 어떻게 되었니? ○ 바둑알을 사용하여 장난감공과 (㉢)의 무게를 측정한다.	[B]

(1) 측정 활동 중 (가)의 ⊙에 사용된 비교하기 유형의 명칭을 쓰시오.
　•　_____

(2) ① (나)에 반영된 찰스워스와 린드(R. Charlesworth & K. Lind)의 유아 측정 개념 발달 단계의 명칭을 쓰고, ② (나)의 [B]에 근거하여 양팔저울이 유아의 측정 활동에 적합한 이유 1가지를 쓰시오.
　•　① : _____
　•　② : _____

05 다음은 바깥 놀이터에서의 놀이 상황이다. 물음에 답하시오. ■ 2021년

다빈 : (출발선에서 날린 다빈이의 종이비행기가 지수의 종이비행기를 지나 깃발 바로 옆에 떨어지자) 와! 내가 일등이다!
지수 : 어, 뭐야! 그럼 이제 다빈이가 첫 번째야? 아까는 내가 일등이었는데. 아깝다! 이제 누가 할 거야?
서영 : 나, 나도 멀리 보내야지. (출발선에서 날린 서영이의 종이비행기가 다빈이의 종이비행기를 지나 바닥에 떨어지자) 하하! 내가 제일 멀리 갔으니까, 일등!
다빈 : 와, 서영이 비행기는 엄청 잘 날았어!
지수 : (바닥에 떨어진 종이비행기들을 집어 들며) 서영이가 일등, 다빈이가 이등, 내가 삼등이네.   [A]
서영 : 우리 또 하자!
유아들 : 그래!
교사 : (정리 시간을 알리며) 얘들아, 이제 모이자.
서영 : 선생님, 우리 종이비행기 날리기 조금밖에 못했어요.
다빈 : 종이비행기 한 번 더 날리고 싶은데….
교사 : 너희들 더 놀이하고 싶구나. 오늘이 금요일이니까, 세 밤 자고 월요일에 만나서 많이 하자.
지수 : ⊙ (친구들을 보며) 우리 세 밤 자고 유치원에서 종이비행기 날리기 열 번 하자.   [B]
유아들 : 그래, 열 번, 백 번 하자. 하하.
교사 : (시계를 가리키며) 긴 바늘이 8에 있으니까 40분이야. 11시 40분이 되었네.
유아들 : 이제 우리 뭐 해요?
교사 : 아침에 함께 불렀던 노래, 다시 불러 보자.
모두 : 유치원에 와서♪ 다음! 이야기 나누기를 하고♪ 다음! 간식을 먹고♪ 다음! 자유 놀이를 하고♪ 다음! 바깥 놀이를 하고♪ 다음!   [C]
유아들 : 점심시간!

(1) [A]에서 ① 유아가 사용한 순서 짓기의 유형을 쓰고, ② 그 개념을 사례와 관련지어 설명하시오.
- ① : _____
- ② : _____

(2) 찰스워스(R. Charlesworth)의 관점에 근거하여, ① [B]에 포함되어 있는 시간 개념 중 1가지를 쓰고, ② [C]에 포함되어 있는 시간 개념의 가치를 쓰시오.
- ① : _____
- ② : _____

모범답안

01. • 길이를 잴 때 양쪽 끝의 관계를 판단하지 못하고 한쪽 끝만 보고 길이를 판단한 오류

> **참고 측정 기술**
>
> 유아가 측정 과정에서 나타나는 문제점을 경험하고 해결하는 과정에서 측정할 속성에 적합한 단위를 선정하고, 동일한 단위를 반복하여 측정할 때 필요한 기술을 인식할 수 있도록 지도한다. 예를 들어, 단위를 반복할 때 사이가 벌어지지 않게 정확하게 연결하거나 물체들의 한쪽 끝을 맞추어 배열하는 것과 같은 측정 기술이 필요함을 인식하게 한다.
>
> [출처] 『3-5세 연령별 누리과정 지침서』 p.157.

02. (1) • 임의 측정 단위
 (2) • 접시와 단풍잎 두 집단의 크기를 1 : 1 대응을 사용해서 순서적으로 배열하는 이중 순서 짓기(서열화)를 하고 있다.

03. • ① : ⓐ 실제적 발달 수준, ⓑ 비계(중재자)
 • ② : 단위가 반복될 때 블록 사이를 띄우며 측정하고 있음(단위가 반복될 때 물체의 사이가 벌어지지 않게 정확하게 연결해야 함을 인지하지 못하는 특징).
 • ③ : 같은 길이를 쟀는데, 너희가 놓은 벽돌 블록 수와 선생님이 놓은 벽돌 블록 수가 왜 다를까?

04. (1) • 직접 비교
 (2) • ① : 임의적 단위 사용
 • ② : 양팔저울의 기울기를 통해 어느 것이 더 무거운지 지각적으로 쉽게 확인할 수 있기 때문이다.

05. (1) • ① : 단순서열(화)
 • ② : 각자 던진 비행기가 멀리 나간 순서에 따라 일등, 이등, 삼등의 서열을 매긴 것처럼, 세 개 이상의 물체를 한 가지 속성에 따라 배열하는 것을 의미한다.
 (2) • ① : 문화적 시간
 • ② : 일과의 순서를 예측하는 능력을 길러주어 유치원의 일과에 대한 적응력을 높인다.

4 패턴

1. 패턴의 의미

(1) 패턴의 정의

여러 사물의 관계를 파악하고 관련된 특성을 찾아내어 일반화시키고 예측하는 능력이다.

(2) 중요성

① 수학은 패턴의 학문이고, 이러한 규칙적 패턴에 대해 생각하는 것은 수학의 의미를 알도록 돕는 것이다. 즉, 패턴을 인식하는 능력은 현상에 대한 통찰력을 갖게 하며, 다가올 계절이나 날씨 변화의 예측을 할 수 있게 하며, 무게와 거리, 경사와 속도, 높이와 압력의 함수 관계 등에 대하여서도 예측할 수 있게 된다. 따라서 여러 사물의 관계를 파악하고 관련성을 찾아 일반화시키고, 예측하는 능력을 포함하는 대수적 사고 능력은 현대사회에서 필수적으로 요구되는 능력이다. 또한 유아기 동안 이러한 패턴의 이해와 활용 능력이 점차 발달하는 시기이므로 적절한 교육적 노력이 필요하다.

② 패턴은 논리적으로 반복되는 규칙을 이해하는 것뿐만 아니라 창의성과도 연관이 있으며, 벽지나 타일 포장기의 시각적 패턴과 타악기의 리듬이나 장단의 청각적 패턴 그리고 무용이나 게임 등의 운동적 패턴에 활용되고 있다.

③ 패턴이란 비조직적으로 보이는 상황에 대해 질서와 예측을 할 수 있도록 도울 뿐 아니라 가능한 자료나 정보를 토대로 일반화하는 것을 허용하기 때문에 정보화 사회에서 요구하는 정보 문해 능력의 기초를 형성한다.

(3) 패턴의 유형

① 표상 양식에 의한 분류

운동적 유형	자신의 신체를 이용하여 여러 가지 패턴을 만든다. 예 일어서고 앉기 / 팔을 구부리고 펴기
청각적 유형	여러 가지 소리를 이용하여 다양한 패턴을 표현한다. 예 박수치고 볼소리 내기 / 손뼉치고 발 구르기
시각적 유형	물체나 그림을 이용한다. 예 의자를 세우고 뉘어놓고 / 노란 동그라미 빨간 동그라미
상징적 유형	여러 가지 기호나 글자를 사용하여 패턴을 만든다. 예 ××◎××◎××◎

유아교육과정

② 생성 방식에 의한 분류

반복 패턴	246 246 246과 같이 기본 단위가 계속 반복된다.
증가(성장) 패턴	XY XYY XYYY와 같이 기본 단위가 다음 패턴의 일부분으로 사용된다. 예 양파 단면이나 조개 껍데기 등의 자연물
관계 패턴	1-8, 2-16, 3-24와 같이 두 개의 조합 간에 연관성이 만들어진다. 예 8개짜리 크레용 상자
대칭 패턴	◁▷◁▷◁▷과 같이 기본 단위가 대칭을 이루는 규칙성이 나타난다.
회전 패턴	↑↓↑↓↑↓과 같이 기본 단위가 회전하면서 규칙성이 나타난다.

③ 대상에 따른 분류

실물 패턴	구체적인 물체로 규칙성을 만든다.
신체 패턴	유아 자신으로 규칙성을 만든다.
상징 패턴	기호나 글자로 규칙성을 만든다.

2. 패턴 능력의 발달

1단계	패턴 인식 전 단계	구체물을 규칙과 무관하게 무선적으로 늘어놓는다. 규칙적인 관계를 구체적, 영상적, 언어적으로 표상하지 못한다.
2단계	단순한 패턴의 인식 및 모방 단계	제시된 규칙을 인식하고, 단순한 모방에 의해 구체물을 이용하여 패턴을 배열한다.
3단계	패턴의 구성 및 전이 단계	여러 가지 방법으로 패턴을 배열하고, 다른 유형으로 표상한다. 언어적 표상에 의한 설명은 어렵다.
4단계	복잡한 패턴 구성 및 전이단계	두 가지 특성을 지닌 복합적 패턴을 구성하고, 언어적 설명이 가능하다. 구체물 ⇨ 영상적 ⇨ 상징적 패턴으로 변환할 수 있다.

3. 패턴 활동의 지도

(1) **패턴의 학습 내용**
① 규칙성을 관찰하고 인식하기(색, 크기, 형태, 단어, 음악, 운동 등)
② 규칙성을 인식하고 모방하기
③ 규칙성을 설명하기
④ 규칙성을 토대로 다음에 올 것을 예측하기
⑤ 규칙성을 구성하기
⑥ 규칙성을 그림, 글자, 기호 등으로 나타내기
⑦ 증가 또는 감소 규칙성을 관찰하고 인식하기

○ **2015 개정 유치원 교육과정 연령별 누리과정의 관련 내용**

3세	4세	5세
• 생활주변에서 반복되는 규칙성에 관심을 갖는다.	• 생활주변에서 반복되는 규칙성을 알아본다. • 반복되는 규칙성을 인식하고 모방한다.	• 생활주변에서 반복되는 규칙성을 알고 다음에 올 것을 예측해본다. • 스스로 규칙성을 만들어 본다.

(2) 지도 방법

① 생활주변에서 볼 수 있는 규칙성을 활용한다.
  예 벽지, 포장지, 건축물, 타일 바닥 등의 시각적 패턴, 리듬 연주, 응원하기 등의 청각적 패턴, 사방치기나 민속 무용 등의 운동적 패턴 등을 즐기면서 규칙성을 탐색하고 나아가 스스로 패턴을 만들어 본다.

② 패턴 활동은 유아의 수준에 따라 단계적으로 접근한다.

패턴 인식 수준	생활주변에서 반복되는 규칙적 관계를 탐색하고 모방한다.
패턴 설명 수준	생활주변에서 반복되는 규칙적 관계를 설명한다.
패턴 확장 수준	반복되는 규칙적 관계를 토대로 예측하고 확장한다.
패턴 구성 수준	스스로 패턴을 만들어본다.

> **참고 연령별 패턴활동 지도 방법**
>
> | | |
> |---|---|
> | 3세 | ① 3세 유아들은 관찰과 모방 행동에 의해 패턴을 배우고 즐기게 된다.
② 이 시기 유아들은 자신이 패턴의 일부분이 되는 것을 좋아하며 자신이 좋아하는 음악에 어울리는 패턴을 만들고 연결해 보기도 하고, 노래 속에 반복되는 리듬과 몸 움직임, 동물 소리 등을 통해 자연스럽게 패턴을 따라하고 이해하게 된다. |
> | 4세 | ① 4세 유아는 AB 또는 AABB 유형과 같은 단순하게 반복되는 규칙을 그대로 따라해 보고 순서대로 이어가는 활동이 가능해진다.
② '빨강 – 노랑 – 빨강 – 노랑 – 빨강'의 색깔 순서에 따라 다음에 '노랑'이 오고 그 다음에 오는 것을 이어 보며, 제시된 규칙을 말로 표현한다. |
> | 5세 | ① 5세 유아는 제시된 규칙 중간에 빠진 것을 찾아보며, 다른 유형으로 바꾸어 표현하는 것이 가능해진다.
② 제시된 규칙과 자신이 만든 규칙에 대한 설명을 하고, 반복되거나 확장되는 규칙성을 인식하고 다음에 올 것을 예측할 수 있는데 이때 수가 포함된 규칙성의 이해도 가능해진다. |

③ 패턴 활동의 난이도를 다양하게 제시한다.

구체물 ⇨ 그림 ⇨ 상징(숫자, 기호)으로 규칙성을 표상하는 활동을 한 후, 상징으로 나타난 규칙을 보고 구체물이나 그림으로 표상하는 전이 활동을 연계한다.

AB 패턴에서 ABC 패턴 활동으로 복잡성을 증가시킨다.

인지적 어려움을 증가시켜 간다.
- 배열을 보고 마지막에 무엇이 올지 예측하는 활동 ⇨ 중간에 빠진 것이 무엇일지 추측하는 활동
- 구체적 속성(색, 크기, 형태)에 의한 패턴의 규칙성 인식 ⇨ 관계성에 기초한 규칙성 인식 활동

④ 반복적 패턴 활동만이 아니라 증가적 패턴 활동도 포함시킨다.
예 탑 쌓기, 물체 세기 등

⑤ 교사 역할
다양한 상황을 활용하여 규칙적 관계를 탐색하도록 유도하고, 규칙을 설명하고 예측할 수 있도록 질문하고 격려한다.
예 여기에 어떤 규칙을 찾아볼 수 있을까? 어떻게 찾아냈니? 어떤 규칙인지 말해주겠니? 다음에는 무엇이 올까? 왜 그렇게 생각한거니? 이 패턴을 그림이나 숫자로 나타낼 수 있을까? 네가 그린 패턴 규칙을 이용하여 또 다른 패턴을 만들 수 있겠니?

기출탐구

01 다음은 5세반 놀이 상황의 일부이다. 물음에 답하시오. ■ 2014년

(가)
교사 : 얘들아, 어제 친구들이랑 동물원을 갔다 왔는데 어땠니?
보경 : 친구랑 가니까 좋아요. 동물도 보고, 간식도 먹었어요.
진희 : 저는요, ㉠ 아빠랑 엄마랑 동물원에 세 번 갔다 왔어요.
교사 : 그랬구나. 그럼 동물원은 어떻게 만들면 좋을까? 선생님이 한 것처럼 종이벽돌을 짧은 것, 긴 것, 짧은 것, 긴 것으로 놓아서 울타리를 만들어 보자.
보경 : (교사가 만든 ㉡ 짧은 것, 긴 것, 짧은 것, 긴 것을 보며) 나도 이렇게 할 거예요.
준수 : (울타리를 보면서 ㉢ 앉았다, 일어났다, 앉았다, 일어났다, 앉았다, 일어났다를 반복하며) 저는 이렇게 할 거예요.
진희 : 선생님, ㉣ 저는 꽃으로 울타리를 꾸며 볼래요. 빨간꽃, 노란꽃, 분홍꽃, 빨간꽃, 노란꽃, 분홍꽃을 놓았어요.

㉡은 물체나 그림을 이용하여 구성하는 시각적 패턴 유형이다. ㉢에 해당되는 패턴 유형 1가지를 쓰시오.

• 패턴 유형 : _____

02 다음은 바깥놀이 중 마당에 떨어져 있는 나뭇잎 놀이를 하고 있는 동수와 영희의 대화 내용의 일부이다. 물음에 답하시오. ■ 2016년

동수 : 영희야, 내가 나뭇잎 놓은 것 좀 봐. 은행잎, 단풍잎, 은행잎, 단풍잎, 은행잎, 단풍잎 놓았어. 너는 어떻게 놓을래?
영희 : 음…. 모르겠어. 나도 네가 놓은 것처럼 은행잎, 단풍잎, 은행잎, 단풍잎, 은행잎, 단풍잎 이렇게 놓고 싶어. 봐, 봐. 나도 너랑 똑같이 놓는다. [A]

동수 : 영희야! 네가 나뭇잎 놓을 때마다 우드블록으로 소리를 다르게 내 볼게.
(동수는 영희가 은행잎을 놓을 때는 우드블록을 쳐서 '틱' 소리를 내고, 단풍잎을 놓을 때는 '톡' 소리를 낸다. 동수가 틱, 톡, 틱, 톡, 틱, 톡… 소리를 낸다.) [B]

… (중략) …

동수 : 영희야, 우리 나뭇잎 기차 만들자. 우리 누가 더 길게 놓는지 한번 시합해 볼래?
영희 : 와! 정말 기차 같네? 내 것이 네 것보다 길지?

동수 : ㉠ 그래, 맞아. 그런데 네 것이 내 것보다 얼마나 더 길까? 음…, 아, 내가 알 수 있어. 이 나뭇가지로 재 볼게. 내 나뭇잎 기차는 이 나뭇가지로 두 번 갔고, 네 것은 세 번 갔어. 네 것이 한 번 더 갔어.

영희 : ㉡ 여기 단풍잎만 세어 보자. 이쪽부터 세어도 하나, 둘, 셋이고, 저쪽부터 세어도 하나, 둘, 셋이야.
동수 : 응, 그래. 그런데 나뭇잎 크기가 다 달라.
영희 : 그러네. (큰 단풍잎을 가리키며) 이건 아빠 단풍잎, (중간 단풍잎을 가리키며) 이건 엄마 단풍잎, (작은 단풍잎을 가리키며) 이건 애기 단풍잎. 애기 단풍잎이 제일 귀엽다, 그렇지? 우리 이 단풍잎을 접시에 담아볼까?
동수 : 그래, 그러자. 내가 접시 가지고 올게.
(동수는 모래놀이 옆에 있는 역할놀이 교구장에서 큰 접시, 중간 접시, 작은 접시 세 개를 찾아서 영희에게로 온다.)
동수 : ㉢ 아빠 단풍잎은 여기에 담고(큰 접시 위에 큰 단풍잎을 올려놓는다.), 엄마 단풍잎은 여기에 담고(중간 접시 위에 중간 단풍잎을 올려놓는다.), 애기 단풍잎은 여기에 담자(작은 접시 위에 작은 단풍잎을 올려놓는다.).

[B]에서 동수가 영희를 보면서 '틱', '톡'으로 소리 낸 것을 가리키는 용어를 쓰시오.

• _____

03 다음에 제시된 ㉡에 해당하는 패턴의 표상양식 2가지를 쓰시오.　■ 2017년

윤 교사 : 오늘은 수·조작 영역에서 여러 가지 모양 조각으로 교통기관 만들기 활동을 해 보았어요. 수학 활동으로 좀 더 확장해 보고 싶은데 어떤 활동이 있을까요?
허 교사 : 저는 늘 모양 조각 탐색 후에는 여러 가지 특성을 기준으로 분류해 보기 활동을 해요.
김 교사 : 모양이나 색깔 패턴 만들기 활동도 좋아요. 패턴 만들기 활동에서 ○△□○△ 다음에 어떤 모양이 와야 하는지 생각해 보게 하고, 왜 네모 모양이 와야 한다고 생각하는지 이야기해 보는 활동으로 전개해도 좋을 것 같아요.

허 교사 : ⓒ 동그라미, 세모, 네모로 패턴을 만드는 활동을 확장해서 이 패턴을 몸으로 표현해 보는 활동도 재미있을 것 같아요. 이처럼 한 활동에서 학습한 수학적 개념을 다른 활동에 적용해서 설명해 보는 과정은 유아들의 수학적 사고를 확장시켜 줄 수 있을 것 같아요.

윤 교사 : 선생님들의 의견을 들어보니 색깔과 모양이 다른 조각을 주고 분류해 보는 활동을 먼저 해보아야겠어요.

… (하략) …

- ① : _____
- ② : _____

04 다음은 혼합 연령반 교사가 작성한 일지의 일부이다. 물음에 답하시오. ■ 2021년

(가)

일시 : 2020년 10월 ○○일

바깥 놀이 시간에 유아들과 자연물을 가지고 패턴 활동과 분류 활동을 하였다. 패턴 활동에서는 패턴 생성 방식에 따라 다음 유형을 포함해 다양한 유형이 나타났다.

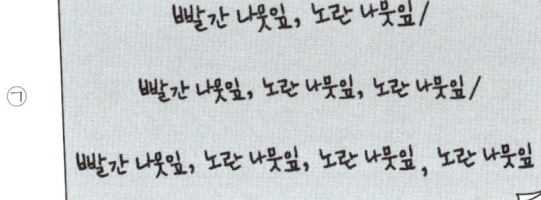

㉠

다양한 패턴 활동을 하기 위하여 ⓒ 대칭 패턴을 동작으로 표상해 보도록 하였고, 유아들이 매우 즐거워하였다.

분류 활동에서는 다음 3가지 유형이 나타났다.

㉢ ㉣

바깥 놀이에서 유아들은 2019 개정 유치원 교육과정 '자연탐구' 영역의 '생활 속에서 탐구하기'와 관련된 수학 요소에 흥미를 보였다. 내일은 분류 경험을 확장하기 위한 활동을 준비해야겠다.

(가)의 ① ㉠의 패턴 유형을 쓰고, ② ㉡의 활동 예시 1가지를 쓰시오.

- ① : _____
- ② : _____

모범답안

01. • 운동적 패턴
02. • 청각적 패턴
03. • ① : 시각적 표상양식
    • ② : 운동적 표상양식
04. • ① : 증가(성장) 패턴
    • ② : 친구와 짝이 되어 나란히 서서 한 유아가 먼저 오른손을 밖으로 뻗으면 이어서 다른 유아가 왼손을 밖으로 뻗는 동작을 반복한다. (다수의 답이 가능함)

5 자료 수집 및 그래프

1. 분류하기(classification)

(1) 의미
① 분류란, 사물을 공통적 유목에 따라 모으는 것을 의미한다. 즉, 분류는 물체가 여러 속성을 가질 수 있다는 것을 이해하여야 하며, 물체 간의 공통성에 기초하여 관계성을 찾는 것이다.
② 논리적 분류에는 어떤 특정한 유목의 공통적 속성을 찾는 내포(intension)과정과 찾아낸 공통적 속성을 새로운 물체에 적용시킬 수 있는 외연(extension)과정이 포함된다.

(2) 분류의 중요성
① Piaget의 논리적 사고에 대한 기본 입장에 의하면 수와 논리는 단일 체계에 의해 수행되며 수리적 사고와 논리적 사고의 발달은 병행한다. 그러므로 분류 및 순서 짓기와 관련된 사고는 집합(class)과 관계성(relation)에 대한 이해를 포함하는 것으로 논리·수학적 사고의 기초가 된다.
② Piaget 이론에서 수 개념의 이해는 분류와 순서 짓기에 포함된 논리적 관계의 이해가 전제되어야 한다고 본다. 즉, 수의 이해에는 기수성에 대한 이해와 서수성에 대한 이해라는 두 가지 기본 지식의 유형이 포함된다. 따라서 물체의 수량화를 이해하기 위해서는 셋이란 것은 세 번째에 부여한 수 단어일지라도 그것은 그 이전의 수량을 포함하는 절대적 크기를 의미한다는 기수성을 이해하여야 하며, 셋은 둘 다음에 오는 수로서 위계적인 관계를 갖는다는 서수성도 이해하여야 한다. 이러한 논리적 관계가 이해되어야 수의 이해가 가능하다고 보았기 때문에 수 이해의 기초로서 분류와 순서 짓기의 논리적 관계를 위한 활동을 유아 수 교육 이전에 포함시켜 왔다.
③ 단순 분류, 복합 분류, 부분과 전체, 포함 관계 등의 분류에 대한 이해와 수행 능력은 추후 수의 연산 및 통계학습에 중요한 기초가 된다.
④ 공통성이나 관계성을 기초로 자료를 처리하는 분류 능력은 앞으로 주변 세계의 많은 정보나 자료들을 체계적으로 처리하는 능력이 요구되는 정보 사회에서 활용적 가치가 크다.

(3) 분류 능력의 발달
① 영아기 : 자신의 행동과 그에 따른 물체의 반응과의 관계를 연결 지으면서 물체의 특성을 이해
② 전조작기 : 기하학적 형태, 색, 크기 등의 순서로 발달
  ㉠ 물체 간의 공통적 속성에 따라 관계성을 연관 지어 보려는 짝짓기, 관련짓기 등의 행동이 분류 행동의 시초

ⓒ 4~5세경의 유아 : 처음에는 분류의 준거나 범주에 따라 분류를 하다가 중도에 주의가 산만해져 결국에는 불완전한 분류하는 결과를 보인다.
　　ⓒ 5~6세경의 유아 : 보다 지속적으로 분류의 준거를 적용하여 완전한 분류를 할 수 있게 되지만 복합 분류나 포함관계의 이해에는 여전히 어려움을 겪으며, 구체적 조작기가 되어서야 이러한 관계의 이해가 가능하다.

(4) **분류를 위한 학습 내용**

① 짝짓기, 관련짓기	• 동일한 물건 짝짓기 ⇨ 유사한 것끼리 모으기 • 관련 짓기 : 서로 연관된 속성을 찾아보기, 누구에 속하는지 찾아보기 (물체 간의 공통적 속성 탐색) 예 아기와 젖병, 아빠와 넥타이, 숟가락과 젓가락
② 단순 분류	• 물체 간의 공통된 속성 하나를 준거로 물체를 모아보기 예 놀잇감의 정리 / 게임을 위한 집단 나누기
③ 복합 분류	• 한 번에 두 가지 이상의 속성을 고려하여 물체를 분류하기 • 한 물체가 여러 속성을 가질 수 있다는 것에 대한 이해가 전제 예 빨갛고 커다란 단추 / 작은 세모끼리 모으기 • 구체적 조작기에 적합한 활동
④ 유목 포함	• 물체들을 하위 유목으로 구성할 수 있고, 하위 유목은 더 큰 상위 유목에 포함시킬 수 있음 • 전조작기 유아에게는 어려움, 구체적 조작기에 적합한 활동

2. 자료 분석

(1) **통계란?**

　통계는 다양한 정보를 체계적으로 다루는 방법을 제공하며 또한 문제 해결의 중요한 수단으로 활용되고 있다.

(2) **자료 분석의 중요성**

　① 자료 분석은 정보화 사회에서 어떤 현상이나 문제에 대해 답을 줄 수 있는 정보의 수집과 분석 및 활용할 수 있는 능력으로 중요한 가치를 가진다. 특히 정보화 사회에서 다양한 정보를 효과적으로 조직하고 다루며, 그 결과를 기초로 동향을 예측하고 이를 의사소통하는 능력은 필수적인 능력이다.
　② 자료 분석은 자료를 수집하고, 범주에 따라 분류하여 조직화하고, 이를 표상하여 나타내고, 이 결과를 사용하게 되는 연속적인 학습을 포함하는 것으로 분류하기, 수 세기, 상징적 형태로 표상하기, 비교하기 등의 수학적 사고와 기술이 종합적으로 요구된다. 뿐만 아니라 자료 결과를 토대로 추후 동향이나 예측을 가능케 하여 확률적 사고의 발달에도 기초가 된다.

(3) 그래프 능력의 발달

① 그래프는 그림 그래프, 막대 그래프, 원 그래프, 꺾은 선 그래프 등 여러 가지 형태로 표현될 수 있다.
② 이 중 그림 그래프와 막대 그래프가 유아에게 가장 쉬우며, 원 그래프는 초등학교 단계에서도 어렵다.
③ 꺾은 선 그래프는 구체적 조작 능력을 필요로 하므로 초등학교 저학년부터 시작할 수 있다.

○ 그래프 능력의 발달 단계(Charlesworth, 2000)

① 실물 두 가지를 비교하는 단계	• 이 단계에서는 실물을 이용하여 그래프를 만들며, 두 가지 항목만 비교할 수 있다. • 주로 일대일 대응을 하거나 높이 또는 길이를 시각적으로 보고 비교한다.
② 그림을 이용하여 두 개 이상의 항목을 비교하는 단계	• 두 가지 이상의 항목이 비교될 뿐 아니라, 기록이 더 영구적으로 남는 단계이다. • 주로 그림이나 사진을 오려 붙여서 그래프를 만든다.
③ 상징물을 이용하여 비교하는 단계	• 실물 없이 색종이 조각을 오려 붙이거나 기호를 사용하여 그래프를 만든다. • 이 단계에서 유아는 보다 독립적으로 활동할 수 있다.
④ 눈금이 그려진 종이를 사용하는 단계	• 눈금이 그려진 종이를 사용하고 네모 칸 안에 색깔을 칠하여 그래프를 만든다. • 앞의 세 가지 단계를 충분히 경험한 이후에만 가능하다.
⑤ 꺾은 선 그래프를 사용하는 단계	• 기온이나 강우량의 변화를 보여주는 데 유용한 방법이다. • X축과 Y축이 만나는 지점에 표시를 한 후, 이전의 점과 다음의 점을 연결한다.

✽ 유아기에는 실물 그래프와 그림 그래프, 기호와 상징을 사용하는 상징 그래프 단계의 활동까지 할 수 있다. 꺾은 선 그래프는 구체적 조작 능력을 필요로 하므로 초등학교 저학년부터 시작할 수 있다.

(4) 유아기에 적합한 그래프 활동

유아에게 사용할 수 있는 그래프로는 실물 그래프, 그림 그래프, 상징 그래프 등 세 가지가 있다.

① 실물 그래프 (real object graph)	• 실물 그래프는 해당 사물을 그래프 판 위에 직접 놓아서 만드는 3차원적 그래프이다. • 구두를 신은 유아가 많은지 혹은 운동화를 신은 유아가 많은지 알아보기 위해 교실 바닥에 커다란 그래프 판을 놓고 그 위에 각자의 신발을 올려놓을 수 있다. 또한 운동장에 나가서 구두를 신은 유아와 운동화를 신은 유아가 줄서기를 할 수 있다. • 실물 그래프는 그림 그래프나 상징 그래프 활동의 기초가 되며, 유아에게 구체적인 경험을 제공하므로 가장 중요한 유형의 그래프로 볼 수 있다.

② 그림 그래프 (picture graph)	• 그림 그래프는 실물 대신 실물의 그림을 이용하는 것으로서 실물 그래프와 상징 그래프 간의 중간적인 성격을 가지고 있다. • 유아의 발달 특성상 실물을 이용한 그래프 활동이 가장 바람직하지만 실물 그래프를 만드는 것이 불가능한 경우가 있다. 이러한 경우는 해당 물체의 그림에 색칠을 하거나 해당 물체의 사진이나 스티커를 붙이는 그림 그래프 활동을 하는 것이 좋다.
③ 상징 그래프 (symbolic graph)	• 상징 그래프는 어떤 물체를 표상하기 위해 추상적 매체, 예를 들어 블록이나 세기표(∭ 또는 正) 등을 사용하는 것이다. • 해당 칸을 채운 차트를 책상 위나 벽에 붙이는 경우가 많지만 끼우기 블록을 쌓아올리거나 종이 클립 또는 색종이 고리를 연결하여 그래프를 나타낼 수도 있다.

(5) **지도 방법 : 자료의 수집 ⇨ 정리 ⇨ 분석**

① 자료 분류하기

　자료를 분류하기 위해서는 유아가 단순 분류에서 시작하여 복합 분류와 유목 포함 관계까지 이해할 수 있어야 한다. 신희영(1990)은 3세 유아도 단순 분류를 할 수 있었으며, 복합 분류 이해는 5, 6세의 유아들도 어려운 과제라고 하였다. 따라서 유목 포함 과제를 포함시키는 것은 발달적으로 적절하지 않다.

② 자료 조직과 결과 나타내기(Charlesworth & Lind, 2003)

　자료를 그래프로 나타내기 위해서는 실물 그래프, 그림 그래프, 상징 그래프, 막대 그래프, 다이어그램이나 꺾은 선 그래프같이 높은 수준의 그래프 이해의 발달 단계를 거친다. 유아기에는 실물 그래프와 그림 그래프, 기호와 상징을 사용하는 상징 그래프 단계의 활동까지 할 수 있다.

③ 자료 해석 및 확률적 사고와 표현

　㉠ 자료 해석 과정 : 유아들은 자료의 분포 정도를 읽거나 다른 항목들과 비교하게 된다. 이때 유아는 '보다 많은', '보다 적은', '제일 많은', '제일 적은' 등의 어휘를 사용하여 자료를 해석할 수 있다.

　㉡ 확률적 사고 : 유아기에는 확률에 대해 주관적 관점에서 판단을 한다. 유아들은 불확실한 상황에 대한 개인적 평가로서의 잠정적 확률에서 출발하여 상황을 여러 번 관찰하여 이와 관련된 경험을 축적함으로써 점차 정확한 확률적 추정에 이르게 된다(박태학·이와라, 2004). 그러므로 유아기에도 확률적 사고 경험이 필요하며 이 시기에는 '더 그럴 것 같은' 또는 '덜 그럴 것 같은'과 같은 단어를 사용하여 사건의 발생 가능성에 대해 생각해 볼 수 있도록 하는 것이 적합하다.

> 1. 자료를 수집하기 위한 질문 제기하기
> 2. 자료를 수집 및 기록하는 방법 알기
> 3. 자료에 대한 범주를 정하고 분류하기
> 4. 자료를 조직하기
> 5. 자료의 결과를 구체물, 그림, 그래프, 표 등을 사용하여 나타내기
> 6. 자료의 결과를 비교하고 설명하기 또는 예측하기

(6) **통계 활동 제공 시 고려 사항**
① 자료를 수집하기 위해 어떻게 질문을 하는 것이 원하는 자료를 얻기에 효과적일지를 비교하고 탐색하도록 한다. 따라서 무엇을 알기 위한 것인지를 구체화하고, 어떻게 질문을 할 것인지에 대한 유아의 의견을 묻고, 이들을 비교하여 유아들이 선정하도록 기회를 준다.
② 자료에 대한 기록 방법을 논의해 보거나 유아들이 기록한 방법을 비교하여 보는 기회를 제공한다.
③ 자료를 조직하기 위한 가능한 범주를 탐색하고 비교해 본다. 무엇보다 유아 스스로 자료에 대한 분류의 준거를 찾아보고, 또 다른 가능한 범주도 찾아볼 뿐 아니라 이들 범주에 대해 비교하여 보는 기회를 갖는 것이 중요하다.
④ 자료 결과에 대한 표상은 구체물 → 그림 → 상징의 순으로 제공한다.
　㉠ 처음에는 두 집단 간의 비교로 시작하여 점차 집단의 수를 증가시켜 간다.
　㉡ Copley는 물리적 표상을 위한 얼음판이나 계란 1줄짜리 팩을 사용할 것과 그림 그래프를 위해서는 우유갑에 사진이나 그림을 붙여 사용할 것을 권하고 있다.
　㉢ 같은 자료를 사용하여 다양한 형태의 그래프로 나타내 보고 이들 간의 유사한 점과 차이점을 비교하여 보는 활동도 적극 활용한다.
⑤ 유아들이 표상한 그래프를 통해 다양한 정보를 추출하고, 비교하며, 예측하여 보고 설명하는 활동은 매우 중요하다. 특히 그래프 자료를 기초로 예측해 보는 활동과 '아마도', '거의', '확실히' 등의 어휘를 사용해 보는 경험은 추후 확률 개념 이해의 기초가 된다.

- 어떤 것이 더 많니(기니)? 어떤 것이 더 적니(짧니)?
- 제일 많은(긴) 것을 무엇이니? 제일 적은(짧은) 것은 무엇이니?
- 개수가 같은 것은 어떤 것들이니?
- ~에는 몇 개가 있니?
- ~보다 ~가 몇 개 더 많니? ~보다 ~가 몇 개 더 적니?

기출탐구

01 다음은 ○○유치원 5세반 윤 교사가 동료 교사와 나눈 대화 내용이다. 물음에 답하시오.
■ 2017년

> 윤 교사 : 오늘은 수·조작 영역에서 여러 가지 모양 조각으로 교통기관 만들기 활동을 해 보았어요. 수학 활동으로 좀 더 확장해 보고 싶은데 어떤 활동이 있을까요?
> 허 교사 : 저는 늘 모양 조각 탐색 후에는 여러 가지 특성을 기준으로 분류해 보기 활동을 해요.
> 김 교사 : 모양이나 색깔 패턴 만들기 활동도 좋아요. 패턴 만들기 활동에서 ○△□○△ 다음에 어떤 모양이 와야 하는지 생각해 보게 하고, ㉠ 왜 네모 모양이 와야 한다고 생각하는지 이야기해 보는 활동으로 전개해도 좋을 것 같아요.
> 허 교사 : ㉡ 동그라미, 세모, 네모로 패턴을 만드는 활동을 확장해서 이 패턴을 몸으로 표현해 보는 활동도 재미있을 것 같아요. 이처럼 ㉢ 한 활동에서 학습한 수학적 개념을 다른 활동에 적용해서 설명해 보는 과정은 유아들의 수학적 사고를 확장시켜 줄 수 있을 것 같아요.
> 윤 교사 : 선생님들의 의견을 들어보니 ㉣ 색깔과 모양이 다른 조각을 주고 분류해 보는 활동을 먼저 해보아야겠어요.
> … (하략) …

(1) 위의 ㉠, ㉢의 활동을 통하여 유아가 학습할 수 있는 수학적 과정 기술(mathematical process skill)을 각각 쓰시오.

- ㉠ : _____
- ㉢ : _____

(2) 위 내용에서 윤 교사는 ㉣을 하기 위해 유아에게 색깔이 다른 세모, 네모, 동그라미 모양 조각을 제공해 주었다. 다음의 그림에서 유아가 적용한 ① 분류의 유형과 ② 분류의 준거를 쓰시오.

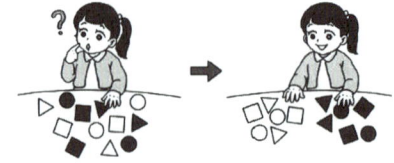

- ① : _____
- ② : _____

02 다음은 혼합 연령반 교사가 작성한 일지의 일부이다. 물음에 답하시오. ■ 2021년

(가)

일시 : 2020년 10월 ○○일

바깥 놀이 시간에 유아들과 자연물을 가지고 패턴 활동과 분류 활동을 하였다. 패턴 활동에서는 패턴 생성 방식에 따라 다음 유형을 포함해 다양한 유형이 나타났다.

㉠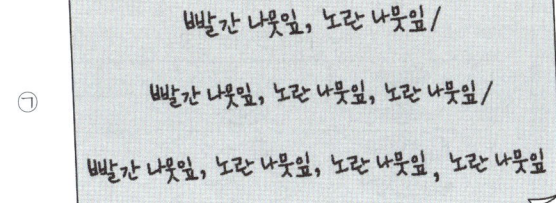

다양한 패턴 활동을 하기 위하여 ㉡ 대칭 패턴을 동작으로 표상해 보도록 하였고, 유아들이 매우 즐거워하였다.

분류 활동에서는 다음 3가지 유형이 나타났다.

㉢　　㉣

바깥 놀이에서 유아들은 2019 개정 유치원 교육과정 '자연탐구' 영역의 '생활 속에서 탐구하기'와 관련된 수학 요소에 흥미를 보였다. 내일은 분류 경험을 확장하기 위한 활동을 준비해야겠다.

유아교육과정

(나)

일시 : 2020년 10월 △△일

오늘은 어제의 분류 경험을 확장하기 위해 다음의 그래프 활동을 하였다.

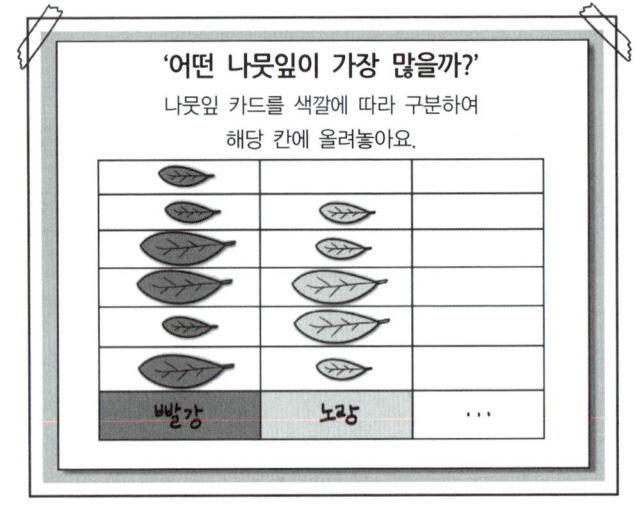

(1) (가)의 ⓒ, ㉢에 나타난 분류 유형을 각각 쓰시오.
- ⓒ : _____
- ㉢ : _____

(2) (나)에서 교사가 활용한 그래프 유형을 쓰시오.
_____
_____

모범답안

01. (1) • ㉠ : 추론하기   • ⓒ : 연계하기(관련짓기)
    (2) • ① : 단순분류(지각적 분류)   • ② : 색깔
02. (1) • ⓒ : 복합 분류
       • ㉢ : 관련 짓기(나뭇잎 1개에 나뭇가지 1개를 서로 연결한 것으로 볼 수 있음)
    (2) • 그림 그래프(색깔이 다른 나뭇잎 카드를 이용함)

아이들의 미소가
세상을 아름답게 합니다.

한눈에 보는 02. 유아 과학 교육

01 유아 과학 교육 배경 이론

1. 피아제 이론
   1. 기본 관점
   2. 유아기 과학적 사고의 특징
   3. 세 가지 지식의 유형

2. 브루너 이론
   1. 지식의 구조론
   2. 발견 학습
   3. 표상 이론

3. 비고츠키 이론
   1. 기본 관점
   2. 과학 교육에 대한 입장

02 구성주의 유아 과학 교육

1. 구성주의 과학 교육에 대한 이해
   1. 구성주의 인식론
   2. 구성주의 과학 교육의 강조점

2. 구성주의 유아 과학 교육
   1. 유아 과학 교육의 의미
   2. 유아 과학 교육의 목표
   3. 유아 과학 교육의 내용
   4. 유아 과학 교육 교수 원리
   5. 유아 과학 교육 교수·학습 방법
   6. 유아 과학 교육 교사의 역할

03 유아 과학 교육 접근법과 과학 교육 프로그램

1. 유아 과학 교육 접근법
   1. 물리적 지식 활동 접근을 통한 과학 교육
   2. 창의적 실험 구성 접근법
   3. 자연 탐구 접근법
   4. 통합적 접근법

2. 유아 과학 창의 교육 프로그램
   1. 과학 창의성의 개념
   2. 과학 창의성의 구성 요소
   3. 과학 창의 교육의 방법
   4. 활동의 실제

3. 놀이를 통한 유아 과학 활동
   1. 교육적 가치
   2. 교수 학습 원리
   3. 교사 역할

4. 자연 체험 활동
   1. 교육적 가치
   2. 교사 역할
   3. 활동 시 유의점

5. 창의성 교육 프로그램
   1. 창의성의 개념
   2. 창의성의 구성 요소
   3. 창의성을 길러주는 사고 기법

출제경향분석

01 유아 과학 교육 배경 이론

1. 피아제 이론 :

연도	유형	기출문제
1997	선택	• 동화 제시된 사례들과 관련이 깊은 인지 개념
2011	서술	• 동화, 조절 : 피아제 이론의 인지발달기제 중 ㉠, ㉡에 해당하는 것이 무엇인지 밝히고, ㉠, ㉡의 사례와 관련지어 그 특징을 각각 논하기
2011	선택	• 평형화, 동화, 조절 : 피아제의 관점을 유아교육 현장에 적용하여 지도하고자 할 때 적절한 것
2013 추가 시험	기입	• 인지적 불평형 : 인지 발달 이론 용어 쓰기
2018	기입	• 동화, 평형화, 인지적 갈등 ⓐ, ⓑ, ⓒ에 들어갈 용어를 쓰고, ⓐ에 해당하는 유아 반응을 사례에서 찾아 쓰기
2020	기입 서술	• 인지적 불평형, 보존개념 ① (가)의 ㉠에 들어갈 용어를 피아제(J. Piaget)의 인지적 구성주의에 근거하여 쓰고, ② ㉠을 통해 효린이가 알게 된 것을 (나)의 [A]에서 찾아 쓰기
2005	서술	• 상징적 사고, 자기중심적 사고, 비가역성 : 자동차 놀이, 소꿉놀이, 숨바꼭질 놀이를 통해 알 수 있는 전조작기 유아들의 인지적 사고 특징, 적절한 교사 발문 쓰기
2012	기입	• 자기중심성, 기호적 기능 : 사례에 나타난 유아기 인지 발달 특징
2013	기입	• 지각의 중심화 : 괄호 안에 들어갈 알맞은 말을 쓰기 자신이 지각하는 1가지 요소에만 주의를 집중하고 그 외 다른 요소들을 고려하지 못하는 것
2015	기입	• 전환적 추론, 상징적 사고, 물활론적 사고 : 사례에서 보여주는 유아기 사고의 특성에 해당하는 용어
2019	서술	• 상징적 사고 : 상징적 사고의 특성을 보이는 유아의 말을 (가)에서 찾아 쓰기
1998	선택	• 물리적 지식 : 보기에서 설명하고 있는 지식의 형태
2011	기입	• 논리·수학적 지식, 사회적 지식 : 지식의 유형 중 ㉠, ㉡에 해당되는 것이 무엇인지 각각 쓰고 그 이유를 논하기
2013	서술	• 사회적 지식 : 3가지 지식 유형 중 ①을 쓰고, 사례를 들어 설명하기
2014	기입	• 물리적 지식 : ㉡에 나타난 지식의 유형 1가지를 쓰기
2017	기입	• 물리적 지식 활동 선정 기준 : 까미와 드브리스의 '좋은 물리적 지식 활동 선정 기준'에 근거하여 (가)의 ㉠에 들어갈 말을 쓰기
2021	기입 서술	• 논리·수학적 지식 : 피아제의 지식 유형에 근거하여, (가)의 ㉠과 ㉡에서 ① 은지가 구성한 지식이 무엇인지 쓰고, ② 그 지식의 개념을 사례와 관련지어 설명하기

• 출제경향분석

2. 브루너 이론

연도	유형	기출문제
2008	서술	• 브루너의 표상 양식 : 각 단계를 쓰고, 이에 해당하는 표상 활동의 예 찾아 쓰기
2010	선택	• 브루너의 표상 양식 : 각 단계를 적용한 지도 방식을 골라 바르게 짝지은 것 선택하기
2013 추가 시험	기입	• 브루너의 교육과정 내용 조직의 원리 : 나선형적 조직
2014	기입	• 브루너의 표상 양식 중 영상적 표상 ㉣에 들어갈 표상 양식 1가지를 쓰기

3. 비고츠키 이론

연도	유형	기출문제
2009	선택	• 발달과 학습에 대한 비고츠키의 관점
1998	선택	• 근접 발달 지대, 비계설정, 상호주관성 비고츠키 이론의 주요 용어에 대한 설명
2007	기입	
2011	선택	• 근접 발달 지대 비고츠키의 관점을 유아교육 현장에 적용하여 지도하고자 할 때 적절한 것
2016	서술	• 과학적 개념과 비계설정 비눗방울 놀이 상황에서 나타난 ① 유아의 오개념을 쓰고, ② 그 오개념이 과학적 개념으로 변하게 된 이유를 사회적 구성주의 관점에서 쓰시오
2020	기입	• 비계설정 비고츠키(L. Vygotsky) 이론에 근거하여, (가)의 ㉡에 들어갈 용어를 쓰기

02 탐구 과정 즐기기

1. 탐구 기술(용어)

연도	유형	기출문제
2010	선택	• 관찰, 분류 과학적 탐구 과정에 대한 설명 중 ㉠과 ㉡에 알맞은 것
2013 추가 시험	기입	• 예측, 비교 자연탐구 영역의 '세부 내용'에 제시되어 있는 탐구 기술 중 ㉠, ㉤에 해당하는 탐구 기술 1가지를 각각 쓰기
2013	기입	• 관찰, 탐색 '탐구 기술 활용하기'의 세부 내용 중 ( ) 안에 적합한 용어 쓰기
2016	기입	• 관찰, 비교 2015 개정 유치원 교육과정에 제시된 탐구 기술 중, ㉠에서 사용된 탐구 기술 2가지를 쓰기
2019 추가 시험	서술	• 예측하기, 추론하기 (가)의 밑줄 친 ⓐ와 (라)의 밑줄 친 ⓑ에 나타난 과학과정 기술을 1가지씩 쓰고, 그 개념을 각각 쓰기
2020	기입	• 추론하기 (나)의 [C]에 제시된 장 교사의 발문에서 의도한 유아의 과학적 탐구 과정을 쓰기
2013 추가 시험	서술	• 행동의 원인과 결과 간의 관련성을 나타내는 반응 : ㉣에 대한 유아 반응 1가지를 ㉢에서 찾아 쓰기

2. 탐구 기술(교사 발문)

연도	유형	기출문제
2008	서술	• 활동 목표와 탐구 과정 5가지 제시된 활동과 관련된 과학의 탐구 과정 5가지, 각각에 적합한 교사 발문
2013	서술	• 비교, 예측 탐구 기술 ㉣과 ㉤을 활용한 교사 발문의 예를 (다)에서 찾아 쓰기
2015	서술	• 예측하기 (가)의 교사 발문에서 과학적 탐구 과정 중 '예측하기'에 해당하는 부분을 찾아 쓰기
2018	서술	• 탐색, 예측 (A)와 (B) 각각에 해당하는 탐구 기술과 교사 발문을 각각 쓰기

3. 과학적 태도

연도	유형	기출문제
2013	서술	• 호기심 : ㉠(호기심)에 해당하는 내용을 쓰고, ㉠을 적용한 교수 행동 사례를 (나)에서 찾아 1가지 쓰기
2013 추가 시험	기입	• 호기심 : ①에 공통으로 들어갈 말(호기심) 1가지를 쓰기
2015	서술	• 과학적 태도 : 개방성 하영이와 민수에게 부족한 ① 과학적 태도를 가리키는 용어 1가지를 쓰고, ② 그 이유를 설명하기
2019 추가 시험	서술	• 호기심을 유지하고 확장하기 탐구하는 태도 기르기 내용 범주의 내용 ⓐ, ⓑ를 순서대로 쓰기
2020	서술	• 과학적 태도 : 협동심 (나)의 [B]에 근거하여, (다)의 ㉢에 들어갈 유아의 과학적 태도를 쓰기
2021	기입 서술	• 과학적 태도 : 끈기성 [B]와 (나)에 근거하여, ① 호진이에게 부족한 과학적 태도 1가지를 쓰고, ② 그렇게 판단한 이유를 사례와 관련지어 쓰기

4. 창의성

연도	유형	기출문제
2009	선택	• 창의성에 관한 설명으로 적절하지 않은 것
2015	기입	• 유창성 길포드가 제시한 창의성의 구성 요인 중에서 ㉢에 해당하는 요인과 정의 쓰기
2017	기입	• 브레인스토밍의 원리(비판금지) 오스본의 관점을 토대로 송 교사가 유아의 창의적 사고 향상을 위해 사용한 기법과 사례의 유아를 지도하기 위해 필요한 원리 쓰기

출제경향분석

03 유아 과학 교육

1. 구성주의 과학 교육

연도	유형	기출문제
2001	서술	• 제시된 과학 실험의 사례에서 과학 교수 방법의 문제점 5가지 지적하기(탐구 학습의 원리에 비추어)
2011	서술	• 과학 교육 시 교사 역할 : 관찰자, 환경 지원, 촉진자 과학적 사고 발달을 위한 교사 역할 쓰기
2016	서술	• 오개념, 조작 변인, 가설 – 위 상황에서 나타난 ① 유아의 오개념을 쓰기 – ⓒ에 제시된 ① 조작 변인을 쓰고, ② 조작 변인과 관련하여 유아들이 설정한 가설을 쓰기
2017	기입	• 통제 변인 – ⓐ에 들어갈 말을 쓰고, ⓑ을 통해 김 교사가 통제하고자 하는 변인 1가지를 쓰기 – [A]에서 유아들이 볼링핀을 쓰러뜨리기 위해 적용한 방법과 관련된 변인 1가지를 쓰기
2018	서술 기입	• 인지발달 특성 / 변인통제 – 인지발달 특성에 비추어 (A)에서 적절하지 않은 내용 찾아 쓰기 – ( ) 안에 들어갈 말을 쓰기(변인통제)
2019	기입	• 오개념과 조작변인 (나)에 나타난 ① 유아의 오개념을 찾아 쓰고, ② 조작변인을 쓰기
2019 추가 시험	서술	• 구성주의 과학활동 지도 방법 교사의 발화 ㉠~㉤ 중 유아의 탐구활동에 도움이 되지 않는 것의 기호 1가지와 그 이유를 쓰기
2020	서술	• 오개념, 자료의 특성 ① (가)의 [A]에서 유아의 오개념이 나타난 말을 찾아 쓰고, ② (나)의 활동 목표 ㉡을 달성하기 위해 ㉢에 들어갈 활동 자료를 쓰기
2019 추가 시험	서술	• 과학개념 발달 밑줄 친 ㉠이 유아의 과학 개념 발달 측면에서 적절하지 않은 이유 1가지를 쓰기 • 과학교수 효능감 [A]에서 나타난 교육 실습생의 과학 수업에 대한 신념을 의미하는 개념 1가지를 쓰고, 그 개념을 설명하기 • 교육 실습생이 밑줄 친 ㉡으로 활동하려는 이유를 유아에게 적절한 과학 활동 재료의 특성 측면에서 설명하기
2021	서술	• 과학 활동 자료 제시 방법 구성주의 관점에서 볼 때, [A]에 나타난 과학 활동 자료 제시 방법이 적절하지 않은 이유 1가지를 쓰기

2. 물체와 물질 탐색하기 / 도구와 기계 활용하기

연도	유형	기출문제
2000	서술	• 물질의 변화과정 설명하기 : '조형' 영역에서 '물질의 변화 과정'을 탐구할 수 있는 활동 3가지, 물질의 변화 과정 설명하기
2003	서술	• 제시된 활동과 가장 관련이 깊은 '과학적 탐구'의 내용 2가지 제시하고, '비탈길의 바퀴들'이라는 주제에 적합한 학습자 중심의 활동목표 4가지 쓰기
2004	서술	• 3세 유아의 발달 기준에 부적절한 활동 3가지, 이유, 대안 제시하기
2009	선택	• '고구마 삶기' 요리 활동 순서표와 관련하여 만 3세 학급 활동으로 가장 적절한 것
2011	서술	• '물체와 물질에 대해 알아보기'의 수준별 내용 중 (가) 활동과 관련된 것 1가지 쓰기, 수준별 내용을 근거로 (가) 활동이 필요한 이유 1가지 논하기
2013	기입	• 김 교사의 발문 (가)에 해당하는 누리과정 '과학적 탐구하기'의 내용 쓰기
2014	기입	• ⓒ과 관련된 자연탐구 영역의 일부에서 ①에 들어갈 '세부 내용'(4세) 쓰기
2015	기입	• '과학적 탐구하기'에서 (가)의 미술 활동과 연관된 ① 내용과 ② 세부 내용 쓰기
2017	기입	• '과학적 탐구하기' 내용 범주의 세부 내용 ⓐ를 쓰기

3. 생명체와 자연환경 알아보기

연도	유형	기출문제
2004	서술	• 자연 체험 활동 시 교사 역할 자연 체험 활동의 사전 준비 및 활동, 본 활동, 사후 활동 시 교사가 해야 할 일 2가지씩 제시하기
2005	서술	• 비가 올 때 유아들이 비를 통해 변화되는 자연의 모습을 관찰하고 느낄 수 있도록 교사가 전개할 수 있는 자연 체험 활동의 예 5가지 쓰기
2009	서술	• '가을 열매 알아보기'에 관한 과학 수업에 대한 '교사 이야기 쓰기' 중 구성주의 관점에서 개선해야 할 사항과 이유 및 대안을 구체적 사례와 함께 제시하기

4. 자연 현상 알아보기

연도	유형	기출문제
2009	선택	• '과학적 기초 능력 기르기'의 일부 내용 중 (가)의 수준별 내용에 적합한 유아의 과학 활동 선택하기 ('자연현상에 대해 알아보기')

SECTION 02 유아 과학 교육

Tipping 최근 유아 과학 교육은 구성주의 입장에 기초하고 있다. 이런 점에서 유아 과학 교육의 출제 동향 또한 구성주의 기본 관점 및 피아제 이론에 기초한 유아기 사고 특성, 비고츠키와 브루너의 이론에 기초한 교수 이론 등이 높은 비율로 출제되고 있다. 또한 탐구 기술 및 과학적 태도 등이 고정적으로 출제되고 있다는 점 등을 고려하여 기출문제를 분석하여 이와 관련된 내용을 확장하는 방식의 학습이 요구된다.

01 유아 과학 교육 배경 이론

1 피아제(J. Piaget)의 인지적 구성주의

1. 기본 관점

(1) **아동관**

유아들은 세상에 대해 자기 나름대로 이해하고 지식을 구성하는 능동적 학습자이다.

(2) **인지 발달 요인 : 성숙, 물리적 경험, 사회적 요인, 평형화**

① 인지 구조가 발달하는 데에는 생득적 요인인 성숙(maturation)과 더불어 환경적 요인이 크게 작용한다.
② 환경적 요인은 사물을 대상으로 하는 지적 활동인 물리적 경험(physical experience)과 사람들과의 상호작용인 사회적 요인(social factors)이 작용하며, 또한 이러한 요소들을 적합한 방식으로 통합하고 조정하는 개인의 내재적 능력이 필요하다고 보고 이를 평형화(equilibration)라 부르고 있다.
③ 평형화는 개인이 스스로 자신의 인지 구조를 형성하고 재구성하는 인지 발달의 핵심 기능이다.

(3) **평형화**

① 아동은 환경과의 평형 상태를 유지하려는 평형화의 경향성을 지니고 태어나며, 환경과의 평형화를 이루기 위한 적응의 과정에서 끊임없이 자신의 경험을 기존의 구조에 비추어 조직화하는 특성을 지닌다.
② 그러므로 인지의 본질은 자신이 경험하는 이 세계를 보다 효과적인 방식으로 이해하려는 부단한 조직화의 과정이며 결국 환경에 대한 다양한 탐구와 정보들을 조직하는 과정은 인간의 사고 과정을 변화시켜 간다.
③ 따라서 인지 기능이란 자신의 사고 과정을 일정한 심리학적 구조로 조직화하는 것이며, 이러한 심리학적 구조는 분화와 통합의 과정을 거치며 발달한다.

 인지적 평형

사고 과정과 환경 간에 균형 잡히고 조화로운 관계가 이루어진 상태. 자신의 사고 방식과 주변 사건 간에 인지적 불균형이 발생하면 정신적인 조정 과정을 거치게 되고 이를 통해 혼란스러운 새로운 경험에 대처하게 됨으로써 인지적 평형을 다시 회복할 수 있게 된다. 지능에 대한 피아제의 입장은 정신적 도식과 외부 환경 간의 불일치가 인지 활동과 지적 성장을 촉발시킨다는 '상호작용' 모델이라고 할 수 있다.

(4) **동화와 조절** : 지식은 동화와 조절의 과정을 통하여 구성된다.
  ① 동화(assimilation)란, 새로운 사실을 접할 경우 기존에 자신이 가지고 있는 개념이나 인지 구조에 맞추어 학습하려는 것이다.
  ② 인지적 불평형(인지적 갈등)
  유아는 자신이 가지고 있는 기존의 인지 구조로 새로운 경험을 동화할 수 없을 때 내적 갈등을 경험하게 된다. 유아는 이러한 인지적 갈등을 여러 번 경험하면서 기존의 인지 구조에 의문을 갖게 되고 비로소 새로운 경험에 맞추어 자신의 인지 구조를 변화시키려는 노력을 하게 된다. 그리고 결국 기존의 인지 구조를 변경하거나 새로운 구조를 생성하여 갈등을 해결하게 된다.
  ③ 조절
  자신의 인지적 갈등을 해결하기 위해 기존의 개념을 변경하거나 새로운 개념 목록을 만들기 위해 노력하는 지적인 노력의 과정을 조절(accommodation)이라고 한다.

> 유아는 처음에는 아무런 갈등 없이 네 발 달린 동물을 모두 강아지라고 부른다. 그러나 어느 날 강아지와는 다른 여러 동물의 차이점에 대해 의문을 갖게 되고 이로 인해 인지적 갈등을 느끼게 된다. 유아는 이러한 인지적 갈등을 여러 번 경험하게 되면 조절을 통해 자신이 기존에 알고 있던 구조(개념, 지식)를 변경함으로써 스스로 새로운 지식을 구성하게 된다.

2. 유아기 과학적 사고의 특징

(1) **직관적 사고**
  ① 어떤 현상이나 대상을 판단할 때 그 대상이 가지고 있는 물리적인 지각적 인상에 근거하여 사고하는 것이다.
  ② 사물을 판단할 때 크기, 모양, 색깔과 같은 사물의 지각적 속성에 의해 그 대상을 판단하는 사고 양상으로, 이는 가시적인 조건에 의지할 뿐 내적 조건이나 객관적인 기준에 의한 사고는 불가능하며 보이는 대로 대상을 판단한다는 것을 의미한다.

(2) 전인과적 사고(전인과성)

피아제는 전조작기 유아는 원인과 결과 간의 관계에 대한 논리적 추론 능력이 결여되어 있어서 이 시기에는 매우 독특한 인과적 사고가 나타난다고 하였다. 이러한 전조작기 특유의 인과 개념을 전인과성(precausality)이라 한다.

○ **전인과적 사고의 3가지 특징**

목적론	우연히 존재하게 된 현상의 원인을 찾아내려는 전조작기 유아의 인과적 사고를 뜻한다. 이러한 사고가 자기중심성과 결합하면 "복숭아 나무는 내가 복숭아를 따먹으라고 있는 거예요."라고 한다.
인공론	모든 존재하는 현상이 사람에 의해 만들어졌다고 믿는 것이다. "호수는 큰 거인이 바위를 던져서 만든 거예요."와 같은 설명을 한다.
전환적 (변환적) 추론 (transductive reasoning)	두 개의 사태가 동시에 일어났을 때 한 사태가 다른 사태의 원인이 된다고 생각하여 하나의 특정 사태로부터 다른 특정 사태를 추론하는 전조작기 인과 추론의 특징적인 양상이다. 유아들은 직관적 사고의 한계로 인해 진정한 의미에서 논리적인 사고를 할 수 없으므로, 문제 해결 과정에서 결론을 내리기 위해 사용하는 논리적 방법이 비합리적인 방법임을 의미한다. 예 "나는 낮잠을 안 잤어요. 그러므로 낮이 아니에요." "내가 동생을 때려서 배가 아픈 거예요."

(3) 물활론적 사고(animism)

① 생명이 없는 대상물에 생물의 특성을 부여하여 살아 있는 존재처럼 생각하는 경향이다. 예컨대, 해나 달을 사람 얼굴처럼 그린다.

② 물활론적 사고의 발달

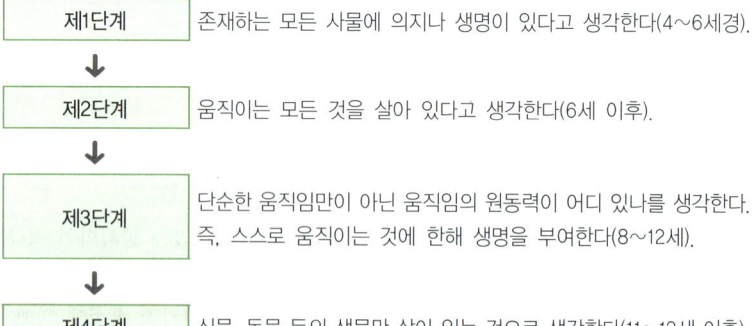

(4) 마술적 사고

① 원인과 결과, 현실과 상상을 혼동하는 사고이다.
② 이는 유아들에게 과학적인 사실을 설명해도 유아가 이해하는 데는 제한이 있다는 점을 시사한다.

(5) 실재론

정신적인 것과 물리적인 것이 미분화된 상태로 존재하여 정신적인 현상에 물리적인 속성을 부여하는 현상 개념이다.

예 꿈, 사고, 말과 같은 정신적 현상이 물리적 실체를 가졌다고 믿는 것이다.

(6) 자기 중심적 사고

우주의 모든 현상을 자기를 중심으로 생각하며, 타인의 의도나 관점을 고려하지 못하는 사고의 특징을 의미한다.

3. 피아제 이론에 기초한 세 가지 지식의 유형

(1) 물리적 지식	• 사물의 본질이나 자연현상의 인과관계에 관한 지식 • 색, 모양, 크기 같은 물체의 속성이나 자연 현상에 대한 원인과 결과를 구체적 상황에서 관찰함으로써 획득된다. • 즉, 물리적 지식은 사물과의 상호작용을 통한 직접적인 경험적 추상에 의해 구성된다. 예 진흙을 가지고 뭉치고 밀어보는 경험을 통해 진흙의 접착성이나 변형성 등과 같은 성질을 이해하는 것
(2) 사회적 지식	• 사람들 간의 협약에 의해 만들어진 지식 • 사회적 전달에 의존하며 구성된다. 이러한 지식은 문화 속에서 전개되고 집단에 따라 다르다. • 유아가 사회적 지식을 구성하기 위해서는 주변의 성인과 상호작용하는 경험이 풍부하게 주어져야 한다. • 사회 규칙, 법률, 도덕, 가치, 윤리, 언어 체계, 사물의 이름 등이 있다. 예 비슷한 성질을 갖는 점토 중에서도 밀가루 점토와는 달리 '진흙'이라고 불러야 함을 아는 경우
(3) 논리·수학적 지식	• 물체 자체의 특성과는 상관없이 물체 간의 관계성을 내성적 추상에 의해 구성하는 것으로 사물과 사물의 관계를 유아가 머릿속에서 스스로 구성해보는 것이다. • 유아는 구체적 상황에서 물체 간의 특성을 스스로 비교하면서 이들의 관계를 스스로 조정하여 이해한다. 예 진흙을 가지고 놀며 둥글게 뭉치거나 길게 만들어보는 경험을 통해 형태의 변화에도 불구하고 그 양에는 변화가 없음을 이해하는 것으로 분류, 서열화, 수량, 시간-공간 관계 등이 있다.

유아교육과정

참고 **물리적 지식 활동에 의한 과학 교육 내용(Kamii & DeVries)**

1. 교육 내용 선정 기준
   (1) 물리적 지식 활동의 본질은 실물에 대한 유아의 행위와 그 행위에 따른 사물의 반응이기 때문에 유아 자신의 행위에 의해 변화가 나타날 수 있어야 한다.
   (2) 유아의 행위가 변화하면 사물의 반응이 변화하게 되고 유아는 이러한 규칙을 구조화하는 가운데 개념을 구성하므로 유아는 그 행위를 다양하게 변화시킬 수 있어야 한다.
   (3) 사물에 대한 행위의 반응을 볼 수 없으면 유아는 지식을 구성할 수 없기 때문에 사물이 나타내는 반응을 유아가 직접 관찰할 수 있어야 한다.
   (4) 사물의 반응이 즉각적일 때 더 쉽게 자신의 행동과 사물의 변화에 대한 관계성을 이해할 수 있으므로 사물의 반응은 즉각적이어야 한다.

2. 물리적 지식 활동 과학 교육 내용의 유형

(1) 사물의 움직임에 관한 활동	① 당기기, 밀기, 굴리기, 차기, 뛰어오르기, 불기, 빨기, 던지기, 흔들기, 빙빙 돌리기, 균형 잡기, 떨어뜨리기 같은 활동이 포함된다. ② 이 범주에 속하는 모든 활동은 물리적 지식 외에 공간과 논리 – 수학적 지식의 구성에도 도움이 된다. ③ **예** 빨대로 사물을 불어보는 행위를 통해 물리적 지식도 형성하지만 논리 – 수학적 지식도 형성하게 된다.
(2) 사물의 변화에 관한 활동	① 요리하기, 물감 혼합하기(가루 물감과 물), 도자기 굽기, 왁스 녹여서 초 만들기, 얼음과 물 가지고 놀기 등이 있다. ② 사물 그 자체의 변화를 포함한다는 점에서 사물의 움직임에 대한 활동과 다르다. ③ 움직임에 대한 활동은 유아의 행위에 의해 변화가 일어나지만, 사물의 변화에 대한 활동에서는 유아의 행위보다는 열이나 화학적 반응, 혹은 사물의 본질적인 특성 등이 작용하기 때문이다.
(3) 사물의 움직임과 변화의 두 범주 사이에 단정적으로 포함시킬 수 없는 활동	그림자 활동에서 그림자가 생기는 것은 유아의 행위보다 빛과 사물과의 관계 간의 속성 때문이다. 그러나 유아는 그림자를 만드는 사물을 빛에 가까이 혹은 멀게 함으로써, 또는 빛이 비치는 방향을 바꿈으로써 그림자의 크기를 다르게 할 수 있으며 그림자가 생기는 위치도 바꿀 수 있다. 이와 같은 활동을 두 범주 사이의 활동이라고 말한다.

4. 피아제 이론이 과학 교육에 주는 시사점

(1) 과학 교육의 목적은 유아가 탐구와 실험 및 토의 같은 사물과의 구체적인 상호작용을 통하여 의미를 스스로 구성해가는 데 있다. 따라서 과학 활동의 과정을 중시하고 개별 유아의 사고 구조의 발달에 관심을 가진다.

(2) 교수 방법의 측면에서 유아가 직접 사물을 조작하는 데 역점을 둔다. 따라서 교사는 언어적인 개입보다는 지지적인 입장에서 유아 스스로 활동할 수 있도록 유아의 반응을 관찰하여 사고를 촉진하는 역할을 한다.

(3) 유아의 발달 단계에 적합한 과학 내용의 기준을 제시한다. 즉, 4단계의 인지 발달 단계에 적합한 과학적 개념을 제시하는 것을 중시하며 유아의 발달 수준 이상으로 제시하는 것은 부적절하다.

기출탐구

01 다음은 자유 선택 활동 시간에 진희가 과학 영역에 준비된 (가) 활동을 하는 과정에서 일어난 상황이다.
■ 2011년

(가)	
	진희 : (크기가 큰 스티로폼을 물에 넣은 후) 어! 이건 큰데 왜 뜨지?
	⊙ 진희는 스티로폼을 손으로 가라앉히려고 물속으로 밀어 보지만, 손을 떼자 가라앉았던 스티로폼이 다시 떠오르고, 진희는 계속 가라앉히려고 애를 쓴다.
	ⓒ 교사 : (진희의 행동을 지켜보던 교사는, 작지만 가라앉는 물체와 크지만 뜨는 다양한 물체들을 첨가해 주면서) 진희야, 이 물체들도 물에 넣어 보자!
	ⓒ 진희 : (다양한 물체를 반복해서 물에 넣어 보더니) 아하! 이제 알았다. 크다고 가라앉는 건 아니잖아!

피아제(J. Piaget) 이론의 인지발달기제 중 ⊙, ⓒ에 해당하는 것이 무엇인지 밝히고, ⊙, ⓒ의 사례와 관련지어 특징을 각각 논하시오.

- ⊙ : _____
- ⓒ : _____

02 다음은 만 5세반 자유선택활동 시간에 과학 영역에서 이루어지고 있는 활동 장면이다. 물음에 답하시오.
■ 2018년

　(유아 3명이 쇠집게, 가위, 나무 블록, 지우개 등이 들어 있는 바구니와 자석을 책상으로 가져와서 탐색을 하고 있다.)

김 교사 : (　　　　⊙　　　　)　　　　　　　　　　
나　　라 : (쇠집게를 만져 보며) 차가워요.　　　　　　[A]
민　　희 : (나무 블록을 만지며) 이건 딱딱해요.
수　　민 : (지우개를 만지며) 부드러워요.

　(유아들이 쇠집게, 가위, 나무 블록 등 다양한 물체를 자석에 붙여 보는 활동을 시작한다.)

… (중략) …

　(유아들이 활동을 충분히 한 후)
김 교사 : 자석에 붙여 보니까 어떻게 되었니?
민　　희 : (나무 블록을 가리키며) 이건 붙지 않았어요.
수　　민 : (가위 앞을 가리키며) 이쪽에 붙이면 붙는데, (손잡이를 가리키며) 이쪽에는 붙지 않았어요.

유아교육과정

> 나　라 : (쇠집게를 가리키며) 이건 자석에 붙고 (지우개를 가리키며) 이건 안 붙었어요.
> 　　　　　　　　… (중략) …
> 　(김 교사는 유아들이 놀이 시 사용했던 바구니에 100원, 500원짜리 동전을 여러 개 넣어 둔다.)
>
> 김 교사 : (동전을 가리키며) (　　ⓛ　　)　　　　　　　　　] [B]
> 나　라 : 쇠집게가 붙었으니까 동전도 붙을 것 같아요.
> 김 교사 : 왜 그렇게 생각하니?
> 나　라 : 쇠집게와 동전은 색깔이 같으니까 붙을 거예요.
> 민　희 : 잘 모르겠어요. 해 봐야 알 것 같아요.
> 　(유아들이 동전을 자석에 직접 붙여 보는 활동을 한다.)
> 나　라 : (동전을 자석에 붙여 보며) 어! 이상하다? 안 붙어. 선생님! 안 붙어요.
> 민　희 : 나도 안 붙어.
> 　(유아들은 계속해서 자석에 동전과 쇠집게를 번갈아 가면서 붙여 본다.)
> 　　　　　　　　… (하략) …

다음의 ① ⓐ에 들어갈 용어를 쓰고, 이에 해당하는 유아 반응을 위 활동 장면에서 1가지 찾아 쓰시오. ② ⓑ와, ③ ⓒ에 들어갈 용어를 각각 쓰시오.

> 김 교사는 피아제(J. Piaget) 이론에 기초하여 유아들이 (　ⓐ　)와/과 조절을 통해 (　ⓑ　)을/를 이루어 가면서 인지발달을 해 가도록 돕는 교사 역할을 중시한다. 이를 위해 김 교사는 유아들이 (　ⓒ　)을/를 일으키도록 지원하는 교사 역할을 수행하였다.

- ① : _____
- ② : _____
- ③ : _____

03 다음은 자유선택활동 시간에 유아들이 놀이에 참여하는 모습을 기술한 것이다.

■ 2005년

> 　철수와 동민이는 쌓기놀이 영역에서 블록을 밀면서 '붕붕' 소리를 내며 자동차 놀이를 하고 있다. 민정이와 은혜는 소꿉 놀이 영역에서 찰흙을 동그랗게 빚고 있다. 민정이는 공 모양 찰흙을 손바닥으로 눌러 넓적하게 만들면서 "와! 빈대떡이다. 내 찰흙이 너보다 더 많다!"라며 즐거워한다. 교실 한가운데에서 다섯 명의 유아들이 숨바꼭질 놀이를 하고 있다. 술래인 우진이가 눈을 가리고 다른 유아들은 교실 구석구석에 숨는다. 커튼 뒤에 숨은 경수의 다리가 보이고 교구장 뒤에 숨은 수빈이의 한쪽 어깨가 보인다.

위의 자동차 놀이, 소꿉놀이, 숨바꼭질 놀이를 통해 알 수 있는 전조작기 유아들의 인지적 사고 특징을 쓰고, 각 놀이 상황에 적절한 교사 발문을 1가지씩 쓰시오.

(1) 자동차 놀이
- _____

(2) 소꿉놀이
- _____

(3) 숨바꼭질 놀이
- _____

04 다음은 유아들의 놀이 상황이다. 물음에 답하시오. ■ 2019년

(가)

> (은희, 찬영, 재경이가 실외 놀이터에서 컵에 물을 옮겨 담으며 이야기하고 있다.)
> 은희 : 내가 주스 파는 사람 할게. 주스 사세요.
> (은희는 길쭉한 컵 속에 담긴 물을 넓적한 컵에 옮겨 담는다.)
> 찬영 : 어? 물이 적어졌다.
> 은희 : 아니야, 그대로야. 내가 보여 줄게.
> (은희는 넓적한 컵에 있는 물을 길쭉한 컵에 다시 옮겨 담는다.)
> 재경 : 신기하다. 물이 다시 많아졌어.

(가)는 피아제(J. Piaget)의 이론에 기초할 때 전조작기 유아들의 사고 특성을 보여 주는 대화의 예이다. ① 상징적 사고의 특성을 보이는 유아의 말을 (가)에서 찾아 쓰고, ② 보존개념이 아직 획득되지 않았음을 보여 주는 유아의 말 2가지를 (가)에서 찾아 쓰시오.

- ① : _____
- ② : _____

05 〈보기〉에서 설명하고 있는 지식의 형태는? ■ 1999년

보기
㉠ 얼음은 차다.   ㉡ 볼링공은 딱딱하다.
㉢ 종이는 구겨진다.

① 물리적 지식　　　② 사회적 지식
③ 논리적 지식　　　④ 수학적 지식

06 다음은 유아들이 교실에 설치된 프로젝터와 스크린 사이에서 우연히 발견한 그림자에 관심을 가지며 놀이하는 상황이다.
■ 2012년

현수 : (우연히 스크린에 나타난 자신의 그림자를 발견한다.) 와! 여기 봐! ㉠ 그림자다!
미라 : (현수 옆에 서며) 어? 여기도 있어.
현수 : (자신의 그림자를 보며 프로젝터 앞으로 가까이 걸어가다가 멈춰 선다.) 그런데 ㉡ 그림자가 아까보다 더 커졌어. ㉢ 내 그림자가 네 그림자보다 더 커.
미라 : (현수처럼 프로젝터 앞으로 걸어가며) 야! 나도 커졌어.
현수 : 어? 내가 컸는데 이상하다! (뒤로 물러선다.)
미라 : 어? 진짜, 커졌다 작아졌다 그러네?
… (중략) …
철수 : (그림자 놀이를 하고 있는 현수에게) 야, 나도 좀 해 보자.
현수 : 안 돼!
철수 : 너만 많이 했잖아. 나도 좀 해 보자.
현수 : 안 돼!
현수 : 그래, ㉣ 어떻게 할까?
미라 : 그럼, ㉤ 가위바위보 하자.
유아들 : (가위바위보를 한다.)
… (하략) …

까미-드브리스 프로그램(Kamii & DeVries Program)에 따르면 유아들은 3가지 유형의 지식을 구성할 수 있다. 유아들이 구성할 수 있는 지식의 유형 중 '논리·수학적 지식(logico-mathematical knowledge)'에 해당되는 것을 위의 ㉠~㉤에서 모두 고른 것은?

① ㉠
② ㉠, ㉤
③ ㉡, ㉢
④ ㉣, ㉤
⑤ ㉡, ㉢, ㉣

07 다음은 자유선택활동 시간에 일어난 상황이다.
■ 2011년

수·조작 놀이 영역에서 선희와 기영이가 주사위를 이용하여 판 놀이를 하고 있다. 놀이 방법은 1부터 3까지의 숫자와 별 모양이 있는 주사위를 던져서 숫자가 나오면 말을 이동하고 별이 나오면 한 번 쉬는 것이다. 이렇게 하여 도착점에 먼저 도착하는 사람이 이기는 놀이이다. 교사가 와서 선희와 기영이가 놀고 있는 것을 보고 있다.

기영 : ㉠ 너는 4칸, 나는 3칸 남았다! 너는 나보다 1칸 더 남았어.
선희 : ㉡ (주사위를 던져 별이 나오자) 에이, 별이네. 한 번 쉬어야겠다. 근데, 이거 너무 오래 걸려 재미없다. 그치?
교사 : 그럼, 좀 더 재미있게 할 수 있는 방법이 없을까?
… (중략) …

까미-드브리스 프로그램(Kamii & DeVries Program)에 따르면 유아들은 다양한 활동을 통해 3가지 유형의 지식을 구성할 수 있다. 유아들이 구성할 수 있는 지식의 유형 중 ㉠, ㉡에 해당되는 것이 무엇인지를 각각 쓰고 그 이유를 논하시오.

- ㉠ : _____
- ㉡ : _____

08 다음은 만 5세반 생일 축하 장면이다. 물음에 답하시오.　　■ 2013년

> 김 교사 : 오늘은 미나가 태어난 날이야. 태어난 날을 무엇이라고 할까?
> 유 아 들 : 생일이요.
> 김 교사 : 그래, 생일이라고 하지. 그러면, 어른들이 태어나신 날을 무엇이라고 할까?
> 유 아 들 : ……
> 김 교사 : ㉠ 어른들이 태어나신 날은 생신이라고 한단다. 함께 말해볼까?
> 유 아 들 : 생, 신!
> … (하략) …

까미와 드브리스 프로그램(Kamii & DeVries Program)에서는 지식을 3가지 유형으로 제시하였다. ㉠은 이 3가지 지식 유형 중 (①)에 해당한다. ①이 무엇인지 쓰고, ①의 의미를 ㉠의 사례를 들어 설명하시오.

- ① : _____
- ①의 의미 : _____
_____

09 ○○유치원 5세반의 교육 실습생과 지도교수 간의 휴대폰 메시지의 일부이다. 물음에 답하시오.　　■ 2019년 추가시험

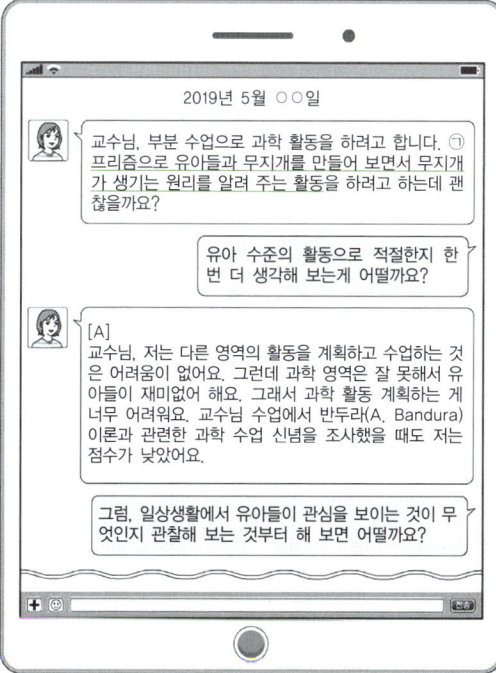

밑줄 친 ㉠이 유아의 과학 개념 발달 측면에서 적절하지 않은 이유 1가지를 쓰시오.

• _____

10 (가)는 5세반 과학활동 실시 전 장 교사의 수업 메모의 일부이다. 물음에 답하시오.

■ 2020년

(가)

> 유아들은 찰흙 활동을 통해 다양한 아이디어로 찰흙을 변형시켜 보는 경험을 할 수 있다. … (중략) … 이번 활동에서는 같은 양의 찰흙 공을 제공해 주어 다양한 형태로 변형시켜 보고 다시 원래의 형태로 되돌려보는 활동을 해 보려고 한다. 이 과정에서 유아들은 자신이 알고 있는 사실과 새롭게 발견한 결과 사이에서 (㉠)을/를 경험하고 기존의 자신이 가지고 있던 개념을 변화시켜 볼 수 있을 것 같다. 오늘 활동에서는 유아들의 현재 발달 수준보다 더 높은 수준으로 이끌기 위해 구체적인 도움을 주는 (㉡)을/를 해야겠다.

(나)

> (유아들이 같은 크기의 동그란 공 모양 찰흙을 가지고 놀이하고 있다.)
>
> 민　　석 : 와. 동글동글한 찰흙 공이다.
> 효　　린 : 난 두드려서 납작하게 만들 거야.
> 장 교사 : 찰흙이 어떻게 되었니?
> 민　　석 : (찰흙 공을 굴려서 길게 만들며) 진짜 길어졌어요. 내 것 봐. 내 찰흙이 네 것보다 많아.
> 효　　린 : (찰흙 공을 바닥에 두드리며) 내 찰흙이 더 많아.
> 민　　석 : 아니야. 내가 더 많아.
> 효　　린 : (반죽 위에 손바닥을 올려놓으며) 이것 봐. 내 손바닥보다 커.
> 장 교사 : 그럼 다시 동그랗게 뭉쳐볼까?(효린이와 민석이가 찰흙을 다시 둥글게 뭉친다.)
> 효　　린 : (두 찰흙을 마주 대어 보며) 이거 봐 봐. 내 찰흙이 더 많은 줄 알았는데 똑같네.
>
> … (하략) …

[A]

① (가)의 ㉠에 들어갈 용어를 피아제(J. Piaget)의 인지적 구성주의에 근거하여 쓰고, ② ㉠을 통해 효린이가 알게 된 것을 (나)의 [A]에서 찾아 쓰시오.

• ① : _____
• ② : _____

11 (가)는 4세반 도미노 놀이 상황이다. 물음에 답하시오. ■ 2021년

(가)

[A]
교사 : (나무 막대가 있는 바구니를 보여 주며) 새로운 놀잇감을 가져 왔어. (나무 막대를 세우며) 이 놀이는 이렇게 세워서 다 쓰러뜨 리는 놀이란다. 선생님이 한번 해 볼게.
  맨앞의 나무 막대를 손가락으로 밀친다.
성준 : (다 쓰러지지 않은 나무 막대를 보며) 선생님, 다 쓰러뜨려 봐요.
교사 : 그래. 다 쓰러뜨리려면 나무 막대를 놓을 때 간격을 잘 생각해 야 해. (다시 나무 막대를 세우고 밀친다.) 와, 다 쓰러졌다! (쓰 러진 것을 바구니에 정리하며)자, 이제 놀이해 보자.
… (중략) …

[B]
은지, 호진 : (함께 나무 막대 5개를 세워 다 쓰러뜨리자) 와! 재미있다.
은지 : 이번엔 너랑 나랑 따로 세워 보자.
호진 : 그래. (나무 막대를 다시 세워 쓰러뜨린다.) 야호!
은지 : 난 길게 만들래. 호진아, 좀 도와줘.
호진 : 그래. (은지를 도와 나무 막대를 세우며) 나도 더 길게 세워야 지. (나무 막대 7개를 세워 쓰러뜨리려 했지만 다 쓰러지지 않 자 시무룩한 표정으로) 어떻게 해야 하는 거야? 에이, 모르겠 다. 재미없어.

  호진이는 다른 놀이를 하러 간다.
은지 : 난 더 놀 거야. (여러 번 반복하지만 다 쓰러지지 않자 시무룩한 표정 으로) 손가락으로 밀면 나무 막대가 쓰러진단 말이야. 그런데 왜 다 쓰러지지 않지? ㉠ (쓰러진 나무 막대와 쓰러지지 않은 나무 막대를 보다가) 아하! 나무 막대를 가깝게! 부딪치게, 부딪치게…. 하나, 둘, 셋! (모두 쓰러지는 것을 보며) 성공!
교사 : 어떻게 나무 막대를 다 쓰러뜨릴 수 있었니?
은지 : ㉡ (앞의 나무 막대를 가리키며) 이게 뒤에 있는 나무 막대랑 부딪치 게 놓아야 해요.
… (하략) …

피아제(J. Piaget)의 지식 유형에 근거하여, (가)의 ㉠과 ㉡에서 ① 은지가 구성한 지식이 무엇인지 쓰고, ② 그 지식의 개념을 사례와 관련지어 설명하시오.

- ① : _____
- ② : _____

> 모범답안

01. - ㉠ : ㉠에서 떠오르려는 스티로폼을 계속 가라앉히려고 하는 행동은 '큰 물체는 가라앉을 것'이라는 자신의 인지 구조에 맞추어 새로운 문제 상황을 해결하려는 동화적 활동에 해당한다.
    - ㉢ : ㉢에서 '크다고 가라앉는 것은 아니라는 점'을 알게 된 것은 자신의 기존의 인지 구조에 새로운 상황이 해결되기 어렵게 되자 다양한 실험을 통해 기존의 인지 구조를 새로운 상황에 적합하게 변화시킨 조절적 행동에 속하며, 이를 통해 유아의 인지 구조에는 질적 변화가 일어나게 되었다.

02. - ① : ⓐ 동화, 쇠집게와 동전은 색깔이 같으니까 붙을 거예요.
    - ② : ⓑ 평형화
    - ③ : ⓒ 인지적 갈등(인지적 불평형)

03.

	자동차 놀이	소꿉놀이	숨바꼭질
사고 특징	상징적 사고(가작화, 표상적 사고, 상징적 표상)	직관적 사고(보존 개념 미획득), 상징적 사고	자기 중심적 사고(조망 수용 능력의 결여)
교사 발문	• 붕붕 자동차가 참 멋있구나. • 붕붕 자동차 타고 어디 갈 거야? • 우리 블록으로 여러 가지 자동차를 만들어 볼까? • 블록 말고 다른 놀잇감으로 자동차를 만들어 볼까?	• 은혜도 전보다 빈대떡이 더 많아졌다고 생각하니? 왜 그렇게 생각하니? • 빈대떡을 다시 공으로 만들면 찰흙이 다시 적어질까? • 야, 빈대떡 맛있겠네!	• 어떻게 경수를 찾았니? • 누구의 발일까요? • 어떻게 술래가 수빈이를 찾았을까? • 이번엔 우진이가 숨어볼까? • 보이지 않게 다 숨은 거니?

04. - ① : "내가 주스 파는 사람 할게. 주스 사세요."
    - ② : "어? 물이 적어졌다.", "신기하다. 물이 다시 많아졌어."

05. ①
    ※ 해설 : ㉠, ㉡, ㉢은 물리적 지식에 해당한다.

06. ③
    ※ 해설 : 논리·수학적 지식이란 물체 자체의 특성과는 상관없이 물체 간의 관계성을 스스로 구성해 가며 만들어 가는 지식을 말한다.

07. - ㉠ : 논리·수학적 지식 - 너는 4칸이고 나는 3칸이므로, 너는 나보다 1칸 더 남았다는 수량적 관계에 대한 지식을 구성한다.
    - ㉡ : 사회적 지식 - 별이 나오면 한 번 쉬어야 한다는 사람들 간 임의적 약속에 해당하는 규칙에 대한 개념을 구성하고 있다.

08. - ① : 사회적 지식
    - ①의 의미 : 친구들이 태어난 날은 생일이고, 어른들이 태어나신 날은 '생신'이라고 하기로 우리 사회에서 합의한 것처럼, ㉠은 사회구성원들 간의 약속에 의해 형성된 지식이다.

09. • 유아들은 지각의존적 사고를 하기 때문에 자연 현상에 대한 인과적 수준의 문제 해결보다는 자연 현상의 변화 자체에 관심을 가지기 때문에 사례의 실험활동은 적절하지 않다.

10. - ① : 인지적 불평형(인지적 불일치, 인지적 갈등)
    - ② : 찰흙의 모양이 달라져도 찰흙의 양은 같다는 것

11. - ① : 논리·수학적 지식
    - ② : 막대의 간격에 따라 나무 막대가 쓰러지는 것과 쓰러지지 않는 것 사이의 차이를 깨달은 것처럼, 사물과 사물의 관계를 유아가 스스로 비교하여 구성하는 지식이다.
    * 나무 막대가 쓰러지려면 뒤에 있는 나무 막대와 부딪치도록 가깝게 놓아야 한다는 지식을 깨달음

2 브루너(Bruner)의 발견학습 이론

1. 지식의 구조론

(1) 의미

① '지식의 구조'란 해당 학문의 기초를 이루는 일반적인 아이디어나 기본 개념 및 원리 등을 말하며 각 교과가 학문에 기반한다는 점에서 '학문의 구조'라고 한다.
② 또한 지식으로서 각 교과의 구조를 가르쳐야 한다는 의미에서 '교과의 구조'라고도 한다.

(2) 중요성

브루너는 서로 분절된 지식은 쉽게 망각되지만 지식의 구조를 가르치면 기억이 오래 지속될 수 있기 때문에 지식의 구조를 가르쳐야 한다고 주장하였다.

> **지식(교과)의 구조가 주는 학습의 효과**
> 1. 학습자들이 학습 주제를 이해하기 쉽다.
> 2. 학습자의 기억을 오랫동안 지속시킬 수 있다.
> 3. 전이하는 힘이 크다.
> 4. 초보적인 지식과 진보된 지식 사이의 간격을 좁혀준다.

2. 발견 학습

(1) 중요성

브루너(Bruner)는 교과의 구조를 단지 지식으로 전달하기보다는 학습자들이 스스로 탐구하고 예측해서 문제를 해결해 나가는 발견 학습을 통해서 제시할 때 가장 효과가 크다고 본다.

(2) 발견 학습의 과정(7단계)

> 자료 제시 ⇨ 관찰 ⇨ 자료의 추가 제시 ⇨ 추가 관찰 ⇨ 일반화 추리 ⇨ 정리 ⇨ 발전

(3) 발견 학습의 장점

① 발견 학습은 학습자의 지적 능력을 증진한다.
② 발견 학습은 외적 보상에 의한 학습을 내적 보상으로 바꾸어 준다.
③ 발견 학습의 과정을 통해서 발견하는 방법과 탐구의 방법을 학습하게 된다.
④ 발견 학습은 학습자의 기억을 회상하는 데 효과적으로 사용될 수 있다.

3. 표상 이론

(1) 나선형 교육과정과 학습 준비도

브루너(Bruner)는 교육과정의 내용은 각 교과의 기본 개념을 나선적으로 되풀이하면서 보다 깊고 자세한 상위 개념으로 발전하도록 제시해야 한다고 하였으며 인지구조의 발달 수준과 지식의 구조 및 표현 양식에 의한 학습 준비도를 강조한다.

(2) 지식의 표상 양식(정보처리 능력의 발달 과정)

브루너는 피아제의 인지 발달 이론의 영향을 받아 모든 지식은 유아가 이해할 수 있는 간단한 형태로부터 추상적이고 상징적인 형태로 제시할 수 있다고 하였으며 이를 '표상 양식'이라는 개념으로 제시하였다.

① 동작적 표상 양식 (enactive representation mode)	유아 자신의 구체적인 조작적 행위에 의해 사물을 code로 기록한다.
② 영상적 표상 양식 (iconic representation mode)	영상(iconic)과 시각적 지각을 사용하는 사진, 그림이나 도표 등을 통한 정보처리 방식이다.
③ 상징적 표상 양식 (symbolic representation mode)	언어나 문자, 기호 등을 사용하여 정보를 처리하는 방식이다.
④ 논리적 표상 양식 (logic representation mode)	논리적 법칙에 따른 정보처리 방식이다.

4. 교육적 시사점

(1) 피아제(Piaget)와는 달리, 교육 내용의 표현 방식을 달리하면 유아가 도달해 있는 사고 발달 수준 이상의 내용을 가르칠 수 있다고 한다.

(2) 발견 학습을 통한 탐구적 유아 과학 학습 방법에 영향을 미쳤다. 즉, 브루너는 직관적 사고와 분석적 사고에 의한 발견 학습을 통해서 문제를 해결해 나갈 때 학습의 효과가 크다고 보았다.

기출탐구

01 〈보기〉의 사례는 박 교사가 유아에게 자전거 타기를 가르치는 과정을 설명한 것이다. 브루너(J. Bruner)의 인지발달 이론에서 구분한 동작적 단계(enactive stage), 영상적 단계(iconic stage), 상징적 단계(symbolic stage)의 각 단계와 같은 표상 양식을 적용한 지도 방식을 〈보기〉에서 골라 바르게 짝지은 것은? ■2010년

> **보기**
> ㉠ 교사는 자전거 타는 방법을 유아들에게 말로 설명해 주었다.
> ㉡ 교사는 자전거를 제시하여 유아들에게 잡고, 만지고, 움직여 보도록 하였다.
> ㉢ 교사는 자전거 타는 방법을 알려주기 위해 유아들에게 비디오를 보여주었다.

	동작적 단계	영상적 단계	상징적 단계
①	㉠	㉡	㉢
②	㉡	㉠	㉢
③	㉡	㉢	㉠
④	㉢	㉡	㉠
⑤	㉢	㉡	㉠

02 다음은 5세반 최 교사의 저널 일부이다. 물음에 답하시오. ■2013년 추가시험

> 교사 연수에서 교육계획안을 구성하는 방법을 배울 때마다 많은 도움이 되는 것 같다. 연수 내용을 적용해서 이번 주 '우리 동네 사람들'을 주제로 하여 체계적으로 내용을 전개해 봐야겠다. 3세 유아에게는 '우리 동네 사람들에 대해 관심 갖기' 내용을 전개하였고, ㉠ 4세 유아에게는 '동네 사람들이 하는 일에 관심 갖기' 내용을 전개하였다. 이를 심화·확대해서 5세 유아에게는 '다양한 직업에 대해 관심 갖기' 내용을 전개할 필요가 있을 것 같다. 내일은 역할놀이 영역에서 유아들이 해 보고 싶어 하는 직업을 경험해 볼 수 있도록 준비해야겠다.
> … (생략) …

㉠에 해당하는 교육과정 내용 조직의 원리를 브루너(J. Bruner)가 제시한 용어로 쓰시오.

• ㉠ : _____

유아교육과정

03 다음은 '떡을 만들어요' 활동 후 교사가 작성한 저널의 일부이다. ㉠에 들어갈 표상 양식 1가지를 쓰시오. ■ 2014년

> 유아과학교육에 사용되는 교구나 매체는 브루너(J. Bruner)가 제시한 표상 양식 중 유아가 이해할 수 있는 수준의 표상 양식으로 구성되어야 한다. 그림과 사진으로 구성된 떡 만들기 요리표는 브루너(J. Bruner)의 표상 양식 중 (㉠)에 기초하여 제작한 것으로 글이나 기호로 설명하기에 복잡한 요리 과정을 유아들에게 알려주는 데 적합하였다.
> … (중략) …
> 유아들과 활동에 대한 평가를 하는 중에 철수는 "쌀가루는 부드러워요.", 수빈이는 "쌀가루에 물을 많이 넣었더니 반죽이 질어졌어요."라고 하였다.

• _____

모범답안

01. ③

> 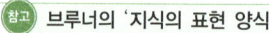 브루너의 '지식의 표현 양식'
> 1. **동작적 표상 단계**: 유아 자신의 행위에 의해 사물을 code로 기록
> 2. **영상적 표상 단계**: 영상(iconic)과 시각적 지각을 사용
> 3. **상징적 표상 단계**: 언어 및 기호의 사용

02. • ㉠: 나선형 조직
03. • ㉠: 영상적 표상

3 비고츠키(Vygotsky)의 사회적 구성주의

1. 기본 관점

(1) **지식관**

사회문화적 구성주의는 지식이 인간의 내부에서 끊임없이 구성되어 간다는 점에서는 인지적 구성주의와 같은 관점을 취하지만, 각 개인을 둘러싼 사회문화적 요인이 지식 구성에 미치는 영향력을 부각한다는 측면에서 입장 차이가 있다.

(2) **발달관 ⇨ 근접 발달 지대(ZPD)**

① 전통적인 지능 검사는 주로 고정된 지능의 영역만을 평가했으나 비고츠키는 다른 사람의 도움을 받아 할 수 있는 잠재적인 능력을 평가해야 한다고 하였다.
② 근접 발달 지대란 유아가 독립적으로 문제를 해결할 수 있는 실제적 발달 수준과 타인의 도움을 받아 수행할 수 있는 잠재적 발달 수준 간의 차이이다.
③ 근접 발달 지대에서 표현되는 기술과 행동은 역동적이며 끊임없이 변화한다. 즉, 유아는 오늘은 도움을 받아야 할 수 있는 것을 내일은 독립적으로 수행할 수 있을 것이다.

2. 과학 교육에 대한 입장

(1) **자발적 개념과 과학적 개념**

① 비고츠키(Vygotsky)는 개념의 형성과 발달에 대한 연구를 통해 자발적 개념과 과학적 개념을 분리하여 설명한다.

자발적 개념	일상생활의 경험을 통해서 스스로 생각함으로써 자연스럽게 터득하게 되는 것이다.
과학적 개념	학교에서 가르치는 형식적이고 논리적으로 제안된 개념이며 문화적으로 합의된 것으로 구조화된 교실 환경 속에 근원을 두고 있다.

② 자발적 개념과 과학적 개념의 구성은 변증법적 관계이다. 이 두 개념은 한 번에 발달되는 것이 아니고 시간을 두고 유아의 사고 속에서 지그재그 형태로 오가면서 하나의 체계로 발달해 간다. 유아의 개념 변화는 교사나 또래 친구들과 계속적인 협동을 통해 이루어진다.
③ 비고츠키는 자발적 개념에서 과학적 개념으로 어떻게 학습을 촉진할 수 있는 방법에 대해 관심을 가졌다. 또한 과학적 개념이든 자발적 개념이든 단번에 습득되는 것이 아니라 일정한 시간을 두고 발달하는 것이라고 보았다.

(2) 관심 분야에 따른 세부 내용의 지식 강조
① 유아들이 각자 관심을 가지고 있는 특정 영역의 세부 지식을 축적해가면 그 부분의 학습을 쉽게 할 수 있는 학습 능력으로 작용한다.
② 교사의 역할은 유아들이 관심을 가지는 과학 영역이나 주제를 선정하고 그 영역에 대한 지식을 심도 있게 쌓아갈 수 있도록 도와야 한다. 즉, 유아가 공룡에 관심을 가지고 있을 경우 이를 중심으로 다소 추상적인 과학 지식으로 확장해 가도록 도울 수 있다.

(3) **비계 설정**(Scaffolding)
① 유아들이 독립적으로 문제를 해결하기 위해서는 과업 수행의 과정에서 보다 능력 있는 또래나 교사의 방향 제시 및 모델링 같은 도움이 필요하다.
② 교사가 유아의 학습을 위해 제공할 수 있는 인지적인 지지의 특성과 종류를 나타내는 단계별 지지는, 교사와 유아 간의 공동의 문제 해결을 위해 상호 간의 따뜻하고 즐거운 협동을 의미한다.

> **길라잡이**
>
> 과학 학습에서 효율적인 단계별 지지가 이루어지기 위해 유의해야 하는 사항
> 1. 교사의 단계별 지지는 과학 주제 활동과 통합될 때 더욱 효과적이며 교사는 유아의 근접 발달 지대 안에서 도움을 필요로 할 때 유아의 능력에 따라 도움을 조절하며 제공한다.
> 2. 교사는 협력자로서 유아의 과학적 능력이 구성되도록 안내해 주면서 모델의 역할이 되어야 한다.
> 3. 교사는 파트너의 역할로서 실제 주제 상황에 알맞은 교수 활동을 통해 지원하고 유아의 수준에 맞추어 계속적으로 재계획한다.
> 4. 교사는 유아가 어려움에 처했을 때 지시를 할 수 있지만 유아가 잘 할 때는 지시를 줄여야 한다.

3. 교육적 시사점

(1) 유아의 일상생활 경험이나 개인적 관심이 높은 내용을 중심으로 과학적 개념을 이해시켜야 한다.

(2) 교사는 근접 발달 지대에서 단계별 지지를 통하여 과학 학습을 이끌어 나가도록 한다.

(3) 또래 간 상호작용을 통한 협동 학습을 중요시한다.

(4) 유아의 사회 문화적 환경을 활용하는 과학 시설 등의 지역 사회 견학을 통하여 과학 개념을 촉진시킬 필요가 있다.

기출탐구

01 다음은 ○○유치원 5세 반 유아들이 실외 놀이터에서 비눗방울 놀이를 하는 상황이다. 물음에 답하시오. ■2016년

> 동주 : 우리 비눗방울 놀이하자.
> 진서 : 좋아.
> 동주 : 그런데 여기 틀 모양이 여러 가지야. 넌 어떤 것으로 할 거야?
> 진서 : 나는 세모 모양 비눗방울을 만들 거니까 세모로 해야지.
> 동주 : 야, 세모 모양 비눗방울을 어떻게 만들어?
> 진서 : 만들 수 있어.
> 동주 : 비눗방울은 다 동그래.
> 진서 : 아니야, 세모 모양 비눗방울 있어.
> 동주 : 내가 하는 거 잘 봐.
>   (동주는 사각형 틀로 비눗방울을 만든다.)
> 동주 : 봤지? 동그랗지?
> 진서 : 어, 이상하다.
> 동주 : 너도 해 봐.
>   (진서는 삼각형 틀로 비눗방울을 만든다.)
> 동주 : ㉠ <u>봐, 네가 한 거랑 내가 한 거랑 둘 다 동그랗잖아.</u>
> 진서 : 그러네, 진짜 동그랗다.
> 동주 : 우리 다른 틀로도 해 볼까?
>   ㉡ (동주와 진서는 구름, 하트, 강아지, 토끼 모양의 틀로 비눗방울을 만든다.)

위 상황에서 나타난 ① 유아의 오개념을 쓰고, ② 그 오개념이 과학적 개념으로 변하게 된 이유를 사회적 구성주의(social constructivism) 관점에서 쓰시오.

• ① : _____

• ② : _____

02 다음은 5세 반 게임 활동 장면이다. 물음에 답하시오. ■2015년

> … (상략) …
> 미나 : (주사위 두 개를 던져 나온 다섯 개와 세 개를 보고 손가락 다섯 개를 펴며) 다섯 개. (펴진 다섯 개 손가락 중 세 개를 접고) 세 개. 하나, 둘. 두 개 담아야지. (바구니에 두 개의 과일 그림 카드를 담는다.)

```
         ┌ 지호 : (주사위 두 개를 동시에 던지며) 난 두 개랑 여섯 개가 나왔네.
         │        여섯 개에서 두 개를 빼면 다섯 개네.
         │ 미나 : 아니야. (자신의 손가락을 펴 보이며) 이렇게 여섯 개에서 두 개
         │        를 빼면, 나머지 하나, 둘, 셋, 넷, 네 개지.
      ㉢ ┤ 지호 : (손가락 여섯 개를 펴며) 여섯 개에서 두 개를 빼면, 나머지 하
         │        나, 둘, 셋, 넷. 아~하! 넷이구나.
```

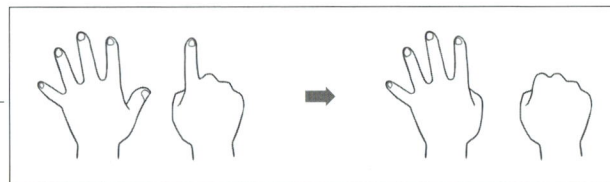

… (하략) …

㉢에서 비고스키(L. S. Vygotsky)의 이론에 따른 비계(scaffolding)에 해당하는 것을 1가지 쓰시오.

- _____

03 (가)는 5세반 과학활동 실시 전 장 교사의 수업 메모의 일부이다. 물음에 답하시오.
■ 2020년

(가)

> 유아들은 찰흙 활동을 통해 다양한 아이디어로 찰흙을 변형시켜 보는 경험을 할 수 있다. … (중략) … 이번 활동에서는 같은 양의 찰흙 공을 제공해 주어 다양한 형태로 변형시켜 보고 다시 원래의 형태로 되돌려보는 활동을 해 보려고 한다. 이 과정에서 유아들은 자신이 알고 있는 사실과 새롭게 발견한 결과 사이에서 (㉠)을/를 경험하고 기존의 자신이 가지고 있던 개념을 변화시켜 볼 수 있을 것 같다. 오늘 활동에서는 유아들의 현재 발달 수준보다 더 높은 수준으로 이끌기 위해 구체적인 도움을 주는 (㉡)을/를 해야겠다.

비고츠키(L. Vygotsky) 이론에 근거하여, (가)의 ㉡에 들어갈 용어를 쓰시오.

- _____

모범답안

01. • ① : 세모모양의 틀은 세모모양의 비눗방울을 만든다(모양 틀에 따라 비눗방울의 모양이 달라진다).
    • ② : 보다 유능한 또래인 동주가 다양한 모양틀을 이용하여 비눗방울을 불어보는 직접시범을 통해 비계를 제공함으로써 진서의 오개념이 변화하게 된다.
02. • 지호보다 조금 더 발달이 앞선 미나가 지호에게 손가락을 이용하여 빼기를 시범 보여준 것
03. • 비계설정

02 구성주의 유아 과학 교육

> **참고** 과학 교육의 동향
>
> 과학(science)이라는 말은 '지식'(scientia)과 '안다'(scire)라는 라틴어에서 유래된 것으로, 무엇을 알아낸다는 의미를 담고 있다. 즉, 과학이란 경험이나 과학적 과정을 통하여 만들어 내는 일련의 지식 체계라고 할 수 있다. 그러나 과학의 의미는 다양한 관점에서 정의될 수 있으며, 과학에 대한 관점의 변화에 따라 과학 교육의 방향도 달라진다.
>
> | | |
> |---|---|
> | 제1단계 | • 과학 = 유용하고 실질적인 지식의 총체이다.
• 객관적으로 검증된 과학적 사실을 중시하므로, 과학 교육은 결과론적 접근을 취한다.
• 교과서와 강의 중심의 교육을 통한 과학적 지식과 개념의 직접적 전달을 중시한다. |
> | 제2단계 | • 과학 = 발견의 과정, 사고하는 방법, 새로운 지식에 도달하는 방법이며 동시에 객관적인 지식의 구조를 중시한다(Bruner와 Piaget의 영향).
• 과학 교육은 과학의 구조를 중심으로 탐구의 과정을 중시한다.
• 개방적, 아동 중심적 접근을 강조한다. |
> | 제3단계 | • 과학 = 사고의 과정 그 자체이다.
• 과학 교육은 유아가 의문을 갖고 자신의 의문을 해결하기 위하여 다양한 시도를 하는 과정이다.
• 생태학적인 면과 정의적인 면, 개별화 접근과 통합적 접근, 사회적 상호작용과 협력 학습 등을 강조한다.
• 탐구의 과정에서 창의적 문제 해결과 개방적 사고, 도전감 등을 중요시한다. |
>
> [출처] 『탐구 능력 증진을 위한 유아 과학 교육』, 조형숙, 2001.

1 구성주의 과학 교육에 대한 이해

1. 구성주의 인식론

(1) 객관주의 인식론과 주관주의 인식론

객관주의 인식론	주관주의 인식론
• 개인의 경험이나 사고 특성과는 상관없이 어떤 절대적인 진리가 존재한다. • 지식을 알게 하기 위해서는 먼저 알게 된 타인이 언어나 글, 그림과 같은 상징 체계를 통해 전달해야 한다. • 교육은 이전까지 인류가 쌓아온 많은 지식을 교사의 일방적인 언어나 다른 상징 체계를 통해 전달해 주는 방식이 되어야 한다.	• 지식이란 한 개인의 직접적인 관찰이나 반성적 사고, 논리적 사고 등에 의해 구성되는 것이다. • 누군가 알려준 사실을 그대로 받아들이는 것으로 지식이 형성되는 것이 아니라, 알려준 사실이라 하더라도 자신의 과거 경험과 견주어 이를 검토하여 이해될 때 그것을 지식으로서 받아들이게 된다.

(2) 구성주의 인식론적 관점

① 구성주의의 지식에 대한 입장은 주관주의적 인식론에 기초하고 있다. 즉, 지식은 개인의 내부에서 구성되어 존재하는 것이므로 같은 사실을 여러 사람에게 알려주어도 받아들이는 것이 다를 수 있다.
② 지식의 이해를 돕기 위한 방법은 유아 스스로 관찰하고 경험하면서 끊임없이 사고하는 과정을 통해 이루어져야 한다.

2. 구성주의 과학 교육의 강조점

(1) 선개념이란?

① 형식적인 과학 교육을 받기 이전부터 유아들이 주변 세계와 일상적 경험을 통해 여러 가지 사물의 특성과 현상에 대해 나름대로 이해하고 있는 개념을 의미한다.
　예 유아들은 우리의 몸이 피, 오줌 등과 같은 것으로 되어 있다고 생각하기도 한다.
② 선개념은 유아들의 경험과 사고의 범위 내에서 형성한 과학적 개념이다. 그러나 과학자의 관점에서 볼 때 이러한 개념들은 대부분 잘못되었거나 협소한 **오개념**이 된다. 따라서 유아에게 제공하는 과학 활동은 유아들의 선개념이 보다 정확하고 확장된 과학적 개념으로 변화할 수 있도록 돕는 과정이 되어야 한다.
③ 교사는 과학 활동을 시작하는 단계에서 유아들이 탐구할 개념에 대해 이미 알고 있는 지식이 무엇이며, 어떤 경험을 가지고 있는지를 사전에 파악해야 한다.
④ 구성주의 관점은 '지식이란 개인이 기존의 경험과 새로운 경험 사이에서 갈등적인 상황을 겪으며 스스로 구성해 가는 것'이라고 본다. 따라서 교사는 유아들이 지니고 있는 개념의 오류가 드러날 수 있는 활동을 계획하여 직접 경험을 통해 스스로 기존의 개념을 바꾸고 새로운 개념을 구성해 가도록 도와야 한다.

(2) 인지적 불일치(갈등)를 통한 개념 변화

① 구성주의 접근은 인지적 갈등을 학습의 필수 선결 조건으로 본다. 기존의 잘못되거나 협소한 개념이 갈등을 일으키는 요소를 가진 것일 때 유아들은 보다 적극적으로 탐구 과정에 참여하여 과학적 개념을 학습하게 된다.
② 교사들은 여러 가지 상황 속에서 유아들이 가지고 있는 기존의 선개념에 갈등을 일으키고 이를 재구성하면서 지식을 구성해 가도록 도와야 한다.
③ **인지적 불일치**란 유아 자신이 이미 알고 있는 것과 과학 활동 중에 일어나는 실제 현상 간에 차이가 있을 때 기존의 지식에 대해 의문을 갖게 되는 것을 의미한다.
④ 인지적 불일치가 일어날 때, 유아는 자신이 이미 알고 있는 대로 결과가 왜 나타나지 않는지를 지속적인 의문을 가지고 여러 가지 방법으로 자료를 조작하여 확인해 보려고 한다. 이러한 인지적 불일치가 일관적으로 드러나게 되면 유아는 기존에 자신이 알고 있는 개념을 변화시켜야 한다는 생각을 하게 되며, 이를 통해 개념의 변화가 일어난다.

기출탐구

다음은 몇몇 교사들이 유아 과학 교육의 방향에 대해 토의하면서 자신들의 교육 방법을 함께 언급한 내용이다. 2007 개정 유치원 교육과정에 비추어 교사의 발언 내용이 바람직한 것을 모두 고른 것은?
■ 2011년

> A 교사 : 저는 유아들이 자연을 존중하고 자연과의 조화로운 삶을 살아가도록 하는 것이 참 필요하다고 생각해요. 그래서 환경 오염에 관한 내용이 담긴 동화를 들려주고 이에 대한 토론을 통해 우리가 어떻게 살아가야 할지 생각해보게 해요.
>
> B 교사 : 저는 유아가 과학적 개념을 습득하도록 가르치는 것이 과학 교육의 방향에서 중점이 되어야 한다고 생각합니다. 그래서 우주의 행성 이름과 특성에 대해 가르치면서 유아가 관심을 보이는 지구와 우주에 관한 개념을 습득하도록 했어요.
>
> C 교사 : 저는 어렸을 때부터 과학 기술 교육을 통해 국가 산업 발전에 도움이 되도록 지도하는 것이 매우 중요하다고 생각해요. 그래서 생활 속에서 간단한 도구와 기계를 활용하도록 지도하고 있고 공학 발전으로 인한 역기능도 함께 다루고 있습니다.
>
> D 교사 : 저는 구성주의 관점을 반영하는 것이 과학 교육에서 매우 중요하다고 생각해요. 유아가 물에 뜨는 물건을 물속으로 밀어 넣는 행동을 보일 때 저는 직접 가르치지 않고 아무것도 제시하지 않으면서 유아가 스스로 원리를 발견하고 과학적 지식을 구성해가도록 하지요. 교사가 개입해서는 안 된다고 생각해요.
>
> E 교사 : 저는 과학교육에서 창의적 사고와 문제 해결력을 키우는 것이 중요하다고 생각하고 모래놀이에서 이런 과학하기가 일어나도록 계획해요. 모래놀이터에서 유아들이 호수를 만들기 위해 수돗물이 흘러가도록 다양한 자료를 이용하여 물길을 만들 때 물이 위에서 아래로 잘 흘러가게 하는 문제 해결을 위해 유아들은 많은 고민을 하게 되지요.

① B 교사, C 교사
② A 교사, C 교사, E 교사
③ A 교사, D 교사, E 교사
④ A 교사, B 교사, D 교사, E 교사
⑤ A 교사, C 교사, D 교사, E 교사

모범답안

②

유아교육과정

2 구성주의 유아 과학 교육

1. 유아 과학 교육의 의미

(1) 과학적 자아

유아는 본성적으로 과학자의 성향을 갖고 있다. 특히 Koch(1999)는 유아들은 주변에서 눈에 띄고 손에 잡히는 다양한 사물과 현상에 대해 끊임없이 분출하는 호기심과 의문을 가지고 있으며, 이를 해결하기 위해서 적극적이고 활동적으로 행동하는 과학자적 성향을 가지고 있다고 하며, 이를 과학적 자아(scientific self)라고 표현한다.

(2) 유아 과학 교육의 개념

① 유아 과학 교육이란 유아들의 과학적 자아를 더욱 증진시키기 위해 유아들의 과학적 질문에 대해 탐구할 수 있는 환경과 경험을 제공하려는 일련의 교육적 행위이다.
② 과학적 질문이란 해답을 얻기 위해 주의 깊은 관찰을 필요로 하는 것, 실험을 구성하고 결과를 탐색하도록 하는 것, 그리고 다른 사람에게 관찰과 실험을 반복하도록 할 수 있는 것과 관련된 질문을 말한다.

(3) 유아 과학 교육의 중요성

① 유아들은 본성적으로 과학적 자아를 가지고 있으며, 적절한 과학적 경험을 통해 이를 증진하기 위해서 과학 교육이 필요하다.
② 과학에 대한 태도는 다른 학과목에 대한 태도에 비해 상당히 이른 시기에 형성되므로 보다 긍정적인 태도를 길러주기 위해 유아기 과학 교육이 중요하다.
③ 과학 학습의 과정은 유아들이 주변 세계를 이해하는 방식을 진전시켜 가도록 돕는다. 따라서 유아들은 어떻게 자신의 경험을 연관 짓고 정보를 얻으며, 얻어진 정보를 조직하고 자신의 아이디어를 검증하는 방법을 과학 교육을 통해 배울 수 있다.
④ 유아에게 과학 교육을 하지 않더라도 아이들은 아주 어릴 때부터 주변 세계에 대한 아이디어를 얻어 간다. 만약 이러한 아이디어가 인과적인 관찰이나 조사해 본 적이 없는 현상이거나 사람들이 흔히 말하는 바를 그대로 받아들인 것이라면 대개 비과학적이거나 잘못된 개념이 된다. 따라서 새로운 아이디어를 받아들이는 태도가 고정되기 전에 유아기부터 다양한 탐구의 과정을 경험함으로써 증거에 반하거나, 과학적 개념에 위배되는 아이디어를 쉽게 받아들이려 하지 않는 과학적 태도를 형성하는 것이 중요하다.

2. 유아 과학 교육의 목표

(1) 바람직한 유아 과학 교육의 방향

① 유아 과학 교육은 지식의 이해보다는 주변에 대한 호기심과 탐구력을 길러주는 데 보다 강조점을 두어야 한다.
② 유아 과학 교육은 모든 영역과의 통합적 접근을 통해 이루어져야 한다.
③ 과학 교육의 장소로 교실뿐 아니라 교실 밖의 자연 환경, 시설 등을 적극적으로 탐색하고 활용한다.
④ 과학과 기술, 사회 간의 유기적 관계를 인식하고 이에 관련된 문제 해결 능력을 키우기 위한 유아기 환경 교육은 자연탐구 활동을 통해 이루어져야 한다.
⑤ 사회에서 일어나는 과학적 사건을 과학 교육을 위한 주제로 적극적으로 활용한다.
⑥ 유아들이 일상적으로 접하는 사물이나 현상에 대해 보다 창의적으로 탐구할 수 있는 기회를 제공함으로써 스스로 설정한 문제에 대한 해답을 찾기 위해 탐구 과정에 몰입할 수 있도록 해야 한다.
⑦ 유아의 생각과 질문을 중시함으로써 단순히 감각을 통해 직접 조작하는 것을 넘어 유아의 정신적 조작이 함께 이루어지도록 해야 한다.

(2) 유아 과학 교육의 목표

① 일상생활 속에서 접하는 사물과 현상에 대해 호기심을 가진다.
② 주변에 대해 의문을 갖고 적극적으로 탐구하려는 과학적 태도를 기른다. 과학적 태도란 끊임없이 문제를 제기하고 찾으려는 회의적인 태도, 실패를 긍정적으로 극복하려는 융통성과 개방적인 태도 등을 의미한다.
③ 생활에서 활용하고 있는 간단한 과학적 도구 및 기계에 관심을 가지고 기능을 이해한다.
④ 과학적 과정 기술을 증진한다.
 ＊ 과학적 과정 기술이란 과학적 탐구의 수행을 위해 필요한 탐구 기능을 말한다. 과학적 과정 기술에는 관찰하기, 분류하기, 측정하기, 예측하기, 의사소통하기, 가설을 설정하기, 실험하기, 창안하기(새로운 아이디어 구성, 문제 해결, 만들기 등) 등이 있다.
⑤ 유아의 생활 및 경험과 관련된 과학적 지식을 탐구한다.
⑥ 자연에 대한 체험을 통해 자연보호의 중요성을 인식한다.
⑦ 창의적, 비판적 사고력을 기른다.

3. 유아 과학 교육의 내용

(1) 과학적 태도

항목	정의 및 평가기준
1. 호기심	▶ 주변의 사물이나 현상에 대해 끊임 없는 의문과 관심을 갖는 성향
	1. 질문을 자주 하는가?
	2. 새로운 대상에 관심을 기울이는가?
	3. 문제가 있을 때 원인을 찾으려고 하는가?
2. 자진성과 적극성	▶ 활동에 자진해서 적극적으로 참여하려는 태도
	1. 활동에 스스로 참여하는가?
	2. 문제해결에 적극적으로 임하는가?
	3. 의문점을 해결하려고 시도하는가?
3. 솔직성	▶ 관찰이나 실험결과를 취사선택하지 않고 있는 그대로 제시하는 태도
	1. 자신이 예상한 점이나 관찰한 점을 그대로 나타내는가?
	2. 어려운 점이나 안 되는 점을 그대로 나타내는가?
	3. 활동결과를 그대로 나타내는가?
4. 객관성	▶ 가설에 반대되는 증거를 수집하여, 결론을 내리기 전에 가능한 한 많은 자료로부터 도출된 결론을 내리려는 태도
	1. 사물을 자기가 본 대로 정직하게 표현하는가?
	2. 결론을 내릴 때 실험을 근거로 하고 있는가?
	3. 문제해결에 있어 몇 가지 가능한 해결책을 고려하는가?
5. 개방성	▶ 새로 밝혀진 근거에 따라 자신의 주장을 변경하는 태도, 반대의 견해나 결론도 기꺼이 수용하고 새로운 아이디어와 방법을 기꺼이 추구하려는 태도
	1. 자기주장에 대한 비판을 수용하는가?
	2. 실패한 것에 대해 좌절하거나 의기소침해 하지 않는가?
	3. 한 가지 문제에 대하여 여러 가지 의견을 듣는가?
6. 비판성	▶ 타인의 결론이나 설명에 대해 옳고 그름을 판단하기 위해 증거를 요구하려고 논쟁하려는 태도
	1. 다른 사람의 의견에 대해 옳고 그름을 판단하는가?
	2. 결론을 성급히 내리지 않는가?
	3. 어떤 주장에 대한 대안을 제시하는가?
7. 판단 유보	▶ 성급히 판단이나 결론을 내리지 않고, 확실한 증거에 의해 지지될 때까지 사실로 받아들이지 않는 태도
	1. 결론을 내리기 전에 많은 자료를 찾는가?
	2. 결론을 성급히 내리지 않는 편인가?
	3. 확실한 근거를 찾을 수 없는 것은 다시 생각해 보는가?

8. 협동심	▶ 두 명 이상이 요구되는 활동을 할 때 협력하는 태도로, 집단의 이익을 먼저 생각하고 행동하며, 이견이 있을 때 서로 협의하는 성향을 말한다.
	1. 활동에 있어서 역할을 맡아서 하는가?
	2. 소집단 전체에 생각이 드러나는가?
	3. 활동 후 정리정돈을 같이 하는가?
9. 끈기성	▶ 해결되지 않는 문제를 포기하지 않고 지속적으로 해결하려고 노력하는 태도
	1. 활동 중 실패할 때 반복하여 결과를 찾으려 하는가?
	2. 해결되지 않은 문제는 계속해서 해결하려고 하는가?
	3. 한 문제가 해결되면 또 다른 문제를 해결하려 하는가?

(2) 과학적 과정

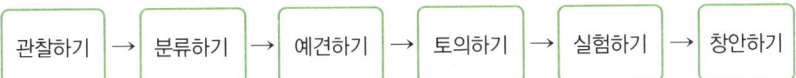

관찰하기 → 분류하기 → 예견하기 → 토의하기 → 실험하기 → 창안하기

길라잡이

과학의 과정

1. 탐색하기
   (1) 대상의 **구성 요소나 속성들을 감각을 사용하여 알아내는 과정**(자극주도적인 활동)이다.
   (2) 모든 감각들을 활용하여 **경험한 것에 대한 개인적인 의미를 구성하는 과정**이다.

2. 관찰하기
   (1) 관찰은 모든 과학적 탐구의 기초이며 가장 중요한 요소이다. 관찰은 단순히 어떤 것을 쳐다보는 것을 의미하는 것이 아니라, 목적 지향적으로 무엇인가를 발견하고자 우리의 다양한 감각을 활용하여 보는 것을 말한다.
   (2) 관찰 기술의 발달은 유아가 아이디어를 찾고, 형성할 수 있는 능력을 길러준다. 다양한 관찰을 함으로써 그 사물과 현상에 대해 자신의 아이디어와 이해를 넓게 되고, 다른 문제나 상황에 적용할 기술을 발달시킬 수 있다.
   (3) 유아의 관찰 과정이 의미 있게 이루어질 수 있도록 하기 위한 교수 원리
   ① 처음부터 "이것이 무엇이지?", "어떤 색깔이지?"와 같이 유아들이 제한된 면에 집중하지 않도록 개방적인 질문을 한다.
   　　예 이 모래는 무슨 색이니? (X)
   　　　여기 두 가지의 흙이 있는데 자세히 살펴보고 너희들이 발견한 것을 이야기해 보자. (O)
   ② 유아의 관찰을 돕기 위한 적절한 도구를 제시한다. 우선적으로 유아들이 특별한 도구 없이 자신의 손과, 눈과 같은 신체를 이용하여 관찰함으로써 보다 직접적인 경험이 될 수 있도록 하는 것이 좋으나, 필요에 따라 세부적인 정보를 얻기에 필요한 돋보기, 양팔저울, 계량컵 등과 같은 도구를 제공한다.
   　　예 흙과 모래를 관찰하여 차이점을 발견하고자 할 때, 고운 체를 제시하면 유아들이 흙과 모래를 걸러 남는 물질이 있는지, 그리고 그 내용물을 자세히 비교할 수 있을 것이다.

③ 관찰을 통해 얻어진 정보를 그림, 인쇄물, 또는 글을 통해 기록할 수 있도록 한다. 유아들은 자신이 관찰한 내용을 다양한 방법으로 상징하는 과정을 통해 세밀한 관찰 능력을 기를 수 있다.

　예 흙과 모래를 관찰한 후 흙과 모래의 차이를 색깔, 느낌, 걸러진 내용물의 종류, 냄새 등과 같은 차원으로 나누어 기록하도록 한다. 관찰 결과를 어떤 방식으로 할 것인가는 유아의 수준과 관찰 내용에 따라 적합하게 조절해야 한다.

3. 분류하기
    (1) 분류하기란 관찰을 통해 얻은 사물에 대한 정보를 일정한 기준을 바탕으로 그룹을 지어 보는 활동이다.
    (2) 분류하기 과정을 통해 유아들은 유심히 관찰하는 능력과 집합을 구성하는 능력과 분류 결과를 설명하는 과정을 통해 표현 능력을 기를 수 있다.
    (3) 유아들의 분류하기 활동을 돕기 위한 세부적인 교육 방법
        ① 분류하기는 세심한 관찰이 기본이 되어야 한다는 것을 인지하여 충분한 관찰 기회를 준 후 분류를 하도록 한다.
        ② 분류하기의 기준을 제시할 때 처음에는 광범위한 기준을 제시하여 1차적인 분류가 이루어지고 난 후 각 그룹을 다시 세부적인 기준으로 분류해 보도록 하여 체계적인 분류 방법을 익히도록 한다.
          예 나뭇잎은 우선 소나무 잎처럼 가늘고 긴 것과 플라타너스처럼 넓고 큰 것으로 나누어 보고, 가는 잎을 다시 가장자리가 구부러진 것과 아닌 것, 나뭇결이 일직선으로 뻗은 것과 아닌 것 등으로 구분해 본다.

4. 비교하기
    (1) 사물이나 현상을 어떤 특징적 속성에 따라 관계 짓는 것이다.
    (2) 분류하기는 공통점에 주목하고 비교하기는 차이점에 주목한다.

5. 측정하기
    (1) 측정이란 사물의 길이, 무게, 부피 등을 수량화하는 것을 말한다. 측정 방법으로는 표준화된 자나 저울 등을 사용해서 수와 단위로 표시하는 방법과 유아의 신체나 막대기와 같은 임의적인 기준을 가지고 하는 방법이 있다.
    (2) 유아들에게는 임의 단위를 설정하여 측정하는 것으로부터 시작하여 점차적으로 표준화된 단위를 이해하고 활용할 수 있도록 한다.

6. 예측하기
    (1) 예측하기란 현재 알고 있는 지식이나 관찰을 토대로 관찰할 수 없는 상황을 미리 짐작하는 것을 말한다.
    (2) "만약 ~하면 어떤 일이 생길까?" 하는 질문이 바로 유아들의 예측하기를 격려하는 것이다. 또한 질문은 유아들로 하여금 탐구의 대상을 좀 더 면밀히 관찰하도록 하며, 또한 "만약 ~하면"에 해당하는 어떤 조작을 해보도록 이끈다.

7. 추론하기
    (1) 추론하기란 어떤 결과를 관찰하고 이러한 결과의 원인을 되짚어 설명하는 것을 말한다.
    (2) 일반적으로 추론하기는 유아들에게 어려운 것이 많다. 그러므로 복잡하게 얽혀지거나 추상적인 것에 관해 "왜 이렇게 되었을까?"와 같은 추론을 요구하는 질문을 사용할 때는 주의를 기울여야 한다. 대체로 유아들의 생활에서 친숙한 사물이나 현상일 경우 추론하기가 가능하다.

8. 의사소통하기

(1) 의사소통이란 단순히 사람들 간에 말을 주고받는 것뿐 아니라 몸짓, 그림, 만들기 등과 같은 다양한 방법으로 사람들 간에 서로의 생각을 알게 하기 위한 모든 수단을 말한다.

(2) 과학 활동에 있어 의사소통은 유아들이 자신이 발견하거나 관찰한 것을 서로 주고받으면서 스스로 개념을 명료화할 뿐 아니라 협동적인 탐구 학습을 촉진하며 유아들이 자신의 생각을 표현하고 다른 사람의 의견에 귀를 기울이는 능력을 길러준다.

(3) 유아들의 의사소통 능력을 키워주기 위해 과학 활동 중에 발견한 것이나 생각을 표현할 수 있는 개방적인 분위기를 조성하고, 결과를 그래프, 관찰 일지 등에 기록하는 것, 발표하기, 전시하기 등의 활동을 전개한다.

9. 실험하기

(1) 실험하기는 독립변인을 조작, 통제하여 가설을 검증하고 종속변인의 효과를 검증하기 위한 일련의 과정이다. 그러나 유아기의 실험은 유아들이 궁금한 것을 알아보기 위해 구체적인 자료들을 마련하고 과정을 계획하여 직접 조작하여 결과를 알아보는 것이다.

● 전통적인 과학 실험의 모형

문제확인 → 가설설정 → 실험설계 → 자료수집 → 자료해석 → 가설검증

● 과학 실험 활동의 변인 유형

독립변인	환경 변화가 행동에 주는 영향을 측정하기 위해서 실험자가 변화시키거나 조작하는 환경의 측면, 실험연구의 경우 독립변인은 실험자에 의하여 임의로 통제되고 조직되는 변인이다. ① 통제변인(고정변인) : 실험 결과에 영향을 주지 않기 위해 변화를 주지 않고 고정시키는 요소, 실험에서 일정하게 유지시키는 잠재적 독립변인 ② 조작변인 : 결과에 변화를 주어 실험 전과 후를 비교하기 위한 요소
종속변인	독립변인의 영향을 받을 것으로 추정되는 행동, 독립변인으로 인해 나타나는 결과

※ 변인통제란?
　조작변인은 변화시키고, 나머지 **통제변인**들을 일정하게 유지시키는 것

(2) 유아들의 질문을 기초로 실험을 직접 구성해 보거나 교육 주제에 관련된 실험 활동을 준비하여 유아들이 적극적으로 탐구하는 경험을 제공함으로써 유아들이 적극적으로 참여하면서 사고할 수 있는 실험이 되어야 한다.

(3) 실험을 계획할 때 주의할 점은 유아들이 "어?" 하고 놀라면서 어떤 마술을 본 듯한 느낌을 갖게 되는 식의 활동은 지양해야 한다.

(4) 효과적인 실험의 조건
① 유아의 가설을 검증할 수 있는 탐색 활동을 고안한다.
② 유아와 함께 실험을 계획한다.
③ 유아의 사고 능력이 실험을 통하여 발달할 수 있어야 한다.
④ 가능하면 유아 스스로 조사하도록 해야 한다.
⑤ 실험은 되도록 간단하게 한다.
⑥ 교사는 유아가 조사하는 과정에서 필요한 피드백을 한다.
⑦ 실험마다 간단하게 기록을 한다.

(5) 과학 실험 활동의 단계적 운영 방안

도입	우연적 사건이나 유아의 흥미에 의하여 유아들이 제안한 주제를 중심으로 유아에게 필요한 지식이나 정보를 제공하기 위해 교사가 활동을 계획하고 자료를 준비하여 도입할 수 있다.
탐색	제시된 활동 자료와 도구들을 충분한 기회와 시간을 통해 관찰하고 비교하고 탐색할 수 있다.
전개	• 자신이 생각한 아이디어를 스스로 적용해보고 실험한다. • 분류하기, 비교하기, 실험하기, 예측하고 추론하기, 의사소통하기, 창안하기 등과 같은 과정 활동을 중심으로 진행된다. ★ 교사는 유아의 지적 갈등이나 호기심을 불러일으킬 수 있는 질문이나 문제를 제공할 수 있다.
마무리	• 자신이 실험한 결과에 대해 친구들과 토의를 하며 다양한 의견을 나눈다. • 활동 결과를 그림으로 그리거나 그래프로 그린 것을 전시할 수 있다.
확장	진행했던 활동과 관련지어 새로운 아이디어를 제안하여 활동이 확장된다.

(3) **과학적 지식**(과학의 결과)
   ① 자료 수집을 통해 과학의 개념이나 원리, 이론 등을 이끌어 내는 것
   ② 과학 교육에서 다루어지는 개념

Craig	통합적인 과학의 개념 공간, 시간, 변화, 상호 연관성, 적응, 다양성, 평형과 균형
블로흐와 슈바르츠	생물, 지구와 우주, 물질과 에너지
Leeper	물질과 에너지, 지구와 우주, 사람과 환경, 생물과 생물의 활동

길라잡이

과학 지식의 체계

과학 지식	특징	예
과학적 사실 (scientific facts)	• 개념, 이론, 법칙의 바탕이 되지만, 예상하거나 현상의 원인을 설명하는 기능은 없음 • 직접 관찰할 수 있고, 관찰을 통해 언제라도 검증할 수 있는 특성을 지님(Chiappetta & Koballa, 2006)	• 물은 추울 때 언다. • 하늘은 파랗다. • 금속을 통해 열이 전달된다.
과학적 개념 (scientific concepts)	• 물체, 성질, 현상, 사건 등에 관해 사람이 공통적으로 가지고 있는 생각 • 이름, 정의, 준거, 실례 등으로 본성을 나타내는 요소들이 통합되어 생기는 종합적 의미 구성 (Chiappetta & Koballa, 2006)	• 액체 물질이 고체로 변하는 상태 변화를 '응고'라고 한다. • 접촉에 의해 열이 전달되는 것을 '전도'라고 한다.
과학적 이론 (scientific theories)	• 자연의 현상과 사물에 대한 가정적, 추상적 속성 • 사실, 개념, 법칙 등을 설명하여 계속적으로 수정·보완되거나 기각됨 • 추상적인 속성이므로 모형이나 비유로 표현 가능 (Chiappetta & Koballa, 2006)	• 상대성 이론($e=mc^2$) • 진화론
과학적 법칙 (scientific laws)	• 개념들 사이의 관계를 진술한 복합 언명(complex statement) • 가정이나 가설에 바탕을 두지 않고, 관찰한 자연 현상에 나타나는 규칙성을 그대로 진술	• 공기는 열을 가하면 늘어난다. • 질량이 있는 모든 물체 사이에는 끌어당기는 힘이 있다. • 작용·반작용의 법칙

기출탐구

01 다음의 내용은 유아의 과학적 탐구 과정을 설명한 것이다. ㉠과 ㉡에 알맞은 것은?　　　■ 2010년

> (㉠)하기는 유아가 오감각 기관 중 한 가지 이상의 감각 기관이나 도구를 사용하면서 주의를 집중하여 물체의 특징과 변화를 주의 깊게 살펴보는 과정이며, (㉡)하기는 유아가 (㉠)하고 수집한 다양한 자료들을 물체의 색, 모양, 크기 등과 같은 보편적인 속성이나 기능에 의해 정리하고 조직하는 과정이다.

	㉠	㉡		㉠	㉡
①	관찰	분류	②	분류	측정
③	측정	관찰	④	예측	분류
⑤	관찰	측정			

02 다음은 유아의 과학적 탐구 과정의 하나인 실험에 대한 설명이다. 바람직한 것을 모두 고른 것은?　　　■ 2011년

> ㉠ 실험 과정 중에 유아의 판단이 과학적 개념이 아닐 때는 인지적 갈등을 통해 스스로 개념을 변형시키게 한다.
> ㉡ 실험은 결과가 분명치 않은 자료를 제시하여 일회적이기보다 지속적으로 유아가 참여하게 하는 것이 바람직하다.
> ㉢ 비 만들기나 증발 실험 혹은 화산 실험과 같이 일련의 과정을 거쳐서 기대한 결과를 볼 수 있는 실험이 유아들에게 바람직하다.
> ㉣ 유아들은 실험을 하면서 과학적 문제 해결을 위해 나름대로의 가설을 만들어 시도해보고 나타난 결과를 가지고 초기 가설을 비교해 본다.
> ㉤ 동식물을 대상으로 실험하는 것은 동식물과 인간과의 관계를 일상생활에서 접할 수 있는 기회를 제공하므로 가능한 많이 해보도록 하는 것이 바람직하다.

① ㉠, ㉣　　　② ㉡, ㉢
③ ㉠, ㉡, ㉢　　④ ㉡, ㉣, ㉤
⑤ ㉠, ㉡, ㉣, ㉤

03 (가)는 누리과정 자연탐구 영역의 일부이고, (나)는 만 5세반 장 교사가 '도구를 활용한 바람 만들기' 실험 상황의 일부이다. 물음에 답하시오. ■2013년

(가)

내용 범주	내용	세부 내용
탐구하는 태도 기르기	㉠	(생략)
	(생략)	(생략)
		탐구과정에서 서로 다른 생각에 관심을 갖는다.
	탐구기술 활용하기	일상생활의 문제를 해결하는 과정에서 (㉡), (㉢), ㉣ 비교, ㉤ 예측 등의 탐구기술을 활용해 본다.

(나)

교사 : 바람을 만들려면 어떤 도구가 필요하니?
유아 : 부채요. 큰 부채요.
교사 : 그래. 부채도 필요하지. 그리고 선생님이 준비해 온 다른 도구도 한 번 같이 보자.
유아 : 와, 선풍기다!
교사 : 그래. 그럼이 도구를 이용해서 바람을 만들어 볼까?
 (각 도구를 이용해 바람을 만들어 본 후) 부채로 부칠 때 바람이 어땠니?
유아 : 시원해요.
교사 : 부채를 부칠 때와 선풍기를 돌릴 때 바람이 어떻게 다르니?
유아 : 선풍기 바람이 더 시원해요.
교사 : 그렇구나. 그러면 부채와 선풍기를 사용하여 바람개비를 돌려볼까? 어떤 도구로 바람을 만들 때 바람개비가 더 잘 돌아갈 것 같니?
유아 : 선풍기요. 근데 잘 갖다 대야 돼요.
 … (후략) …

(1) ㉡과 ㉢에 들어갈 적절한 용어를 쓰시오.

- ㉡ : _____
- ㉢ : _____

(2) 탐구기술 ㉣과 ㉤을 활용한 교사 발문의 예를 (나)에서 찾아 각각 1가지씩 쓰시오.

- ㉣의 예 : _____
- ㉤의 예 : _____

04 다음은 ○○유치원 5세 반 유아들이 실외 놀이터에서 비눗방울 놀이를 하는 상황이다. 물음에 답하시오. ■ 2016년

> 동주 : 우리 비눗방울 놀이하자.
> 진서 : 좋아.
> 동주 : 그런데 여기 틀 모양이 여러 가지야. 넌 어떤 것으로 할 거야?
> 진서 : 나는 세모 모양 비눗방울을 만들 거니까 세모로 해야지.
> 동주 : 야, 세모 모양 비눗방울을 어떻게 만들어?
> 진서 : 만들 수 있어.
> 동주 : 비눗방울은 다 동그래.
> 진서 : 아니야, 세모 모양 비눗방울 있어.
> 동주 : 내가 하는 거 잘 봐.
> (동주는 사각형 틀로 비눗방울을 만든다.)
> 동주 : 봤지? 동그랗지?
> 진서 : 어, 이상하다.
> 동주 : 너도 해 봐.
> (진서는 삼각형 틀로 비눗방울을 만든다.)
> 동주 : ㉠ 봐, 네가 한 거랑 내가 한 거랑 둘 다 동그랗잖아.
> 진서 : 그러네, 진짜 동그랗다.
> 동주 : 우리 다른 틀로도 해 볼까?
> ㉡ (동주와 진서는 구름, 하트, 강아지, 토끼 모양의 틀로 비눗방울을 만든다.)

㉡에 제시된 ① 조작변인을 쓰고, ② 조작변인과 관련하여 유아들이 설정한 가설을 쓰시오.

- ① : _____
- ② : _____

05 (가)는 유아들의 과학활동 상황이다. 물음에 답하시오. ■ 2017년

(가)

> 김 교사 : 볼링핀을 쓰러뜨리려면 공을 어떻게 굴려야 할까?
> 유 리 : 힘을 세게 해요.
> 나 은 : 잘 보고 볼링핀이 있는 쪽으로 살살 굴려요.
> 준 서 : 앞으로 더 가까이 가서 굴려요.
> 유 리 : 똑같은 데서 굴려야지! 앞으로 가면 반칙이야!
>
> 김 교사는 유아들의 의견을 토대로 ㉠ 교실 바닥에 마스킹 테이프로 출발선과 볼링핀의 위치를 표시한 후 크기와 무게가 같은 공과 볼링핀을 유아들에게 제공해 주었다.
> … (중략) …
> 준 서 : (유리를 보고) 에이! 또 꽝이네! (자리를 오른쪽으로 옮기며) 유리야, 이쪽으로 와 봐. 여기서 굴리면 성공할 것 같아.
> 나 은 : 더 세게 굴려!
> 유 리 : 하나, 둘, 셋! (유리가 공을 굴려 볼링핀 한 개를 쓰러 뜨린다.) 와! 한 개 쓰러졌다!

유아교육과정

다음은 (가)에서 이루어진 과학적 과정에 대한 설명이다. ① ⓐ에 들어갈 말을 쓰고, ② ㉠을 통해 김 교사가 통제하고자 하는 변인 1가지를 쓰시오.

> 유아들이 궁금한 것을 알아보기 위해 과정을 계획하고 구체적인 자료들을 직접 조작하여 결과를 알아보는 과학적 과정을 (ⓐ)(이)라고 한다.

- ① : _____
- ② : _____

06 (가)는 만 5세반 '친구에게 소리 전달하기' 활동계획안의 일부이고, (나)는 (가) 활동 중 '임의 단위를 이용한 길이 재기'를 하고 있는 장면이다. 물음에 답하시오.

■ 2018년

(가)

활동명	친구에게 소리 전달하기
활동자료	사전 활동에서 유아들이 길게 만들어 놓은 호스, 30cm 길이의 호스 10개, 호스를 연결할 수 있는 테이프, 길이가 같은 종이 벽돌 블록 20개
활동방법	• 옆 반까지 소리를 전달하려면 얼마나 긴 호스가 필요할지, 어떠한 방법으로 알 수 있는지 이야기 나눈다. • 필요한 길이를 알기 위해 유아들이 생각한 임의 단위를 이용해서 길이를 잰다. • 어제 유아들이 연결해 놓은 호스에 필요한 만큼의 호스를 테이프로 붙여 길게 연결한다. • 길게 연결한 호스를 이용하여 옆 반까지 소리를 전달해 본다. • 소리가 호스를 통해 전달되는 과학적 원리를 설명한다. [A]
확 장	㉠ 호스의 굵기에 따른 소리의 차이를 비교해 보는 실험 활동

(나)

　(유아들이 교실 앞문에서 옆 반 앞문까지 소리를 전달할 수 있는 방법에 대해 이야기 나누고 소리 전달을 시도한다.)
영　　수 : (유아들이 길게 만들어 둔 호스를 들고) 이건 너무 짧아서 안 돼. 호스가 더 필요해.
희　　수 : 얼마나 더 필요한지 길이를 재 보자.
영　　수 : 무엇으로 잴까?
희　　수 : 벽돌 블록으로 재자. … (중략) …
　(유아들이 길이를 재고 있는 모습을 관찰하던 최 교사는 유아들과 동일한 벽돌 블록을 들고 유아들 옆으로 간다.)
최 교사 : (벽돌 블록을 보여 주며) 선생님도 너희들과 같은 블록을 가져왔어.
희　　수 : (선생님을 보며) 왜요? 선생님도 하려고요?
최 교사 : 그래. 선생님도 재려고.
　(최 교사는 유아들 옆에서 길이를 재기 시작한다.) … (중략) …

영　　수 : (벽돌 블록으로 길이를 다 잰 후) 선생님! 다 했어요.
최 교사 : 그래?
　(유아들은 자신들이 놓은 벽돌 블록의 수와 선생님이 놓은 벽돌 블록의 수를 세어 본다.)

[유아들이 놓은 벽돌 블록]

[최 교사가 놓은 벽돌 블록]

희　　수 : 우린 블록이 6개인데 선생님은 8개예요.
최 교사 : 오! 그렇구나. 같은 길이를 쟀는데, 너희가 놓은 벽돌 블록 수와 선생님이 놓은 벽돌 블록 수가 왜 다를까?
　(영수와 희수는 선생님이 놓은 벽돌 블록과 자신들이 놓은 벽돌 블록을 번갈아 가며 본다.)
… (하략) …

(1) 유아의 인지적 발달 특성에 비추어 볼 때 [A]에서 적절하지 <u>않은</u> 내용 1가지를 찾아 쓰시오.
　• _____

(2) 다음 (　) 안에 들어갈 말을 쓰시오.

　　(가)의 밑줄 친 ㉠ 활동을 위해서는 유아가 비교하고자 하는 요인 이외의 다른 요인을 동일하게 만들어 주는 (　)이/가 필요하다.

　• _____

(3) 다음의 ① ⓐ, ⓑ에 들어갈 용어를 순서대로 쓰고, ② ⓐ에 해당되는 유아의 측정 기술 특징 1가지와 ③ ⓑ로서의 역할을 수행하는 교사 발문 1가지를 (나)에서 각각 찾아 쓰시오.

　　비고스키(L. Vygotsky)는 유아가 (　ⓐ　)에서 잠재적 발달수준으로 나아가기 위해서는 유능한 또래나 성인의 (　ⓑ　)(으)로서의 역할이 중요하다고 하였다.

　• ① : _____
　• ② : _____
　• ③ : _____

유아교육과정

07 다음은 유치원 활동의 예이다. 물음에 답하시오.　　■ 2015년

> 송 교사는 4세 반 유아들이 우리 동네 사람들이 하는 일에 관심을 가질 수 있는 활동을 전개하면서 빵 가게를 방문하였다. 유아들은 진열대에 놓여 있는 다양한 모양의 빵을 보고 자신들이 알고 있는 도형과 연관 짓기 시작하였다.
>
> 하영 : 이 빵 삼각형 모양이다.
> 민수 : 아니야, 그거 세모야.
> 하영 : 여기 봐, 봐. 뾰족한 곳이 세 개 있잖아.
> 　　　그러니까 삼각형이 맞아.
> 민수 : 그게 왜 삼각형이야, 세모지.
> 하영 : 세모 아니야. 내가 맞거든, 삼각형!
> 민수 : 세모가 맞아. 내 말이 원래 맞거든!
>
>

위에서 나타나는 하영이와 민수에게 부족한 ① 과학적 태도를 가리키는 용어 1가지를 쓰고, ② 그 이유를 설명하시오.

- ① 과학적 태도 : _____
- ② 이유 : _____
　_____

08 다음은 ○○유치원 5세반 유아들이 과학영역에서 '바람을 이용하여 자동차 움직이기'를 하는 활동 장면이다. 물음에 답하시오.
■ 2019년 추가시험

(가)

(나)

(다)

(라)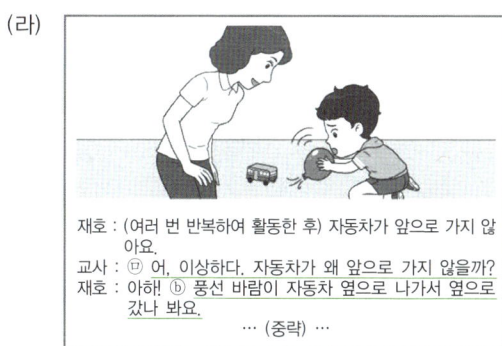

유아교육과정

(마)

(바)

(1) (가)의 밑줄 친 ⓐ와 (라)의 밑줄 친 ⓑ에 나타난 과학과정 기술을 1가지씩 쓰고, 그 개념을 각각 쓰시오.
- ⓐ : _____
- ⓑ : _____

(2) (마)와 (바)는 바람을 이용한 자동차 경주하기의 상황이다. 그림과 대화를 보고 정확한 측정 결과를 얻기 위하여 교사가 지도해야 할 사항 2가지를 쓰시오.
- _____

09 (나)는 과학활동 상황이며, (다)는 수업 관찰 기록의 일부이다. 물음에 답하시오.

■ 2020년

(나)

(유아들이 같은 크기의 동그란 공 모양 찰흙을 가지고 놀이하고 있다.)

민　　석 : 와. 동글동글한 찰흙 공이다.
효　　린 : 난 두드려서 납작하게 만들 거야.
장 교사 : 찰흙이 어떻게 되었니?
민　　석 : (찰흙 공을 굴려서 길게 만들며) 진짜 길어졌어요. 내 것 봐. 내 찰흙이 네 것보다 많아.
효　　린 : (찰흙 공을 바닥에 두드리며) 내 찰흙이 더 많아.   [A]
민　　석 : 아니야. 내가 더 많아.
효　　린 : (반죽 위에 손바닥을 올려놓으며) 이것 봐. 내 손바닥보다 커.
장 교사 : 그럼 다시 동그랗게 뭉쳐볼까?
　　(효린이와 민석이가 찰흙을 다시 둥글게 뭉친다.)
효　　린 : (두 찰흙을 마주 대어 보며) 이거 봐 봐. 내 찰흙이 더 많은 줄 알았는데 똑같네.
민　　석 : 마주 대니까 눈사람 같다. 우리 같이 눈사람 만들어 볼까?
효　　린 : 그럼 나는 얼굴 만들 테니까 너는 몸 만들어.   [B]
민　　석 : 좋아. 찍기 판으로 단추를 만들게. 너도 이걸로 해 봐.
효　　린 : 그래. 난 이걸로 코 만들 거야. 우리 둘이 합치면 멋진 눈사람이 될 것 같아.

… (중략) …

장 교사 : 찰흙에 물을 넣으면 어떻게 될까?
민　　석 : 말랑말랑해질 것 같아요.
장 교사 : 더 말랑말랑해지려면 어떻게 해야 할까?
민　　석 : 손으로 주무르면 돼요.
효　　린 : 물을 넣으면 돼요. 선생님, 이것 보세요. 제 찰흙이 진짜 부드러워졌어요.
장 교사 : 찰흙이 왜 이렇게 부드러워졌을까?   [C]
효　　린 : 물을 많이 넣었거든요.
장 교사 : 물을 넣고 나니까 찰흙이 어떻게 변했니?
효　　린 : 더 말랑말랑해졌어요.

(다)

　오늘 효린이와 민석이는 함께 찰흙으로 눈사람을 만들었다. 이 과정에서 아이디어를 구성하기 위해 서로 협의하고, 역할을 분담하며 도구를 함께 나누어 쓰는 (ⓒ)을/를 관찰할 수 있었다.

(1) (나)의 [B]에 근거하여, (다)의 ⓒ에 들어갈 유아의 과학적 태도를 쓰시오.
• _____

(2) (나)의 [C]에 제시된 장 교사의 발문에서 의도한 유아의 과학적 탐구 과정을 쓰시오.
• _____

10 (가)는 5세반 유아들의 대화 상황이고, (나)는 (가)를 관찰한 후 교사가 작성한 활동 계획안의 일부이다. 물음에 답하시오.
■ 2020년

(가)

서진 : (파란 공을 들고) 우리 제일 큰 이 공으로 공놀이 하자.	
재윤 : 그런데 바구니에 있는 빨간 공이 더 큰 것 같지 않니?	
지연 : (잠시 공 두 개를 쳐다본 후) 비슷해서 잘 모르겠는데? ⊙ 어느 공이 더 큰지 대 보자.	
재윤 : 내 말이 맞지? 빨간 공이 더 커.	
서진 : 큰 공은 무거우니까 우리 가벼운 공으로 놀자. 바구니에서 작은 공을 골라 보자.	
재윤 : 왜 작은 공을 골라야 해?	
서진 : 탁구공이 축구공보다 가볍잖아.	[A]
지연 : 작은 공이 모두 가볍지는 않아.	
재윤 : 큰 공이 다 무거운 건 아니야.	
서진 : 뭐든지 큰 공은 무겁고 작은 공은 가벼운 거야.	
재윤 : 물놀이 할 때 비치볼은 축구공보다 크지만 더 가벼웠어.	
지연 : 우리 빨간 공과 파란 공 중 어떤 공이 무거운지 알아볼까?	

(나)

활동 목표	ⓒ 물체의 크기가 같아도 무게가 다를 수 있다는 것을 안다. ··· (하략) ···	
활동 자료	양팔저울, 바둑알, 장난감공, (ⓒ)	
활동 방법	○장난감공과 (ⓒ)을/를 양팔저울의 접시에 올려놓는다. – 어느 것이 더 무겁니? – 어느 것이 더 무거운지 어떻게 알 수 있었니? – 무거운 쪽의 접시가 어떻게 되었니? ○바둑알을 사용하여 장난감공과 (ⓒ)의 무게를 측정한다.	[B]

① (가)의 [A]에서 유아의 오개념이 나타난 말을 찾아 쓰고, ② (나)의 활동 목표 ⓒ을 달성하기 위해 ⓒ에 들어갈 활동 자료를 쓰시오

• ① : _____
• ② : _____

11 (가)는 4세반 도미노 놀이 상황이고, (나)는 교사의 기록이다. 물음에 답하시오.

■ 2021년

(가)

교사 : (나무 막대가 있는 바구니를 보여 주며) 새로운 놀잇감을 가져 왔어. (나무 막대를 세우며) 이 놀이는 이렇게 세워서 다 쓰러 뜨리는 놀이란다. 선생님이 한번 해 볼게.
 맨앞의 나무 막대를 손가락으로 밀친다.
성준 : (다 쓰러지지 않은 나무 막대를 보며) 선생님, 다 쓰러뜨려 봐요.
교사 : 그래. 다 쓰러뜨리려면 나무 막대를 놓을 때 간격을 잘 생각해 야 해. (다시 나무 막대를 세우고 밀친다.) 와, 다 쓰러졌다! (쓰러진 것을 바구니에 정리하며) 자, 이제 놀이해 보자. [A]

… (중략) …

은지, 호진 : (함께 나무 막대 5개를 세워 다 쓰러뜨리자) 와! 재미있다.
은지 : 이번엔 너랑 나랑 따로 세워 보자.
호진 : 그래. (나무 막대를 다시 세워 쓰러뜨린다.) 야호!
은지 : 난 길게 만들래. 호진아, 좀 도와줘.
호진 : 그래. (은지를 도와 나무 막대를 세우며) 나도 더 길게 세워야 지. (나무 막대 7개를 세워 쓰러뜨리려 했지만 다 쓰러지지 않 자 시무룩한 표정으로) 어떻게 해야 하는 거야? 에이, 모르겠 다. 재미없어. [B]

 호진이는 다른 놀이를 하러 간다.

은지 : 난 더 놀 거야. (여러 번 반복하지만 다 쓰러지지 않자 시무룩한 표정 으로) 손가락으로 밀면 나무 막대가 쓰러진단 말이야. 그런데 왜 다 쓰러지지 않지? ㉠ (쓰러진 나무 막대와 쓰러지지 않은 나무 막대를 보다가) 아하! 나무 막대를 가깝게! 부딪치게, 부딪치게…. 하나, 둘, 셋! (모두 쓰러지는 것을 보며) 성공!
교사 : 어떻게 나무 막대를 다 쓰러뜨릴 수 있었니?
은지 : ㉡ (앞의 나무 막대를 가리키며) 이게 뒤에 있는 나무 막대랑 부딪치 게 놓아야 해요.

… (하략) …

(나)

이름 : 호진

○월 ○일 : 혼자 도미노 길을 만들어 쓰러뜨리기에 실패하자 놀이를 중단하 고 다른 놀이를 하러 감.
○월 △일 : 딱지치기를 하면서 딱지가 잘 뒤집히지 않자 놀이를 중단하고, 팽이 돌리기를 하고 있는 수지에게 가서 함께 놀자고 함.
○월 □일 : 혼자 모래로 터널을 만들다가 무너지자 놀이를 중단함.

⇒ 호진이에게 부족한 과학적 태도 향상을 위한 지원 방법 모색할 것.

(1) 구성주의 관점에서 볼 때, [A]에 나타난 과학 활동 자료 제시 방법이 적절하지 않은 이유 1가지를 쓰시오.

  • _____

(2) [B]와 (나)에 근거하여, ① 호진이에게 부족한 과학적 태도 1가지를 쓰고, ② 그렇게 판단한 이유를 사례와 관련지어 쓰시오.

  • ① : _____
  • ② : _____

모범답안

01. ①
02. ①
03. (1) • ⓛ : 탐색   • ⓒ : 관찰
    (2) • ⓔ의 예 : 부채를 부칠 때와 선풍기를 돌릴 때 바람이 어떻게 다르니?
        • ⓜ의 예 : 어떤 도구로 바람을 만들 때 바람개비가 더 잘 돌아갈 것 같니?
04. • ① : 여러 가지 모양의 틀
    • ② : 틀의 모양에 관계없이 비눗방울의 모양은 항상 동그랗게 일정하게 불어진다.
05. • ① : 실험하기
    • ② : 공을 굴리는 시작점에서 볼링핀이 있는 도착점까지의 거리
06. (1) • 소리가 호스를 통해 전달되는 과학적 원리를 설명한다.
    (2) • 변인 통제
    (3) • ① : 실제적 발달 수준, 비계(중재자)
        • ② : 단위가 반복될 때 블록 사이를 띄우며 측정하고 있음
              (단위가 반복될 때 물체의 사이가 벌어지지 않게 정확하게 연결해야 함을 인지하지 못하는 특징)
        • ③ : 같은 길이를 쟀는데, 너희가 놓은 벽돌 블록 수와 선생님이 놓은 벽돌 블록 수가 왜 다를까?
07. • ① 과학적 태도 : 개방성
    • ② 이유 : 자신의 주장을 변경하거나 다른 의견도 기꺼이 수용하려는 태도를 보이지 않고 있기 때문이다.
08. (1) • ⓐ : 예측하기, 현재 알고 있는 지식이나 관찰한 것을 토대로, 관찰할 수 없는 상황을 미리 짐작하는 것
        • ⓑ : 추론하기, 어떤 결과를 관찰하고 이런 결과의 원인을 되짚어 설명하는 것
    (2) • ① : 출발점을 동일하게 맞춘다.
        • ② : 동일한 임의적 단위를 사용하여 거리를 비교한다.
09. (1) • 협동심
    (2) • 추론하기
10. • ① : 뭐든지 큰 공은 무겁고 작은 공은 가벼운 거야.
    • ② : 장난감 공과 크기는 같지만 무게가 다른 물체(공)
11. (1) • 유아들은 동일한 대상에 대해서도 궁금하거나 탐구하고 싶은 것이 다를 수 있다는 점을 무시하고 교사가 일방적이고 획일적인 방법으로 자료 사용 방법을 제시하고 있기 때문이다. (각 유아들의 자발적인 호기심과 흥미의 개성을 고려하지 않고, 교사가 일방적으로 동일한 자료 사용 방법을 제시하였음)
    (2) • ① : 끈기성(끈기심)
        • ② : 나무 막대가 쓰러지지 않자 "에이, 모르겠다, 재미없어."라며 다른 놀이를 하러 갔으므로, 실패에도 불구하고 포기하지 않고 지속적으로 해결하려고 노력하는 태도인 끈기심을 길러줄 필요가 있다.

4. 구성주의 유아 과학 교육 교수 원리 (Yager, 1991)

(1) 과학 활동을 계획할 때 유아가 이미 알고 있는 과학적 지식이나 개념과 경험을 고려한다.

(2) 유아가 기존에 가지고 있는 경험과 개념에 새로운 도전을 할 수 있는 활동을 계획한다.

(3) 과학 학습은 유아가 직접적인 실험, 관찰 등의 탐구 활동에 참여하는 방법으로 이루어져야 한다.

(4) 유아가 과학 활동에 참여하면서 제시하는 다양한 아이디어를 격려한다.

(5) 유아가 흥미를 갖는 대상에 관해 적극적으로 탐구할 수 있는 기회를 제공한다.

(6) 유아의 질문을 해결하기 위해 구체적인 실험, 책, 전문가 등의 다양한 정보원을 활용한다.

(7) 유아가 좀 더 정교한 아이디어를 구성하도록 돕기 위해 다양한 개방식 질문을 활용한다.

(8) 유아가 현재 관찰할 수 있는 결과의 원인을 추론해볼 수 있는 활동을 경험하여 다양하게 사고해보는 기회를 제공한다.

(9) 어떤 문제에 대한 정답을 교사가 말하거나 책을 찾아 보기 전에, 유아의 생각은 어떤지 물어본다.

(10) 실험이나 관찰의 결과를 유아 스스로 정리하도록 하여 새로운 개념의 확장을 위한 반성적 사고의 기회를 갖도록 한다.

(11) 협동 학습의 기회를 주어 유아들 간에 다양한 의사소통과 아이디어의 교류를 통해 학습을 촉진한다.

5. 구성주의에 기초한 유아 과학 교육 교수·학습 방법

(1) 사전 개념에 인지적 갈등을 일으킨다.

과학 활동은 일상생활의 경험을 통해, 유아가 가지고 있는 사전 개념과 경험에 기초하여, 인지적 갈등을 일으키면서 능동적으로 학습할 수 있도록 적합한 활동과 자료를 제공해야 한다.

(2) 과학 활동 과정 중에 활발한 상호작용을 격려한다.

유아들은 서로 간의 활발한 상호작용을 통해 보다 적극적으로 탐구 활동에 참여함으로써 과학적 학습이 이루어진다. 특히 교사의 상호작용 패턴은 유아들의 대화와 토의의 질에 영향을 미친다.

> **길라잡이**
>
> 과학 활동 중에 이루어지는 그룹 내 상호작용의 유형(Carin, 1997)
>
>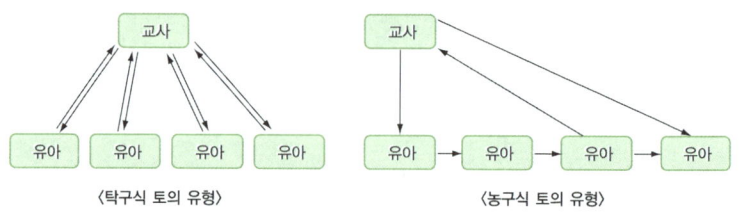
>
> 1. 탁구식 패턴
>   교사가 어떤 말이나 질문을 하면 한 유아가 대답하고, 이에 대해 교사가 반응하거나, 또 다른 질문을 하면 다른 유아가 대답하는 식의 교사 - 유아 간 반복적으로 주고받는 상호작용 패턴이다. 이러한 유형의 상호작용은 유아들이 또래의 아이디어를 경청하고 자신의 생각을 검토해 볼 수 있는 기회를 제공할 수 없다.
> 2. 농구식 패턴
>   교사가 무언가를 말하면 한 학생이 대답하고 이에 대해 다른 학생이 반응하며 자신의 생각을 말하는 방식으로, 교사 - 유아 - 유아 - 교사 - 유아 - 유아식의 상호작용이 이루어질 수 있다. 이는 유아의 과학적 사고 기회를 풍부하게 해주는 방법이다. 이를 위해 교사가 활용할 수 있는 질문은 "~과 똑같거나 다른 생각을 가진 사람 있니?", "~의 말에 좀 더 덧붙이고 싶은 말이나 아이디어가 있니?", "아직 우리가 알아내지 못한 질문이 무엇이지?" 등이 있다.

(3) 유아들의 말과 질문에 귀를 기울이고 언어적 또는 비언어적으로 적합한 반응을 해주어야 한다.

① 유아들은 다양한 질문하기를 통해 탐구 활동에 접근하며 이러한 질문이 이후 탐구 행동의 방향을 결정한다.
② Carin에 의하면 어린 유아들은 다른 사람의 아이디어에 대해 반응하기보다는 질문을 더 많이 하는 경향이 있다. 이러한 질문의 대부분은 현재의 활동을 통해 감각적으로 경험한 것과 관찰한 것으로부터 제기되는 것이다.
③ 유아들의 질문은 사고 과정, 개념 구성 과정, 잘못된 개념, 이전 지식과 경험 등을 드러내 주는 것이다. 교사가 비언어적 반응으로 유아의 탐구를 촉진할 수 있는 방법은 무엇인가 고민하고 있는 유아에게 적절한 자료를 제시하여 그것을 통해 문제 해결이 가능한지를 가늠해 보도록 하는 것이다.
④ 유아의 질문에 대한 효과적인 언어적 반응은 유아가 문제 해결에 필요한 부분에 집중할 수 있는 적절한 질문으로 되묻는 것이다.

(4) 유아가 직접 사물을 조작할 수 있는 활동이 주가 되어야 하며, 반성적 사고 과정을 격려하여 정신적 조작이 함께 이루어지도록 해야 한다.

유아기의 과학 교육은 가능한 한 직접적인 자료를 풍부하게 준비해서 유아들이 실제로 조작하면서 탐구가 이루어지도록 한다.

> ▶ 직접적인 조작에 의한 과학 활동을 마련할 때 고려해야 할 점
> 1. 자료들은 유아의 실제 생활과 관계가 있는 것이 좋다.
> 2. 활동과 경험에 대해 적극적으로 검토해 볼 수 있는 기회를 주어야 한다. 이러한 검토의 과정은 토론과 반성적 사고 과정에 참여하는 것을 말한다.
> 3. 진정한 과학 학습이 이루어지기 위해서는 유아들에게 자료를 제공하고 무엇을 하도록 말해주기보다는 유아들이 자신의 아이디어를 다시 한 번 검토해 보도록 중재함으로써 유아들의 사고 과정을 촉진해 주어야 한다.

⑸ **유아들의 반응이 교사가 의도한 것과는 달라 활동이 의도대로 진행되지 않을 경우, 교사의 계획을 고집하지 않고 유아의 반응에 따라 의미 있는 과정이 되도록 해야 한다.**

① 유아들은 때때로 예상치 않은 형태의 반응이나 질문을 하는 경우가 많다. 이런 경우 유아들의 생각을 인정하고 이를 다른 유아들에게도 소개하여 제기된 문제에 대해 충분히 탐구해 보도록 한다.

② 예상치 않은 활동 결과에 대해 교사는 기꺼이 함께 즐거워하며 계획한 활동을 진행하지 못한 것에 대해 부담을 갖지 않는다.

③ 교사가 계획한 활동을 변경해야 하는 경우로는 교사가 예상한 과학적 개념이나 지식이 발현되지 않는 경우와 교사가 보기에 좋은 아이디어라고 생각되는 과학 조사 활동을 유아들이 제안했을 때, 또 몇몇 유아들이 자기 나름의 질문에 대해 탐구하고자 할 때 등이다.

⑹ **창의적이고 비판적인 탐구 활동을 위해 상황에 적합한 교사의 질문이 중요하다.**

① 과학 활동의 전개 과정에 있어서 교사의 적절한 질문이 중요하다. 유아들의 사고와 창의적인 탐구를 격려하기 위해 적합한 질문을 활용할 수 있는 기술이 필요하다.

	질문의 유형 : 달팽이 탐구 활동
과정 기술의 활용을 격려하는 질문	㉠ **관찰** : 이것에 대해서 무엇을 알 수 있니? (달팽이가 빛을 비추니까 어떻게 되었니?) ㉡ **추론** : 왜 이렇게 되었다고 생각하니? (달팽이가 왜 플래시 반대편으로 움직일까?) ㉢ **비교** : 다른 점이 무엇이니? (두 마리의 달팽이 껍데기의 생김새가 어떻게 다르니?) ㉣ **분류** : 이것들을 어떻게 분류할 수 있을까? (달팽이 껍데기가 비슷한 것끼리 모아볼까?) ㉤ **예측** : 어떻게 될 것이라고 생각하니? (빛을 비추면 달팽이가 어떻게 움직일까?) ㉥ **조사활동의 계획** : 어떻게 이것을 알아볼 수 있을까? (달팽이가 무엇을 먹는지 알아보려면 어떻게 해야 할까?)

유아의 개념과 아이디어를 알아보기 위한 질문	㉠ 달팽이집에 왜 계속 물을 뿌려줘야 할까? ㉡ 달팽이가 빛을 좋아하는지 아닌지에 대해 어떻게 알아볼 수 있을까? ㉢ 달팽이가 20번을 세는 동안 얼마만큼 갈 수 있는지 알아보려면 어떻게 해야 할까? ㉣ 달팽이가 좋아하는 바닥 표면이 어떤 것인지 알아보려면 어떻게 해야 할까?
유아들에게 도전을 주는 질문	㉠ 보다 깊이 있게 생각해 볼 수 있는 기회를 제공하는 질문(지금 어떤 일이 일어나고 있니?) ㉡ 탐구하고 있는 현상과 일상생활에서의 경험을 연관 짓는 질문(너희들이 알고 있는 것 중에 달팽이처럼 움직이는 것이 있니?) ㉢ 활동의 결과에 대해 정리해보도록 하는 질문(달팽이에 대해서 발견한 것을 그림으로 그려볼까?)

② 아이들에게 질문을 하고 충분히 기다리는 시간을 주어야 한다. 한 연구에 의하면 3~5초 정도의 긴 기다리는 시간과 1초 정도의 짧은 기다리는 시간을 가지고 질문을 한 집단을 비교한 결과, 기다림의 시간이 긴 집단이 교사-유아 간 상호작용의 질이 높았고, 이야기 나누기에 참여한 유아의 수가 더 많았다고 한다.

> **참고 질문 시 고려사항**
> ① 교사가 진심으로 유아의 생각을 알고 싶을 때만 질문한다. 교사의 질문이 너무 많으면 유아는 생각하고 탐구할 기회를 갖지 못한다.
> ② "왜"라는 질문을 할 때에는 옳은 추론이나 지식을 활용한 대답을 요구하는 것이 아니라 행동이나 자료를 통해 즉각적으로 대답할 수 있는 범위 내에서 한다.
> ③ 교사가 즉각적으로 대답하지 않도록 주의한다. 교사가 좋은 해답을 유아에게 주는 것보다 적합한 질문을 하는 것이 더 중요하다.
> ④ 유아에게 질문하고 충분히 기다려야 한다. 기다림의 시간이 긴 집단의 교사-유아 상호작용의 질이 높았고 참여한 유아의 수가 더 많았다.

(7) **과학 활동은 과학 영역뿐 아니라 다른 영역이나 일과 중에도 이루어질 수 있다.**
바깥놀이 영역 등 과학 영역 외의 상황에서 다양한 탐구 활동이 이루어질 수 있다. 이러한 우발적 상황을 과학적 탐구의 기회로 잘 활용하기 위해서는 교사의 적극적 태도와 적절한 안내가 필요하다.

> **길라잡이**
> **유아 과학 교육의 통합적 접근 방법**
> 하나의 주제에 대한 과학 개념 습득을 위해 음악·미술·문학·동작적 표현 등의 영역 주제나 단원에 통합하여 한 가지 사실을 다른 여러 현상과 관련시켜 계획하는 것으로, 각 영역에 관한 과학적 개념 이해를 위해 과학 활동·수학 활동·언어 활동·음률 활동·미술 활동 등의 통합적 접근을 통해 통합적 교육과정의 차원에서 계획·실행해야 할 것이다.

⑻ **과학 활동의 내용과 자료는 유아들에게 친숙한 것으로 제공하는 것이 보다 효과적이다.**
① 유아들은 자신이 이미 경험하거나 알고 있는 사물, 현상을 탐구할 때, 보다 활발히 자신의 생각을 표현하고 적극적으로 새로운 것을 발견하려고 한다.
② 유아의 생활이나 경험과 너무 동떨어지거나 추상적인 내용과 형식적인 자료를 제공하는 것은 바람직하지 않다.
③ 교사는 과학 활동을 전개하면서 유아들의 경험과 연관 지을 수 있도록 지원한다.

⑼ **유아들이 적극적으로 과학의 과정을 체험할 수 있는 활동을 제공하는 것이 바람직하다.**
① 유아기의 과학 활동은 이미 발견한 지식을 전달받는 것보다 과학자들이 과학을 행하는 방식을 체험할 수 있도록 해야 한다. 과학자들은 어떤 것에 대한 관찰을 통해 생긴 질문을 해결하기 위해 다양한 과학 과정 기술을 주의 깊게 활용한다. 유아들 역시 스스로 문제를 제기해 나름대로의 방식으로 적극적으로 탐구하면서 의문을 해결해 가는 과정을 체험할 수 있도록 해야 한다.
② 과학의 과정은 관찰하기, 분류하기, 예측하기, 측정하기, 추론하기, 변인 통제와 증명하기, 가설 설정하기, 자료 해석하기, 실험하기, 조작적 정의하기, 모델 구성하기 등의 기술이 관련된다.

⑽ **과학 활동은 유아의 흥미와 활동의 특성에 따라 개별 활동, 소집단 활동, 대집단 활동 등 다양한 형태로 진행해야 한다.**
소집단 활동을 통한 과학 활동은 자료와 설비를 집단별로 함께 공유할 수 있기 때문에 물리적 환경을 보충할 수 있고, 소집단과 교사 간의 높은 상호작용으로 교수 활동을 원활하게 전개시킬 수 있다.

개별 활동	교실 내에 있는 동·식물의 성장이나 곰팡이의 번식과 같은 사물의 변화와 움직임에 관련된 활동은 대집단이나 소집단 활동보다는, 개별 유아가 직접 관찰하고 탐색하여 기록하는 개별 활동으로 이루어지는 것이 바람직하다.
소집단 활동	유아 자신의 생각을 자유롭게 제안하고 서로의 생각을 교환하면서 또래와 상호작용과 토의가 이루어지는 활동은 소집단 활동으로 이루어지는 것이 좋다. 예 물과 관련된 주제는 자유롭게 탐색할 수 있는 여러 가지 도구를 제공하여 물을 흡수하는 성질, 물에 녹는 성질, 물에 뜨고 가라앉는 성질 등을 동시에 탐색하는 활동이기 때문에 소집단 활동이 바람직하다.
대집단 활동	교사의 설명과 시범이 필요한 주제로 동식물의 생태와 관련된 슬라이드나 비디오를 보는 활동 등은 대그룹으로 진행하는 것이 효율적이다.

6. 과학 교육에서 교사의 역할

참고 과학 활동에서 교사가 흔히 범하는 오류(조부경 외, 2016)

유형	기본 방향
생각은 유아 주도 / 실제는 교사 주도	• 도입 단계 : 유아의 직접적이고 자유로운 탐색 • 실험 단계 : 유아의 반복적인 실험 및 관찰 • 정리 단계 : 반복적인 관찰을 토대로 결론 도출
과학적 개념을 정리해 줘야 할 것 같은 강박감	• 유아에게 적절한 지각적, 현상학적 수준의 개념 선정 • 유아 스스로 반복적인 실험을 통해 인지하고 수정해 갈 기회 제공
방향성 없는 단순 놀이	• 활동의 방향을 선정하는 교사의 역할 • 활동의 방향을 이끌어주는 교사의 역할
대집단 과학 활동	• 개별 유아의 직접적이고 구체적인 탐색과 경험을 제공하는 소집단 운영
다양한 자료 그러나 변인 통제가 없는 다양성	• 자료에 의한 변인 통제 • 통제된 자료의 순서적 제시
난이도가 높은 실험	• 유아가 직접 행위를 해보고 자신의 활동을 변화시키며 그 결과를 관찰해볼 수 있는 실험
결과와 정답을 얻기 위한 실험	• 유아가 직접 행위를 해보는 과정에서 다양한 사고를 이끄는 실험 • 다양한 방법으로 탐구해 보는 과정 그 자체에 가치를 둔 실험

(1) 창의적 환경 제공자

① 물리적 환경	교사는 유아의 호기심을 자극하여 물체의 특성 및 변화, 동식물의 변화 과정, 주변 환경 등을 관찰하고 탐구할 수 있는 물리적 환경을 제공해 주어야 한다.
② 교육적 환경	유아 스스로 활동을 선택하여 진행할 수 있도록 신중하게 계획된 환경을 제공해 주어야 한다. 또한 과학 교육을 위한 창의적 환경을 마련하기 위해서는 과학 활동이 다른 활동과 상호 연관성을 갖도록 계획하고, 선정된 주제에 따라 다양하고 풍부한 물리적 환경과 자료를 준비해 준다.
③ 심리적 환경	물리적 환경뿐 아니라 창의적 환경을 제공하기 위해서 교사는 유아의 엉뚱한 생각과 행동에 허용적인 반응을 보임으로써 심리적인 환경을 제공할 수 있어야 한다.

> **참고** 심리적 환경으로서 교사의 역할 사례
>
> 1. 교사는 유아들이 남과 다른 아이디어를 낼 때 칭찬하며, 활동 시간에 가능한 한 많은 재료를 주고 선택해서 활동하게 하며, 활동 도중 필요한 도구가 없을 때 대신 사용할 수 있는 도구가 무엇인지 생각해 보게 한다.
> 2. 실험을 할 때 최소한의 기본 방법만 알려 주고 방법과 재료 등을 자유롭게 사용하도록 하며, 그룹 게임 등을 할 때 '왜 가위 바위 보를 해서 이긴 사람이 반드시 먼저 해야 하는가' 등 관행적 생각에 문제를 제기해 보게 한다.
> 3. 주변에서 흔히 보는 물건을 전혀 다른 용도로 쓸 수 있는 방법을 생각해 보도록 유도하며, 유아의 아이디어가 어떤 것일지라도 교사는 이를 존중해 준다.
> 4. 물리적·심리적으로 창의적인 과학 활동을 위해서는 유아들의 시행착오와 실패를 허용적으로 받아들이는 분위기를 제공해야 한다. 예를 들어, 물이 교실 바닥에 넘쳐서 혼란을 야기하는 상황일지라도 흘린 물을 닦는 데 가장 적합한 것이 스펀지, 휴지, 비 가운데 어떤 것인가 등의 생각과 이를 과학적 실험을 하는 기회라고 보는 등의 시각과 역할이 필요하다.

(2) 연구자

① 과학의 내용을 포함하고 있는 동화나 과학과 관련된 도서, 정기 간행물과 같은 참고 도서를 즐겨 읽고 연구할 뿐 아니라 과학과 관련된 워크숍·세미나에 적극적으로 참여하며 연구해야 한다.

② 교사는 과학 교육을 하는 과정에서 유아·부모와 함께 연구하는 태도를 가져야 하며, 사회·과학의 변화에 능동적으로 대처하는 능력을 갖추어야 한다. 또한 교사는 자연물에 대해 가지고 있는 편견(Holt, 1991)이나 지나친 제재를 가하는 것을 삼가야 하며, 유아의 생각에 대해 그 이유를 물어보는 태도를 취해야 한다.

(3) 관찰자

① 유아의 경험, 능력, 흥미 및 발달수준에 적합한 과학 활동을 제공하기 위해서 유아가 수행하는 과학 활동을 세밀하게 관찰하고 기록해야 한다.

② 관찰과 기록은 과학 활동 과정에 대한 평가로 순환적인 연계가 되어야 한다.

(4) 계획자

① 유아가 단순히 과학적 지식을 습득하기보다는 세상과 사물에 대하여 직접 탐구해 보는 경험을 통하여 과학적 태도와 가치 형성을 도울 수 있는 활동을 계획해야 한다.

② 과학 활동의 목표를 구체적으로 설정하고 유아들이 활동을 통해 성취감을 형성할 수 있도록 적절한 교수 방법을 적용해야 한다.

(5) 촉진자
① 촉진자로서 교사의 역할은 가장 적극적인 교사의 역할이다.
② 유아가 활동을 지속해 나갈 수 있도록 활동에 대한 아이디어 제안하기, 과학의 개념, 원리, 사실 등의 정보 전달하기, 유아의 과학 활동을 안내하는 상호작용하기, 과학을 하는 태도와 과학적 용어 및 도구 사용에 대한 모델링하기, 중재하기, 유아와 함께 문제 해결하기 등의 방법이 있다.

(6) 평가자
① 유아에 대한 평가뿐 아니라 교사 자신과 과학 프로그램의 적절성에 대해서도 평가해야 한다.
② 평가의 결과는 유아에게 어떤 과학적 자료를 제공할지, 어떻게 개입할지 등 과학 활동 전반에 대한 결정에 실제적으로 반영한다.

길라잡이
교수법에 따른 교사의 역할(Atkinson& Fleer, 1995)

종류	교사의 역할
전달식 교수법	① 교사가 학습의 내용, 방향, 방법을 결정한다. ② 유아의 궁금증에 대해 교사가 바로 과학적 지식을 전달한다. ⇨ 시범 & 설명 ③ 유아가 정확하게 이해했는지 질문하고 결론지어 준다. ④ 과학을 전달해야 할 지식의 총체로 보고 학습을 수동적 과정으로 보기 때문에 지식의 내용만을 강조하고 기술, 태도는 간과된다. ⑤ 단점 : 과학을 지루한 공부로 인식할 수 있고, 유아가 주의집중에 한계를 보이거나 개인차를 고려하기 어렵다. 또한 직접적 참여와 자발성을 경시한다.
발견적 교수법	① 유아가 무언가를 스스로 발견할 수 있도록 자유롭게 탐구하고 활동할 수 있는 자료와 도구를 마련해 줘야 한다. ② 탐구할 수 있는 충분한 시간, 따뜻한 격려를 제공해야 한다. ③ 유아가 여러 가지 과학 과정을 활용해 문제해결을 해보는 방법으로 자발적 탐구과정을 교육적으로 확장하고자 한다. ④ 유아의 직접 관찰과 물리적 환경의 조작을 강조한다.
과정적 교수법	① 다양한 과학 과정 기술을 경험하고 활용할 수 있도록 상호작용해야 한다. ② 모든 탐구 능력이 발달할 수 있도록 균형 잡힌 교육과정을 계획해야 한다. ③ 과학적 탐구능력은 과학 학습에 필수적인 사고기능이며 과학 과정은 탐구능력을 증진하는 중요한 수단이다.
상호작용적 교수법	① 유아 – 교사, 유아 – 유아, 유아 – 환경과의 적극적인 상호작용이 이루어지도록 격려한다. ② 유아의 질문에 대해 공동으로 탐구하고 적절한 정보를 제공하며 효과적인 안내를 제공한다. ③ 과학 = 인간의 문화적, 사회적, 역사적 맥락 속에서 이해되는 인간의 구성활동이다. ④ 환경에 대한 적극적 탐색과 상호작용을 강조한다. ⑤ 활동 : 주제 선정 ⇨ 선개념 파악 ⇨ 질문 선정 ⇨ 활동 계획 및 실시 ⇨ 토론 ⇨ 사후 개념 파악 및 평가

기출탐구

01 다음은 몇몇 교사들이 유아 과학 교육의 방향에 대해 토의하면서 자신들의 교육 방법을 함께 언급한 내용이다. 2007년 개정 유치원 교육과정에 비추어 교사의 발언 내용이 바람직한 것을 모두 고른 것은? ■2011년

> A 교사 : 저는 유아들이 자연을 존중하고 자연과의 조화로운 삶을 살아가도록 하는 것이 참 필요하다고 생각해요. 그래서 환경 오염에 관한 내용이 담긴 동화를 들려주고 이에 대한 토론을 통해 우리가 어떻게 살아가야 할지 생각해보게 해요.
>
> B 교사 : 저는 유아가 과학적 개념을 습득하도록 가르치는 것이 과학 교육의 방향에서 중점이 되어야 한다고 생각합니다. 그래서 우주의 행성 이름과 특성에 대해 가르치면서 유아가 관심을 보이는 지구와 우주에 관한 개념을 습득하도록 했어요.
>
> C 교사 : 저는 어렸을 때부터 과학 기술 교육을 통해 국가 산업 발전에 도움이 되도록 지도하는 것이 매우 중요하다고 생각해요. 그래서 생활 속에서 간단한 도구와 기계를 활용하도록 지도하고 있고 공학 발전으로 인한 역기능도 함께 다루고 있습니다.
>
> D 교사 : 저는 구성주의 관점을 반영하는 것이 과학 교육에서 매우 중요하다고 생각해요. 유아가 물에 뜨는 물건을 물속으로 밀어 넣는 행동을 보일 때 저는 직접 가르치지 않고 아무것도 제시하지 않으면서 유아가 스스로 원리를 발견하고 과학적 지식을 구성해가도록 하지요. 교사가 개입해서는 안 된다고 생각해요.
>
> E 교사 : 저는 과학교육에서 창의적 사고와 문제 해결력을 키우는 것이 중요하다고 생각하고 모래놀이에서 이런 과학하기가 일어나도록 계획해요. 모래놀이터에서 유아들이 호수를 만들기 위해 수돗물이 흘러가도록 다양한 자료를 이용하여 물길을 만들 때 물이 위에서 아래로 잘 흘러가게 하는 문제 해결을 위해 유아들은 많은 고민을 하게 되지요.

① B 교사, C 교사
② A 교사, C 교사, E 교사
③ A 교사, D 교사, E 교사
④ A 교사, B 교사, D 교사, E 교사
⑤ A 교사, C 교사, D 교사, E 교사

02 다음에 제시된 과학 실험의 사례를 읽고, 탐구 학습의 원리에 비추어 과학 교수 방법의 문제점을 5가지 지적하시오.
■ 2001년

> 교사가 물이 담긴 수조 한 개와 뜨고 가라앉는 물체들을 준비한 후, 20명의 유아들을 교사 앞에 둘러앉게 하고 물체의 이름을 차례로 말하도록 하였다. 그 다음에 어떤 물체가 뜨고 가라앉는지 알아보기 위해 교사가 물체를 한 개씩 물에 넣어보고, 그 결과를 유아들이 말하도록 하였다. 활동의 마무리로 교사는 준비된 물체 중 어떤 것이 뜨고 가라앉았는지 구분해 주었다.

03 다음은 자유선택활동 시간에 진희가 과학 영역에 준비된 (가) 활동을 하는 과정에서 일어난 상황이다.
■ 2011년

(가)	
	진희 : (크기가 큰 스티로폼을 물에 넣은 후) 어! 이건 큰데 왜 뜨지?
	㉠ 진희는 스티로폼을 손을 가라앉히려고 물속으로 밀어 보지만, 손을 떼자 가라앉았던 스티로폼이 다시 떠오르고, 진희는 계속 가라앉히려고 애를 쓴다.
	㉡ 교사 : (진희의 행동을 지켜보던 교사는, 작지만 가라앉는 물체와 크지만 뜨는 다양한 물체들을 첨가해 주면서) 진희야, 이 물체들도 물에 넣어 보자!
	㉢ 진희 : (다양한 물체를 반복해서 물에 넣어 보더니) 아하! 이제 알았다. 크다고 가라앉는 건 아니잖아!

진희의 과학적 사고 발달을 위해 ㉡에서 수행한 교사의 역할 3가지를 쓰고, 역할별로 ㉡에서 해당하는 부분을 1가지씩 찾아 논하시오.

04 다음은 ○○유치원 5세반 유아들이 과학영역에서 '바람을 이용하여 자동차 움직이기'를 하는 활동 장면이다. 물음에 답하시오.
■ 2019년 추가시험

(가)

(나)

(다)

(라)

밑줄 친 교사의 발화 ㉠~㉤ 중 유아의 탐구활동에 도움이 되지 않는 것의 기호 1가지와 그 이유를 쓰시오.

• _____

05 ○○유치원 5세반의 교육 실습생과 지도교수 간의 휴대폰 메시지의 일부이다. 물음에 답하시오.
■ 2019년 추가시험

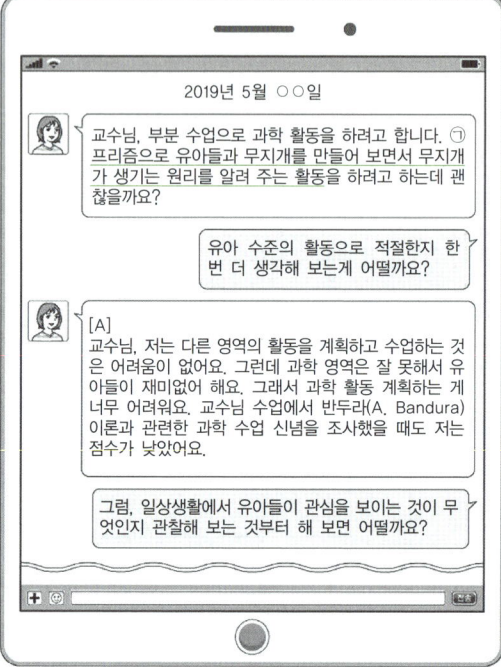

[A]에서 나타난 교육 실습생의 과학 수업에 대한 신념을 의미하는 개념 1가지를 쓰고, 그 개념을 설명하시오.

• _____

모범답안

01. ②
02. ① 소집단이 아닌 대집단으로 활동이 진행되었다.
② 아동 중심이 아니라 교사 중심적으로 이루어졌다(과학 실험이기보다 교사가 시범을 보인 것이다).
③ 유아들의 과학적 탐구와 발견을 유도하는 질문이 없었다.
④ 유아들이 다양한 물체를 통하여 직접적이고 구체적인 경험을 충분히 할 수 없었다.
⑤ 준비된 다양한 물체를 다양한 방법으로 실험해보지 못함으로써, 유아 스스로의 발견과 탐구가 이루어지지 않았다(빈병일 때는 뜨다가 병 속에 물이 차면 가라앉는 모습, 처음에는 뜨다가 물이 젖으면 가라앉는 종이, 떠있는 우유갑에 다른 물체를 넣으면 가라앉는 모습 등).

⑥ 유아의 질문을 허용하지 않았다.
　　　　⑦ 실험에서 과정보다 결과를 중요시하였다.
　　　　⑧ 자신의 순서를 기다리는 동안 유아들이 지루해할 수 있다.
03. • **관찰자** : 진희의 행동을 지켜보고 어떤 점에 어려움을 겪고 있는지 파악한 것
　　• **물리적 환경 지원자** : 작지만 가라앉는 물체와 크지만 뜨는 다양한 물체들을 첨가한 것
　　• **촉진자** : 다양한 물체를 물에 넣어보도록 재실험을 권유하여 유아가 인지 갈등을 해결하도록 격려한 것
04. • ㉣, 교사가 성급하게 답을 줄 경우, 유아 스스로 다양한 탐구를 할 수 있는 기회를 제한하기 때문이다(유아가 자신의 오류를 변경할 수 있는 기회를 제한하고 나아가 오히려 오개념을 형성할 수 있기 때문이다).
05. • 과학 교수 효능감, 과학 활동에서 개인이 수행하는 수행 능력에 대한 신념
　※ '과학 교수 개인 효능감' + '과학 교수 결과 기대감'이 사례의 지문에 혼재되어 있음

03 유아 과학 교육 접근법과 과학 교육 프로그램

1 유아 과학 교육 접근법

1. 물리적 지식 활동 접근을 통한 과학 교육

[출처] 『구성주의 이론에 기초한 유아 과학 교육』, 조부경 외, 양서원.

(1) 교육 내용

물리적 지식 활동은 유아의 흥미에 입각하여 유아 스스로 지식을 구성할 수 있는 교육 내용을 강조한다.

(2) 물리적 지식 활동을 위한 교육 내용 선정 원리(Kamii & DeVries)

① 물리적 지식 활동의 본질은 실물에 대한 유아의 행위와 그 행위에 따른 사물의 반응이기 때문에 유아 자신의 행위에 의해 변화가 나타날 수 있어야 한다.
② 유아의 행위가 변화하면 사물의 반응이 변화하게 되고 유아는 이러한 규칙을 구조화하는 가운데 개념을 구성하므로 유아는 그 행위를 다양하게 변화시킬 수 있어야 한다.
③ 사물에 대한 행위의 반응을 볼 수 없으면 유아는 지식을 구성할 수 없기 때문에 사물이 나타내는 반응을 유아가 직접 관찰할 수 있어야 한다.
④ 사물의 반응이 즉각적일 때 더 쉽게 자신의 행동과 사물의 변화에 대한 관계성을 이해할 수 있으므로 사물의 반응은 즉각적이어야 한다.
⑤ 교사의 역할
  ㉠ 유아들이 스스로 솔선하여 독립적으로 흥미를 추구하고, 자신이 생각하고 있는 것을 정확하게 말하고 질문하며 실험하고 여러 가지 아이디어를 낼 수 있는 환경과 분위기를 제공해 준다.
  ㉡ 유아 자신이 활동을 구성·실행해 보도록 자극하며, 유아가 지금 무엇을 생각하는지 그 순간마다 관찰을 통해 진단한다.
  ㉢ 교사는 지식의 종류에 따라 유아에게 응답을 달리한다.
  ㉣ 유아들은 물리적 지식 활동을 하는 중에 자신의 생각을 발전시키므로, 교사는 도덕·언어·사회·정서·인지 발달이 통합적으로 이루어지도록 돕는다.

(3) 물리적 지식 활동에 의한 과학 교육 내용의 유형

사물의 움직임에 관한 활동	• 당기기, 밀기, 굴리기, 차기, 뛰어오르기, 불기, 빨기, 던지기, 흔들기, 빙빙 돌리기, 균형 잡기, 떨어뜨리기 같은 활동이 포함된다. • 이 범주에 속하는 모든 활동은 물리적 지식 외에 공간과 논리-수학적 지식의 구성에도 도움이 된다. 예 빨대로 사물을 불어보는 행위를 통해 물리적 지식도 형성하지만 논리-수학적 지식도 형성하게 된다.

사물의 변화에 관한 활동	• 요리하기, 물감 혼합하기(가루 물감과 물), 도자기 굽기, 왁스 녹여서 초 만들기, 얼음과 물 가지고 놀기 등이 있다. • 사물 그 자체의 변화를 포함한다는 점에서 사물의 움직임에 대한 활동과 다르다. • 움직임에 대한 활동은 유아의 행위에 의해 변화가 일어나지만, 사물의 변화에 대한 활동에서는 유아의 행위보다는 열이나 화학적 반응, 혹은 사물의 본질적인 특성 등이 작용하기 때문이다.
사물의 움직임과 변화의 두 범주 사이에 단정적으로 포함시킬 수 없는 활동	그림자 활동에서 그림자가 생기는 것은 유아의 행위보다 빛과 사물과의 관계 간의 속성 때문이다. 그러나 유아는 그림자를 만드는 사물을 빛에 가까이 혹은 멀게 함으로써, 또는 빛이 비치는 방향을 바꿈으로써 그림자의 크기를 다르게 할 수 있으며 그림자가 생기는 위치도 바꿀 수 있다. 이와 같은 활동을 두 범주 사이의 활동이라고 말한다.

(4) 물리적 지식 활동 접근을 통한 과학 교육의 교수 방법

단계	내용
1단계 활동 계획	✿ 유아들의 입장에서 미리 활동하는 가운데 각 단계에 적합한 개입의 방법 생각하기 • 선택한 재료의 적합성 여부 검토하기 • 적절한 순간에 유아들에게 제시할 질문 생각하기 • 유아들이 사물에 행위를 가하고 어떻게 반응하는지 관찰하기 • 원하는 결과를 얻기 위해 사물에 행위를 가하기 • 결과가 어떠한 방법에 의해 일어났는지 인식하기 • 결과와 원인을 설명하기
2단계 활동 시작	✿ 활동 소개하기 • 유아의 자발성을 극대화하기 위해 자연스럽게 유아들의 관심을 끌 수 있는 자료를 제시하며 질문을 한다. 예 "이것을 가지고 무엇을 할 수 있을까?", "네가 ~를 해볼 수 있겠니?" • 평행놀이를 격려하며 유아들 간 상호작용과 협동의 목적을 강조한다.
3단계 활동 진행	✿ 유아들의 활동을 확장·정교화하기 • 유아들이 생각하고 있는 것을 이해하기 위하여 활동을 주의 깊게 관찰하면서, 유아의 생각을 파악하고 적절한 제안을 언어적·비언어적으로 할 수 있다. • 유아들 간의 상호작용을 장려한다. • 물리적 지식 활동을 다른 발달의 측면과 통합시켜야 한다.
4단계 활동 후 토론	✿ 활동 후 토론 • 유아들이 무슨 활동을 했고 어떤 것을 발견했으며 원하는 결과를 어떻게 얻었는지 간단히 토론한다. • 사물에 행위를 가했을 때 어떻게 느꼈고, 사물이 어떻게 반응했는가에 대한 유아 자신의 주도성을 인식하는 데 초점을 둔다.

유아교육과정

기출탐구

01 다음은 ○○유치원 5세반 김 교사의 저널이다. 물음에 답하시오. ■ 2017년

> 며칠 동안 유아들이 유희실에서 공으로 볼링핀을 맞히는 놀이에 흥미를 보이고 있다. 이 놀이는 물체의 반응이 관찰 가능하고 즉각적이며, 유아 자신의 행위를 통해 (㉠)을/를 만들 수 있고, 유아가 행위를 다양하게 바꿀 수 있기 때문에 유아에게 적합한 물리적 지식 활동이라는 생각이 든다.
> … (하략) …

까미와 드브리스(C. Kamii & R. DeVries)의 '좋은 물리적 지식 활동 선정 기준'에 근거하여 ㉠에 들어갈 말을 쓰시오.

• _____

02 ○○유치원 5세반의 교육 실습생과 지도교수 간의 휴대폰 메시지의 일부이다. 물음에 답하시오. ■ 2019년 추가시험

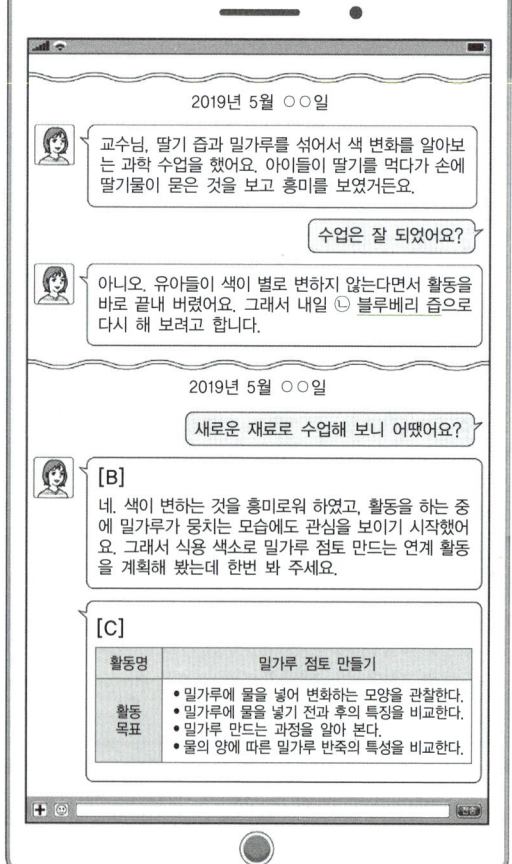

166 Chapter 01. 자연탐구 영역

(1) 교육 실습생이 밑줄 친 ⓒ으로 활동하려는 이유를 유아에게 적절한 과학 활동 재료의 특성 측면에서 설명하시오.
- _____

(2) ① [B]와 관련하여 2015 개정 유치원 교육과정 '자연탐구' 영역 탐구하는 태도 기르기 내용범주의 내용 ⓐ, ⓑ를 순서대로 쓰고, ② [C]의 활동 목표 중 연계 활동의 목표로 적절하지 않은 것을 골라 그 이유 1가지를 쓰시오.

내용	세부 내용		
	3세	4세	5세
호기심을 (ⓐ)하고 (ⓑ)하기	(생략)	(생략)	주변 사물과 자연세계에 대해 지속적으로 호기심을 갖고 알고자 한다.

- ① : _____
- ② : _____

모범답안

01.
- 변화

> **참고** 물리적 지식 활동을 위한 교육 내용 선정 원리(Kamii & DeVries)
> 1. 유아 자신의 행위에 의해 변화가 나타날 수 있어야 한다.
>   물리적 지식 활동의 본질은 실물에 대한 유아의 행위와 그 행위에 따른 사물의 반응이기 때문이다.
> 2. 유아는 그 행위를 다양하게 변화시킬 수 있어야 한다.
>   유아의 행위가 변화하면 사물의 반응이 변화하고 유아는 이러한 규칙을 구조화하는 가운데 개념을 구성한다.
> 3. 사물이 나타내는 반응을 유아가 직접 관찰할 수 있어야 한다.
>   사물에 대한 행위의 반응을 볼 수 없으면 유아는 지식을 구성할 수 없기 때문이다.
> 4. 사물의 반응은 즉각적이어야 한다.
>   사물의 반응이 즉각적일 때 더 쉽게 자신의 행동과 사물의 변화에 대한 관계성을 이해할 수 있기 때문이다.

02. (1) • 색의 변화가 시각적으로 분명하게 나타나는 자료이기 때문이다.
(2) • ① : ⓐ 유지, ⓑ 확장
- ② : '밀가루 만드는 과정을 알아본다.'는 목표가 적절하지 않다. 본 활동은 '밀가루'를 만드는 활동이 아니라 식용 색소로 밀가루 점토를 만드는 활동이기 때문이다.

유아교육과정

2. 창의적 실험 구성 접근법

(1) 특징
다양한 형태의 활동을 진행하는 과정이나 일과 중에 유아나 교사가 제시한 흥미로운 과학적 질문에 대한 해답을 찾기 위해 마치 과학자처럼 실험을 공동으로 구성하고 실행하는 과정 중심의 교수 방법이다.

(2) 전개 과정
① 창의적 실험 구성 활동은 문제가 제기되는 우연적인 상황으로부터 시작한다.
② 우연적 상황이란 과학 활동을 진행하는 과정에서 유아들이 제기하는 문제가 실험이 가능하거나, 간식시간이나 바깥놀이 중에 생긴 문제가 실험 활동을 통해 알아볼 수 있는 것일 때, 유아와 교사 간에 실험 활동을 계획하기로 합의하는 상황을 말한다.

실험 구성 및 전개 단계	주요 활동
① 탐구 문제의 제안	• 탐구 문제가 제기되는 상황이나 문제의 내용이 다양할 수 있다. • 특정한 활동을 계획할 때 교사가 적합한 문제를 선정하여 제기하거나 유아가 우발적으로 질문할 수 있다. • 일단 문제가 제기되면 그 질문이 실험 가능한 것인지를 검토해 보고 유아들과 실험 여부를 토의해서 결정한다.
② 실험 문제의 구성	• 제기된 문제를 명료화한다. • 실험에서 알아볼 변화 요인을 결정한다.
③ 가설 설정	유아들과의 토의를 통해 예측되는 결과에 대한 가설을 설정한다.
④ 변인 설정	구성한 가설을 적절히 알아보기 위해 어떤 요인을 고정시키고 무엇을 변화시켜야 하는지에 대해 토의하여 결정한다. • 독립변인 : 실험결과에 영향을 줄 수 있는 변인 • 조작변인 : 실험을 위해서 의도적으로 변화시키는 변인 • 통제변인 : 실험과정에서 일정하게 유지되어야 하는 변인
⑤ 재료 계획	실험에 필요한 재료를 알아보고 준비한다.
⑥ 실험 절차 계획	실험을 위한 도구를 설치하고 가설 확인을 위해 무엇을 관찰하고 자료로 수집해야 하는지 등의 구체적인 실험 절차를 계획한다.
⑦ 자료 수집	계획한 대로 자료를 수집하기 위해 수집 및 기록 방법을 의논하여 정한다.
⑧ 결과 정리	실험이 마무리 되면 소그룹, 또는 대그룹으로 모여 결과를 정리하고 가설과 비교한다.
⑨ 결론 및 평가	결과에 따라 결론을 내리고 실험 과정에서 잘못된 점이나 더 알아보고 싶은 것이 있는지에 관해 토의한다.

3. 자연 탐구 접근법

(1) 동물 기르기

① 교실에서 동물을 기르는 활동은 자연의 세계와 유아 간에 의미 있는 관계를 형성할 수 있는 기회를 준다.
② 동물을 돌보는 가운데 생물체에 대한 책임감과 생명 존중 의식을 기를 수 있다.
③ 동물을 오랜 기간 동안 주의 깊게 살펴보는 과정을 통해서 자연에 대한 깊은 이해를 도울 수 있다.
④ 동물 돌보는 방법을 탐구하는 기회를 통해 특정 동물에게 적합하거나 그렇지 않은 환경에 대한 지식을 넓혀갈 수 있다.
⑤ 일정한 주기를 가지고 변화하는 동물의 생태의 변화 과정을 관찰하고 새로운 의문을 갖고 문제해결을 위해 다양한 의사소통을 함으로써 유아들의 탐구능력을 기를 수 있다.

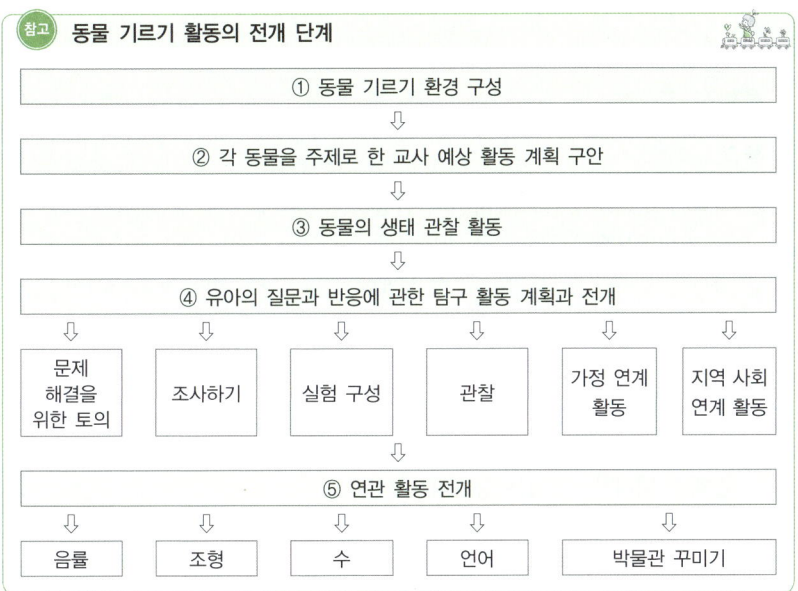

(2) 산책을 통한 자연 친화 교육

① 특정한 공간을 지속적으로 방문하면서 그곳에서 유아들에게 의미있는 어떤 활동을 해가는 과정을 통해 유아들이 그 장소에 대해 특별한 애정을 갖게 되는 "어떤 장소에 대한 특별한 느낌(sense of place)"을 형성하게 된다(Hug, 1998).
② 자연을 앎으로써 친해지고, 교감함으로써 특별한 정서를 가지도록 하는 것은 자연을 보다 효율적으로 활용할 수 있는 능력을 키울 뿐 아니라 재활용이나 분리수거를 통해 환경 보존 능력을 키우려는 것보다 훨씬 본질이며 효과적인 접근 방법이다.

참고	산책 활동의 전개 단계	
전개 단계	주요 활동	
① 주변의 산책 장소 조사	• 산책을 하는 공간이 숲이나 공원 등 특별한 장소일 필요는 없다. • 가까운 곳의 나무 한 그루라도 지속적으로 방문하면서 그곳의 자연물을 탐구하고 애착을 갖게 할 수 있는 장소를 찾아본다.	
② 산책의 계획	• 되도록 15명 이내로 그룹을 지어 일과 중에 나누어 간다. • 전체 인원이 함께 산책을 할 경우에는 보조 인력을 활용하여 활동 계획을 세운다.	
③ 자연물과의 친화감 형성과 탐구 활동	• 자연물의 이름을 알기보다 다양한 자연물의 특징에 주의를 기울여 관찰해보도록 한다. • 교사가 활동을 미리 계획할 수도 있고 계획 없이 자유롭게 둘러볼 수도 있다. • 자연물과 교감을 나눌 수 있는 활동을 격려한다. 예 나무를 두 팔로 안아보기, 나무에 귀를 대보기, 풀꽃의 이름 지어주기 등	
④ 산책 경험을 교실에서 연장하기	산책에서 흥미롭게 탐구한 자연물이나 활동에 관련된 경험을 교실로 연장하여 다양한 영역 활동을 계획한다. 예 수집한 자연물 관찰하기, 의미 있었던 자연물 재현하기 등	

4. 통합적 접근법

(1) 특징

① 과학적 개념을 중심으로 유아의 전인적 발달을 돕기 위해 교과 간 또는 교수학습 방법 간 통합하는 접근 방법이다.
② 과학은 우리가 살고 있는 주변 세계에서 일어나는 현상과 관련되어 있으므로 유아 스스로 탐구하여 의미 있는 지식을 형성하고 새로운 지식을 발견할 수 있도록 통합적으로 접근하는 것이 바람직하다.
③ 유아가 과학 지식을 낱개로 받아들이지 않고 전체적 맥락 속에서 자연스럽게 통합하여 받아들임으로써 개념을 더 잘 이해할 수 있고 다양한 아이디어나 해결책을 제시할 수 있는 능력이 향상된다.
④ 유아가 한 분야에서 학습한 지식이 어떻게 다른 분야의 지식과 연결되는지 이해하게 되고 다양한 문제 상황에 직면할 때 과학적 지식을 활용하여 창의적으로 문제를 해결하는 능력이 향상된다.

(2) 문학적 접근을 통한 과학 교육

① 과학의 개념과 과정이 내포되어 있는 문학작품을 유아와 함께 읽고 토의하는 과정에서 생긴 호기심이 다양한 과학 활동으로 자연스럽게 연결되도록 하는 교수 방법이다. 그림책뿐 아니라 대중매체나 영상과 같이 이야기를 내포하는 모든 것들이 통합의 대상이 된다.
② 유아들은 이야기 속에서 과학적인 개념을 더 잘 이해하기 때문에 다양한 장르의 문학을 과학적 주제에 대한 탐구를 보다 확장시키기 위한 유용한 자료로서 연계하여 활동하는 방법이다.

| 참고 | 과학 교육을 위해 아동 문학을 통합하는 다양한 방법(Martin, 2000) |

구분	내용
① 학습 활동의 도입	과학 활동의 주개념이 유아들이 일상적으로 쉽게 관찰하거나 경험하기에 추상적인 것일 때 그에 대한 개념을 이야기 속에서 접해보도록 하여 보다 쉽게 이해할 수 있도록 한다.
② 과학 활동의 결론 분석을 위한 활용	과학 활동을 진행한 후 해당하는 과학적 탐구과정이나 결과에 대한 내용이 제시된 문학작품을 선정하여 실제와 문학 속에 묘사된 결과를 비교해 볼 수 있다.
③ 유아의 질문에 대한 사실적 정보를 제공하기 위한 활용	우발적으로 유아들이 발견한 사물이나 현상에 대한 호기심을 충족시키고 주제에 관해 제기되는 질문에 대한 해답을 제공하기 위해 적합한 문학작품을 활용할 수 있다.
④ 과학적 과정 기술의 발달을 위한 활용	관찰, 분류, 실험 등 다양한 과학적 과정 기술을 담고 있는 문학작품을 모방하거나 이야기의 내용 가운데 흥미를 유발하는 현상에 대한 원인을 추론하고 결과를 예측해볼 수 있다.
⑤ 문학 속의 과학적 지식에 대한 평가	유아의 선개념과 문학작품 속에 제시된 사실을 비교해 보는 활동을 통해 자신과 이야기의 지식의 오류를 평가해 볼 수 있다.

(3) 예술 경험을 통한 과학 교육

① 미술, 동작 등 예술 각 분야의 요소와 원리에 과학의 탐구원리를 적용하여 과학의 개념을 획득하고 과학적 사고와 태도를 발전시키도록 하는 교수 방법이다.

② 인간은 본래 과학자적인 본성과 이를 예술적으로 표현하고자 하는 자연스러운 욕구를 가지고 있는데, 유아도 탐색하고 실험하는 과학적 과정을 거친 후 다양한 표현양식을 경험할 때 감성의 세계가 깊어지고 미적 안목이 높아진다.

구분	내용
미술활동을 통한 과학 교육	• 미술활동을 통하여 과학적 개념들을 함께 탐구하는 것을 의미한다. • 미술활동은 유아의 생각을 표현할 수 있는 방법으로 과학적 탐구로 얻은 지식과 느낌을 그리거나 입체물을 만들어서 표현할 수 있다. 예 식물을 이용한 천연염색, 나무껍질 탁본 뜨기, 자연물로 동물 구성하기 등
음악활동을 통한 과학 교육	유아가 리듬과 멜로디를 익히거나 악기를 연주할 때, 노래를 부를 때, 목소리와 악기소리 및 주변 환경에서 나는 소리를 탐색함으로써 과학과 관련된 개념이나 기술을 습득할 수 있으며, 시간과 공간을 추론해 내는 능력이 발달하게 된다. 예 주변의 소리를 악기로 표현하기, 자연과 관련된 노래 부르기, 사물을 이용한 소리 만들기 등
동작활동을 통한 과학 교육	주변의 자연물이나 자연현상을 관찰하고 느낀 것을 몸으로 표현해 봄으로써 동식물의 특성과 움직임의 과학적 이해를 돕는다. 예 동물이 되어보기, 바람이 되어보기, 떨어지는 낙엽을 표현하기 등

유아교육과정

(4) 요리활동을 통한 과학 교육

① 재료를 씻고 다듬고 준비하는 과정에서 오감을 통한 과학의 기초개념을 이해하고 껍질 벗기기, 자르기, 섞기 또는 얼리기, 끓이기 등의 조작을 통해서 물리적 화학적 개념을 획득할 수 있다.

② 요리의 전 과정에 과학적 탐구 기술인 관찰, 분류, 비교, 측정, 실험, 예측하기 등이 포함되어 있다.

구분	활동의 예
관찰	재료의 구입, 손질, 조리과정에서 사물의 물리적 변화와 화학적 변화를 경험할 수 있다.
분류 / 비교	다양한 재료의 색과 모양, 맛 등의 속성에 따라 비교하고 관계성을 찾으면서 경험할 수 있다.
측정	음식을 만들기 위해 레시피에 따라 재료의 부피나 양을 계량하면서 경험할 수 있다.
예측 / 가설	요리는 조리 후의 변화가 즉각적이기 때문에 조리 전에 "불을 켜면 프라이팬 안에 있는 팝콘이 어떻게 될까?"와 같은 질문을 통해서 예측하고 가설을 세우는 경험을 할 수 있다.
실험 / 결과 분석	조리 과정에 유아들이 직접 참여하도록 함으로써 물체와 물질의 변화를 탐색하고 그 결과를 분석하는 경험을 할 수 있다.

> **참고** 유아 과학 교육 프로그램
>
> **1. Project 2061**
>
> (1) 배경
>
> ① 1960년대 이후 과학 교육과정 개혁 운동의 실패 이후, 새로운 과학 교육의 전환을 위해 1985년에 시작되어 오늘에 이르고 있는 대대적인 연구 작업이며 개혁 운동이다.
>
> ② Project 20611이 갖는 상징적 의미 : 헬리 혜성이 지구에 근접해 온 1985년에 시작되어 이 혜성이 또다시 지구에 다가올 것으로 예상되는 2061년까지 모든 미국인이 생활 속의 과학을 이해하고 과학과 관련된 사회적 문제에 대해 올바른 인식을 하고 의사 결정할 수 있는 능력을 갖출 것을 지향한다는 의미다.
>
> ③ 산업·정보 중심의 과학 문명이 급속한 발전을 이루고 있는 지금의 사회에서는 과학을 소수의 엘리트 집단만이 관심을 갖는 분야로 인식해서는 안 되며, 모든 평범한 국민들이 과학을 이해하고 실생활에 활용할 수 있는 과학적 소양을 길러주는 것을 주요 목적으로 삼는다.
>
> ④ 장기간의 연구와 프로그램의 개발, 다양한 집단 간의 협력을 통해 '국민의 과학맹으로부터의 탈피와 과학의 생활화'라는 목적을 달성하고자 한다.
>
> (2) Project 20610이 제시하는 과학 교육의 방향
>
> ① 과학 교육을 통해 과학적 지식의 학습뿐 아니라 과학적 기술의 본질에 대한 이해가 이루어질 수 있도록 해야 한다. 과학적 기술의 본질에 대한 이해란 '기술이란 과학적 탐구와 실용적 요구에 의해 창안된 것이며, 모든 과학적 기술은 통제가 관여되며, 과학적 기술은 부작용을 수반할 수 있다는 것, 그리고 과학 기술과 사회 체제는 서로 영향을 주고받는 관계'임을 인식하는 것을 말한다.

      예 유전자 조작 식품은 식량 부족을 해결하는 고도의 과학 기술이지만 한편으로 건강을 위협할 수 있는 가능성이 있다는 점
  ② 과학 교수 방법의 효과적인 접근은 유아들의 질문을 기초로 교사가 적극적으로 이를 탐구하는 데 참여해서 문제를 해결하는 과정을 중시하는 것이다.
  ③ 모든 국민이 과학적 소양을 갖게 한다는 목적에 부합하기 위해 여성에 대한 과학 교육 기회의 확대와 어릴 때부터 과학 교육의 필요성을 강조하였다.
  ④ 분리된 교과로서의 과학 교육이 아닌 통합적 접근을 통한 과학 교육과정의 운영이 중요하다. 특히 과학에 관해 읽기, 쓰기와 같은 언어 영역과의 통합적 접근 노력이 두드러진다.
  ⑤ 급속히 발전하고 있는 테크놀로지를 실생활에 편리하게 활용할 수 있는 능력을 키우기 위해서 컴퓨터 등의 테크놀로지 교육을 강조한다.
  ⑥ 1960년대 새 과학 교육과정의 실패가 교사 교육에 대한 관심의 부족에 있었다는 점을 들어, 유아를 위한 과학 교육과 더불어 과학적 교양인으로서의 교사를 길러내기 위한 방안에 관심을 두어야 할 것을 제시한다.

2. STS(Science-Technology-Society)

(1) 배경
  ① 1980년대 이전까지의 과학 교육이 다루는 내용이 너무 어렵고 실생활의 문제와 연관성이 없어서 결과적으로 아동들이 과학에 흥미를 갖도록 하는 데 한계가 있다는 점과 과학 발전이 가져온 사회적 문제의 심각성에 의해 대두된 것이 STS 접근이다.
  ② STS 교육은 과학자들이 다루는 개념이나 방법이 아니라 아동들이 생활 속에서 실제로 경험하고 접할 수 있는 과학의 내용과 방법을 학교 과학 교육의 대상으로 다루도록 함으로써 미래 생활에서 과학을 이해하고 활용할 수 있는 실질적인 능력을 기를 것을 지향한다. 따라서 아동들이 일상생활 속에서 흔히 만날 수 있는 실제적 문제를 주로 다룬다.
  ③ STS 접근을 기존의 과학 교육과정에 쉽게 포함시킬 수 있는 방법의 하나는 신문이나 텔레비전에 사회적으로 문제화된 과학적 사건을 이용하는 것이다.
  ④ 최근 과학 기술의 발달과 함께 일반인들의 생활에 직접적인 영향을 주는 유전자 조작 식품, 인터넷 게임 중독, 환경 호르몬, 도시 개발로 인한 생태계 파괴 등의 문제들을 학생의 이해 수준에 적합한 활동을 통해 제시할 수 있다. 따라서, 미국 과학 교사 협회(National Science Teachers Association)에서는 STS를 '인간의 경험적인 맥락에서 과학을 가르치고 학습하는 것'이라고 정의하였다.

(2) STS 교육의 특징(NSTA, 1990; Yanger, 1993; 김현재, 1998)
  ① STS 교육은 과학과 기술, 사회의 상호 관련성을 다루는 학습으로 과학과 기술이 개인에게 주는 영향에 초점을 둔다.
  ② STS 교육은 주변의 구체적인 자연현상과 이에 관련된 사회적 문제를 아동 자신과 관련시켜 파악하도록 하여 과학적 탐구 의욕을 기르고, 이러한 현상에 관련지어 가져야 할 규범과 행동을 익히도록 하는 것이다.
  ③ STS 교육은 소수의 과학자나 과학 관련 종사자를 키우기 위한 것이 아니라, '모든 사람을 위한 과학'을 추구하는 과학 학습이다.
      예 황소개구리가 농작물을 해치면 우리가 먹을 식량 문제는 어떻게 될까에 대해 토의하기
  ④ 과학 활동은 주어진 시간, 교실 내 환경을 넘어 지역사회, 가정으로 확대되어 이루어진다.
      예 유치원 옆에 있는 커다란 나무를 주차장을 만들기 위해 없앤다면 어떻게 될지에 대해 토의하고 나무에 대해 탐구하기

⑤ 지역적 관심과 영향이 있는 문제를 인식하고 이를 해결하기 위해 아동이 적극적으로 시민의 역할을 할 기회를 갖도록 한다.
    예 놀이터의 쓰레기 문제 해결 방법 건의하기
⑥ STS 교육의 내용은 기존의 과학 교육의 내용인 과학적 지식, 과정 기술, 태도와 더불어 창의성과 적용 능력을 보다 강조한다. 왜냐하면, 책임 있는 과학 문명 시대의 시민에게는 개인에 관련된 과학적 문제를 창의적으로 해결하고, 학습한 지식을 생활 속에 적용할 수 있는 능력이 중요하기 때문이다.

3. STEAM(Science, Technology, Engineering, Arts, Mathematics) : 융합 인재 교육
  (1) 과학, 기술, 공학, 예술, 수학 등 교과 간 융합과학을 통해 타 교과 영역 간 전이 능력을 증진하고 세상과 소통하는 능력을 함양하고자 하는 접근법이다.
  (2) Sanders(버지니아 공대 교수)
      통합적 STEAM 교육은 STEAM 과목 중 2개 이상의 과목 내용과 과정을 통합하는 교육 접근 방식이며, 사회, 예술 등의 과목과도 연계를 통하여 적용할 수 있다.
  (3) STEAM 교육의 목적
      STEAM Literacy, 즉 현대를 살아가는 데 필요한 과학적 지식과 기술을 가지며 STEAM의 본성을 이해하는 교양인이 되도록 하는 것이다.
  (4) STEAM 교육 활동의 모형
      ※ '상황 제시 ⇨ 창의적 설계 ⇨ 감성적 체험 ⇨ 보상 성취의 경험'의 순환적 구조
      ① **상황 제시** : 학습자가 지식(knowledge), 제품(product), 작품(art) 등과 같은 산출물을 구성하기 위해 주어진 상황에서 창의성, 효율성, 경제성, 심미성 등을 발현하여 최적의 방안을 찾아 문제를 해결하는 종합적인 과정으로 인간의 가치추구를 위한 문제 해결이나 기술적 설계활동이라는 공학의 개념이 포함된다.
      ② **감성적 체험** : 학생이 학습에 대한 긍정적 감정을 느끼고 성공의 경험을 하는 것. 학습에 대한 흥미, 자신감, 지적 만족감, 성취감 등을 통해 동기유발, 욕구, 열정, 몰입의 의지가 생기고 개인적 의미를 발견하는 자기주도적인 모든 활동과 경험. 학습자가 학습상황을 경험(experience)하고 체험(hands-on)함으로써 마음을 움직이게 되는 감동 학습을 강조한다.

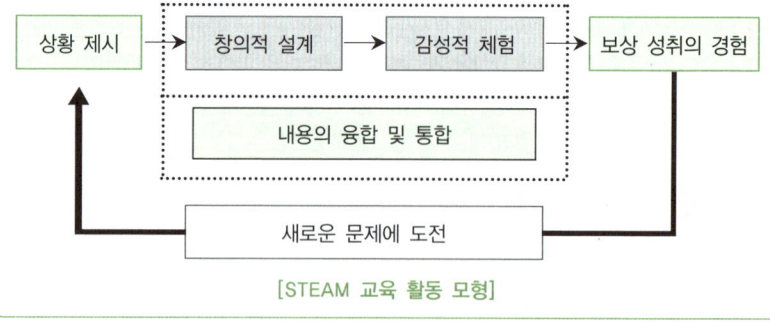

[STEAM 교육 활동 모형]

2 유아 과학 창의 교육 프로그램

[출처] 『유아 과학 창의 교육 활동 자료』, 교육부, 2009.

1. 과학 창의성의 개념

(1) 창의성이란? → 새롭고 유용한 아이디어나 산물을 산출하는 능력

① 창의성은 매우 복잡하고 다면적인 특성을 가지고 있어 학자들에 따라 그 개념 정의가 다양하게 제시되고 있으며 시대에 따라 변화되어 오고 있다. 1950년대 Guilford의 연구로 시작된 창의성은 1960년대까지 확산적 사고와 동일시되어 자유롭게 아이디어를 생성해낼 수 있는 능력으로 정의되었다.

② 이후 Torrance(1967)는 문제의식이나 지식의 결함 또는 부조화 등을 인식하고 이를 해결하기 위해 추측하고 가설을 세우고, 반복 검증하고 수정하고, 재확인하여, 최종적으로 결과를 만들어내는 과정으로 정의하였다.

③ 창의성이란 새로운 것을 만드는 행위(Dowd, 1989), 또는 개인적인 수준에서 가치를 부여할 수 있는 물건이나 아이디어를 만들어 내는 노력과 문제를 해결하려는 특성(전경원, 2001)이라고 정의하였다.

④ 또한 새로운 아이디어나 감정을 참신하면서 관련된 방식으로 재구성할 수 있는 상상력의 힘이라는 독창성의 관점에서 정의(Khatena, 2000)되거나, 새로운 아이디어나 산물은 사회적·문화적 맥락에서 가치가 인정되고 실현 가능성을 지녀야 인정된다는 점을 강조하여 '창의성이란 독창적이고 가치가 있으며 실천할 수 있는 사고 또는 산물'이라는 정의(Csikszentmihalyi & Wolfe, 2000)가 이루어지고 있다.

(2) 과학 창의성이란?

① 과학 창의성이란 일반 창의성을 바탕으로 과학과 관련된 논리·수학적 인지 요소와 흥미·끈기와 같은 정의적 요소, 그리고 가설설정이나 결론 도출과 같은 과정적 요소가 복합된 것으로 정의하는 견해가 있다(최일호·최인수, 2001; 송상헌, 2001; 조연순·최경희, 2000; Amabile, 1996; Csikszentmihalyi, 1996).

② 또한 과학의 상징이나 규칙 또는 절차에서 과학사회에서 인정하는 새로운 사고를 생성하는 능력(장지은, 2005), 또는 과학의 기본지식과 탐구과정기술을 기반으로 확산적 사고와 비판적 사고 과정을 통하여 새로운 문제를 발견해 내며, 적절하고 새로운 해결방법을 발견하는 능력으로 정의하기도 한다(정현철 외, 2002).

③ 종합하면 과학 창의성이란 일반 창의성을 바탕으로 과학이라는 특수 상황에 적합하게 재정의된 것으로, 과학 영역에서 새롭고 유용한 무엇을 산출하는 능력이라고 볼 수 있다.

2. 과학 창의성의 구성 요소

> 과학 창의성의 구성 요소는 과학 내용 지식, 과학적 탐구 기능, 창의성 사고 기능과 창의적 사고 성향으로 볼 수 있다.

(1) 과학 내용 지식

① 과학 영역에서 창의적 사고가 발현되기 위해서는 과학 내용 지식과 연계되어야 한다는 점에서 과학 창의 교육 활동에서 과학 내용 지식을 포함하는 것이 중요하다.

② 유아에게 적합한 과학 내용의 준거는 국가 수준 유치원 교육과정 탐구생활 영역이라고 볼 수 있다. 2007년 개정 유치원 교육과정 탐구생활 영역에서는 과학 관련 내용으로 물체와 물질에 대해 알아보기, 생명체와 자연환경 소중하게 여기기, 자연현상에 대해 알아보기, 간단한 기계와 도구 활용하기를 제시하고 있다.

③ 이러한 국가 수준의 과학 내용을 준거로 본 과학 창의 교육 활동에서는 '멀리 보내기', '변화시키기', '띄우기', '붙이기', '궁금한 것 알아가기' 주제에 따라 과학 내용 지식을 선정하였으며, 활동에 참여하는 과정에서 창의적 사고를 하면서 관련된 과학 내용 지식을 알아갈 수 있도록 구성하였다.

(2) 과학적 탐구 기능

> 과학적 탐구 기능이란, 과학을 학습하는 데 필요한 사고 기능으로서, 유아들에게 구체적인 경험을 통하여 새로운 정보를 획득하게 하고 과학 학습뿐 아니라 유아들의 일상생활에 필요한 사고 기술을 제공해주는 필수적인 능력이다(Martin, 1997). 과학적 탐구과정의 요소는 학자들에 따라 다양하게 제시되고 있으나, 유아기에 적합한 탐구과정은 관찰하기, 분류하기, 측정하기, 예측하기, 토의하기, 자료 수집 및 해석하기 등이 공통적으로 제시되고 있다.

① **관찰하기** : 유아가 오감각 기관 중 한 가지 이상의 감각 기관이나 도구를 사용하면서 주의를 집중하여 물체의 특징과 변화를 주의 깊게 살펴보는 과정을 의미한다.
  - 사물을 주의 집중하여 파악하기
  - 하나 이상의 감각 사용하기
  - 모든 적절한 감각 이용하기
  - 특성을 정확하게 묘사하기
  - 도구 사용하기

② **분류하기** : 유아가 관찰하고 수집한 다양한 자료들을 물체의 색, 모양, 크기 등과 같은 보편적인 속성이나 기능에 의해 정리하고 조직하는 과정을 의미한다.
  - 분류할 수 있는 사물의 주요 특징 추출하기
  - 사물들의 유사점 추출하기
  - 준거에 의해 두 집단으로 정확하게 분류하기
  - 다양한 방법으로 정확하게 분류하기
  - 분류 준거 설명하기

③ 측정하기 : 주어진 물체의 길이, 들이, 무게, 온도, 시간 등을 오감각을 이용하거나 도구를 사용하여 정량적으로 살펴보는 것을 의미한다.
- 적절한 측정 유형 선택하기
- 적절한 측정 단위 선택하기
- 적합한 측정 도구 사용하기
- 측정 기술 적절하게 적용하기

④ 예측하기 : 자료를 가지고 탐색하거나 실험할 때 이미 알고 있는 지식을 이용하여 앞으로 일어날 일을 예상하는 사고과정을 의미한다.
- 알고 있는 지식에 기초하여 예측하기
- 새로 얻은 지식에 기초하여 예측하기

⑤ 토의하기 : 과학 활동을 하는 과정에서 유아와 유아 간, 유아와 교사 간에 서로 생각을 주고받거나 질문하는 과정을 의미한다.
- 사물을 정확하게 묘사하기
- 생각을 주고받기
- 타인에게 사물 설명하기
- 정보 교환하기, 질문하기, 조사 완료 후 자료 해석하기
- 결과를 타인이 이해할 수 있도록 하기

⑥ 자료 수집 및 해석하기 : 자신이 의도하는 과학 활동을 하기 위해 수집해야 할 자료와 자료를 수집할 방법을 결정하고, 이렇게 수집한 자료를 근거로 타당한 결론을 내리기 위해 자료를 어떻게 조직하고 분석할 것인가를 결정하는 과정을 의미한다.
- 표로 만들기
- 그래프로 그리기
- 그림으로 그리기

(3) 창의적 사고 기능

창의적 사고 기능이란 창의적 사고력을 의미하며, 유창성, 융통성, 독창성, 정교성, 민감성을 포함한다. 이를 구체적으로 살펴보면 다음과 같다.

① 유창성	특정한 문제 상황에서 가능한 한 많은 아이디어나 반응을 생각해내는 능력을 의미한다.
② 융통성	고정적인 사고방식이나 관점을 변화시켜 다양한 해결책을 찾아내는 능력을 의미한다.
③ 독창성	기존의 것에서 벗어나서 새롭고 독특한 아이디어를 새로운 차원에서 창출하는 능력을 의미한다.
④ 정교성	기존의 다듬어지지 않은 아이디어에 유용한 세부 사항을 추가하여 보다 가치로운 것으로 발전시키는 능력을 의미한다.
⑤ 민감성	오감을 통해 들어오는 다양한 정보에 대해 관심을 보이고 이를 통하여 새로운 영역을 탐색해 가는 능력을 의미한다.

(4) 창의적 사고 성향

창의적 사고 성향이란 창의적인 사람이 일반적으로 지니고 있는 공통된 특성이나 경향을 의미하며, 자발성, 호기심, 집착성, 개방성을 포함한다. 이 같은 창의적 사고 성향은 과학 관련 태도의 정의적 측면인 과학적 태도와 유사한 특성으로 볼 수 있다.

① 자발성	활동에 자진해서 적극적으로 참여하려는 태도이다. 자발성은 유아가 문제 해결에 적극적이게 하여 주어진 과제 이외의 문제에도 자진해서 임하도록 한다. 자발성을 나타내는 행동으로는 활동에 스스로 참여하기, 문제 해결에 적극적으로 임하기, 의문이 드는 점을 해결하려고 시도하기 등이 있다.
② 호기심	신기한 것을 탐구하려고 하는 태도로서 호기심을 나타내는 행동으로는 질문 자주 하기, 새로운 대상에 관심 기울이기, 문제가 있을 때 원인을 찾으려고 노력하기 등이 있다.
③ 집착성	해결되지 않은 문제를 포기하지 않고 지속적으로 해결하려고 노력하는 태도이다. 집착성을 나타내는 행동으로는 실험 도중 실패했을 때 반복하여 실험 결과를 찾으려고 노력하기, 해결되지 않은 문제는 계속해서 해결하려고 노력하기, 한 문제가 해결되면 또 다른 문제를 해결하려고 노력하기 등이 있다.
④ 개방성	새로 밝혀진 근거에 따라 자신의 주장을 변경하거나 다른 의견도 기꺼이 수용하고 새로운 아이디어, 방법을 추구하려는 태도이다. 개방성은 유아들이 자신들이 예측했던 것을 뒤엎는 새로운 결과를 경험할 수 있게 하며 문제를 해결할 때 가능한 한 긍정적인 면과 부정적인 면을 모두 고려하게 한다. 개방성을 나타내는 행동으로는 자기주장에 대한 비판을 수용하기, 실패한 것에 대해서 기꺼이 수용하기, 한 가지 문제에 대해 여러 가지 의견 듣기 등이 있다.

3. 과학 창의 교육의 방법

- 유아의 과학 창의성을 개발하고 향상시키기 위해서는 무엇보다 교사는 유아에게 단순히 과학적 지식을 전수하는 지식 전달자의 역할에서 벗어나야 하며 활동을 유아 주도적으로 이끌어 가야 한다. 유아 주도적으로 과학 활동을 이끌어 간다고 해서 교사가 아무 역할도 수행하지 않고 유아의 활동을 방임하는 것은 아니며, 오히려 교사는 개별 유아의 흥미와 발달 특성을 면밀히 관찰하는 등 교사의 역할과 책임이 증가된다(Cho & Kim, 2001).
- 유아의 창의적 사고를 확장시키기 위하여 교사는 유아 주도적 학습이 일어날 수 있도록 학습 환경을 마련해 주고 지식 구성을 이끌 수 있는 촉진자의 역할을 해야 한다. 활동의 제시자, 관찰자, 질문자, 활동의 촉진자로서의 교사의 역할은 유아들의 사고를 자극하고 새로움을 추구하면서 스스로 발견, 탐색할 수 있도록 한다는 측면에서 유아들의 과학 창의성 개발에 중요한 역할을 한다고 볼 수 있다. 이와 같은 교사의 역할을 상호작용을 통한 직접적인 개입과 자료제시를 통한 간접적인 개입으로 구분하여 살펴보면 다음과 같다(조부경·고영미·남옥자, 2007).

(1) 상호작용을 통한 직접적인 개입
 ① 놀이자로 참여하기 / 새로운 활동 제안하기
  ㉠ 활동이 확장되지 않을 때 교사가 놀이자로 참여하여 활동의 단서를 제공하는 것은 지속적인 과학적 탐구를 이끄는 요인이 된다. 대체로 유아들은 교사를 모방하고자 하는 성향이 강하기 때문에 교사가 유아들의 놀이에 놀이자로 참여하여 소극적으로 개입하는 것만으로도 유아들은 과학적 사고 향상에 긍정적 영향을 받는다. 그러나 활동에 흥미가 높지 않은 유아들의 경우 교사의 행동을 쉽게 단서로 활용하지 못하므로 교사의 보다 적극적인 개입이 요구된다.
  ㉡ 한편 교사가 놀이자로 참여하거나 새로운 활동을 제안하는 경우 그 개입 시기에 따라 오히려 유아의 과학적 사고가 제한되기도 한다. 유아들이 아직까지 제시된 자료나 활동에 몰두하지 못했거나 몰두해 가려는 상태에서 교사가 또 다른 새로운 활동을 제시하는 것은 유아들의 사고 확장을 단절시키는 요인이 된다.
 ② 질문하기
  교사의 질문은 유아들이 미처 생각하지 못한 문제를 발견하고 사물이나 사건을 서로 관계 짓도록 유도한다. 유아는 교사의 질문을 통해 창의적 사고를 확장시키기도 하며 새로운 지식을 구성하기도 한다. 또한 교사의 적절한 질문은 유아가 과학적 개념에 관심을 가지고 명료화하는 데 도움이 된다.
 ③ 재실험의 권유
  실험은 유아들이 예견한 사실을 검증하거나 변인을 조작하여 과학적 지식을 형성하는 중요한 과정이다. 유아들은 자신의 예견이 실험을 통해 검증될 때 자신감을 느끼고 즐거워한다. 그러나 때때로 유아의 자기중심적인 태도나 자료에 대한 미숙한 조작행위로 인해 실험이 오히려 과학적 오개념을 형성하기도 한다. 이 과정에서 교사의 세심한 관찰과 재실험의 권유를 통한 피드백은 과학적 오개념의 형성을 막고 과학적 지식을 정교화하는 중요한 요인으로 작용한다.

(2) 자료 제시를 통한 간접적인 개입
 ① 반응적인 자료의 제시
  유아의 행위에 대해 어떠한 반응을 보이는 자료를 제시하는가에 따라 유아의 과학적 사고 확장은 달라진다.
  ㉠ 유아의 행위에 의한 결과가 분명한 자료를 제시하면 유아는 쉽게 성공감을 느끼고 활동을 지속시키며 이렇게 활동이 지속되면 유아는 과학적 사고를 확장시켜 나아갈 수 있으나 쉽게 결과가 나타나지 않는 자료를 제시하게 되면 그것이 활동을 포기하게 하는 요인이 될 수 있다.
  ㉡ 의도하던 결과는 아닐지라도 그 결과가 시각적으로 크게 나타나는 자료를 제시하면 유아에게 갈등이 일어나 과학적 사고의 확장에 도움이 된다.
  ㉢ 정확한 결과가 나타나지 않은 자료를 제시하는 것은 과학개념 이해에 도움이 되지 않는다.

② 변인 통제를 위한 자료의 수
  ㉠ 교사가 자료와 물리적 공간을 충분하게 제공하지 못하면 또래 간의 갈등을 유발하고 과학적 사고의 확장에 방해가 될 수 있다. 그러나 여러 가지 자료를 동시에 제공하는 경우 변인 통제가 되지 않아 오히려 유아의 과학적 사고를 방해한다. 예를 들어, 물의 압력 실험을 하는데 탐색단계에서 구멍의 크기가 다양한 물총을 준다거나 구멍의 크기와 높이가 다른 여러 개의 물통을 주는 경우 유아의 누르는 힘과 크기 또는 크기와 높이 두 가지의 변인이 한꺼번에 작용하여 무엇에 의해 물이 멀리 나가는지를 알 수 없어 단순 놀이가 될 수 있다.
  ㉡ 다양한 자료를 주는 것이 좋다는 생각에 익숙해져 있는 유아교사들이 흔히 범하는 오류인데, 유아들은 여러 가지 속성을 동시에 고려할 수 없기 때문에 과학 활동을 할 때는 반드시 자료에 의한 변인통제가 중요하다.
③ **자료의 매력성**: 교사가 매력적인 자료를 제시하면 유아의 흥미와 참여가 유발되어 과학적 사고 확장에 도움을 주는 요인이 된다. 그러나 유아들이 자료를 새롭게 인식하고 왕성한 흥미를 보일 때는 충분히 탐색할 시간을 주어 자료 자체에 대한 호기심이 충족된 후에 의미 있는 과학 활동이 이루어질 수 있다.

4. 유아 과학 창의 교육 활동의 실제

(1) 멀리 보내기

'멀리 보내기' 주제는 유아들이 일상생활 속에서 접하는 여러 가지 물체와 물질의 움직임 현상에 호기심을 가지고 지속적으로 알아가고자 하는 태도를 기르기 위한 것이다. 특히 유아들이 자신의 방법을 창안하고 그에 따라 반복적으로 실험하면서 가장 적절한 방법을 찾는 데 중점을 둔다.

> 소주제는 '소리 멀리 보내기', '물건 멀리 보내기', '물 멀리 보내기', '그림자 멀리 보내기'의 4가지로 구성한다. '소리 멀리 보내기'에서는 소리를 멀리 보낼 수 있는 다양한 방법을 찾고 어디까지 갈 수 있는지 실험해 보도록 한다. '물건 멀리 보내기'에서는 친숙한 물체를 바람이나 바퀴, 경사를 사용하거나 형태를 바꾸는 등의 다양하면서도 가장 적절한 방법을 찾도록 한다. '물 멀리 보내기'에서는 물을 옮길 수 있는 방법을 창안하고 재질을 탐색하도록 하고, '그림자 멀리 보내기'에서는 자신이 원하는 크기와 모양의 그림자를 창안하는 데 중점을 둔다.

● **구체적인 목표**
  1. 주변의 친숙한 물체와 물질을 움직이게 할 수 있는 다양한 방법을 생각해 낸다.
  2. 자신이 생각한 방법대로 실험해보면서 행위와 결과를 관계 지을 수 있다.
  3. 다른 사람의 방법과 비교하면서 멀리 보낼 수 있는 가장 적절한 방법을 찾는다.

● 주요 개념

소주제	주요 개념
소리 멀리 보내기	• 소리를 멀리 전달할 수 있는 방법이 있다. • 여럿이 소리 전달 놀이를 할 수 있는 나만의 방법이 있다.
물건 멀리 보내기	• 물건을 움직이게 하는 여러 가지 방법이 있다. • 모양을 바꾸면 물건의 움직임이 달라진다.
물 멀리 보내기	• 물을 옮길 수 있는 다양한 방법이 있다. • 구멍의 크기에 따라 물이 멀리 가는 정도가 다르다.
그림자 멀리 보내기	• 그림자의 모양과 크기를 다양하게 할 수 있다.

(2) 변화시키기

'변화시키기' 주제는 유아들이 주변의 친숙한 여러 가지 물체와 물질을 변화시킬 수 있는 다양하고 독특한 방법을 찾고 자신의 방법대로 변화시키도록 한다. 또한 변화된 물체와 물질을 생활 속에서 활용하면서 보다 적합하게 바꿀 수 있는 방법을 지속적으로 찾도록 한다.

> 소주제는 '물질 변화시키기', '생활 속의 물질 바꾸기', '한 물체를 평면·입체로 변화시키기', '여러 물체를 결합하여 변화시키기'의 4가지로 구성한다. '물질 변화시키기'에서는 친숙한 재료를 변화시킬 수 있는 다양한 방법을 창안하고 그 결과를 관찰하면서 원상태로 환원될 수 있는 것과 그렇지 못한 것이 있음에 관심을 갖도록 한다. '생활 속의 물질 바꾸기'에서는 일상생활 속에서 당연시하던 재질을 바꾸어 보는 생각의 전환에 중점을 둔다. '한 물체를 평면·입체로 변화시키기'에서는 한 가지 재료를 여러 가지 형태와 용도로 바꾸어보도록 하며, '여러 물체를 결합하여 변화시키기'에서는 두 가지 이상의 물체를 결합하여 새로운 물건을 창안하도록 한다.

● 구체적인 목표
1. 주변의 친숙한 물체와 물질을 변화시킬 수 있는 다양한 방법을 생각해낸다.
2. 자신이 생각한 방법대로 실험해보면서 변화된 결과를 관찰한다.
3. 변화된 물체와 물질을 생활 속에서 활용하면서 보다 적합하게 바꾸어 간다.

● 주요 개념

소주제	주요 개념
물질 변화시키기	• 가루물질을 변화시킬 수 있는 여러 가지 방법이 있다. • 변화된 물질이 원래 상태로 돌아올 수 없는 것이 있다. • 같은 방법을 사용해도 물질에 따라 변화가 다르게 나타난다.
생활 속의 물질 바꾸기	• 물건에 따라 가장 적합한 재질이 필요하다. • 물을 흡수하는 것과 그렇지 않은 것이 있다.
한 물체를 평면·입체로 변화시키기	• 종이를 세울 수 있는 여러 가지 방법이 있다. • 종이는 접었다가 다시 원래 상태로 펼 수 있다.
여러 물체를 결합하여 변화시키기	• 쓰러지지 않게 하는 여러 가지 방법이 있다. • 여러 가지 물체를 연결하여 다양한 모양을 만들 수 있다. • 생활 속에서 활용할 수 있는 도구를 만들 수 있다.

유아교육과정

(3) 띄우기

'띄우기' 주제는 유아들이 일상적으로 접하는 여러 가지 물체를 물이나 하늘에 띄우기 위한 다양하고 독창적인 방법을 찾고 지속적으로 탐구해 가도록 하기 위한 것이다.

> 소주제는 '하늘에 띄우기'와 '물에 띄우기'의 2가지로 구성한다. '하늘에 띄우기'에서는 바람을 이용하거나 형태를 변화시켜 물체를 하늘에 띄울 수 있는 방법을 찾아보고, 자신이 찾은 방법대로 직접 해보도록 한다. '물에 띄우기'에서는 물에 뜨는 여러 가지 물체의 속성을 알아보고, 가라앉은 물체를 띄우기 위해 형태를 변화시키거나 다른 물체를 이용하여 직접 띄워보면서 나타난 결과에 관심을 가지고 지속적으로 탐구하도록 한다.

● 구체적인 목표
1. 주변의 여러 가지 물체를 하늘이나 물에 띄울 수 있는 다양한 방법을 생각해 낸다.
2. 자신이 생각한 방법대로 활동해 보면서 나타난 결과를 관찰한다.
3. 자신이 알게 된 지식을 활용하여 하늘이나 물에 뜨는 물체를 만들 수 있다.

● 주요 개념

소주제	주요 개념
하늘에 띄우기	• 우리 주변에 하늘을 날아다니는 여러 가지 물체가 있다. • 형태를 변화시켜 물체를 하늘에 띄울 수 있다. • 바람이나 열을 이용하여 물체를 띄울 수 있다.
물에 띄우기	• 물에 뜨는 물체와 가라앉는 물체가 있다. • 형태를 변화시켜 물체를 물에 띄울 수 있다. • 다른 물건을 사용해서 물체를 물에 띄울 수 있다. • 내가 생각한 방법대로 물에 뜨는 물체를 만들 수 있다.

(4) 붙이기

'붙이기' 주제는 유아들이 친숙하게 일상적으로 사용하는 붙이는 여러 가지 도구에 관심을 가지고 찾아보고 붙여보고 구성물을 만들어 보는 데 관심을 갖도록 하기 위한 것이다. 특히 유아들이 붙이는 도구를 사용하지 않고 붙일 수 있는 다양하고 독창적인 방법을 찾고 지속적으로 탐구해 가도록 하는 데 중점을 둔다.

> 소주제는 '여러 가지 도구로 붙이기'와 '끼워서 붙이기'의 2가지로 구성한다. '여러 가지 도구로 붙이기'에서는 유아들이 일상적으로 사용하는 풀이나 본드, 테이프 등과 같은 접착제를 활용하여 여러 가지를 만들어 보거나 자석을 활용한 편리한 물건을 찾아보는 등의 과정을 통하여 붙이는 도구의 성질에 관심을 가지고 지속적으로 탐색하고 일상생활에서 적합하게 활용할 수 있도록 한다. '끼워서 붙이기'에서는 종이나 붙이는 도구를 사용하지 않고 붙일 수 있는 방법을 생각하고 유아가 생각한 방법대로 끼워서 붙여봄으로써 끼워서 붙일 수 있는 여러 가지 물체에 지속적인 관심을 가지고 탐색하도록 한다.

- 구체적인 목표
  1. 주변의 여러 가지 붙이는 물질이나 물체에 관심을 가지고 붙일 수 있는 여러 가지 방법을 생각해낸다.
  2. 자신이 생각한 방법대로 붙여보고 구성물을 만들어 보면서 나타난 결과와 자신의 의도를 관계지어본다.
  3. 붙이는 물체나 물질의 편리함을 알고 일상생활 속에서 활용한다.

- 주요 개념

소주제	주요 개념
붙이는 도구로 붙이기	• 우리 주변에 붙이는 여러 가지 물체와 물질이 있다. • 붙이는 물질이나 물체의 속성이 다르다. • 자석은 끌어당기는 힘과 미는 힘이 있다.
끼워서 붙이기	• 끼워서 붙일 수 있는 물체가 있다. • 끼워서 붙일 수 있는 다양한 방법이 있다. • 평면 설계도를 입체 구성물로 바꿀 수 있다.

(5) 궁금한 것 알아가기

'궁금한 것 알아가기' 주제는 유아들이 생활하면서 지속적인 궁금증을 갖는 사물이나 현상에 대해 호기심을 가지고 탐색하고 조사하고 함께 공유해 보도록 하기 위한 것이다.

> 소주제는 '장수풍뎅이'와 '발명'의 2가지로 구성한다. '장수풍뎅이'에서는 장수풍뎅이에 관심을 가지고 길러보는 경험을 통해 생명의 소중함을 알고 더불어 살아가는 마음을 갖게 한다. 또한 장수풍뎅이에 대해 궁금한 것을 직접 조사하고 알아보는 과정을 통해 장수풍뎅이의 특성에 지속적인 관심을 가지고 탐색해 가도록 한다. '발명'에서는 유아가 일상적으로 사용하는 편리한 물건에 대해 관심을 가지고 찾아봄으로써 발명품의 편리함에 관심을 갖게 한다. 또한 발명품을 만든 발명가에 대해 지속적인 관심을 가지고 알아봄으로써 주변에 있는 것을 새롭게 만들어 보도록 한다.

- 구체적인 목표
  1. 장수풍뎅이에 관심을 가지고 특성을 알아본다.
  2. 장수풍뎅이를 존중하고 돌보는 마음을 가지고 실천한다.
  3. 발명과 관련된 이야기에 관심을 가진다.
  4. 궁금한 점을 알 수 있는 방법을 찾고 내가 생각한 방법대로 해본다.
  5. 발명품의 편리함을 안다.
  6. 내가 생각한 발명품을 설계하고 만든다.

유아교육과정

● 주요 개념

소주제	주요 개념
장수풍뎅이	• 장수풍뎅이는 우리와 함께 살아가야 할 소중한 생명체이다. • 장수풍뎅이가 생활하기 좋은 환경이 있다. • 장수풍뎅이를 존중하고 사랑하는 마음을 가진다.
발명하기	• 새로운 것을 만들어 내는 것이 발명이다. • 우리가 편리하게 사용하는 발명품이 있다. • 생활 속에서 활용할 수 있는 발명품을 만들 수 있다.

3 놀이를 통한 유아 과학 활동

[출처]『놀이를 통한 유아 과학 교육 활동 자료』, 교육부, 2004.

1. 교육적 가치

(1) 유아의 놀이는 즐거움을 추구하면서 능동적인 참여를 유발하는 학습의 최적 조건을 제공하여 유아 스스로 주변 사물과 현상에 대한 과학적 지식을 자연스럽게 구성하도록 촉진한다.

(2) 놀이는 내적 동기가 유발되는 과정 지향의 행동이므로, 결과에 대한 부담이나 두려움 없이 유아가 놀이에 능동적으로 참여하여 신체적으로 조작해보고 다양한 사물과 사건을 탐색하며 문제를 해결하는 과정 속에서 관찰, 분류, 의사소통, 측정, 예측, 실험하기 등과 같은 과학의 과정 기술을 증진시킬 수 있는 유용한 기회를 제공한다.

(3) 놀이는 자유로운 선택에 의하여 긍정적 정서를 유발하는 자발성과 주도성에 기초한 행동으로 결과 지향의 과학 활동이 주는 좌절이나 어려움에서 벗어나 활동 본질 자체에 흥미와 호기심을 가지고 적극적으로 참여하며 자연스럽게 긍정적인 과학적 태도를 형성하게 한다.

2. 교수 학습 원리

(1) 과학 활동의 학습 주기와 놀이 활동을 상호 연계하여, 인식 및 탐색 단계에서는 발견적 탐색 놀이를 제공하고 탐구 단계에서는 탐구적 구성 놀이를 제공하며, 적용의 단계에서는 놀이를 통해 알게 된 원리나 과학적 지식을 적용하여 확장적 통합 놀이를 제공한다.

(2) 교사는 놀이를 통한 과학 활동의 학습 주기에 적합한 질문과 안내를 한다.

(3) 개별 탐색에서 시작하여 또래 협동으로 발전하는 놀이 활동으로 진행한다.

(4) 유아의 전인적 발달과 흥미 영역 간 실내·외 활동 영역을 통합하는 놀이 활동으로 진행한다.

(5) 물리적 조작을 통하여 정신적 조작을 촉진할 수 있는 과학 놀이 활동으로 진행한다.

3. 단계별 교사 역할

발견적 탐색놀이 단계	과학 주제에 대한 흥미를 유발하거나 주제에 대한 깊은 관심과 탐색을 격려하는 질문
탐구적 구성놀이 단계	개별적 탐색을 탐구적 구성으로 확장할 수 있는 질문과 자료의 제공, 갈등을 유발할 수 있는 질문이나 상황의 제안
확장적 통합놀이 단계	유아가 이해한 개념이나 내용을 생활 속에 적용할 수 있는 질문이나 상황 제안. 다양한 견해와 사고를 유발하는 질문이나 상황의 제안

4 자연 체험 활동

[출처] 『유아를 위한 자연 체험 활동 자료』, 교육부, 2002.

1. 교육적 가치

(1) 환경에 대한 도전감과 적응 행동의 발달(도움 요청하기, 균형 유지하기, 독립적으로 식사하기)을 도모한다.
(2) 주변 세계의 아름다움을 발견하고 심미감을 증진한다.
(3) 스스로 주도하는 탐색 활동을 통해 구체적 조작과 정신적 조작 능력 및 자연 세계의 물리적 특성에 대한 이해와 같은 인지 발달을 증진한다.
(4) 자연의 세계는 무궁무진한 대화거리를 제공하여 의사소통 기술을 증진한다.
(5) 감각을 활용하는 다양한 경험과 자연 체험을 위한 다양한 움직임을 통해 감각 운동 발달이 이루어진다.
(6) 자연세계를 돌보며 배려심을 기르고, 실외 교육의 경험을 통해 자기 통제감이나 만족감의 증진 및 다양한 사회적 기술의 증진 등과 같은 사회·정서적 발달이 이루어진다.

2. 자연 체험을 위한 교사의 역할

(1) 자연에 있는 모든 것의 이름을 말해주며 '가르치기'보다는 자연을 '경험하는 것'에 중점을 두어 지도한다.
(2) 자연에 대한 지식보다는 자연의 아름다움을 느끼고 사랑하며 존중하며 자연의 신기함에 호기심을 느끼는 데 중점을 두어 지도한다.
(3) 유아에게 가까운 주변 환경을 중심으로 단순한 경험부터 시작하여 점진적으로 확대해 나가며 자연 세계에 익숙해지고 편안해질 수 있게 한다.
(4) 교실 환경을 구성할 때 학습 영역마다 자연과 관련된 자료들을 비치한다.
(5) 말로 설명하기보다 감각을 사용하여 주변 환경을 직접 탐색하게 한다.

3. 자연 체험 활동 시 유의점

(1) 자연을 산책하며 관찰하고 찾아보고 느끼고 조사하고 되돌려 주는 방식을 취한다.
(2) 자연 친화적 활동을 할 때는 주위의 위험 요소에 대해 사전에 경고하고 스스로 주의하는 습관을 기르도록, 경미한 상처나 불편을 감수하게 한다.
(3) 산책 후 느낀 경험을 다양한 방법을 이용하여 회고하고 평가하는 시간을 제공한다.
(4) 자연에서 살고 있는 것들을 교실 안으로 들여 놓아 자연을 아끼고 돌보는 태도를 길러준다.
(5) 주변의 모든 물체나 자연물의 근원이 자연에서 비롯됨을 알고 생명에 대한 존중, 자원의 보존, 지구 보호에 대한 인식을 길러준다.

4. 자연 체험 활동의 예

○ 꽃눈이 내려요.

도입	• 꽃이 피고 지는 것을 보고 유아가 꽃에 관심을 보일 때
전개	• 꽃잎 떨어지는 모습 감상하기 • 떨어지는 꽃잎을 몸으로 느껴보기 • 꽃잎처럼 몸 움직여보기 • 꽃잎 불어 날려보기
확장	• 꽃잎 밥상 차리기 • 화전 만들기

○ 땅속 벌레를 만나고 싶어요.

도입	• 유아들의 관심이 벌레에 모아지면서 직접 벌레들을 찾고 싶어 할 때
전개	• 벌레 찾아보기 • 먹이를 이용하여 벌레 찾기 • 땅속 벌레의 특성 생각해보기 • 찾은 벌레 관찰하기
확장	• 벌레 관찰 기록 • 폐품으로 만드는 벌레

○ 한 줌 꽃밭을 가꾸었어요.

도입	• 다양한 공간과 소품을 활용하여 가꾼 꽃밭 사진을 보고 유아가 관심을 가질 때
전개	• 꽃밭 터 찾아 가꾸기 • 꽃씨 뿌리기(꽃모종 심기) • 꽃밭 가꾸기
확장	• 꽃밭에 울타리 세우기

○ 내리는 빗방울이 시원해요.

도입	• 비 오는 창 밖을 보며 유아들이 비에 관심을 보일 때
전개	• 다양한 방법으로 비를 탐색하기 • 비 오는 하늘 쳐다보기 • 나뭇잎에 떨어지는 빗방울 살펴보기 • 비에 젖은 사물 만져보기
확장	• 비에 관한 이야기 감상하기 • 빗방울처럼 몸 움직여 보기

유아교육과정

○ 햇볕이 따뜻해요.

도입	• 햇볕 좋은 날 실외에서 • 유아들이 해나 날씨에 대해 관심을 나타낼 때
전개	• 햇볕 드는 곳 찾아보기 • 햇볕 아래 앉아 따뜻함을 느껴보기 • 나뭇가지 사이로 비치는 햇살 느껴보기 • 햇볕을 받은 물건이나 햇볕 아래 받아놓은 물 만져보기
확장	• 그늘에서 쉬면서 햇볕과 그늘을 비교하기 • 따뜻한 햇볕에 빨래 말려보기

○ 나무마다 껍질이 달라요.

도입	• 다양한 나무가 있는 야외를 산책할 때 • 유치원에 있는 나무를 관찰하거나 만져볼 때
전개	• 나무 안고 속삭이기 • 나무 껍질 살펴보기 • 다양한 나무 껍질 종이에 베끼기 • 눈 감고 만진 나무 찾기
확장	• 나무 안아 보기 • 우리 반 나무 정하고 돌보기

○ 여기저기 땅바닥이 서로 달라요.

도입	• 유치원에 실외 마당이 있는 경우 • 유치원 외부로 산책을 나가 잔디, 흙, 시멘트 등 다양한 바닥을 접할 수 있을 때
전개	• 맨발로 실외 놀이터 걸어 다녀 보기 • 흙, 모래, 잔디, 시멘트 등 다양한 바닥의 느낌을 비교해 보기 • 날씨에 따른 땅의 감촉을 느껴 보기
확장	• 흙바닥에서 할 수 있는 놀이 즐기기 • 흙바닥에 있는 것 관찰하기

○ 언덕을 올라가고 내려와요.

도입	• 주변의 언덕이나 능으로 산책을 나갔을 때 • 유아가 언덕의 경사면에 관심을 보일 때
전개	• 여러 가지 동작으로 언덕 오르내리기 • 언덕의 위·아래에서 공을 굴려보기 • 언덕의 경사면에 앉거나 누워보기 • 언덕 아래와 꼭대기에서 보이는 것 말해보기
확장	• 언덕의 풀이나 꽃, 나무 살펴보기

◯ 돌멩이와 큰 바위

도입	• 유아가 실외 산책에서 돌멩이나 바위에 관심을 보일 때
전개	• 여러 가지 모양의 돌멩이 줍기 • 돌멩이와 바위의 모양 살펴보고 비교하기 • 돌멩이 전시하기
확장	• 돌멩이를 이용한 놀이 즐기기

◯ 낙엽을 모아 방석을 만들었어요.

도입	• 실외에서 나뭇잎의 변화에 관심을 가질 때	
전개	• 낙엽 소리 들어보기 • 낙엽 방석 만들기	• 감촉 느껴보기 • 여러 가지 낙엽 줍기
확장	• 낙엽 편지 보내기 • 낙엽 악기 연주	

◯ 숲 속에서

도입	• 가을 무렵 • 유치원 근처의 숲이나 공원에 산책을 나갔을 때
전개	• 눈과 코와 귀로 숲 느끼기 • 여러 가지 열매 찾아 관찰하기 • 숲 속 동물 찾아보기
확장	• 주운 자연물로 구성하기 • 숲 속의 화가

유아교육과정

기출탐구

01 유치원에서 자연체험 활동을 효과적으로 운영하기 위해서는 사전 준비와 철저한 계획이 수립되어야 한다. 자연체험 활동을 위해 유치원에서 가까운 공원으로 걸어서 산책하려고 할 때, 사전 준비 및 활동, 본 활동, 사후 활동을 위해 교사가 해야 할 일을 각각 2가지씩 제시하시오. ■2004년

(1) 사전 준비 및 활동

(2) 본 활동

(3) 사후 활동

02 비가 오는 날 유아들이 빗방울이 떨어지는 모양과 소리에 관심을 보이고 있다. 교사는 유아들이 비를 통해 변화되는 자연의 모습을 관찰하고 느낄 수 있도록 자연 체험 활동을 하고자 한다. 비가 올 때 교사가 전개할 수 있는 자연 체험 활동의 예 5가지를 쓰시오. ■2005년

모범답안

01. (1) 사전 준비 및 활동
① 산책하기에 적합한 장소에 대하여 유아들과 함께 조사 및 이야기 나누기 활동을 전개한다.
② 유아들이 산책하기에 적합한 안전한 장소를 물색하고 사전 답사를 통해 장소의 안전성 여부를 확인한다.
– 필요한 준비물 챙기기 예 휴지, 작은 수건, 비상약, 물, 컵, 사진기와 확대경, 채집통, 작은 스케치북 등
– 산책에 대한 흥미 유발 예 수수께끼, 동화
– 보조 인력 섭외 예 산책 시 해야 할 일, 주의사항 등에 대해 구체적인 안내나 훈련

(2) 본 활동
① 산책 장소에 도착하면 유아들의 인원을 점검하고 유의 사항을 알려준다.
② 산책 장소에 있는 자연물을 관찰하거나 수집해 본다(나무 안아보기, 나무 안고 속삭이기, 돌멩이 관찰하기).

(3) 사후 활동
① 산책 장소에서 수집한 돌멩이나 나뭇잎, 씨앗 등을 과학 영역에 전시한 후 관찰해본다.
② 산책 장소에서 유아들이 느낀 점에 대해 이야기 나누고 이를 이용하여 동시를 지어보거나 그림 그리기, 신체 표현 활동 등을 전개한다.

[출처] 『유아를 위한 자연체험 활동 자료』, 교육부, p.17.

02. ① 빗방울 만져보기
② 비 냄새 맡아보기
③ 비 오는 하늘 쳐다보기
④ 비 소리 들어보기
⑤ 나뭇잎에 떨어지는 빗방울 살펴보기
⑥ 비에 젖은 사물 만져보기(흙, 나뭇잎, 벽 등 만져보기)
⑦ 빗방울처럼 몸 움직여 보기
⑧ 비가 오면 볼 수 있는 자연물(달팽이, 지렁이 등) 관찰하기
⑨ 비에 관한 이야기 감상하기
⑩ 우산 쓰고 빗속을 걸어 보기

[출처] 『유아를 위한 자연체험 활동 자료』, 교육부, p.61.

5 창의성 교육 프로그램

1. 창의성 교육 프로그램 개발의 필요성

[출처]『유치원 기본과정 내실화를 위한 창의성 교육 프로그램』, 교육부, 2011.

- 창의·인성 교육이 미래사회에서 가장 중요한 능력으로 중시되고 이를 위한 교육적 실천이 강조되면서 유아교육 단계에서는 창의성 교육을 어떻게 구성하고 실천할 것인지에 대한 관심이 높아지고 있다. 특히 만 5세 누리과정이 도입되는 시점에서 유아교육부터 고등교육까지 연계될 수 있는 창의성 교육을 통해 급변하는 글로벌 사회에 대비하는 핵심 역량 교육의 토대를 마련할 필요가 있다.
- 유아기는 창의성을 발달시킬 수 있는 최적기라는 인식과 창의적 인재 양성을 위한 학교 교육은 모든 단계에서 보편적으로 이루어져야 하며, 이는 유아교육에서 고등교육에 이르기까지 일관성 있게 유지되어야 한다는 점에서 중요성이 부각되고 있다.
- 유아기는 창의적 사고 발달이 활발하게 이루어지는 시기이며, 특히 유치원에 다니는 만 3~5세 시기는 사고와 언어를 관장하는 전두엽이 집중적으로 발달되는 특징이 있다. 따라서 이 시기에 유아는 다양한 사물이나 상황에 대하여 보고, 느끼고, 생각하는 경험을 통해 창의적 사고가 발달하게 된다. 이러한 점에서 유아기는 창의성 교육의 시작 시점이자 효율적인 적용시기로 유아 단계에서의 창의성 교육 프로그램 개발이 필요하다.

◉ 창의성 교육의 기본 방향

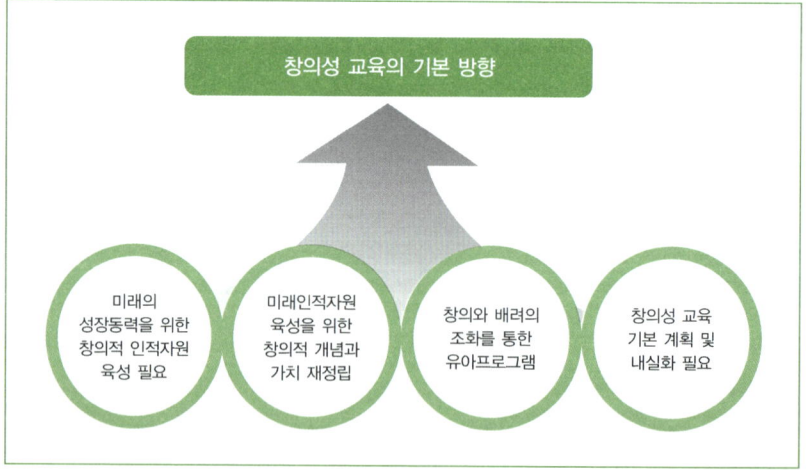

2. 창의성의 개념

(1) 창의성의 개념

① 창의성이란 인간의 잠재 능력을 설명하기 위한 가설적인 개념으로 구체적인 실체가 없다는 점에서 개념을 정의하기 어렵다. 창의성을 '창의적인 사람이 가지고 있는 개인적인 특성'으로 보기도 하고, '새롭고 적절한 아이디어를 통한 창의적 행동이나 산출물'로 보는 등 다양한 관점과 이론이 존재한다.

② 창의성에 대한 다양한 관점과 이론에서 공통적으로 창의성을 정의하는 핵심 요소는 '새로움'과 '적절성'이다. '새로움'은 독창성, 독특한, 새로운, 신선한, 예기치 못한 등과 연결되며, '적절성'은 유용한, 구체화된, 가치 있는, 의미 있는 과제 조건을 충족시키는 등과 연결되는 개념이다. 이러한 맥락에서 창의성은 '개인 또는 집단의 창의적 특성이 창의적 과정을 거쳐 사회적 맥락에 의해 새롭고 유용하다고 인정받을 수 있는 산출물을 생성하는 능력'으로 정의하고 있다(조연순·성진숙·이혜주, 2008).

③ Amabile(1996)은 창의성을 사회 심리학적 관점에서 연구하였으며, 창의성이 발현되는 과정에는 사회적, 환경적 요인이 결정적인 역할을 한다고 본다. 즉, 창의성에 영향을 미치는 내적 요인보다는 외적 요인에 초점을 맞춤으로써 학습이나 사회적 환경이 기여할 수 있는 부분을 강조한다. Amabile는 창의성이 발현되는 과정에서 사회적 환경, 개인, 창의성 간의 관계를 설명하기 위하여 '창의성 구성 요소 모형'을 다음과 같이 제시한다. 그는 창의성이 발현되는 과정을 '수프 만들기'에 비유하면서 '영역 관련 기술'은 수프에 들어가는 기본 음식 재료, '창의성 관련 기술'은 잘 배합된 양념, '과제동기'는 불에 비유해 창의성 발현을 위해서는 이 세 가지 요소의 배합과 조화가 중요함을 강조한다.

○ **Amabile(1983, 1996)의 창의성 구성 요소 모형**

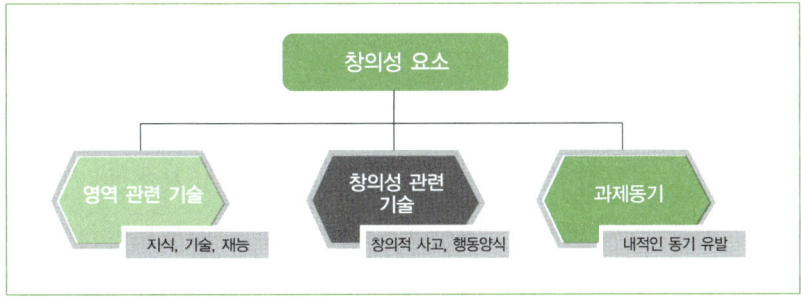

④ Csikszentmihalyi(1999)는 창의성은 개인 영역(기본 지식, 역량, 정보 등)에서 새로운 산출물을 생성한 것이 사회영역(새로움, 구체성, 유용성 등)에서 인정을 받고 그러한 것들이 모여 문화 영역을 구성한다는 관점을 통하여 '창의성 체계 모형'을 다음과 같이 제시한다.

○ Csikszentmihalyi(1999)의 창의성 체계 모형

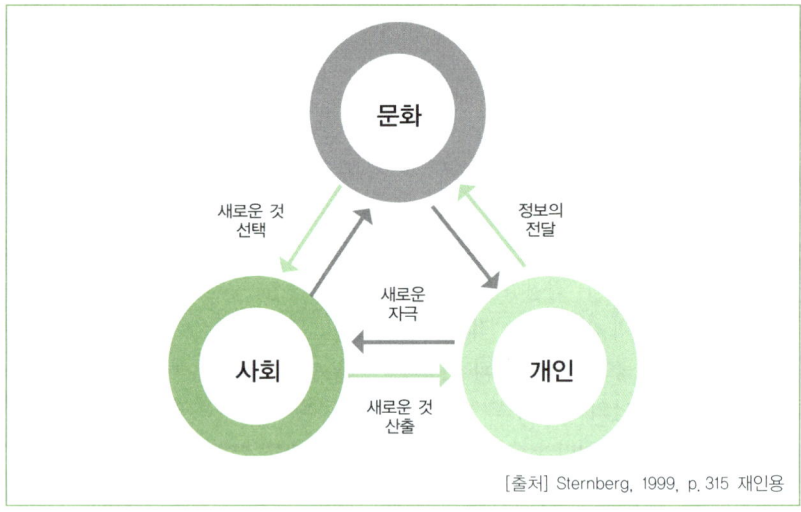

[출처] Sternberg, 1999, p. 315 재인용

⑤ 창의성의 개념을 정리하면 초기에는 창의적인 사람이나 과정, 산출물과 같은 특정한 부분에 초점을 두었지만 최근에는 사람, 과정, 산출물, 사회적 환경과 같은 다양한 맥락을 모두 고려하여 창의성을 개념화하고 있으며, 창의성의 핵심요소로 '새로움'과 '적절성'을 포함시키고 있다. 즉, 창의성이란 창의적인 사람이나 집단이 창의적 과정을 통하여 창의적인 산출물을 생성하는데, 그 산출물이 사회적 맥락에서 유용성 기준을 충족시킬 때 창의적 산출물로 인정받을 수 있다고 보고 있다.

3. 창의성의 구성 요소

길라잡이

창의성의 구성 요소

구분		세부 내용
인지적 요소	사고의 확장	• **확산적 사고** : 다양한 관점에서 새로운 가능성이나 아이디어를 다양하게 생성해내는 사고 능력 • **상상력 / 시각화 능력** : 이미지나 생각을 정신적으로 조작하고, 마음의 눈으로 사물을 그릴 수 있는 사고 능력 • **유추 / 은유적 사고** : 사물이나 현상, 또는 복잡한 현상들 사이에서 기능적으로 유사하거나 일치하는 내적 관련성을 알아내는 사고능력
	사고의 수렴	• **논리 / 분석적 사고** : 부적절한 것에서 적절한 것을 분리해내고 합리적인 결론을 끌어내는 사고 능력 • **비판적 사고** : 편견, 불일치, 견해 등을 인식할 수 있는 능력, 객관적이고 타당한 근거에 입각하여 판단하는 사고 능력
	문제해결력	• **문제발견** : 새로운 문제를 찾고, 형성하고, 창조하는 것 • **문제해결** : 문제를 인식하고 현재 상태에서 목표 상태에 도달하기 위해 진행해가는 일련의 복잡한 사고 활동 문제발견 ⇨ 자료 탐색 및 해결안 생성 ⇨ 실행 및 평가

성향적 요소	개방성	• 다양성 : 다양한 아이디어나 입장을 수용하는 열린 마음 • 복합적 성격 : 서로 모순되는 정반대의 성격을 동시에 가지고 있는 것 • 애매모호함에 대한 참을성 : 불확실함과 모호함을 잘 견딤으로써 새로운 방향으로 문제해결을 이끄는 성향 • 감수성 : 미세하고 미묘한 뉘앙스를 잘 느끼고 감지하는 것, 정서 / 자극에 대한 민감성
	독립성	• 용기 : 모험심, 위험감수, 개척자 정신, 도전 정신 • 자율성 : 타인의 말에 쉽게 흔들리지 않고 스스로 선택하고 행동하는 성향 • 독창성 : 자기만의 방식으로 현상을 판단하고 유행을 따르지 않는 성향
동기적 요소	호기심 / 흥미	• 주변의 사물이나 현상에 대해 끊임없는 의문과 관심을 갖는 성향
	몰입(Flow)	• 어떤 일에 시간이 가는 줄 모르고 몰두하게 되는 완벽한 주의집중 상태

(1) 인지적 요소

① 확산적 사고와 수렴적 사고, 문제 해결력이 포함되며, 확산적 사고를 통하여 산출물의 독창성, 수렴적 사고를 통하여 산출물의 적절성을 평가한다.

② 확산적 사고는 새로운 아이디어 생성을 위해 필요하고, 비판적 사고는 산출물이 얼마나 유용하고 적절한지를 판단하는 것으로, 이 두 가지 사고는 서로 상보적으로 창의적 과정에서 작용한다. 이러한 사고 과정에 공통적으로 문제 파악하기, 문제와 관련된 정보 찾기, 정보로부터 해결책 찾기, 제안된 해결방안을 평가하고 수정하기 등의 과정이 인지적 요소에 포함된다.

○ 인지적 요소

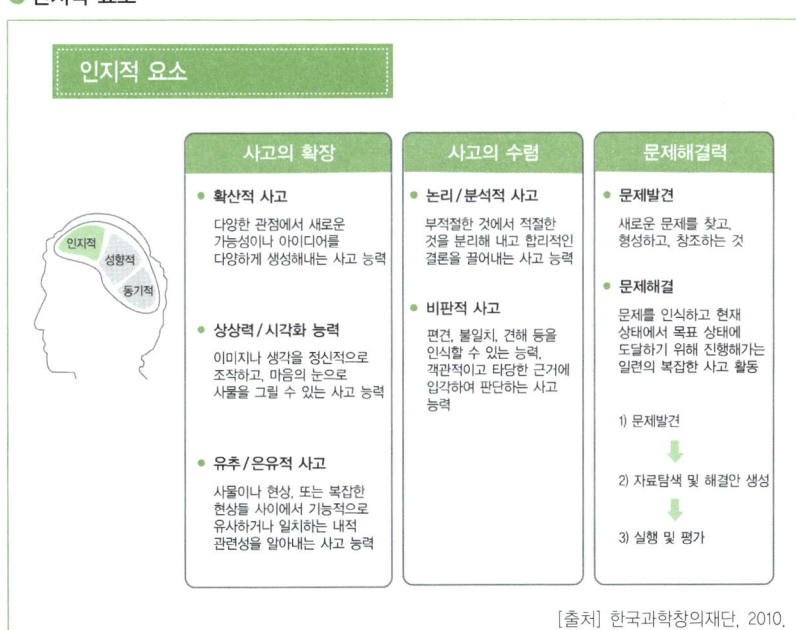

[출처] 한국과학창의재단, 2010.

(2) **성향적 요소**

창의적 성취에 필요한 성향을 정의하는 것으로 Sternberg와 Lubart(1995)는 모호함에 대한 참을성, 인내, 성장하려는 욕구, 기꺼이 모험을 하려는 정신, 그리고 새로운 경험에 대한 개방성을 성향적 요소로 제시한다.

(3) **동기적 요소**

인간의 창의적 사고는 하고 싶은 마음이 있을 때 가능하다는 점에서 내적 동기를 강조한다. Amabile(1996)의 '내적 동기 원리'는 과제 그 자체에 대한 흥미, 즐거움, 만족 및 도전에 의해 동기화될 때 창의적 사고가 최대화될 수 있다고 보고 있다. Csikszentmihalyi(1999)는 창의적인 일에 몰두하는 사람들은 '플로(flow) 경험'을 한다고 하였는데, 이는 내적으로 동기화된 상태 또는 삼매경에 들어간 듯한 심리적 상태를 의미한다. 그는 창의성이 이러한 플로 상태의 결과일 가능성이 높다고 주장함으로써 창의성의 구성 요소에서 내적 동기의 중요성을 강조한다.

○ **성향적, 동기적 요소**

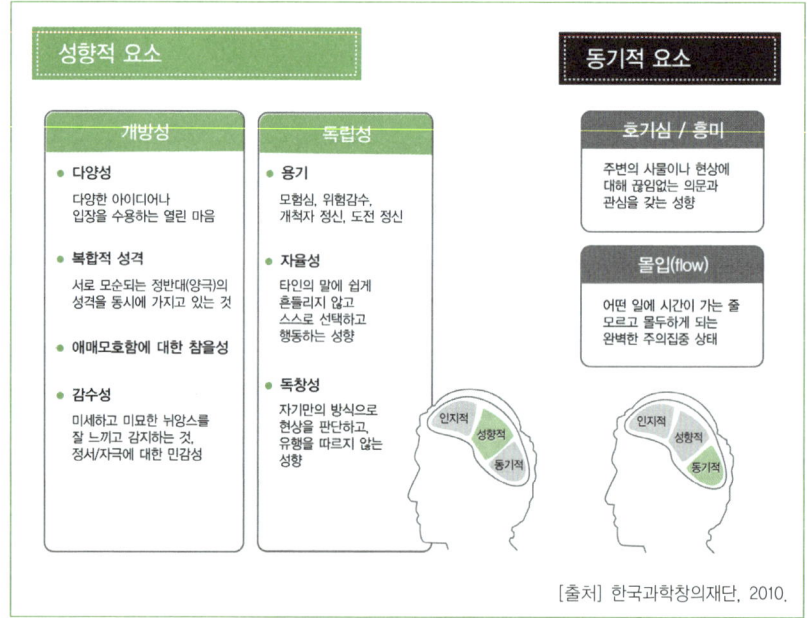

[출처] 한국과학창의재단, 2010.

> **참고** 길포드(Guilford, 1967)의 창의성 구성 요소

[출처] 『유아 과학 창의 교육 활동 자료』, 교육부, 2009.

1. 인지적 요소

(1) 민감성	• 주변의 환경에 대해 민감한 관심을 보이고 이를 통해 새로운 탐색 영역을 넓히는 능력 • 주변 환경에 대한 민감성의 정도에 따라 사고의 양과 질이 결정된다.	
(2) 유창성	• 특정하게 주어진 자극에 대해서 가능한 한 많은 양의 아이디어를 산출하는 능력 • 유창성은 창의적 사고 과정에서 비교적 초기 단계에 요구되는 기능이다.	
(3) 융통성	• 주어진 문제에 대해 한 가지 방법에 집착하지 않고 고정적인 사고방식이나 시각 자체를 변환시켜 다양한 접근 방법과 해결책을 취할 수 있는 능력 • 고정적인 사고의 틀을 깨고 발상 자체를 전환시켜 유연하게 생각할 수 있게 하는 기능이다.	
(4) 독창성	• 기존의 통상적인 것에서 탈피하여 참신하고 독특한 아이디어를 산출하는 능력 • 아이디어의 양보다는 질적인 측면으로 기존의 사고방식이나 다른 사람들의 문제해결 방식으로부터 벗어나서 자기만의 독특한 아이디어를 산출하고 문제해결 방안을 고안하기 위해서 요구되는 기능이다.	
(5) 정교성	• 다듬어지지 않은 기존의 아이디어를 보다 치밀한 것으로 발전시키는 능력 • 주어진 문제를 세분화하여 전개시키거나 문제에 포함된 의미를 명확하게 파악하고 문제에 결여된 부분을 찾아 보완하여, 다듬기 위해서 요구되는 사고 기능이다.	

2. 정의적 요소

(1) 자발성	문제 상황에서 아이디어를 스스로 산출하려는 성향이나 태도
(2) 호기심	항상 생동감 있게 주변의 사물에 대해 의문을 갖고 끊임없이 질문을 제기하는 성향
(3) 근면성	가능한 한 다양한 정보를 수집하고 문제가 해결될 때까지 끈질기게 물고 늘어지는 성향
(4) 개방성	새로 밝혀진 근거에 따라 자신의 주장을 변경하거나, 다른 의견도 기꺼이 수용하고 개방적인 아이디어, 방법을 추구하려는 태도. 개방성은 유아들이 자신들이 예측했던 것을 뒤엎는 새로운 결과를 경험할 수 있게 하며 문제를 해결할 때 가능한 한 긍정적인 면과 부정적인 면을 모두 고려하게 된다.

> **기출탐구**
>
> 유아가 갖추어야 할 능력 중의 하나인 창의성에 관한 설명으로 적절하지 않은 것은?
>
> ■ 2009년
>
> ① 창의성의 구성 요소는 민감성, 유창성, 융통성, 독창성, 정교성 등이다.
> ② 다양한 표상 형식의 예술 활동은 창의적 표현 능력을 발달시킬 수 있는 효과적인 방법 중 하나이다.
> ③ 민감성(sensibility)이란 고정적인 사고방식에서 벗어나 여러 각도에서 다양한 해결책을 찾는 능력이다.
> ④ 길포드(J. P. Guilford)의 지능 구조 모델에서 제시된 확산적 사고(divergent thinking)는 창의적 사고의 주된 특성이다.
> ⑤ 유아로 하여금 자신의 생각과 느낌을 주도적으로 표현할 수 있는 분위기를 만들어 주고, 결과물보다는 표현 과정을 중시하는 것이 창의성 발달에 필요하다.
>
> **모범답안**
>
> ③
>
> ※ 해설 : 고정적인 사고방식에서 벗어나 여러 각도에서 다양한 해결책을 찾는 능력은 융통성에 해당한다.

4. 창의성 교육의 개념

(1) 창의성 교육의 개념

① 창의성 교육의 필요성과 더불어 '창의성 교육의 가능성'에 대한 논의가 활발하게 이루어지고 있으며 최근에는 창의적 능력은 선천적으로 가지고 태어나지만 후천적으로 교육적, 사회문화적 지원과 환경적 지원을 통하여 신장될 수 있다고 보고 있다. 즉, 모든 사람은 적절한 노력과 훈련을 통하여 자신의 창의적 능력을 향상시킬 수 있다고 보는 관점이 우세하다(Plucker & Runco, 1999).

② 창의성 및 창의성 교육에 대한 관점은 역사적으로 3단계의 패러다임을 거쳐 발전해왔다(Glaveanu, 2010; 이정모, 2010).

He-패러다임	극소수의 '천재'에 초점을 두는 것
I-패러다임	'창의적 개인'에 초점을 두는 것으로 누구나 노력과 교육을 통해 창의적 인재가 될 수 있다고 보는 관점
We-패러다임	특정 개인의 인지적 능력보다는 사회문화적 환경에 의해 창의적 인재가 형성된다고 보는 관점으로 창의성에 대한 사회심리학적, 문화심리학적 접근을 중시하고 있음

③ 최근에는 창의성을 인지적, 성향적, 동기적 요소들의 결합체로 보는 통합적 접근에 기초하여 창의성 교육도 이러한 요소를 모두 고려하는 것이 바람직하다고 보고 있다.

(2) 유아 발달과 창의성

① 유아는 본질적으로 창의적 존재이며 성인에 비해 사고 양식이 유연하고 개방적이며 상상력이 풍부하다(이경화·유승희, 2010). 유아기는 논리적 사고보다 상상력을 포함하는 창의성 계발과 교육이 필요하다.

② 유아기는 창의성 계발의 최적기이며 정점에 이르는 시기이다(이경화, 2008; 최인수, 2011; Torrance, 1979). 유아기에 창의성 교육을 받지 못하면 성인이 되어서도 창의성을 발달시키기 어렵다(이경화, 2008; 최인수, 2011; Starko, 2005; Torrance, 1979).

③ 유창성 등은 유아기에 성인 못지않은 능력이 발휘되기 때문에 늦은 시기나 단편적인 교육으로는 효과를 거두기 어렵다(김춘일, 1999). 창의성은 짧은 시간에 길러질 수 있는 것이 아니라 오랜 시간 동안 적절한 경험과 환경적 지원이 쌓여 길러진다.

④ 유아의 삶은 창의적 특성의 근원이 되며 일상생활 속에서 문제 해결을 위해 탐구하고 즐기는 과정을 갖는 것이 중요하다.

⑤ 요약하면 유아기는 창의성 계발의 최적기이며 논리적 사고보다 상상력을 포함하는 창의성 교육이 필요하다. 그러므로 유아에게 즐거움과 감동을 줄 수 있는 내용과 방법으로 지속적인 창의성 교육이 이루어져야 한다.

5. 창의성을 길러주는 사고 기법

1. 브레인스토밍(brainstorming)

특징 및 활용법

브레인스토밍은 뇌에 폭풍을 일으킨다는 의미로 주제나 문제해결을 위해 최대한 많은 아이디어를 여럿이 함께 생각해 보는 사고 기법임. 이 기법은 아이디어의 평가를 유보한 채 최대한 많은 아이디어를 제안하는 방법으로 집단의 효과를 살리면서도 자유분방하게 사고할 수 있는 분위기를 만들어 참여자들 간에 서로 연쇄반응적으로 아이디어를 유발하게 됨으로써 창의적인 아이디어를 이끌어내는 데 활용될 수 있음

유의점

- 아이디어는 엉뚱하고 자유로운 것이 더 참신할 수 있다는 전제를 가짐
- 유아가 주제와 동떨어진 아이디어를 이야기하여도 수용해주는 분위기 조성과 격려가 중요함
- 다른 사람의 의견을 절대로 비판하지 않으며, 다른 사람의 의견을 변형시킬 수 있음을 사전에 알려줌
- 집단 구성은 5명 정도의 소집단이 적절하며 브레인스토밍 주제를 안내하는 도입과정을 흥미 있게 제시하는 것이 필요함
- 아이디어에 대한 평가는 브레인스토밍을 통해 다양한 아이디어가 나온 이후 함께 평가에 참여하는 과정을 통하여 할 수 있음

※ 유치원 교실에서 나는 소리 생각해보기
  - 문 여는 소리, 친구 부르는 소리, 피아노 소리, 뛰어다니는 소리, 놀잇감 소리 등
  - 들리지 않지만 교실에 있는 소리 : 숨소리, 눈 깜박이는 소리 등

기출탐구

○○유치원 현장학습과 관련하여 5세반 송 교사와 유아들이 나눈 대화 내용이다. 물음에 답하시오.
■ 2017년

송 교사 : 전통 시장 가는 날이 바로 내일이에요.
유아들 : 와! 신난다.
송 교사 : 그래서 오늘 전통 시장 가게들에 대해 알아보려고 해요. 우리가 제일 처음에 갈 곳은 떡집이에요. '떡집' 하면 생각나는 것을 자유롭게 말해 볼까요?
유아들 : 떡이 많아요. 떡은 맛있어요. 생일, 꿀떡, 무지개떡, 송편, 쫄깃쫄깃……. (각자 아는 것을 신나게 말한다.)
지 영 : 호랑이.
수 민 : 야, 우리 지금 떡집 이야기 하는 거잖아? 호랑이가 떡이냐? ⎤
현 철 : 하하하. 호랑이가 떡 먹는대요. 어흥 어흥.   ⎬ [A]
지 영 : 떡 하나 주면 안 잡아 먹지. 그 호랑이잖아.   ⎦
유 정 : 나도 그 이야기 알아.
송 교사 : 지영이, 유정이는 선생님이 들려준 그 옛날이야기가 생각났구나.
현 철 : 추석 때 엄마랑 떡집 갔는데 사람이 많았어요.
지 영 : 나도 갔었는데……. 근데 나는 안 기다렸어.
송 교사 : 와! 재미있는 생각들이 많네. 그럼 너희들이 떡을 만든다면 어떤 모양의 떡을 만들고 싶니?
유아들 : 동그란 떡, 별 모양 떡, 하트 모양 떡. (생각나는 것을 각각 이야기한다.)
현 철 : 호랑이 모양 떡.
… (하략) …

오스본(A. Osborn)의 관점을 토대로 ① 송 교사가 유아의 창의적 사고를 향상시키기 위해 사용한 기법을 쓰고, ② [A]와 같은 상황에서 수민이와 현철이를 지도하기 위해 필요한 원리 1가지를 쓰시오.

- ① : _____
- ② : _____

모범답안
- ① : 브레인스토밍
- ② : 비판금지의 원리(판단보류의 원리)

2. 속성열거(attribute listing)

특징 및 활용법

속성열거법은 제품의 개선 아이디어를 얻기 위한 목적으로 개발된 것으로 사물의 속성을 열거하고 어떻게 기능을 개선할 것인지 생각해보는 사고 기법임. 개선 대상을 명사적 특성, 형용사적 특성, 동사적 특성으로 나누어 깊이 있게 분석하고 새로운 아이디어를 이끌어낼 수 있음. 유아들에게 친숙한 사물의 모양, 크기, 색깔, 특성 등의 중요한 속성을 중심으로 관찰하고 새로운 방법이나 용도 등을 생각해보게 할 때 활용할 수 있음

- **명사적 특성** : 이 주전자의 뚜껑에서 개선할 수 있는 아이디어는?
- **형용사적 특성** : 주전자를 보다 가볍게 하려면 어떻게 할 수 있을까?
- **동사적 특성** : 이 주전자의 안을 쉽게 닦을 수 있는 방법은 무엇이 있을까?

유의점

- 유아에게 친숙한 사물과 대상을 선정
- 명사적, 형용사적, 동사적 특성은 교사가 유아들의 생각을 이끌어낼 때 활용할 수 있으며, 유아들에게는 모양, 크기, 색, 움직임, 용도 등 초점을 맞추어 사고할 수 있도록 함

새로운 저금통 만들기

- 저금통의 속성찾기(브레인스토밍, 속성열거)
  - **명사적 속성** : 동전을 넣는 구멍, 동전이 모이는 공간, 손잡이
  - **형용사적 속성** : 귀여운, 무거운
  - **동사적 속성** : 동전이 떨어진다, 부딪힌다.
- 찾아낸 속성을 조합하기
  (동전이 잘 들어가게 하려면 / 동전이 많이 들어가게 하려면 / 종이돈이 들어갈 수 있으려면)

유아교육과정

3. PMI(Plus, Minus and Interesting)

특징 및 활용법

PMI는 아이디어에 대한 좋은 점, 좋아하는 이유, 긍정적인 측면(Plus), 나쁜 점, 싫어하는 이유, 부정적인 측면(Minus), 아이디어에 관해 발견한 흥미로운 점(Interest)의 약자임. 이 기법은 대상의 긍정적인 면과 부정적인 면, 흥미로운 점에 대해 다각적 측면에서 생각하고 문제를 분석, 평가함으로써 보다 더 새로운 아이디어를 얻을 때 활용됨. 또한 타인의 아이디어와 의견을 듣고 객관적으로 분석하고 평가, 수용하기 위한 방법으로도 활용됨. 그러므로 이 기법은 어떤 문제에 대해 충동적으로 결정하는 것을 막고 시야를 넓혀주며 열린 마음을 갖게 해 주는 기법이라 할 수 있음

유의점

- 유아가 다른 유아의 아이디어를 전적으로 따르거나 반박하지 않도록 유아 나름의 비판적 사고 과정을 지도함
- 유아가 다각적 측면에서 아이디어를 평가하며 타인의 아이디어를 수용하는 개방적 태도를 격려함

버스 안에 있는 의자를 모두 없앤다면

- 버스 안 의자를 모두 없앴을 때 장점, 단점, 흥미로운 점 찾아보기(브레인스토밍, PMI)
  P : 버스에 더 많은 사람이 탈 수 있다. 버스를 타거나 내리기 쉽다.
  　　버스를 금방 만들 수 있다.
  M : 손잡이가 줄어들어 버스가 갑자기 서면 사람들이 넘어진다.
  　　노인이나 어린이가 서 있기 힘들다.
  I : 접는 버스 의자를 만들면? / 버스 한쪽 줄만 의자를 놓으면?

4. 스캠퍼(SCAMPER)

특징 및 활용법

스캠퍼(SCAMPER)는 대체(Substitute), 결합(Combine), 응용(Adapt), 변형(Magnify or Minify), 다른 용도(Put to other use), 제거(Eliminate or Elaborate), 뒤집기(Reverse), 재배열(Rearrange or Reverse)의 영어 단어 첫 철자를 의미함. 이 방법은 기존의 것에 대하여 새로운 아이디어를 낼 수 있는 질문을 통해 고정된 사고의 틀에서 벗어나 다각적인 측면에서 사고를 돕는 데 활용되는 사고 기법임

S : 대체(Substitute)하면?
  - 다른 누가? 다른 무엇으로? 다른 성분으로?
  - 종이컵은 컵의 재질을 종이로 대체한 것
C : 결합(Combine)하면?
  - 새로운 무엇과 결합시키면? 여러 가지 목적을 결합하면?
  - 컴퓨터 프린터에는 복사와 팩스가 결합되어 있음, 매직후프(훌라후프 안쪽에 돌기를 부착한 후프)
A : 응용(Adapt)하면?
  - 이것과 비슷한 것은? 과거의 것과 비슷한 것은?
  - 벨크로는 씨앗이 옷에 달라붙는 원리를 응용한 것
M : 변형(Magnify or Minify)하면?
  - 이것을 약간 변형하면? 더 간소화하면? 색, 모양 등은 어떻게 바꿀 수 있는가? 작게, 보다 가볍게, 짧게 만들 수 있는 방법은? 확대는 어떠한가?
  - 노트북은 컴퓨터를 간소화한 것
P : 다른 용도(Put to other use)로 하면?
  - 다른 사용 용도는?
  - 사용할 수 없는 버스를 음식점으로 활용한 것
E : 제거(Eliminate or Elaborate)하면?
  - 이것을 없애버리면? 없어도 할 수 있는 것은?
  - 자동차의 덮개를 없애서 만든 오픈카
R : 뒤집기(Reverse), 재배열(Rearrange or Reverse)하면?
  - 순서나 모양을 뒤집어 보면 어떠한가?
  - 어떻게 재정리할 수 있는가?
  - 반대로 하는 것은 어떠한가?

유의점

- 단계를 모두 활용해야 하는 것이 아니라 필요에 따라 적절한 질문을 선택하여 사용함
- 유아의 아이디어나 창의적 결과물에 초점을 두기보다 생활 주변에서 경험한 것을 새롭게 관찰하고 다른 대안을 제시해보는 과정에 초점을 둠

여름에 필요한 물건들 생각해 보기 : 부채 만들기

- 부채를 사용해 보고 불편한 부분, 마음에 들지 않는 부분을 살펴보기

  S : 다른 재료, 다른 방법, 다른 모양
  C : 목적을 합하면
  A : 다른 부채에서 흉내 내고 싶은 것
  M : 색, 소리, 향기, 모양을 더 넣거나 빼면, 더 튼튼하려면, 더 길면, 더 짧게 하면, 작게 하면, 가볍게 하면
  P : 모양, 무게 형태 등을 살펴보아 다른 용도는, 수정해서 다른 데 사용하려면
  E : 이것을 없애면, 재료의 종류를 줄이면, 없어도 될 것은
  R : 거꾸로 하면, 반대로 하면, 위치를 바꾸면

5. 강제결합법(forced connection method)

특징 및 활용법
강제결합법은 겉으로는 관련성이 전혀 없어 보이는 두 가지 이상의 사물이나 아이디어를 강제로 연결시켜 봄으로써 새로운 아이디어를 생각해보는 기법임. 전혀 관련이 없는 두 사물을 연결시켜 새로운 아이디어를 고안한다는 점에서 의외의 사고를 이끌어내는 기법으로 활용되고 있음

유의점
- 관계가 없는 사물이나 대상은 임의로 정함
- 연결할 대상에 대한 구체적인 특성을 알아보고 난 후 사물이나 아이디어를 연결함

고양이와 운동화
- 고양이와 운동화 각각의 고유한 특성 찾기(속성열거법)
- 고양이와 운동화의 특성이 결합된 새로운 운동화 생각해 보기(강제결합)
  (고양이 발톱같이 미끄러지지 않는 바닥의 운동화. 고양이의 반짝이는 눈처럼 밤에 걸으면 불빛이 나오는 운동화, 걸으면 소리가 나는 운동화)

6. 육색사고모자(six thinking hats)

특징 및 활용법

육색사고모자는 여섯 가지 각기 다른 색의 모자를 쓰고, 모자 색깔이 의미하는 유형의 사고를 하는 것으로 새로운 기획이나 아이디어 발상 등에 활용되는 사고 기법임

모자 색깔	사고 형태	역할
흰 모자	정보에 대한 사고	정확한 정보에 기초하고 이미 검증된 중립적이고 객관적인 사실을 제시
빨간 모자	직관적이고 감정적인 사고	흰색 사고와는 반대로 자신의 분노, 두려움, 직관과 같은 감정이나 사고를 제시
노란 모자	논리적이며 긍정적인 사고	긍정적이고 낙관적인 측면을 제시
검은 모자	논리적이며 부정적인 사고	부정적이고 비판적인 측면을 제시
초록 모자	창의적인 노력과 사고	창의적이고 확산적인 새로운 측면을 제시
파란 모자	사고 과정의 통제	지휘자나 사회자처럼 정리, 요약, 결론적인 내용을 제시

유의점

- 사용되는 6가지 색에 대하여 유아가 좋은 모자, 나쁜 모자 등 색에 대한 편견을 갖지 않도록 사고의 특성에 초점을 맞추어 진행함
- 활동을 처음 소개하거나 유아가 활동에 익숙하지 않을 때 모자의 색깔의 수를 줄여 활동하고 점차 그 수를 늘려 활동해 봄
- 활동 후 유아가 다른 색깔의 모자로 바꾸어 써 보고 다시 활동해 봄

내가 만약 '강아지 똥'이라면

- 강아지 똥이 어디에 있었니?(흰색 모자)
- 사람들 모두가 강아지 똥을 떠났을 때 강아지 똥의 마음은 어떠했을까?(빨간 모자)
- 강아지 똥이 잘못 생각한 점은 무엇이었을까?(검은 모자)
- 민들레는 강아지 똥이 왜 필요하다고 했을까?(노란 모자, 초록 모자)
- 강아지 똥은 왜 기뻤을까?(파란 모자)

7. 납작한 나의 여행

특징 및 활용법

납작한 나의 여행은 'Flat Stanley'라는 이야기책의 내용과 주인공 납작이를 활용하는 활동 납작이 인형을 활용함으로써 유아의 흥미를 유발하고 관심을 유지할 수 있음

유의점

- 유아가 납작인형과 여행에 익숙해질 수 있도록 유아에게 '납작이가 된 스탠리'(시공사, 1999)의 이야기를 활동 전에 들려줌
- 유아와 충분한 시간 동안 이야기를 나누어 납작이의 여행 목적과 일정을 잘 이해하도록 지도함

'자'가 없었던 아주 옛날에는 어떻게 길이를 재었을까?

- 유아 자신의 납작이 인형 만들기
- 자가 없었던 아주 옛날 시대로 여행하기
- 자 대신에 길이를 잴 수 있는 방법 생각해 보기(눈대중, 손 뼘, 두 팔, 발 뼘 등)
- 자를 사용하던 상황으로 이동하기(옛날의 자를 알아보기)
- 납작이 여행을 마치고 돌아오기
- 옛날과 요즘의 길이 재는 방법과 도구에 대해 알아보기

8. 4개 축사고

특징 및 활용법

4개 축사고는 시간, 공간, 주제, 인물의 축으로 사고 과정을 범주화하여 경험이나 습관을 벗어나 다양하고 새로운 사고의 경험을 하도록 하는 기법임. 모든 활동에 활용 가능하고, 특히 언어, 사회, 과학 활동에서 활용 가능성이 높음

4개 축사고	
시간축	문제 해결의 관점을 과거, 현재, 미래로 시간을 옮기는 과정에서 유아들의 융통성, 상상력 향상
공간축	문제 해결의 관점을 장소를 달리하여 사고함으로써 사고의 융통성, 정교성 향상
주제축	문제 해결의 관점을 달리하여 생각해 봄으로써 사고의 융통성, 정교성 향상
인물축	문제 속의 주요 인물이 되어 봄으로써 사고의 융통성, 상상력 향상

유의점

- 유아가 제시된 축에 초점을 맞추어 생각할 수 있도록 하며 활동을 마치면 다른 축에서 생각해 보도록 격려함
- 시간축, 공간축, 인물축, 주제축의 정해진 순서나 단계에 의해 진행되는 것이 아니므로 자유롭게 활용함
- 유아들의 사고 과정을 자유롭게 하는 허용적인 분위기를 제공함

버려진 애완동물 되어보기

- 길가에 버려진 애완동물을 본 적이 있는지 이야기해보기
- 그 애완동물이 되어보고 느낌을 이야기하기(인물축)
- 애완동물이 왜 버려졌을지, 예전에 어떻게 지냈을지 생각해보기(시간축)
- 애완동물이 사는 집과 장소를 생각해 보기(공간축)
- 애완동물이 되었을 때의 느낌 이야기해 보기(시간축, 인물축 이동)
- 애완동물이 버려지지 않았다면 어땠을지 생각해 보기(주제축)

유아교육과정

9. 생각그물(마인드맵)

특징 및 활용법

생각그물(마인드맵)은 마음속의 아이디어를 써 보거나 그림으로 그려보는 활동으로 무언가 생각날 때 메모하는 것에서 발전되고 확장된 개인적인 브레인스토밍이라고 할 수 있음. 머릿속에 떠오르는 것을 그림, 단어, 문장, 기호, 상징 등으로 마음껏 종이에 옮겨보는 것이 중요하며, 핵심단어나 주제를 색깔이나 그림으로 표현하여 마음속의 생각을 시각적으로 나타내는 확산적 사고 기법임. 이 기법은 하나의 아이디어가 어떤 주제 단서로부터 출발해 여러 방향이나 발전 경로를 거쳐 참신한 아이디어가 만들어진다는 것을 기본 전제로 함

유의점

- 아이디어를 내는 유아뿐만 아니라 다른 유아의 아이디어를 듣고 시각화된 도식을 보는 것으로도 유아의 창의성을 자극할 수 있는 활동이므로 다른 유아의 생각을 할 수 있도록 격려함
- 프로젝트나 주제망 활동을 하는 경우에 유아가 흥미 있어 하는 주제나 대상에 대한 생각그물 활동을 해볼 수 있음
- 즐거운 마음으로 여유 있게 활동할 수 있도록 격려하며, 중요한 아이디어를 표시할 수 있도록 적절한 그림 자료나 필기도구 등을 지원함
- 유아가 그림이나 상징, 단어, 문장 등 아이디어를 다양한 방식으로 나타낼 수 있도록 지도함

내 생일에 어떻게 하면 재미있게 놀 수 있을까?

- 중심 이미지 그리기
- 주 가지 그리기
- 중심 이미지를 설명하는 내용들을 묶어낼 수 있는 작은 주제들을 표현

10. 희망열거법

특징 및 활용법

희망열거법은 '이런 것이 있었으면' 또는 '이렇게 되었으면'과 같은 희망과 소망을 열거해 봄으로써 새로운 해결방법이나 아이디어를 찾는 사고 기법임. 진행은 희망 열거하기, 실천할 수 있거나 좋은 아이디어 고르기, 실현 가능하게 만들기의 과정을 거쳐 새롭고 참신한 물건을 만들 수 있음. 그러나 유아에게 반드시 결과물을 만들어 활용하기보다 유아가 사고의 자유로움을 경험하며 대상에 대한 흥미를 유발하는 데 목적을 두고 활용할 수 있음

유의점

- 아이디어는 글이나 그림, 동작 등 다양한 방법으로 표현해 봄
- 유아가 희망이나 소망을 이야기할 수 있는 분위기와 익숙한 상황에서 활용함
- 어떤 아이디어라도 수용될 수 있는 즐겁고 편안한 분위기 속에서 유아가 자신의 생각을 자유롭게 이야기할 수 있도록 함
- 유아가 희망을 열거할 때 긍정적인 측면을 생각하도록 격려함
- 유아가 사물에 대한 희망 사항을 열거할 때 아이디어의 제시가 어느 한 곳에 편중되지 않고 다양하고 독창적인 아이디어가 많이 나올 수 있도록 격려함

나는 이런 옷을 입고 싶어요

- 주제에 대하여 희망 이야기하기(브레인스토밍)
- 가벼운 옷, 원하는 대로 색깔이 변하는 옷, 자동으로 체온을 조절해 주는 옷, 입고 있으면 살이 빠지는 옷 등
- 유아의 희망 내용을 기록하고 정리하기
- 유아의 다양한 희망 중에서 해볼 수 있는 아이디어 정하기

유아교육과정

11. 두 줄 생각

특징 및 활용법

일상에서 겪는 여러 가지 문제들을 두 줄로 표현해 봄으로써, 언어의 유창성과 융통성을 기를 수 있으며, 연상력을 높이고 효과적으로 독창적인 생각을 만들어 낼 수 있음

유의점

- 유아가 엉뚱한 낱말이나 관련성이 적어보이는 낱말을 제안하더라도 격려함
- 두 줄 생각의 글들을 함께 볼 수 있도록 게시하여 서로의 생각을 공유하는 기회를 갖도록 함
- 글로 표현하기 어려워하는 유아에게 글 대신 그림으로 그려보게 할 수 있음

우리 선생님은 OO이다. / 왜냐하면 OO이기 때문이다

- 제시된 낱말(우리 선생님)과 관련되거나, 전혀 관련 없는 낱말로도 연상해 보기
- 두 낱말 연결하기 : _____ 은 _____ 이다.
- 그 이유를 다음 줄에 완성하기 : 왜냐하면 _____ 이기 때문이다.

12. 아이디어 목마

특징 및 활용법

아이디어 목마는 '트로이의 목마'에서 그 이름이 비롯된 것으로 다른 사람의 경험이나 아이디어를 기초로 자신의 아이디어를 추가하여 더 나은 것을 얻기 위한 목적으로 활용하는 활동임. 일종의 창조적 모방 활동으로 다른 사람의 좋은 아이디어나 결과물에서 출발하기 때문에 사고의 공유와 협조를 취할 수 있음

유의점

- 모든 활동에 적용할 수 있으나 특히 생각을 보다 정교화하거나 확장하는 데 효과적임
- 이야기 짓기, 쓰기 활동에 익숙하지 않은 유아의 경우 다른 친구들의 생각에 자신의 생각을 부가하는 형태로 참여를 도모할 수 있음
- 동시의 일정 부분을 바꾸어 보기, 동화장면을 바꾸어 지어보기, 그림을 보고 이야기 바꾸기 등 다양한 방법으로 활용할 수 있음

그림을 보고 다른 이야기 꾸며보기

- 그림을 감상하기
- 그림을 보고 생각나는 느낌 이야기하기
- 그림을 보며 다른 이야기 꾸며보기
- 친구가 지은 이야기 들어보기
- 친구가 지은 이야기를 다시 바꾸어 보기

13. 시각화 / 심상

특징 및 활용법

시각화 / 심상은 보이지 않는 것을 일정한 형태가 있는 것으로 생각해 보고 눈을 감고 상상해 봄으로써 생각을 이미지화하는 기법임. 긴장을 풀고 편안한 분위기에서 눈을 감고 이야기나 장면을 머릿속으로 그려보게 함으로써 유아의 상상력을 길러주며 자신감을 갖게 하는 데 효과적인 방법. 예술 영역뿐만 아니라 책이나 사진 속에 등장하는 사물이나 개념을 폭넓게 이해하기 위한 여러 교과 활동에 모두 적용 가능함

유의점

- 유아가 긴장을 풀고 편안함을 느낄 수 있는 분위기에서 전개함
- 상상의 주제나 상황을 구체적으로 설명함

타임머신을 타고 서당에 가보기

- 김홍도의 〈서당〉 그림을 감상하기
- 서당에 있는 아이가 되어보기
- 서당에서 볼 수 있는 장면이나 상황들을 이야기해 보기

유아교육과정

14. 생각 이어나가기

특징 및 활용법

생각 이어나가기는 인간의 사고는 '방향'을 가지고 있고, 확장될 수 있다고 가정하여 사고의 방향을 바꾸고 끊임없이 확장시켜 보는 활동임. 이야기를 듣고 순서를 떠올리며 나라면 어떻게 했을지 생각해 보기, 인물의 모습을 상상해서 여러 가지 방법으로 표현하기, 이야기 장면을 더 자세하게 상상하기, 다음에 이어질 이야기 상상하기, 뒷이야기 꾸미기, 앞 친구의 말에 연이어 단어 덧붙여서 말하기 등 다양한 방법으로 활용할 수 있음

유의점
- 동화나 언어활동에만 국한된 것이 아니므로 사회, 과학 등 다양한 영역과 방법으로 활용함

자석이 쓰이는 곳
- 눈을 감고 집과 교실을 상상하며 자석을 이용하는 예 찾아보기
- 집과 교실을 넘어 다양한 장소에서 자석이 사용되는 경우 상상해 보기

괴물들이 사는 나라
- '괴물들이 사는 나라' 이야기를 회상해 보기
- 괴물들이 사는 나라를 더 자세하게 상상해 보기

시장에 가면 ○○가 있고
- 먼저 시장에 가면 볼 수 있는 것들을 생각해 보기
- 한 사람씩 돌아가면서 시장에 가서 볼 수 있는 것을 이야기하고 뒷사람은 앞사람 이야기에 하나씩 자기의 생각을 덧붙이기

15. 역할극(role-play)

특징 및 활용법
역할극(role-play)은 상상의 장면 속으로 현실을 끌어들이는 것, 인간의 상호작용을 일으키는 방법으로 정의됨. 이 기법은 문제에 대해 이야기하는 것이 아니라 직접 무엇인가를 동작하고 행동으로 나타냄으로써 개인과 집단 내에서의 문제 해결 능력을 신장시킴. 역할놀이 참여자를 선정할 때 참여자의 의견과 자발적 참여가 중요하며 역할놀이 후 구성원들이 함께 경험과 의미를 나누는 과정도 중요함

유의점
- 유아와 교사가 문제를 정한 다음 유아가 자발적이고 즉흥적으로 해 볼 수 있도록 격려함
- 자유롭게 생각하고 놀이할 수 있는 개방된 장소와 분위기를 조성함
- 역할놀이 후 다른 각도에서 다시 해 볼 수 있도록 제안함

미운 오리새끼
- 미운 오리새끼의 이야기를 듣기
- 미운 오리새끼의 이야기 회상하기
- 이야기에서 일어난 주요 사건과 관계 알아보기
- 미운 오리새끼 이야기 중에서 역할극을 해보고 싶은 장면 정하기
- 역할극으로 표현하기

16. 형태분석(morphological analysis)

특징 및 활용법

형태분석은 주어진 문제의 속성 중 두 가지를 선택하여 각각 가로축과 세로축에 놓고, 가로축과 세로축의 속성을 새롭게 결합해 봄으로써 새로운 아이디어를 생각하게 하는 방법임

유의점

- 유아가 활동에 익숙하지 않을 때 교사가 시범을 보여줄 수 있음
- 유아가 활동에 익숙해지면 가로축과 세로축에 넣을 다양한 속성을 유아와 함께 찾아보면서 활동을 진행할 수 있음

'새들의 결혼식' 노래의 노랫말 바꾸기

- 노래를 불러보며 노랫말을 바꿀 수 있는 부분 찾아보기(브레인스토밍)
- 장소와 동물의 종류를 바꾸어 보기
  (주인공 : 새, 개미, 다람쥐 / 장소 : 숲속, 길가, 나무 위, 물속 / 후렴구 : 짹짹짹짹짹)
- 가로줄에 동물, 세로줄에 장소를 적어보기
- 가로줄과 세로줄의 내용을 합쳐서 노랫말을 바꾸어보기
- 새로 지은 노랫말의 후렴구 바꾸어보기

17. 창의적 극놀이(creative dramatics)

특징 및 활용법

창의적 극놀이는 다양한 극놀이 소재에 적합한 대사나 동작을 창작해서 표현하거나 이야기를 들은 후 유아들이 등장인물과 줄거리를 해석한 것을 창의적으로 언어와 동작을 사용하여 극으로 표현하는 기법임. 창의적 극놀이는 유아가 즐겁게 참여함으로써 긴장을 없애주고 협동심을 키워주며 창의적으로 표현할 수 있는 기회를 제공함. 이 활동을 통해 유아의 창의력, 문제해결 능력, 친사회적 능력, 긍정적 자아개념, 의사소통 능력을 기를 수 있음

유의점

- 극적인 요소, 명확한 주제, 시간, 공간의 자유로움이 포함된 적합한 주제나 이야기를 선정하는 것이 중요함
- 유아가 흥미로운 장면을 선택하거나 준비 과정에서도 주도적이고 자발적 참여를 할 수 있도록 격려함
- 창의적 극놀이와 연계하여 극놀이를 할 수 있도록 자료와 소품을 준비하고, 필요시 이를 유아와 함께 만들어 볼 수 있음
- 활동 후 평가할 수 있는 충분한 시간을 제공함

이야기 듣고 극놀이 하기

- 이야기 회상하기
- 주요 사건, 등장인물의 성격 파악하기
- 재미있었던 장면이나 이야기 전체를 극놀이로 표현해 보기
- 활동 평가하기

거울놀이

- 교실에서 일어난 상황이나 친구, 교실에 있는 물건이 되어 따라해 보기
- 활동 후 느낌을 표현해 보기

6. 창의성 교육 프로그램의 구성

- 창의성 교육 프로그램은 창의성 교육내용인 '인지적 요소', '성향적 요소', '동기적 요소'와 함께 현장 적용성을 높이기 위하여 생활 주제, 연령, 활동 유형 등을 고려한다. 또한 각 활동에 알맞은 창의성 사고 기법을 활용하여 전개한다.

○ 창의성 교육 프로그램의 구성

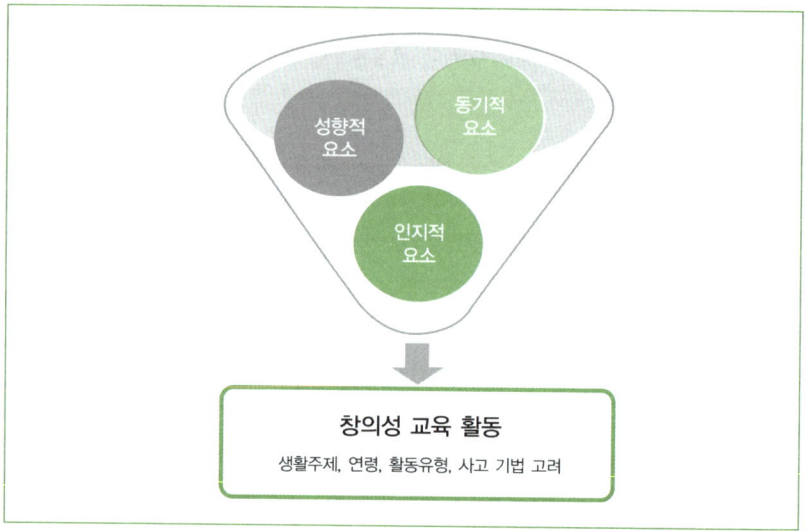

- **창의성 활동의 구분** : 창의성 교육 프로그램은 창의적 사고와 활동의 특성을 고려하여 과학적 창의, 예술적 창의, 사회적 창의로 구분하였다. 이는 창의성이 영역 의존적인 성향을 갖는다는 관점(Wolpert, 1992; Gardner, 1983)에 근거하였으며 이에 기초하여 각 영역의 성격을 정리하면 다음과 같다.

과학적 창의

유아가 호기심, 발견, 탐구를 통한 자연 현상에 대한 창의적 탐구 과정이 초점이 됨. 과학적 창의는 특정 사례나 개별성보다는 모든 경우에 적용될 수 있는 객관성, 공유의 관점이 중요시되며, 과학적 지식이나 범주를 토대로 사고가 이루어지게 된다는 점이 특징임. 창의성 교육 프로그램은 과학적 창의성은 구체적인 과학 개념을 이용한 탐구 활동을 통하여 발현된다는 점에서 유아에게 적절한 과학 개념에 기초한 탐구 활동을 중심으로 구성함. 유아가 일상에서 경험하는 과학적 현상을 새로운 각도에서 관찰하기, 과학적 탐구 과정 경험하기, 과학적 현상에 대한 이해하기 등을 통하여 창의적 사고의 발현을 돕는 활동으로 구성함

예술적 창의

각자의 생각과 느낌에 기초하여 이를 다양하게 표현하고 감상하는 과정이 초점이 됨. 예술적 창의는 개별성과 다양성을 격려하고 지원하게 되며(Wolpert, 1992), 이를 통하여 상상력과 개방성, 조화의 경험을 누릴 수 있도록 함. 이러한 경험은 예술적인 요소를 수용하고 감

상하는 능력뿐 아니라 일상생활에서 만나는 여러 가지 문제들을 해결하는 데 필요한 확산적 사고, 협응적 사고의 발달에 기여하게 됨(주성혜, 2009)

창의성 교육 프로그램은 유아가 예술적 향유와 표현을 할 수 있도록 감수성과 상상력을 자극하고 심미적 능력, 창의적 소양을 계발하는 데 목적을 두고 활동을 구성함

사회적 창의

개별적인 활동 외에도 공동체의 경험을 통해 공감적 이해, 협동성, 책임감, 공동체 의식을 형성하는 창의적 사고 과정이 초점이 됨. 이러한 활동 과정은 유아가 타인의 관점을 수용하여 사회적 맥락 속에서 창의성을 발달시킬 수 있는 기회를 제공하는 것을 목적으로 함

창의성 교육 프로그램은 유아가 협력적 상호작용을 통해 배려하고 존중하며, 사회문화적 맥락과 집단 안에서 경험할 수 있는 창의적 활동을 중심으로 구성함

7. 창의성 교육 프로그램 내용

(1) 인지적 요소 교육 내용

	유아	초등 저학년(1~3학년)
사고의 확장 • 확산적 사고 • 상상력 / 시각화 능력 • 유추 / 은유적 사고		• 기초적인 확산적 사고 기법 연습하기 (브레인스토밍, SCAMPER 등)
	• 이야기 상상하기	• 이야기 상상하기(주인공이 된 내 모습 상상하기)
	• 상상하여 발문하기	• 상상하여 발문하기(What if?...)
	• 관련성이 없는 것(사물)들의 연결점 찾기	• 관련성이 없는 것(사물)들의 연결점 찾기
	• 사물의 다양한 용도 생각해 보기	• 사물의 다양한 용도 생각해 보기
사고의 수렴 • 논리 / 분석적 사고 • 비판적 사고		• 기초적인 수렴적 사고 기법 연습하기(아이디어 영역 나누기)
	• 자료의 물리적 특성 탐색하기	• 자료에 표면적으로 나타난 특성 찾아보기
	• 궁금한 것 질문하기	• 비판적 질문하기(Why?)
	• 생각을 정리해 보기	• 자신의 생각 알아보기
문제 해결력 • 문제 발견 • 문제 해결	• 일상생활 속에서 불편한 점 찾아보기	• 일상생활 속에서의 불편한 점 찾고 해결하기
	• 문제 해결 방법 생각해 보기	• 창의적 문제 발견 / 문제 해결에 대한 [역사적] 사례 보기
	• 궁금한 점 찾기	• 문제를 제기하는 태도 기르기
	• 사물 변별 / 분류하기	• 사물 변별 / 분류하기
	• [문제 발견을 위한] 사물 관찰하기	• [문제 발견을 위한] 사물 관찰하기

(2) 성향적 요소 교육 내용

	유아	초등 저학년(1~3학년)
개방성 • 다양성 • 복합적 성격 • 애매모호함에 대한 참을성 • 감수성		• 세계 여러 나라 알아보기
		• 자신의 성격 알아보기
	• 약속에 대해 알아보기	• 약속에 대해 알아보기
	• 사람마다 생각과 감정이 다르다는 것을 알기	• 자신의 감정 표현하기
독립성 • 용기 • 자율성 • 독창성	• 주도적 계획 짜기(활동)	• 주도적 계획 짜기(시간)
	• 하고 싶은 일 선택하기	• 자신만의 개성 찾기(옷 입기 등)
	• 다른 각도나 시각으로 보기 (다양한 용도 찾아보기)	• 다른 각도나 시각으로 보기 (다양한 용도 생각해 보기)

(3) 동기적 요소 교육 내용

	유아	초등 저학년(1~3학년)
호기심·흥미	• 다양한 경험을 통하여 사물이나 사건에 대한 궁금증 가지기 • 흥미롭거나 궁금한 점에 대하여 지속적으로 탐색하기 • 궁금한 것을 알 수 있는 방법을 생각해 보고 실천하기	• 다양한 경험을 통해 사물이나 사건에 대한 궁금증 가지기 • 자신의 흥미 영역이나 흥미 교과 주제에 대해 탐색하기 • 학습 내용을 실생활에 응용하기
몰입	• 한 가지 일에 몰두하여 참여하기 • 계획한 일은 끝까지 실천하기	• 새로운 문제에 도전하여 스스로 해결하기/자신에게 어려운 부분 포기하지 않고 도전하기 • 학습 목표를 학습의 결과보다는 과정(배움의 과정, 자신의 능력 개발)에 두기 • 학습과 자신의 장래 목표 관련짓기 • 자신의 학습과정을 스스로 계획, 점검, 조절하기

8. 활동의 적용 방법

생각 끌어올리기 — **흥미와 관심을 자극하여 동기를 유발하는 과정**

- 창의적 사고를 위한 환경과 발견의 기회 제공하기
  (일상적인 생활에서 새로운 문제, 질문을 제시 / 새로운 사물, 사건, 인물 소개)
- 유아의 흥미에 반응하거나 경험 이끌어내기

생각 나누기 — **가능한 한 새로운 생각을 많이 하는 단계**
집단 내에서 다른 사람의 생각을 열린 마음으로 수용하는 과정

- 능동적으로 탐색하고 몰입할 수 있는 충분한 시간을 제공하고 격려하기
- 유아들의 놀이와 활동 주제를 연결하고 확장시키기
- 유아의 활동을 구체적인 언어로 표현하여 유아 스스로 자신의 생각을 정리하도록 돕기
- 여러 방향에서 다양한 측면을 고려하도록 개방적 질문하기
- 유아의 생각과 흥미를 학습으로 연결하도록 창의적 사고 기법을 적용하여 유아 수준에 맞춰 활용하기
- 수용적인 분위기를 조성하여 유아의 실수와 시행착오 허용하기

생각 모으기 — **다양한 생각들을 비교, 분석, 평가해 보면서 실제로 문제에 적용할 수 있는 몇 가지 아이디어로 구체화하는 과정**

- 유아가 주어진 주제나 문제에 대해 정교하게 사고하도록 안내하고 주의를 집중시키기
- 유아가 문제를 인식하도록 핵심적인 질문하기
  "그 외에 어떤 것들이 더 필요할까?"
  "다르게 할 수 있는 방법은 무엇일까?"
  "만약 ~한다면 무슨 일이 일어날까?"
  "왜 그렇게 생각하니?"
- 여러 가지 아이디어를 듣고 평가하여 새롭고 적절한지 생각하도록 돕기
- 분류와 비교, 분석, 순위 정하기 등의 방법 활용하기

생각 펼치기 — **구체화된 생각을 실제 상황에서 주도적으로 적용해 보는 과정**

- 구체화된 아이디어를 사용해 볼 수 있는 의미 있는 상황 제공하기
- 활동을 새로운 상황에 적용하도록 매체를 활용하거나 제안하기
- 유아 스스로 마지막 적용까지 집중하여 몰입할 수 있도록 하기
- 실행해 본 문제해결방법을 평가해 보고 성취감을 느끼도록 격려하기

SECTION 03

2019 개정 누리과정 자연탐구 내용 해설

> 유아는 호기심이 넘치는 과학자다. 궁금한 것에 대해 답을 찾기 위해 적극적으로 탐색하고 탐구하며 이를 즐긴다. 자연탐구 영역은 유아가 물질, 사물, 자연현상, 동식물 등의 특성과 변화를 수학적, 과학적으로 탐구하는 다양한 경험과 관련된 내용이다. 교사는 유아가 호기심을 가지고 주도적으로 탐구하는 과정을 즐기며, 스스로 궁금증을 해결해 가도록 돕는다.
> 또한 유아가 주변의 동식물, 생명, 자연환경에 관심을 가지며 생명을 소중히 여기고 사람과 자연이 더불어 살아가는 방법을 실천하도록 지원할 수 있다.

01 목표 및 내용

목표	내용범주	내용
▶ 탐구하는 과정을 즐기고, 자연과 더불어 살아가는 태도를 가진다.		
일상에서 호기심을 가지고 탐구하는 과정을 즐긴다.	탐구과정 즐기기	주변 세계와 자연에 대해 지속적으로 호기심을 가진다.
		궁금한 것을 탐구하는 과정에 즐겁게 참여한다.
		탐구과정에서 서로 다른 생각에 관심을 가진다.
생활 속의 문제를 수학적, 과학적으로 탐구한다.	생활 속에서 탐구하기	물체의 특성과 변화를 여러 가지 방법으로 탐색한다.
		물체를 세어 수량을 알아본다.
		물체의 위치와 방향, 모양을 알고 구별한다.
		일상에서 길이, 무게 등의 속성을 비교한다.
		주변에서 반복되는 규칙을 찾는다.
		일상에서 모은 자료를 기준에 따라 분류한다.
		도구와 기계에 대해 관심을 가진다.
생명과 자연을 존중한다.	자연과 더불어 살기	주변의 동식물에 관심을 가진다.
		생명과 자연환경을 소중히 여긴다.
		날씨와 계절의 변화를 생활과 관련짓는다.

02 목표 및 내용범주 이해하기

자연탐구 영역의 목표와 내용범주는 유아가 호기심을 가지고 궁금한 것을 적극적으로 탐구하는 과정을 즐기며, 생활 속의 문제를 수학적, 과학적으로 탐구해 보면서, 생명과 자연환경을 존중하는 내용으로 구성하였다.

탐구과정 즐기기	유아가 주변 세계와 자연에 대해 호기심을 가지고 즐겁게 탐색하는 모습을 반영하여 제시하였다.	유아가 주변 세계와 자연에 대해 지속적으로 호기심을 가지고, 궁금한 것을 탐구하는 과정에 적극적으로 참여하면서 서로 다른 생각에 관심을 갖는 내용이다.
생활 속에서 탐구하기	일상의 문제를 수학적, 과학적 방식으로 탐구하는 유아의 경험을 반영한 것이다.	유아가 물체의 특성과 변화를 여러 가지 방법으로 탐색하고, 물체를 세어 수량을 알아보고, 물체의 위치와 방향, 모양을 알고 구별하며, 길이와 무게 등의 속성을 비교하고, 반복되는 규칙을 찾아보고, 모은 자료들을 기준에 따라 분류하며, 도구와 기계에 관심을 가지고 생활 속의 문제를 다양하게 탐구하는 내용이다.
자연과 더불어 살기	유아가 생명과 자연환경의 소중함을 경험하는 내용으로 새롭게 편성한 것이다. 기존 누리과정에서 사회관계 영역의 세부 내용인 '자연과 자원을 아끼는 습관을 기른다'와 자연탐구 영역의 내용인 '생명체와 자연환경 알아보기'와 '자연현상 알아보기'의 세부 내용들을 종합하여, 지속 가능한 사회를 위한 삶의 태도를 형성하는 내용으로 구성하였다.	유아가 주변의 동식물에 대해 관심을 가지고, 생명과 자연환경을 소중히 여기며, 날씨와 계절의 변화를 생활과 관련짓는 내용이다.

03. 내용 이해 및 유아 경험의 실제

1. 탐구과정 즐기기

내용	내용 이해	유아 경험의 실제
주변 세계와 자연에 대해 지속적으로 호기심을 가진다.	유아가 물질, 물체, 동식물, 자연현상 등에 호기심을 가지고, 놀이에서 지속적으로 궁금한 것을 찾아가거나 표현하는 내용이다.	유아들의 모래 구덩이 만들기가 계속되고 있다. 오늘은 유아들이 모래 속으로 물을 붓는다. 한 유아가 "물이 자꾸 없어져."라고 말한다. 옆에 있던 유아들도 함께 "왜 자꾸 없어지지?", "땅을 더 파야 해.", "아니야, 빨리 물을 부어야 해."라고 이야기 나누며 물이 스며드는 것에 호기심을 가진다.
궁금한 것을 탐구하는 과정에 즐겁게 참여한다.	유아가 궁금한 것을 알아보기 위해 관찰, 비교, 분류, 예측, 실험 등의 다양한 탐구과정을 자발적으로 즐기는 내용이다.	어제는 메뚜기를 발견하여 관찰하던 유아들이 오늘은 방아깨비를 이리저리 살펴보며 이야기를 나눈다. 수연 : 방아깨비 발밑이 찐득찐득해. 너도 해 볼래? 가현 : 약간 간지러운데, 찐득해. 풀에 붙으려고 그런가 봐. 규리 : 음... 먹이를 잡아먹으려고 그런 거야. 수연 : 이거 봐. 찐득한 발로 내 손을 잡으려고 하는 것 같아.
탐구과정에서 서로 다른 생각에 관심을 가진다.	유아가 탐구하는 과정에서 자신의 생각을 또래나 교사와 함께 공유하고, 서로 다른 생각에 관심을 가지는 내용이다.	

2. 생활 속에서 탐구하기

내용	내용 이해	유아 경험의 실제
물체의 특성과 변화를 여러 가지 방법으로 탐색한다.	유아가 주변에서 쉽게 발견할 수 있는 친숙한 물체나 물질의 크기, 모양, 색, 냄새, 소리, 질감과 같은 기본적 특성에 관심을 갖는 내용이다. 나아가 그 물체나 물질을 자르고 섞는 등 다양한 방법으로 변화시켜보며, 변화되는 특성과 변화되지 않는 특성이 무엇인지 탐색해 보는 내용이다.	우리밀 과자를 만드는 과정에서 유아들은 버터와 계란, 밀가루를 숟가락으로 휘저으며 놀라운 표정으로 말한다. "어? 이것 봐! 반죽이 점점 갈색으로 변하고 있어.", "색깔이 진하게 변한다.", "점점 찐득찐득해지고 있어.", "섞는 게 힘들어. 이제 네가 해 봐."
물체를 세어 수량을 알아본다.	유아가 일상에서 수에 관심을 가지고, 수량을 세어 많고 적음 및 수량의 변화를 알아보는 내용이다.	유아들이 모여 하고 싶은 놀이에 대해 자유롭게 이야기를 나누고 있다. 민지: 야, 우리 같이 놀자. 뭐할까? 현우: 나는 술래잡기. 민지: 나는 꼬마야 줄넘기 할래. 현우: 우리 손들어서 정하자. 술래잡기하고 싶은 사람 손! … 한 명, 두 명, 세 명. 그러면 줄넘기하고 싶은 사람 손! 민지: 똑같잖아. 술래잡기도 3명이고, 줄넘기도 3명이잖아.
물체의 위치와 방향, 모양을 알고 구별한다.	유아가 자신과 물체를 기준으로 앞, 뒤, 옆, 위, 아래 등 공간 안에서 위치와 방향을 알아가는 내용이다. 유아가 주변 환경에서 네모나 세모, 둥근 기둥, 상자 모양 등을 찾고 다양한 모양에서 공통점과 차이점을 알아가는 내용이다.	유아들이 숨바꼭질을 한다. 한 유아가 "선생님, 쉿! 나 여기 밑에 숨어 있다고 말하면 안 돼요."라고 말하곤 미끄럼틀을 올라가는 계단 아래쪽으로 들어가 숨는다. "내 앞에 계단이 있으니까 친구들에게 난 잘 안 들키겠지? 하하"라고 혼잣말을 하며 웃는다.
일상에서 길이, 무게 등의 속성을 비교한다.	유아가 일상에서 길이나 무게 등 측정 가능한 속성을 알고, 이 속성을 기준으로 물체를 비교하여 순서 지어 보는 내용이다. 이 과정에서 유아는 자신의 신체를 비롯하여 다양한 물체를 활용하고, 다양한 비교 어휘를 사용하면서 순서를 지어 보는 내용이다.	복도에서 5세 수진이가 3세 승우와 4세 민석이를 만난다. 수진이가 "내가 키 재 줄게. 너희 둘이 여기에 서 봐."라고 말한다. 승우와 민석이가 등을 마주 대고 서자 수진이는 "니가 좀 더 큰데. 내가 누가 무거운지도 봐줄게." 하며 두 유아를 차례로 뒤에서 두 팔로 안고 올린다. 수진이는 "너보다 얘가 좀 더 무거워." 하며 웃는다.

주변에서 반복되는 규칙을 찾는다.	유아가 생활 주변에서 사물이나 사건의 양상이 일정한 순서로 반복 배열되는 것에 관심을 갖고 즐기며, 반복되는 배열에 숨어 있는 질서와 규칙을 발견하여 다음에 올 것이 무엇인지를 예측하는 내용이다.	바깥 놀이터에서 유아가 친구들에게 "우리 이 열매 모으자. 개미는 이걸 좋아하거든." 하며 제안하자, 유아들이 "여기 많다."라고 말하며 바닥에 떨어진 작은 열매를 줍기 시작한다. 한 유아가 솔방울을 내밀자, "아니야. 솔방울은 너무 커, 좀 작은 게 필요해. 동그랗게 이거랑 똑같이 생긴 것만." 하고 말한다. 잠시 후 유아들이 주운 열매를 모으고, "이것 봐, 진짜 다 똑같은 열매다.", "그런데 여기 빨간 건 잘 익은 건가?", "내일 오면 개미가 빨갛게 익은 건 다 먹었겠지?"라고 말하며 빨간·열매와 초록 열매를 골라낸다.
일상에서 모은 자료를 기준에 따라 분류한다.	유아가 일상생활에서 흥미와 관심에 따라 필요한 자료를 다양한 방법으로 모으고, 수집한 자료의 공통점과 차이점을 탐색하며. 이를 하나 또는 그 이상의 다양한 기준(예 모양, 크기, 색깔 등)에 따라 정리하고 조직해보는 내용이다.	유아들이 선생님과 함께 콩나물무침 요리를 하고 있다. 작은 절구를 보던 한 유아가 "와! 맷돌이다."라고 말하자, 다른 유아들이 "저건 콩콩 찧는 거야.", "맷돌이 아니고…?" 하며 선생님을 쳐다본다. 선생님은 "이건 절구인데."라고 말하자, 유아들이 "오늘 콩나물 무침에 쓰려고요?" 하고 묻는다. 선생님은 "그래. 이걸로 깨소금을 만들어 볼까?"라고 말하며 절구 안에 깨를 넣는다.
도구와 기계에 대해 관심을 가진다.	유아가 일상생활에서 사용하는 다양한 도구와 기계에 관심을 가지고 직접 사용해 보면서, 도구와 기계가 우리의 생활에 어떠한 도움을 주는지에 대해 관심을 가지는 내용이다.	

3. 자연과 더불어 살기

내용	내용 이해	유아 경험의 실제
주변의 동식물에 관심을 가진다.	유아가 등·하원, 산책, 바깥놀이터, 교실에서 접할 수 있는 동식물을 관찰하거나 직접 길러 보면서, 동식물의 특성에 관심을 가지고 탐구하는 내용이다.	성민 : 저, 도토리 엄청 주웠어요. 교사 : 벌써 도토리가 떨어져 있었어? 성민 : 네. 다람쥐들이 도토리를 많이 먹으라고 조금만 주웠어요. 교사 : 어머! 네가 주워온 도토리를 보니까 정말 가을이 온 걸 알겠구나. 네 말대로 다람쥐들은 맛있는 도토리를 먹는 가을이라서 신나겠다. 성민 : 저는요. 가을이 제일 좋아요. 교사 : 아~ 그렇구나. 왜? 성민 : 가을은 진짜 시원하잖아요. 난 더운 날씨가 싫어요.
생명과 자연환경을 소중히 여긴다.	유아가 동식물뿐만 아니라 동식물이 살아가기에 좋은 환경에 대해 관심을 가지고, 이들을 생명체로서 소중히 여기는 내용이다.	
날씨와 계절의 변화를 생활과 관련짓는다.	유아가 낮과 밤, 날씨, 계절의 변화를 느끼고, 자연의 변화가 자신의 옷차림, 놀이 등 일상생활에 영향을 준다는 것을 이해하고 적절하게 대처하는 내용이다.	유아가 개미를 발견하고 모두 놀란다. "야 개미다.", "여기 봐.", "으~악", "무서운 거 아니야." 한 유아가 "열매 같은 걸 가져가나봐. 무겁겠다.", "배가 고픈가 봐.", "어디로 가지?", "밟지 마."라고 이야기하며 개미가 지나갈 수 있도록 몸을 옆으로 비키며 개미를 쳐다본다.

04. 자연탐구 영역의 통합적 이해

꿀벌처럼

1. **첫 번째 날**

   유아들은 바깥 놀이터에서 바닥에 힘없이 널브러져 있는 벌을 발견한다. "아! 여기 벌이 있어. 죽었나 봐!" 유아의 외침에 화단에서 곤충을 찾던 유아들이 모여든다. 그때, 죽은 듯이 움직이지 않던 벌이 바르르 떨며 꿈틀거린다. 유아들은 "으악! 도망쳐!"라고 말하며 벌떡 일어나 사방으로 흩어져 달아난다.

2. **두 번째 날**

   유아는 선생님에게 「꿀벌나무」 그림책을 읽어달라고 한다. 유아들이 선생님 주위로 모여든다. 그림책을 읽은 뒤, 유아는 "꿀벌들은 말도 못 하는데, 어떻게 그렇게 집으로 잘 돌아가요?" 하고 호기심을 가진다. 선생님은 "사람은 목소리로 이야기를 하는데 꿀벌은 어떻게 말을 할까?"라고 묻자 유아는 "엉덩이로 말해요." 하며 엉덩이를 좌우로 흔든다. 선생님도 "이렇게?" 하며 유아를 따라 몸을 움직인다. 선생님은 점심 식사 시간에 〈꿀벌의 여행〉 동요를 들려준다. 유아들은 밥을 먹으며 제자리에서 엉덩이를 흔들며 까르르 웃는다.

3. **세 번째 날**

   오전에 선생님은 〈꿀벌의 여행〉 동요를 다시 들려준다. 유아들은 꿀벌처럼 두 팔을 벌려 날갯짓하며 친구의 옷, 사진, 화초, 꽃무늬, 창문에 전시한 압화, 선생님의 물병 등에서 꽃을 찾는다. 이제 교실에서는 더 이상 꽃을 찾기 어려워지자 유아가 교사에게 말한다.

   유아 : 선생님. 꿀벌은 꽃이 있어야 돼요. 붕붕이가 배고파서 꿀을 먹어야 돼요.
   교사 : 그럼 어떻게 하면 좋을까?
   유아 : 우리가 꽃을 그려 줘요.

   유아들은 미술 영역으로 가서, 제 나름대로 꽃을 그리고 색을 칠하고 오리고 수수깡을 붙여 꽃자루도 만든다. 선생님은 유아들이 꽃을 만드는 동안 꿀벌을 그리고 오려서 수수깡을 붙인다. 선생님은 벌을 유아들의 꽃에 살포시 얹어 꿀을 빨아먹는 시늉을 하며 함께 놀이한다. 과학 영역에서 자석 놀이를 하고 있던 유아가 "이거 재미있는데" 하며 놀이에 참여한다. 은호와 지율이는 "꿀을 많이 먹어서 이젠 좀 쉬어야겠다. 히히." 하며 교실 바닥에 드러눕는다. 유아들은 선생님께 "선생님, 밖에 나가요. 밖에는 꽃이 많아요." 하며 큰 소리로 요청한다. 선생님은 "그래. 이따 점심 먹고 나가 보자. 꿀벌은 꽃을 많이 먹어서 배부르겠다. 너희도 맛있게 점심 먹으렴." 하며 즐겁게 유아들의 제안을 받아들인다.
   오후 바깥 놀이터에서, 유아들은 꽃을 찾기보다는 개미, 공벌레, 송충이 등 곤충들을 찾아다닌다. 지율이의 자전거 짐칸 바구니에는 공벌레 몇 마리가 기어다니고 있다. 유아는 "공벌레한테 자전거 태워 줄 거예요." 하며 자전거를 타고 힘차게 달린다.

4. **네 번째 날**

   교사는 유아들이 꿀벌에 많은 관심과 흥미가 있다는 것을 이해하여, 유아들의 흥미를 재미있게 지속시키고 싶었다. 그래서 교사는 꿀벌 머리띠도 만들고 꿀벌 날개도 만들 계획을 한다. 그러나 교사는 여러 가지 고민 끝에 꿀벌 머리띠와 꿀벌 날개를 구입하기로 하고, 유아들과는 꿀벌 날개가 햇빛에 비칠 때 반짝거리는 느낌을 꾸미는 활동을 하는 것으로 계획을 변경한다. 교사는 꿀벌 머리띠와 꿀벌 날개를 어떻게 유아들에게 전달하고 소개해야 꿀벌 활동이 놀이처럼 보다 즐겁고 재미있게 지속될 수 있을지 고민한다.

교사 : (택배 상자를 보여 주며) 얘들아, 우리가 꿀벌을 좋아한다고 붕붕이가 꿀벌 머리띠를 선물해 줬어.
유아들 : 와! 붕붕이가 우리한테 선물해 줬대. 붕붕아 고마워.
교사 : 우리 붕붕이에게 고맙다고 인사해야 하는데, 어떻게 인사를 하지?
유아 : 엉덩이춤으로 말해 줘요.

유아들은 선생님과 함께 창문 밖에 꿀벌이 있는 듯, 꿀벌을 향해 엉덩이를 흔들어 준다. 유아들과 선생님은 꿀벌 머리띠와 날개를 달고 바깥 놀이터로 나가 벌을 찾으러 다니기도 하고, 흙을 파고 지렁이와 개미, 공벌레를 찾아 탐색하기도 하고, 손으로 잡아 자전거 짐칸 바구니에 넣고 달리며 놀이한다.

5. 다섯 번째 날

바깥 놀이터 미끄럼틀 근처에 피어 있는 노란 민들레꽃 위에 벌이 내려앉았다. 벌은 민들레꽃 위에서 방향을 바꾸며 엉덩이를 흔든다. 유아들은 꿀벌이 빨아먹고 있는 꿀맛에 대해 이야기를 나누며 벌을 관찰한다. 그리고 민들레 옆에서 기어가고 있는 송충이를 발견하고 서로 이야기를 주고받으며 오랫동안 관찰한다.

6. 여섯 번째 날

오전 시간, 유아는 곤충 그림책을 읽는다. 그림책에는 육각형으로 표현된 벌집 그림이 있다. 유아는 선생님에게 벌집에 관해 묻는다. 유아들과 선생님은 벌과 벌집에 대한 영상을 감상한 뒤 벌집을 만들기로 한다.

7. 일곱 번째 날

오늘도 유아들은 꿀벌 머리띠와 꿀벌 날개를 달고 교실의 이곳저곳에 있는 꽃, 꽃을 닮은 무늬를 찾아다니며 놀이한다. 유아가 갑자기 놀이를 멈추고 미술 영역으로 가더니, A4용지, 가위, 투명 테이프를 활용하여 벌의 '침'을 만들어 자기 엉덩이에 붙여 달라고 한다.

유아교육과정

05. 5개 영역의 통합적 이해

신체운동·건강	신체활동 즐기기	신체 움직임을 조절한다.	유아들은 개미나 공벌레를 잡을 때 손가락 힘을 조절하며, 미술 활동의 결과물인 꿀벌 집에서 발꿈치를 들고 다니고 몸을 웅크리며 움직임을 조절함
		기초적인 이동운동, 제자리 운동, 도구를 이용한 운동을 한다.	유아들은 벌을 찾아 걷기도 하고 달려가기도 함. 벌을 탐색할 때는 가만히 멈춰 서고, 벌을 따라 옆으로 움직임
의사소통	듣기와 말하기	말이나 이야기를 관심 있게 듣는다.	유아들은 벌을 발견한 친구의 외침과 친구들이 하는 벌에 대한 이야기를 관심 있게 들음
		상대방이 하는 이야기를 듣고 관련해서 말한다.	유아들은 친구들이 하는 말을 듣고 관련해서 말함
	책과 이야기 즐기기	책에 관심을 가지고 상상하기를 즐긴다.	유아들은 곤충도감을 보며 꿀벌 집과 꿀벌의 천적에 대해 알게 됨. 유아들은 벌과 관련된 그림책을 선생님에게 읽어 달라고 요청함. 유아들은 그림책의 내용을 즐겁게 상상하며 엉덩이춤을 춤
사회관계	더불어 생활하기	서로 다른 감정, 생각, 행동을 존중한다.	유아들은 벌에 대한 친구의 생각과 행동을 잘 들으며, 꿀벌처럼 날갯짓하거나 꿀을 먹는 흉내 내는 것을 함께 즐거워함
		친구와 어른께 예의 바르게 행동한다.	유아들은 친구와 달리 교사에게 말을 할 때 존칭어를 사용하며 예의 바른 행동을 함
예술경험	창의적으로 표현하기	신체나 도구를 활용하여 움직임과 춤으로 자유롭게 표현한다.	유아들은 꿀벌 머리띠와 꿀벌 날개를 활용하여 꿀벌 날갯짓을 하고 엉덩이를 흔들며 꿀벌 춤을 춤
		다양한 미술재료와 도구로 자신의 생각과 느낌을 표현한다.	유아들은 다양한 재료를 활용하여 꽃 그리기, 꿀벌 날개 꾸미기, 꿀벌 집 만들기 등을 하고 나아가 꿀벌 침을 창의적으로 표현하는 과정을 즐김
자연탐구	탐구과정 즐기기	주변 세계와 자연에 대해 지속적으로 호기심을 가진다.	죽은 벌과 살아 있는 꿀벌에 관심을 가지고, 이후 지속적으로 벌이 사는 집, 벌의 말과 움직임 등에 호기심을 가지며 그것을 알아보는 과정에 즐겁게 참여함
		궁금한 것을 탐구하는 과정에 즐겁게 참여한다.	
		탐구과정에서 서로 다른 생각에 관심을 가진다.	유아들은 친구들, 선생님, 그림책, 곤충도감 등에서 벌에 대한 정보를 얻고, 서로 다른 사람의 생각을 들으며 관심을 가짐

자연탐구	생활 속에서 탐구하기	물체를 세어 수량을 알아본다.	유아들은 벌집 모양을 그리며 수를 세거나, 벌집의 8각형 모양을 알고 다른 모양과 다름을 구별하는 경험을 함
		물체의 위치와 방향, 모양을 알고 구별한다.	
	자연과 더불어 살기	주변의 동식물에 관심을 가진다.	유아들은 개미, 공벌레, 노린재 등을 찾으러 다님. 누군가 "찾았다!" 하고 외치면 그곳으로 달려가 한참 동안 지켜봄
		생명과 자연환경을 소중히 여긴다.	꿀벌을 친구로 여기고 소중하게 생각함. 꿀벌을 잡지 않고 날아가게 함

INTRODUCTION TO EARLY CHILHOOD EDUCATION

CHAPTER 02

유아교육과정 운영 및 평가

한 눈에 보는 유아교육과정 운영 및 평가 교과교육론

01 유아교육과정의 의미

1. 유아교육과정의 접근법
1. 성숙주의 접근법
2. 행동주의 접근법
3. 구성주의 접근법

2. 유아교육과정의 개념
1. 유아교육과정의 특성
2. 유아교육과정의 개념

3. 유아교육과정 유형 분류
1. 슈바츠와 로비슨(Schwartz & Robison)
2. 와이카트(Weikart)
3. 메이어(Mayer)
4. 콜버그와 메이어(Kohlberg & Mayer)
5. 비셀(Bissell)
6. 블룸(Bloom)

4. 유아교육 프로그램
1. 프로젝트 접근법
2. 레지오 에밀리아 접근법

02 유아교육과정 구성 체계

1. 교육 목표의 설정과 진술
1. 교육 목표의 유형과 기능
2. 교육 목표의 설정
3. 교육 목표 분류학
4. 유아교육의 목표 진술

2. 교육내용의 선정 및 조직
1. 교육 내용의 선정
2. 교육 내용의 조직
3. 유아교육의 교육 내용 조직 모형

3. 교수·학습
1. 기본 관점
2. 유아의 학습 행동 유형
3. 유아의 학습 방법
4. 교수·학습의 기본 원리
5. 교수·학습 방법
6. 교수 행동 유형

4. 유아 평가
1. 유아 평가의 방법
2. 관찰법
3. 표본식 기록법
4. 일화 기록법
5. 사건 표집법
6. 시간 표집법
7. 행동 목록법
8. 평정 척도법
9. 포트폴리오
10. 사회성 측정법
11. 질문지법
12. 면접법

03 놀이 중심 교육과정의 실행

1. 놀이지원자로서의 교사
1. 편성하기
2. 교수·학습 실천하기
3. 평가하기

2. 교사의 놀이 지원 사례
1. 자료활용의 주도권을 유아에게 준 사례
2. 주제 안에서 놀이가 발현된 사례
3. 통합 학급에서의 놀이 사례

3. 놀이에 대해 묻고 답하기

출제경향분석

01 유아교육과정의 의미

1. 유아교육과정 접근법

연도	유형	기출문제
1997	서술	• **성숙주의** : 성숙주의에서 강조하는 유아의 학습 과정과 그에 따른 집단 구성 방법

2. 유아교육과정 유형

연도	유형	기출문제
1997	선택	• **와이카트** : 교사 – 유아 간의 역할 주도성을 기준으로 유아교육과정 유형을 분류한 학자
2019	기입	• **콜버그와 메이어** : 교사의 저널에 나타난 교육과정 유형(문화전달주의)
2021	기입	• **슈바츠와 로비슨** : 학교에서 갖게 되는 모든 경험으로서의 교육과정

3. 유아교육 프로그램

연도	유형	기출문제
1998	선택	• **프로젝트 접근법** : 프로젝트 접근법을 바르게 설명한 것
2012	선택	• **프로젝트 접근법** : 프로젝트 접근법을 실행하는 방법으로 적절한 것
2019 추가 시험	기입	• **프로젝트 접근법** : 특정 주제에 대한 심층적인 조사를 강조하는 교수학습방법 • **레지오에밀리아** : 유아의 활동과정과 작품을 모두 자료로 남기는 기록화

02 유아교육과정의 구성 체계

1. 교육 목표의 선정 및 진술

연도	유형	기출문제
2016	서술	• **일일 교육 목표 진술** : 목표 진술 방식이 적절하지 않은 것과 그 이유 쓰기
2019	기입	• **블룸의 교육 목표 분류학** : 정의적 영역

2. 교육 내용의 선정 및 조직

연도	유형	기출문제
2013	기입 서술	• **타일러(R. Tyler)의 학습 경험 조직 원리** : 계열성의 원리
2013 추가 시험	기입	• **브루너(J. Buruner)가 제시한 교육내용 조직의 원리** : 나선형 조직
2020	기입	• **동심원적 조직(접근법)** : 사례에서 교육내용을 조직하기 위해 활용하고자 하는 접근법
2020	서술	• **계속성의 원리** : 계속성의 원리가 적용된 내용을 1가지 찾아 쓰기

3. 교수·학습 방법

연도	유형	기출문제
2006	기입	• 브레드캠프와 로즈그란트 교수 행동 유형 : 모범 보이기, 함께 구성하기, 지도하기
	서술	• 사례에서 적절하지 못한 발문과 그 이유, 바람직한 발문으로 고쳐 쓰기
	기입 서술	• 구성주의 학습관 : 인식하기, 탐색하기, 탐구하기, 활용하기의 4단계 행동을 강조하는 학습관의 명칭과 각 단계에 적합한 유아의 쓰기 학습 행동의 예 쓰기
2008	서술	• 브루너의 표상 양식 : 각 단계를 쓰고, 이에 해당하는 표상 활동의 예
2010	선택	• 브레드캠프와 로즈그란트 교수 행동 유형 : '인정하기'와 '시범 보이기'의 사례와 판단 이유
	서술	• 교수학습의 원리 : '융통성의 원리'가 적용되고 있는 사례 1개 쓰기
	서술	• 브레드캠프와 로즈그란트 교수 행동 유형 : '인정하기'와 '시범 보이기'의 사례와 판단 이유
2012	기입	• 융통성의 원리 : 저널에서 융통성의 원리가 적용되고 있는 사례 1개
2013	서술	• 브레드캠프와 로즈그란트 교수 행동 유형 : 시범 보이기, 지도하기
2013 추가 시험	기입	• 데일의 경험의 원추 : 경험의 유형(극화 경험) / 빈 칸에 들어갈 말(구체적)
2014	기입	• 브루너의 표상 양식 : 영상적 표상
2018	기입 서술	• 브레드캠프와 로즈그란트 교수 행동 유형 : '촉진하기' 명칭과 사례 찾아 쓰기
2019	기입	• 데일 경험의 원추 : 경험의 유형(시청각적 경험) / 극화 경험에 해당하는 활동 찾아 쓰기
2019 추가 시험	기입	• 교수학습의 원리 : 사례에서 교사가 적용한 교수학습의 원리 1가지 쓰기(개별화의 원리)
2020	기입	• 교수학습의 원리 : 사례에 해당하는 교수학습 원리를 쓰기(개별화의 원리, 상호작용의 원리)
	기입	• 2015 개정 유치원 교육과정에서 제시하고 있는 교수학습 방법에 근거하여 빈 칸에 해당하는 내용 쓰기 : 실외 활동, 동적 활동, 개별 활동

출제경향분석

03 평가

1. 관찰법과 검사법

연도	유형	기출문제
1997	서술	• **관찰법** : 관찰의 오류 관찰자 자신이 범할 수 있는 오류의 종류 2가지와 이를 피하기 위한 방안 쓰기
2014	기입	• **검사법** 5세반 유아 평가에 관한 교사들의 대화 : ⓒ에 들어갈 용어 쓰기
2019	기입	• **신뢰도** : 관찰자 간 신뢰도 / 관찰자 내 신뢰도
2019	기입	• **타당도**
2020	기입	• **신뢰도**

2. 일화기록법

연도	유형	기출문제
2001	서술	• 일화기록 시 유의사항 6가지 쓰기 • 일화기록 결과의 효과적인 활용 방안 2가지 쓰기
2006	서술	• **일화기록 작성방법** : 잘못된 점 5가지 이상 쓰기 • 일화기록 내용을 활용할 수 있는 방안 3가지 쓰기
2011	서술	• **일화기록 작성방법** : 부적절한 것 2가지와 그 이유 쓰기 • 일화기록의 장점 2가지 쓰기 • 일화기록의 단점 2가지와 행동목록법의 장점 2가지를 비교하여 논하기
2011	서술	• **일화기록 작성방법** : 자료에 대한 분석으로 올바른 것 모두 고르기
2012	선택	• **일화기록 작성방법** : 일화기록 작성 방법에 따라 바르게 고쳐 쓰기
2015	서술	• **일화기록 작성 방법** : 일화기록 작성 방법에 맞게 쓰기
2018	서술	• **일화기록 작성 방법** (가)의 ㉠에 들어갈 내용을 (나)에서 찾아 일화기록 작성 방법에 맞게 쓰기

3. 행동목록법

연도	유형	기출문제
2003	서술	• 행동목록법의 장점 쓰기 • 행동목록표를 만들 때 유의해야 할 사항을 4가지 제시하기
2011	기입	• **평가방법의 명칭** : 행동목록법
2016	서술	• **평가방법의 명칭** : 행동목록법 • **행동목록법의 특징** : 관찰법에 대한 교사의 말 중 잘못된 내용을 찾아 그 이유를 쓰기 • **행동목록법의 활용** : 사례에 관련된 누리과정 편성과 운영 지침 쓰기
2019 추가 시험	기입	• **평가방법의 명칭** : 행동목록법 • **행동목록법의 특징** : 행동의 변화

4. 시간 표집법과 사건 표집법

연도	유형	기출문제
1998	선택	• 평가방법의 명칭 : 사건표집법
2013 추가시험	기입	• 평가방법의 명칭 : 시간표집법
2014	서술	• 평가방법의 명칭 : ABC 서술식 사건표집법 • ABC 서술식 사건표집법 작성방법 : 사례의 작성방법이 적절하지 <u>않은</u> 이유 쓰기
2018	기입 서술	• ABC 서술식 사건표집법의 특징 : 장점 쓰기 • ABC 서술식 사건표집법 작성방법 : 선행사건, 관찰하고자 하는 유아의 행동, 적절한 기록 내용
2019	기입	• 평가방법의 명칭 : 시간 표집법
2020	기입	• 평가방법의 명칭 : 빈도(단순) 사건 표집법
	서술	• ABC 서술식 사건표집법의 특징 : 관찰을 통해 알게 된 추가적인 정보(관찰 행동의 원인)

5. 평정척도법

연도	유형	기출문제
1997	선택	• 평정척도의 유형 : 표준평정척도
2008	서술	• 평가방법의 명칭 : 평정척도법 • 평정척도법의 장점과 단점 : 장점과 단점 각 2가지씩 쓰기
2014	서술	• 평가방법의 명칭 : 평정척도법 • 평정척도법 문항 작성 방법 : 적절하지 <u>않은</u> 문항을 찾아 이유 쓰기
2019	기입	• 평정자 오류의 명칭과 정의 : 중앙집중의 오류

6. 포트폴리오

연도	유형	기출문제
2000	서술	• 포트폴리오 자료 수집 : 포트폴리오 활용 시 포함될 수 있는 자료의 유형 4가지 쓰기
2004	서술	• 포트폴리오 활용 : 포트폴리오 수집 과정에서 모아진 유아의 자료, 작업결과물로 벽면을 구성하는 방법이 유아와 교사에게 주는 이점 4가지씩 쓰기
2013	논술	• 유아 평가의 목적 : 유아 평가의 목적 2가지를 사례와 관련지어 논하기 • 포트폴리오 평가 방법 : 포트폴리오 평가 수행 과정에서의 문제점 4가지와 해결 방안을 논하기
2019 추가시험	서술	• 포트폴리오의 특징 : 평가에 대한 설명으로 적절하지 <u>않은</u> 것 2가지 찾아 바르게 고쳐 쓰기 (신뢰성과 객관성의 확보가 어렵다. / 과정 중심의 평가를 지향한다.)
	기입	• 포트폴리오 자료수집 : 설명의 빈 칸에 들어갈 말 쓰기(자기반성)

7. 사회성 측정법

연도	유형	기출문제
2015	기입	• 평가방법의 명칭 : 사회성 측정법 • 사회성 측정법의 사회도 분석 : 인기아, 고립아
2020	서술	• 사회성 측정법 행렬표 분석 • 사회성 측정법의 목적을 고려하여 4월과 10월에 두 번 실시한 이유를 1가지 쓰기
	서술	• 사회성 측정법의 특징 : 행렬표를 통해 알 수 있는 것에 해당하지 않는 것 2가지 찾아 쓰기

• 출제경향분석 •

8. 연구 방법

연도	유형	기출문제
1998	서술	• 질적 연구 방법 유아 평가를 위한 질적인 연구 방법을 3가지 이상 쓰기
1999	서술	• 평가 방법 유아들의 언어 발달 정도를 알아보기 위한 평가 방법 쓰기

9. 기타

연도	유형	기출문제
2010	선택	• 유아 평가 방법 종합 유치원에서 적용한 평가 방법에 대한 설명으로 적절하지 않은 것
2011	선택	• 유아 평가 계획 유아 평가의 연간 계획 수립 시 고려해야 할 사항으로 적절한 것
2003	서술	• 생활기록부 평가 결과의 기술 생활기록부의 건강생활 영역 평가 결과 기술상의 문제점 4가지 제시하기
2016	서술	• 유치원 생활기록부 작성 지침 – 신체발달상황 : 생활기록부의 특기 사항에 기입해야 하는 경우와 기입 시 교사가 유의할 점 – 건강 검진 결과 보관 시한 – 유아 발달상황 & 신체발달상황 기입 방법
2021	서술	• 평가 결과의 활용 : 유아에 대한 이해, 누리과정 운영 개선 위한 자료로 활용 2019 개정 유치원 교육과정의 '평가'에 제시된 ©의 내용 2가지 쓰기

SECTION 01 유아교육과정의 의미

> **Tipping** 발달 이론에 따른 세 가지 유아교육과정 접근법이 추구하는 아동관, 발달과 학습에 대한 관점을 기초로 효과적인 유아교육과정을 계획하고 운영하기 위한 기초지식을 익히고, 문제가 제시하는 교육과정의 유형을 파악할 수 있도록 한다.

01 유아교육과정의 접근법

1. 성숙주의 접근법

> **루소** : 유아에게 만일 자연적 방법으로 성장할 수 있는 기회가 주어진다면, 유아는 자신의 잠재 가능성을 충분히 발달시킬 것이다. 그러므로 교사와 부모들은 유아의 자연적 성장을 절대 방해하지 말아야 한다.

(1) 발달과 학습에 대한 관점

① 인간 발달의 보편성에 관심을 두고, 발달의 가장 중요한 힘, 즉 성장의 기본적인 방향은 바로 유아 내부로부터 나오며, 인간의 발달에 영향을 미치는 환경적 요소의 영향을 최소한 인정한다. 즉, 부모나 교육·사회적 영향은 유아들의 성장을 주도하는 요인이라기보다 그들의 성장을 돕고 촉진시켜 주는 것이다.

② 인간의 성장이나 발달을 종종 성장하는 식물에 비유하여 설명한다. 식물이 성장하는 데 필요한 기본적인 조건이 갖추어지면, 그 자체의 가능성을 최대한 발휘하면서 성장하는 것과 같이 인간의 발달도 성장을 위해 필요한 최소한의 조건이 갖추어지면 충분히 자신의 본성을 발휘할 수 있다고 본다.

③ 특정한 시기 동안에 나타나는 유아의 행동은 모든 유아에게 보편적으로 나타나는 고정적인 전개 과정(unfolding process)의 한 단계를 반영하는 행동이며, 유아의 실패나 부적응과 같은 행동은 유아 자신의 내적 요구와 발달 순서에 따라 이루어지지 않았기 때문에 발생한다.

④ 게젤을 중심으로 한 학자들은 보편적인 아동 발달의 패턴을 [표준 행동 목록]으로 제시하였고, 이를 기준으로 교사나 부모들이 적절한 교육 내용을 판단할 수 있게 하였다. 게젤 학파의 주요 초점은 성인들이 유아의 발달에 대한 지나친 기대를 함으로써 그들의 성숙 수준을 넘어선 성취를 강요하지 말아야 한다는 것이다.

⑤ '가르친다는 것'의 의미는 사회적으로 인정되는 범위 내에서 유아의 흥미와 요구에 적합한, 허용적이고 편안한 환경을 제공하는 것이다. 교수 자료와 교육적 경험은 유아가 그것에 흥미를 나타내고 준비가 되었을 때 제공한다. 성숙주의자들은 프로그램을 통해 유아의 내적 가능성에 따른 '전인적 발달'을 도모한다.
⑥ 유아에게 활동을 위한 충분한 시간을 주지 않고 특정한 학습을 강요하는 교수, 즉 유아의 성숙을 재촉하기 위한 성인의 지나친 개입은 학습의 실패뿐 아니라, 유아의 발달에 부정적인 결과를 낳을 수 있다.

(2) **성숙주의 교육 프로그램의 특징**
① 유아에게 많은 선택의 기회를 주고 불필요한 성인의 개입을 최소한으로 줄임으로써, 그들의 발달 수준에 적합한 활동을 스스로 선택할 수 있도록 한다.
② 유아는 다양하고 풍부한 자료를 사용함으로써 발달할 수 있다. 따라서 성인은 유아들의 흥미와 발달 단계에 적합한 자료를 제공해야 한다. 만약 제공된 자료들 중 어떤 것을 유아가 사용하지 않는다면, 대부분의 경우 그 자료가 그들의 발달 수준에 적합하지 않음을 의미한다.
③ 교사의 역할은 유아가 자신을 수용하고 이해하도록 돕는 것이다. 양육적이고 수용적인 환경이 제공된다면, 유아는 결국 바람직한 방향으로 성장할 것이다. 따라서 바람직하고 적절한 경험이 유아에게 아무 조건 없이 제공되어야 한다. 체계적으로 외적 강화를 제공함으로써 유아의 본질적인 성향을 전환시키려는 시도는 발달에 대한 근시안적인 관점이며 역효과를 초래할 수 있다.
④ 유아들의 작업이나 놀이의 결과에 대한 성인들의 수정은 최소한으로 줄여야 한다. 교사는 유아의 발달적 수준과 경험에 적합한 행동이나 반응을 보여 주어야 한다. 교사가 유아를 수용하고 친절히 안내하며, 그들의 요구와 흥미를 자극시켜 주는 것은 바람직하지만, 교사의 일방적인 지시나 수정, 적극적인 행동 수정은 바람직하지 않다.
⑤ 유아를 위한 가장 효과적인 집단 구성 방법은 발달 수준이나 학습 준비도가 유사한 그룹으로 집단을 이루게 하는 것이다.

(3) **성숙주의 접근법의 시사점**
① 가르친다는 것은 유아가 가지고 있는 본질적인 요구와 흥미를 반영하는 편안하고 허용적인 환경을 제공해주는 것이다.
② 유아가 내적인 발달 시간표에 따라 학습활동을 자유롭게 선택할 수 있도록 안내해주는 수용적인 교사와 잘 준비된 환경이 필요하다.
③ 교사는 유아가 학습을 위해 잘 준비될 때까지 기다려야 하며 최소한의 개입을 통해 스스로 성장할 수 있도록 도와야 한다.

핵심요약

성숙주의 접근법의 주요 내용

구분		내용
심리 철학적 요소		게젤, 프로이드, 에릭슨의 이론들에 근거를 둔다. 유아는 특정 행동 양식에 해당하는 유전적 청사진을 가지고 태어난다고 본다. 또한 행동의 변화는 어떤 행동(발달 과업)을 자극하는 생리적 성숙(준비도)과 환경적 상황의 결과로 일어난다고 본다.
경영 요소	시설	넓은 환경은 유아의 운동성을 최대화할 수 있게 설계된다. 흥미 영역이 구분되어 있다.
	설비	많은 표현 양식(예 언어, 수, 운동, 심미)을 돕는 풍부한 종류의 다차원적 교재들이 제공된다. 유아들의 발달 단계가 고려된다.
	교직원	따뜻하고 지지적인 환경을 제공한다. 미리 정해진 학습 활동은 거의 없다. 그렇지만 유아들이 그들의 이해 / 기술을 확대시킬 필요가 있을 때는 진행 중인 활동들이 '풍성(enrich)'해진다. 제한점을 정하고 받아들일 수 없는 사회적 행동은 다시 지도한다.
교육 요소	활동	유아들의 관심에 근거한 단원과 광범위한 소주제들이 소개되고 유아들은 원할 때 자유롭게 활동에 참여할 수 있다. 각 주제들에 기초한 활동들은 견학을 가거나 흥미 영역에 마련되어 있는 교구를 가지고 놀면서 이루어진다.
	동기 유발	활동들은 유아들이 자신의 흥미와 관심에 따라 선택한다.
	집단 구성	발달 수준이나 학습 준비도가 유사한 그룹으로 집단을 구성한다.
	일과 계획	일과들이 유아들의 욕구와 관심들에 맞추기 위해 융통성 있게 짜인다. 유아가 어떤 한 활동을 하거나 여러 활동으로 옮겨 가는 것에 많은 시간들을 주는 것이 전형적이다.
	유아의 평가	유아의 전체적인 면(신체적, 인지적, 정서적)을 관찰하기 위한 시도를 하며, 주로 자연 관찰법을 이용한다.
프로그램 평가		유아들이 신체적, 인지적, 정서적인 표준 행동 목록에 따라 발달해 간다면, 프로그램은 성공적인 것으로 여겨진다. 유아들의 발달에 유전적 또는 환경적 제약을 주기보다는 많은 자유와 허용(allowance)이 주어진다.

기출탐구

01 성숙주의 유아교육 프로그램에서 강조하는 유아의 학습 과정을 설명하고, 그에 따른 집단 구성 방법을 제시하시오.　　　　　　　　　　　　　　　　■ 1997년

_____
_____
_____
_____
_____

02 교사의 신념은 교육적 실천의 토대이며 교육 현장에 중요한 영향을 미친다. 1) (가)에서 박 교사가 성숙주의 교사 신념을 형성하는 데 영향을 준 요인 2가지를 찾아 논하고, 2) (나)에서 박 교사가 성숙주의 교사 신념을 실천하고 있다고 판단되는 이유 4가지를 박 교사의 수업 활동에서 찾아 논하시오. 그리고 3) (다)에서 박 교사가 성숙주의 교사 신념을 실천하기 어려운 요인 2가지를 찾고, 각각에 대한 해결 방안을 1가지씩 논하시오.　　■ 2012년 논술

> (가) 박 교사의 배경
> 박 교사는 자녀의 의견을 존중하고 스스로 문제를 해결하게 하는 가정 환경에서 자랐다. 그리고 대학에서 유아교육을 전공하면서 유전적 요인이 유아의 성장 발달에 중요한 영향을 미친다는 것을 배웠다. 박 교사는 유치원에 다니는 2명의 자녀를 키우면서 예전에 이해하지 못했던 유아들의 다양한 행동을 이해하게 되었다. 그리고 현재는 ○○유치원에 재직 중이다.
>
> (나) 혼합 연령반 자유선택놀이 활동 장면(민희·수철 만 4세, 영수 만 5세)
> 수　　철 : 선생님, 저는 블록 영역으로 가서 성을 쌓을 거예요.
> 박 교사 : 그래, 네가 생각한 대로 블록 영역에 가서 해 보렴.
> 민　　희 : 선생님, 저는 뭘 해야 할지 모르겠어요.
> 박 교사 : 그러니? 민희야, 좀 더 생각해 볼래?
> 영　　수 : 선생님, 저는 미술 영역에 갈래요.
> 박 교사 : 그래, 오늘 미술 영역에는 여러 가지 재료들이 준비되어 있단다.
> 민　　희 : (밝은 표정으로) 아, 저도 미술 영역에 갈래요.
> 박 교사 : 민희와 영수는 미술 영역에 가고 싶구나. 그래, 우리 같이 가 보자. (미술 영역에는 색종이, 깡통, 종이 상자, 휴지 속대, 병뚜껑, 풀, 가위 등 다양한 활동 재료들이 준비되어 있다.)
> 영　　수 : 우와, 여기 여러 가지가 있네. (종이 상자를 잡으며) 나는 이것으로 자동차를 만들어야지.
> 민　　희 : 오빠는 자동차 만들어? (잠시 고민하더니) 선생님, 저는 자동차는 못 만들겠어요.
> 박 교사 : 민희야, 네가 만들고 싶은 것을 만들면 돼.
> 민　　희 : 음, 난 너무 어려울 것 같은데……. (잠시 후 밝은 목소리로) 선생님, 저는 소꿉놀이 하러 갈래요.
> 박 교사 : 그래, 소꿉놀이 영역에도 재미있는 놀잇감이 많이 있단다.

(다) 박 교사와 어머니의 대화

어 머 니 : 우리 영수가 내년에 초등학교에 가야 하는데 숫자를 몰라서 걱정이에요. 무슨 방법이 없을까요?

박 교사 : 글쎄요. 직접 가르치기보다는 영수가 궁금해하면 도와줄 수는 있어요.

어 머 니 : 선생님, 그래도 내년에 학교 가야 하니까 숫자를 빨리 가르쳐 주세요.

박 교사 : 얼마 전에도 영수가 수 영역에서 숫자 세기 게임을 하고 있기에 옆에서 관찰해 보았지요. 12개를 13개로 잘못 세고 있었어요. 그래서 제가 12개라고 정확하게 알려 주었어요.

모범답안

01. ① 유아가 자신의 발달 수준에 적합한 활동을 스스로 선택할 수 있도록 많은 선택의 자유가 주어지고 유아의 흥미와 발달 수준에 적합한 풍부하고 다양한 자료를 제공한다.

② 활동의 과정에서 교사의 개입은 최소화되어야 하며 교사의 역할은 유아의 요구와 흥미에 적합한 편안한 환경을 제공하는 안내자의 역할이다.

③ 특정한 활동의 유형이 매일 일정한 시간에 이루어짐으로써 유아들이 안정감을 갖고 유치원의 생활에 적응하도록 돕는다.

④ 동적인 활동과 정적인 활동, 개별 활동과 그룹 활동, 지시적 활동과 비지시적 활동의 균형은 대상 유아의 연령이나 집단 규모, 활동 특징에 따라 적절히 안배되어야 한다.

⑤ 유아를 위한 가장 효과적인 집단 구성을 위해 학습 준비도가 비슷한 또래끼리 집단을 이루게 하며 비슷한 발달 수준에 있는 유아들이 함께 배치되도록 하기 위해 발달적 테스트를 사용할 수도 있다.

02. (1) 교사 신념의 형성에 영향을 미치는 요인

① **가정 환경** : 자녀 의견을 존중하고 스스로 문제를 해결하게 하는 가정 환경

② **교육 경험** : 유전적 요인이 성장 발달에 중요한 영향을 미친다고 배운 대학에서의 교육 경험

③ **자녀 양육 경험** : 유치원에 다니는 2명의 자녀를 키우며 유아들의 다양한 행동을 이해하게 됨.

(2) 박 교사의 성숙주의 교육 신념이 교육적 실천에 미치는 영향

① 교사의 신념은 일과 계획과 운영 방식에 영향을 미친다.

* 사례 : 자유선택활동을 계획하여 수철이와 영수가 스스로 하고 싶은 놀이를 하도록 선택권을 주고 존중해 주는 것

⇨ 유아의 흥미와 자율적 선택을 존중하는 성숙주의 유아관에 근거한 일과를 제공한다.
② 교사의 신념은 상호작용 방식에 영향을 미친다.
* 사례 : 민희가 활동을 선택하기 어려워할 때 직접 개입하기보다 스스로 생각해 보도록 기다려 준 것
⇨ 유아들이 스스로 준비가 되어 참여할 수 있도록 기다려 주는 성숙주의 학습관에 근거하여 유아를 지도한다.
③ 교사의 신념은 교사의 역할 수행에 영향을 미친다.
* 사례 : 민희의 경우 미술 활동으로부터 소꿉놀이 영역으로 흥미가 변화하자 이를 지지하고 허용한 것
⇨ 유아의 흥미에 따른 개별적 융통성을 부여하고 허용적 분위기 조성을 강조하는 성숙주의 교사 역할을 반영한다.
④ 교사의 신념은 환경 구성에 영향을 미친다.
* 사례 : 흥미 영역으로 환경을 구성하고 색종이, 깡통, 종이 상자, 휴지 속대, 병뚜껑, 풀, 가위 등 미술활동에 필요한 원자료를 다양하게 제공한 것
⇨ 유아들의 자유로운 자기 표현을 강조하는 성숙주의 환경 구성 방식을 반영한다.

(3) 교육 신념에 근거한 교육적 실천이 어려운 요인과 해결 방안

어려움	해결 방안
학부모의 부적절한 요구 : 숫자 교육과 같은 초등 준비 교육	부모 교육을 통해 유아기의 특성과 유아교육의 본질을 이해시킴. 유아들의 발달에 적절한 수 교육에 대한 안내
교사에게 잠재된 부적절한 무의식적 신념 : 수를 잘못 세는 영수의 오류를 직접적으로 수정 지도하는 것	반성적 사고를 통한 교육 신념의 검토와 개선 : 동료 장학이나 자기 장학 등을 통해 자신의 수업에 잠재된 부적절한 교육 신념을 점검하고 이를 개선함(수업 분석 및 협의, 저널쓰기 등을 통해 부적절한 신념을 검토함).

2. 행동주의 접근법

(1) 발달과 학습에 대한 관점

① 역사적으로 로크에서부터 손다이크 그리고 스키너로 계승되어 온 경험주의, 행동주의 이론에서 그 근거를 찾을 수 있다.
② 유아의 발달에 있어 외적 요인의 중요성을 강조하고, 외적 경험을 적절히 그리고 단계적으로 배열함으로써, 유아의 발달을 바람직한 방향으로 변화시킬 수 있다고 본다.
③ 행동주의자들의 목적은 외적 환경들을 적절히 조직하고 변화시킴으로써 유아의 바람직한 행동을 촉진하고, 바람직하지 않은 행동을 감소시키거나 소거시키는 것이다. 왜냐하면 외적으로 관찰할 수 있는 인간의 행동만이 가치 있다고 생각하기 때문이다.
④ 유아의 자아 개념이나 신체적 성숙 패턴, 그리고 내적 사고 과정들의 요소에는 관심을 두지 않는다. 왜냐하면 유아가 어떻게 느끼고, 세상을 어떻게 바라보는지에 대한 추론에는 의미를 부여하지 않기 때문이다.

⑤ 행동주의 학습 이론은 어떤 종류의 보상과 강화가 유아의 행동에 효과적인지를 밝혀 주었고, 경험적으로 획득된 원리에 따라서 이러한 강화나 보상을 어떻게 체계적으로 조직하고 순서화하는지를 설명한다.

(2) 행동주의 교육프로그램의 특징

① 전통적인 학문적 기술의 습득과 관련된 구체적인 목표에 초점을 두고 학교에서의 성공을 강조한다.
② 유아의 바람직한 행동 전이를 위해 훈련이나 학습할 내용은 단순화, 위계화, 순서화되어야만 한다. 또한 학습의 각 단계는 단순한 과업에서 점차 복잡한 과업으로 점진적으로 변화해야 한다.
③ 유아들은 구체적인 조작(실제 도구와 행위를 이용한 참여) 능력에서 급속히 추상적인 조작 능력으로 발전하게 된다. 언어적 교수는 유아들에게 정확한 언어를 사용할 수 있게 하고 논리적 문장에 대한 훈련을 통해 가능하다.
④ 학습자의 행동은 교사의 적절한 강화를 통하여 형성된다. 따라서 교사의 역할은 적절한 강화를 통하여 유아의 행동이나 학습을 바람직한 방향으로 이끄는 것이다. 즉, 교사는 매우 적극적으로 유아의 행동을 지시한다. 교사의 역할은 유아의 행동을 바람직한 방향으로 지시하고, 수정하고, 강화해 주는 것이다.

(3) 행동주의 접근법의 시사점

① 학습의 내용을 작은 단위로 세분화하고 계열성 있게 조직한 후 유아들이 순차적이고 만족적으로 단계적인 학습을 할 수 있도록 지원해야 한다.
② 학습의 효율성을 높이기 위해서 직접적인 교수, 구체적이고 물질적인 보상, 사회적이고 심리적인 보상과 같은 다양한 강화 전략을 사용해야 한다.
③ 유아의 주변에 좋은 모델이 될 수 있는 의미있는 타인으로서 교사의 역할을 강조한다.

핵심요약

행동주의 접근법의 주요 내용

구분		내용
심리 철학적 요소		스키너, 반두라의 이론들에 기초를 둔다. 유아들은 백지 상태로 태어나며 수동적인 유아의 행동은 환경에 의해서 형성된다. 행동 변화들은 계획된 강화 또는 계획되지 않은 사건의 결과로서 발생한다고 본다.
경영 요소	시설	학습 환경은 유아들이 주의를 집중하고 산만함을 피할 수 있도록 계획한다. 공간 안의 각 영역들은 서로 칸막이로 명백하게 구분된다.
	설비	동일한 교재가 프로그램의 목표와 특정한 기능을 지원하기 위해 사용된다.
	교직원	교사는 환경을 계획하고 제어하며 모든 목표 행동은 교사에 의해 정의된다. 학습과제는 큰 과제로부터 세부적인 작은 단위로 나누어 직접적인 교수를 한다. 표준에서 벗어난 행위를 제어하고 막기 위해 행동 수정의 원칙들을 사용한다.
교육 요소	활동	특정한 학문적 목표를 달성하기 위해 교사가 직접 목표 지향적 활동을 설계한다. 일반적으로 모든 유아들에게 똑같은 학습을 기대한다. 활동들은 흔히 연습지 형식(drill format)과 직접적 교수법에 의해 진행된다.
	동기 유발	중요 동기 유발 전략은 보상 체계이다(떼 토큰 강화).
	집단 구성	단일 연령 집단이 지배적이다.
	일과 계획	빠르게 진행되는 프로그램은 꽉 짜인 스케줄로 제시된다('시간에 맞추어'). 수업 전반을 통해 활동 시간들은 짧으며 집단으로 과제를 수행한다.
	유아의 평가	수준별 단계에 따라 진행한 교수 활동을 형식적 평가에 의해 진단한다. 주어진 수준에서 유아들이 목표를 달성할 때, 학습은 다음 단계로 진행한다.
프로그램 평가		만약 유아들이 주로 학문적인 특정 학습(장래 학교 교육을 위한 준비)을 성취하고 나면 그 프로그램은 성공한 것으로 본다.

3. 구성주의 접근법

(1) 발달과 학습에 대한 관점

① 구성주의자들은 유아의 발달이 그들의 능동적인 활동을 통해 이루어진다고 보며, 주로 환경과 유아와의 상호작용을 통해 유아들이 어떻게 발달하는지에 관심을 가진다.

② 듀이의 입장에 의하면 지식이나 학습은 효과적인 질문과 문제 해결 전략으로 유아를 이끄는 과정이다. 생각하고 탐구하도록 학습한 유아는 결국 사회에 기여하는 발견자가 된다고 보며 유아들의 탐색 활동이나 사고 활동의 의미에 관심을 가진다.

③ 구성주의자들은 발달, 행동, 그리고 학습이 실제적으로 외부의 영향과 성숙적 과정 모두에 의해 영향을 받는다고 생각한다. 각 개인은 사회적·물리적 환경과

의 상호작용을 통하여 계속해서 인지 구조를 재구조화하며, 발달은 유아의 개별적 행동을 통한 내적인 인지 구조의 계속적인 변형에 의해 이루어진다고 생각한다. 하지만 지식의 구성 과정에서 개인의 활동성을 매우 강조하고, 이것이 더 나은 학습과 발달을 조절하도록 돕는다고 본다.
④ 지적, 사회적, 정서적, 그리고 감각·운동적 경험은 서로 분리되지 않는다. 그러므로 의미 있는 행동적인 변화(새롭고 더 적합한 쉐마의 발달)는 환경과의 조작을 통해 인지 구조가 확장되고 정교화됨으로써 일어난다.
⑤ 구성주의자들은 발달을 내적인 전개(unfolding)로 보지 않고 생활 속에서 우연한 만남(life encounters)을 통해 유아 자신의 내적 구조변화에 따른 활동의 결과로 이루어지는 것이라고 본다. 또한 행동주의자들과는 달리 학습은 학습자의 활동에 의해 구성되는 것이지 직접적인 교수로 인해 강조되거나 효과적으로 미리 구조화할 수 없다고 본다.

(2) 구성주의 프로그램의 특징

① 구성주의적 접근법에 기초한 프로그램은 유아의 활동을 강조한다. 특히 유아의 참여 정도와 그들이 개념을 잘 파악하고 있는지 알아보기 위하여, 유아의 행동에 대해 특별한 관심을 둔다.
② 구성주의는 유아를 양육적이고 연령에 적합한 환경에 두는 것만이 최적의 발달을 이룬다고 생각하지 않는다. 그렇다고 교사가 지식과 기술을 체계적으로 제시해야 한다고 생각하지도 않는다. 구성주의는 유아의 주도적인 활동과 교사가 주도하는 활동 사이의 조절을 통해, 유아는 점점 다양하고 질적인 인지 구조의 발달을 이룰 수 있다고 본다. 그러므로 구성주의 교사를 위한 궁극적인 교육과정 자원은 유아의 호기심을 자극하고 유아가 능동적으로 활동할 수 있게 해 주는 환경이다.

(3) 구성주의 접근법의 시사점

① 유아는 환경과의 상호작용을 통해서 능동적으로 학습하므로 구체적인 자료를 통해서 직접적인 경험을 할 수 있는 다양한 환경이 마련되어야 한다.
② 유아들이 자신이 속한 사회의 문화적 경험을 할 수 있는 기회가 자주 제공되어야 하며 또래와 함께 놀이에 참여할 수 있는 대·소집단 활동, 협력학습을 할 수 있는 프로그램이 개발되어야 한다.
③ 근접발달지대와 비계설정에 기초하여 교사가 유아들과 적극적으로 대화할 수 있어야 하며 이를 위해 효과적인 발문법에 대한 교사 교육이 필요하다.

핵심요약

구성주의 접근법의 주요 내용

구분		내용
심리 철학적 요소		주로 피아제, 비고츠키의 이론에 근거를 둔다. 발달은 경험적인 사건들에 의해 최적의 상태에서 개인의 자기 조직화가 도전받을 때 일어난다.
경영 요소	시설	'흥미 영역'은 성숙주의적 접근보다는 한정적이지만, 유아들에게 활동적으로 참가할 수 있는 기회들을 줄 수 있도록 설계되며, 흥미 영역 내에서 유아들의 상호작용은 고무된다.
	설비	다차원의 교재들을 탐색과 문제 해결력을 고무시키고, 개념적 순서에 대한 생각을 전달할 수 있는 방법으로 배치한다.
	교직원	교사는 유아들의 현재의 발달 단계에 도전을 주도록 활동을 배치하며, 유아들이 자율성을 기를 수 있도록 활동을 계획하고 안내한다. 교사의 역할은 유아들에게 새로운 도전감을 주기 위해 능동적일 때도 있고, 유아의 새로운 학습이 안정될 때까지 기다리는 동안 수동적일 수도 있다. 교사들은 종종 유아들의 개념 발달에 적절한 언어를 강조한다.
교육 요소	활동	발견적 학습을 강조한다(예 문제 해결 전략들, 정교한 기술, 질문법 등). 단원이나 주제에서 종종 주어지는 학문적인 내용은 목적 그 자체가 아닌 목적을 위한 수단으로 보인다. 유아들이 활동들에 몰입하고 도전해 볼 수 있도록 교사들이 활동을 계획하여 준비하고, 유아들은 그 활동들 중에서 선택한다. 교사는 유아가 활동에 적극적으로 참여하도록 고무하며, 유아들이 활동들을 구조화하도록 상호작용한다(예 개방식 질문법).
	동기 유발	내적인 동기 유발(예 지식에 대한 호기심)
	집단 구성	다양한 집단의 구성이 지배적이다. 좀 더 개별화된 작업이 많다.
	일과 계획	순서화된 활동들은 유아의 시간적 개념의 발달을 도와줄 수 있다고 생각한다. 시간 운영의 융통성을 가지며, 유아들이 탐색할 수 있는 충분한 시간을 제공한다.
	유아의 평가	사고 능력의 변화를 진보하고 평가한다.
프로그램 평가		만약 유아들이 피아제 이론의 개념에서 좀 더 높은 발달 단계로 진보되어 간다면, 프로그램은 성공한 것으로 본다(예 물리적 지식, 논리-수학적 지식, 시·공간적 지식, 사회적 지식, 표상 등).

핵심요약

3가지 유아교육과정 접근법의 기본 가정

구분	성숙주의-사회화 이론	문화-훈련 또는 행동주의 이론	인지 발달 이론
이론적 기초	• 루소와 프뢰벨 • 게젤, 프로이드	• 로크 • 행동주의 심리학	• 듀이 • 피아제와 비고츠키
목적	• 전인격적인 아동으로서의 성장	• 특별한 지식이나 기술을 강조	• 학습 과정과 관련된 태도와 성향의 형성
아동	• 적응적 • 정서 측면에서 성인과 질적으로 다름	• 수동적 • 학습에서 성인과 질적으로 동일함	• 능동적 • 성인과 사고 과정이 질적으로 다름
발달	• 갈등 해결의 결과로 발달 단계별로 이루어짐 • 풍부한 환경 속에서 예정적, 유전적으로 계획된 과정임	• 양적, 점진적인 확장 • 환경적 자극과 조작을 통하여 유아의 행동 발달이 이루어짐	• 상황에 따라 그때그때 일어남 • 생물학적인 단계가 정해지나 환경과 유아와의 상호작용을 통하여 더 높은 수준의 발달로 나아감
학습	• 갈등에 기초한 내적, 외적 동기 유발 • 사회적 경험에 기초를 둠 • 자연적 전개 • 개인적 표현/과정	• 환경으로부터의 외적 동기 유발 • 언어에 기초를 둠 • 특별한 훈련에 기초를 둠 • 결과 접근법	• 내면으로부터의 동기 유발 • 감각 교육에 기초를 둠 • 다양한 경험에 기초를 둠 • 과정 접근법
시사점	• 수용적이고 허용적인 환경 • 유아의 자유로운 선택 • 최소한의 개입을 통해 스스로 성장할 수 있는 기회 제공	• 학습내용의 계열적 조직 • 다양한 강화 전략 • 좋은 모델로서의 교사 역할	• 직접적 경험을 위한 다양한 환경의 중요성 • 또래 및 협력 학습 강조 • 상호작용을 위한 교사교육

유아교육과정

 유아교육과정의 개념

1. 유아교육과정의 특성(Spodek, 1991)

(1) 대상 아동
① 모든 단계의 교육이 대상자의 발달을 고려해야 한다는 것은 당연하지만, 유아를 위한 교육과정의 결정은 좀 더 유아 개인의 발달 단계를 고려해야 한다.
② NAEYC에서 제안한 '발달에 적합한 실제'란 일정하게 합의된 지식을 모든 유아에게 일관되게 제시하기보다는 유아의 발달 수준과 흥미에 따라 다양하게 교육할 것을 강조하고 있다.

(2) 다양한 교육 목적
어떤 유아교육자는 특별한 학습 결과에 초점을 맞추는 반면에, 또 어떤 학자는 유아의 발달을 도와주는 것과 같은 포괄적인 면에 관심을 가진다.

(3) 교구와 교재
다른 단계의 교육에서 가장 중요한 교재는 교과서인 반면, 유아교육에서는 다양한 교재 교구와의 상호작용과 교사와 유아의 상호작용, 유아와 유아의 상호작용과 같이 환경과의 상호작용이 중요한 교육 내용이 된다.

2. 유아교육과정의 개념

스포덱 (Spodek)	유아교육과정은 프로그램의 교육 목적에 따라 계획되고 조직된 학습 경험들의 목록이다.
NAEYC	유아가 학습할 내용, 교육과정 목표를 성취해 나가는 과정, 교사의 역할, 교수와 학습이 발생하는 상황에 관해 서술한 조직화된 틀이다.
알미 (Almy)	유아교육에서는 교육과정이 프로그램이라는 용어로 자주 대치되어 사용되며, 프로그램이란 학교 안에서 일어날 수 있는 모든 계획적인 경험뿐만 아니라 가정과 지역사회에까지 연장될 수 있는 교육적 경험이다.
윌리암스 (Williams)	• 유아교육에서 교육과정의 의미는 유아교육의 대상이 지니는 특수성으로 인해 초·중등의 일반 교육과정과는 의미에 차이가 있으며 유아교육과정의 개념에는 전인적 교육이 강조되어야 한다. • 전인 교육은 유아의 지적·정서적·사회적·신체적 능력의 통합을 의미하는 것으로 유아기의 학습은 영역이 각각 분리된 것이 아니라 반드시 다른 영역을 포함해야 하며, 효과적인 교수 방법도 각 영역 간의 내적 통합 속에서 이루어져야 함을 의미한다.

03 유아교육과정 유형 분류

미국의 경우 1960년대와 1970년대를 중심으로 다양한 유아교육 프로그램들이 개발되었으며 이러한 프로그램들의 유형을 슈바츠와 로비슨, 와이카트, 메이어, 콜버그, 비셸, 블룸 등의 관점에 기초하여 살펴보면 다음과 같다.

1. 슈바츠와 로비슨(Schwartz & Robison)

(1) 우연히 일어난 것으로서의 교육과정

① 교사가 미리 교육 내용을 선별하거나 계획하기보다는 유아들에게 많은 선택의 기회를 주어 개별 유아의 요구와 흥미를 중심으로 능동적인 참여를 중시하는 교육과정이다. 이는 학습의 구체적인 내용보다는 학습 활동과 경험 속에 포함된 유아의 흥미 그 자체를 가치 있는 것으로 보아 학습하는 과정에 그 가치를 둔다.

② 교사는 유아의 요구와 흥미를 기초로 하여 자연스럽게 활동할 수 있는 분위기를 마련해 주고 끊임없는 관찰과 배려를 가지고 안내하도록 힘써야 한다.

③ 단점으로 교육과정의 범위가 모호하며 기본적 교육 내용이 간과될 우려가 있고, 경험의 한계를 가진 아동에게는 불리할 수 있으며 고도의 경험과 노련함을 갖춘 교사의 능력이 요구된다.

(2) 학교에서 갖게 되는 모든 경험으로서의 교육과정

① 교사의 의도적인 경험뿐 아니라 잠재된 교육과정까지를 포함하는 입장이다.

② 모든 물적, 인적 환경이 중요시되며, 따라서 교사의 민감성과 세심한 배려가 요구된다.

③ 단점으로 교사는 사회적 변화에 민감해야 하고 학습 결과에 영향을 미칠 수 있는 많은 요인들을 배려해야 한다.

(3) 교수를 위한 계획으로서의 교육과정

① 가장 보편적인 교육과정의 관점이며 교육과정은 포괄적일 수도 있고 구체적일 수도 있으며 장기적 계획일 수도 있고 단기적 계획일 수도 있다. 즉, 유아들을 위한 교육 목표, 내용, 방법 등의 계획을 중심으로 하여, 매일 매일의 교육 내용을 진술하는 것에서부터 주제나 내용 영역에 따라 일련의 활동들을 진술하는 것까지 다양하다.

② 계획을 유아를 위한 교수의 기초로 보는 입장으로, 초보적 교사에게도 큰 어려움이 없다.

③ 단점으로 미리 짜여진 교수 계획은 유아의 요구, 흥미에 대한 융통성 있는 교육을 감소시킬 가능성이 높다.

(4) 교수 요목으로서의 교육과정

① 유아들에게 가르칠 교육 목표와 내용, 순서를 일련의 문서로 작성한 교수 요목을 교육과정으로 규정한 좁은 의미의 교육과정이다.
② 문서화된 교육과정은 목표 설정이나 수행 과정을 관찰하기가 용이한 장점이 있다.
③ 단점으로 교육과정이 획일화된 문서로서 제시될 경우 다양한 지역사회의 특성이나 유아들의 요구 및 현장의 실제적 경험이 반영되기 어려우며 획일화된 교육을 조장할 수 있다는 문제점이 있다.

(5) 프로그램으로서의 교육과정

① 유아교육에서 볼 수 있는 독특한 관점으로, 몬테소리 프로그램이나 디스타 프로그램과 같이 특별한 이름을 가진 유아교육의 모델 유형을 말한다.

2. 와이카트(Weikart) : 학습의 주도권에 따라 4가지 유형으로 분류

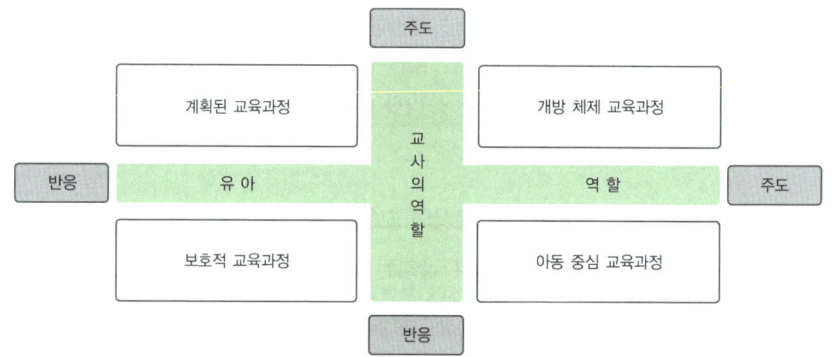

(1) 계획된 교육과정

① 교사가 학습의 주도권을 가지고 있어 유아는 교사의 요구에 반응하도록 수업이 계획·조직되어 있으며, 학습 활동은 교사의 계획에 의해 전개된다.
② 인간을 외부의 자극과 환경에 의해 변화될 수 있는 존재로 본다. 학습 이론, 행동 수정 원리, 언어 발달 이론 등으로서 유아교육과정 접근법의 행동주의적 접근법에 기초한다고 할 수 있다.
③ 주로 연구 기관이나 전문가들에 의하여 개발·출판된 상업적인 프로그램인 경우가 많으며, 교수 요목이 아주 자세하게 제시된 교육과정 유형이라고 할 수 있다.
④ 장점 : 교사의 특별한 재능이나 창의력을 필요로 하지 않기 때문에 유아교육에 관한 특별한 지식이 없는 교사라 할지라도 교육과정을 효과적으로 수행할 수 있다.

(2) 개방 체제 교육과정
  ① 교사와 유아, 유아와 유아, 유아와 교구 간의 상호작용을 모두 중요시하며, 교사도 활동의 주도권을 가지고 유아도 주도권을 가진다.
  ② 주로 피아제의 인지 발달 이론에 근거를 두고 있기 때문에 구성주의적 접근법에 기초한다고 할 수 있다. 유아의 사고·인지 과정과 직접 활동과 경험을 통한 학습을 중요시한다.
  ③ 읽기나 셈하기와 같은 특별한 지식이나 기술의 습득보다 논리적 사고력이나 원인과 결과를 연결할 수 있는 능력의 발달을 중시한다.
  ④ 교육과정 시행에 있어서 교사가 확실한 이론적 근거를 가지고 교육을 체계적으로 이끌어 가야 하기 때문에 교사의 능력이 상당히 요구된다.
  ⑤ 장점 : 교육과정 모형이 전체적인 이론적 체계만 제시하며, 교육 현장에서는 이론적 체계가 허용하는 범위 내에서 교사가 실제 활동을 창의적으로 계획·운영하게 된다. 따라서 교사는 해당 집단 유아의 발달 수준 및 특징, 다양한 사회·문화적 배경을 감안한 개별적·독창적인 교육을 실시할 수 있다.

(3) 아동 중심 교육과정
  ① 학습 활동에서 유아가 주도권을 가지고 교사는 유아의 요구에 반응하는 형태로 성숙주의적 유아교육과정 접근법에 기초하고 있다.
  ② 교육 내용은 유아에게 흥미가 있거나 유아에게 유용한 것으로 그들 주변에 있는 것을 소재로 한다. 교실 내에 여러 가지 흥미 영역을 마련하여 유아가 흥미 영역 속에서 자유롭게 환경을 탐구하고 창조할 수 있게 한다.
  ③ 놀이의 가치를 높이 평가하여 상상 놀이나 모방 놀이를 통해 사회적 적응과 정서적 성장, 독립심을 형성시키고자 한다.
  ④ 장점 : 개별 유아의 요구를 충분히 반영할 수 있으며 일반적으로 그 사회에서 요구하는 가치를 반영한다.

(4) 보호적 교육과정
  ① 교사도 반응하고 유아도 반응하는 형태를 말하며 유아를 신체적 위험이나 질병으로부터 보호해 주는 역할에 그친다.
  ② 와이카트는 현대 유아교육과정에서는 이미 보호적 역할, 보모의 역할만을 하는 교육 프로그램은 존재할 수 없다고 보고 있다.

3. 메이어(Mayer) : 교사 – 유아 – 교구 간의 상호작용을 기초로 분류

(1) **아동 발달 모형**
① 프로이드, 에릭슨, 게젤 등의 발달 이론과 성격 이론을 기초로 주로 중산층 아동을 위해 개발된 것으로 풍부화 전략(enrichment strategy)이라고도 불린다. 성숙주의적 유아교육과정의 접근법에 근거하고 있다.
② 학습 활동은 유아의 발달 단계와 발달적 요구에 맞게 계획되며 교사에 의한 학구적 내용의 교수보다 유아의 직접 활동을 강조한다.
③ 교육 내용은 유아의 생활 속에서 유아와 밀접한 관련이 있고 구체적인 것들이며 학습 활동은 주로 유아의 흥미 영역을 중심으로 이루어진다.

(2) **언어 – 인지 모형**
① 피아제의 인지 발달 이론에 기초를 두고 있으며, 유아의 사회성 발달과 인지적 발달의 상호작용을 모두 중시하고 두 영역의 조화적 발달을 도모한다. 구성주의적 유아교육과정 접근법에 기초하고 있다.
② 교구와 유아, 유아와 유아, 유아와 교사 간의 상호작용을 모두 중요시한다.
③ 교사는 아동 발달 모형에서보다 유아의 학습에 더 직접적인 영향을 미치며 하루의 활동도 교사가 계획하고 주도한다.
④ 교구는 아동 발달 모형에서의 교구의 종류는 거의 같지만 교구의 사용 방법이 계열화되어 있다.

(3) **언어 – 교수 모형**
① 사회 경제적으로 낙후된 지역의 유아와 불우한 유아들의 발달적 특징 및 요구에 대한 연구를 기초로 하여 개발된 프로그램이다. 행동주의적 유아교육과정 접근법에 기초하고 있다.
② 학습을 행동의 계획적 변화로 보고, 교사의 자극과 아동의 반응 사이의 반복적 교수를 통해 가장 효과적으로 이루어질 수 있다고 본다.
③ 인간의 자연적 성장 속에서 저절로 이루어지는 학습보다 교사에 의한 지시적 교수와 언어 발달을 강조하며, 학습을 위해서는 언어적 칭찬과 적절한 보상과 강화가 필요하다고 본다.

(4) **감각 – 인지 모형**
① 몬테소리의 교육 이념 및 방법에 입각하여 개발된 프로그램이다.
② 유아의 감각 훈련과 실생활 습관 훈련을 강조한다. 학습은 비언어적이며 유아가 직접 교구를 사용하는 실제 경험을 통해 이루어진다.
③ 유아의 발달도 유아의 환경과의 상호작용을 통해서 이루어진다고 보며 발달의 단계성을 주장한다. 유아가 자신의 수준이나 흥미에 맞는 과제를 선택하여 사용하며, 교구의 사용도 단계적으로 순서화되어 있다.

④ 유아와 교사 간, 유아와 유아의 상호작용보다는 유아와 교구의 상호작용을 중시한다. 그러므로 유아와 교사, 유아와 유아의 구조성은 낮으나 유아와 교구의 구조성은 높다.
⑤ 교사의 역할은 유아의 학습을 위한 교구를 준비하고 유아의 교구 사용을 관찰하여 필요한 경우 언어보다는 실제 활동으로써 유아를 도와주게 된다.

(5) **4가지 모형 비교**

교사 – 유아	언어 – 교수 > 언어 – 인지(인과 관계 추리) > 아동 발달(자연적 대화) > 감각 – 인지
학습 집단 구성	언어 – 교수(소집단), 감각 – 인지(개별), 언어 – 인지(교사 – 소집단), 아동 발달(교사 – 개별)
유아 – 교구	감각 – 인지 > 아동 발달 > 언어 – 인지(교사의 중재) > 언어 – 교수
유아 – 유아	아동 발달 > 언어 – 인지 > 감각 – 인지, 언어 – 교수

① 교사 – 유아 상호작용
  ㉠ 교사와 유아의 상호작용은 언어 – 교수 모형이 가장 높고 그 다음이 언어 – 인지 모형이다.
  ㉡ 아동 발달 모형에서는 교사와 유아의 상호작용은 별로 강조하지 않으며, 교사와 유아 간의 상호작용을 가장 강조하지 않는 형태는 감각 – 인지 모형이다.
② 교사의 언어 사용
  ㉠ 언어 – 교수 모형과 언어 – 인지 모형 모두 교사의 언어를 중시한다.
  ㉡ 아동 발달 모형에서는 자연적인 대화를 중심으로 하고 있으나 언어 – 인지 모형에서는 주로 인과 관계의 추리를 중시한다.
③ 아동 집단 형성
  ㉠ 언어 – 교수 모형에서는 유아를 소집단으로 나누어 학습시킨다.
  ㉡ 감각 – 인지 모형에서는 개별적 활동을 주로 한다.
  ㉢ 언어 – 인지 모형과 아동 발달 모형에서는 소집단 방법과 개별적 지도 방법을 함께 사용한다.
  ㉣ 언어 – 인지 모형에서는 교사와 소집단 유아의 상호 관계를 강조하고 아동 발달 모형에는 교사와 개별 유아의 상호작용을 강조한다.
④ 유아와 교구 관계
  ㉠ 언어 – 교수 모형에서는 유아와 교구 간의 상호작용이 중시되지 않는다.
  ㉡ 아동 발달 모형에서는 행동을 통한 학습을 중시하며 유아와 교구 간의 상호작용이 강조된다.
  ㉢ 언어 – 인지 모형은 유아와 교구 사이를 교사가 중재해 준다.
  ㉣ 감각 – 인지 모형은 유아와 교구의 상호작용을 가장 많이 강조하여 교사의 개입 없이 유아가 스스로 교구와 상호작용함으로써 학습할 수 있게 한다.

⑤ 유아와 유아 관계
　㉠ 유아와 유아의 관계는 아동 발달 모형이 가장 높다.
　㉡ 언어-인지 모형은 아동 발달 모형에서와 같이 유아와 유아의 상호작용을 중시한 교사의 개입이 많으므로 유아 상호 간의 직접적 상호작용은 아동 발달 모형보다 적은 편이다.
　㉢ 감각-인지 모형은 개별 활동이 중시되고 사회극 놀이를 하지 않으므로 유아 간의 상호작용도 거의 없다.
　㉣ 언어-교수 모형에서도 유아 상호 간의 관계가 별로 없다.

4. 콜버그와 메이어(Kohlberg & Mayer) : 교육과정에 이용된 교육 이데올로기로서의 발달 이론

(1) 낭만주의(romanticism)
① 낭만주의 계열의 유아교육 프로그램은 유아의 내적 본성의 전개가 중요한 학습 경험과 활동이라고 본다. 성숙주의적 접근법이 기초가 되는 유형이다.
② 유아의 권리와 행복에 대한 인간적이고 윤리적인 관심을 강조하는 낭만주의적 가치 체계의 기본이 되는 것은 개인의 자유이다.
③ 유아교육 내용 구성의 기본은 유아 자신의 흥미에서부터 시작될 수 있다는 전통적인 아동 중심 또는 흥미 중심의 유아교육 프로그램들이 이 계열에 속한다.
④ 교사의 역할은 교실 내에 긍정적인 사회-정서적 놀이 환경을 설치하는 것이다 (주로 극 놀이와 창작 활동을 통한 정의적·사회적 발달에 초점을 둔다).

(2) 문화 전달주의(cultural transmission)
① 문화 전달 유형의 사고 체계에 따르면 유아의 발달이 주로 외부적 요인에 의해 결정되며, 인지·윤리 및 문화적 지식을 가르침으로써 가장 잘 발달된다고 보는 행동주의적 접근법이 기초가 된다.
② 행동주의 학습 이론을 바탕으로 빠른 시간 안에 계획적 강화에 의해 구체적인 학습 목표를 달성하는 상당히 구조화된 프로그램들이 이에 속한다.
③ 객관적인 방법으로 관찰되고 측정된 예상할 수 있는 행위로부터 추론할 수 있는 지식을 강조하기 때문에 교육 내용은 구조화되고 순서화되고, 학습 원리에 근거한 조직적인 교수 전략을 수행한다.

(3) 진보주의(progressivism)
① 듀이의 진보적인 교육관과 피아제의 인지 발달 이론에 기초하여 개발된 것으로서, 교육은 어린이와 환경과의 상호작용이 허용되고 증진되는 조건하에서 어린이와 환경 간의 상호작용으로부터 나타난다는 구성주의적 접근법에 기초한다.
② 지식은 생물학적 환경으로부터의 직접적인 학습에 의해서라기보다는 상호작용이나 대화를 통한 내적, 심리적인 중심으로부터 나온다는 것이다.
③ 교사와 유아 둘 다 교육과정을 주도하며, 놀이가 학습을 위한 수단이 된다.

5. 비셀(Bissell) : 프로그램의 목적과 프로그램이 갖는 구조성에 의한 분류

(1) 수용적 - 심화 모형(the permissive - enrichment program)
① 전인 발달을 지향하는 다양한 목적을 가지고 있으며, 유아의 욕구에 의해 교육의 형태를 결정하는 프로그램들이다.
② 교사는 유아의 욕구에 적절히 반응하며, 욕구에 부응할 수 있도록 학습 활동을 계획하므로, 유아의 발달에 관한 충분한 지식과 이해를 근거로 하여 환경을 조직할 수 있는 능력이 있어야 한다.
③ 프로그램 자체가 갖는 구조성이 비교적 낮다. 중류 계층의 유아들을 위한 적응 중심 프로그램인 헤드 스타트 프로젝트(Head Start Project) 내의 여러 프로그램들이 있다.

(2) 구조적 - 인지 모형(the structured - cognitive program)
① 학습 과정과 관계있는 태도나 자질을 계발하고자 하는 데 목적을 두는 프로그램이다.
② 학습 활동은 교사에 의해 사전에 계획되며, 학습의 결과보다 과정에 중점을 두기 위해 환경을 구조화하며, 수업 활동에서 획득된 개념들이 놀이 시간을 통하여 계속적으로 확장되는 프로그램이다. 따라서 피아제 이론에 근거하고 있는 대부분의 프로그램들이 이 유형에 속한다.

(3) 구조적 - 정보 모형(the structured - information program)
① 정보나 기술을 가르치고자 하는 데 목적을 둔다. 구조적-인지 프로그램처럼 학습 활동이 교사에 의해 사전에 계획되나, 구조적-인지 모형이 학습의 과정적 측면에서 구조적이라고 한다면, 구조적-정보 모형은 학습의 결과에 중점을 두는 정보 획득의 측면에서 구조성이 강하다고 할 수 있다. 따라서 학습 방법적 측면에서 볼 때 구조성의 정도가 구조적-인지 모형보다 더 높다.
② 저소득층 유아들에게 읽기, 말하기, 셈하기와 같은 학업적 성공을 위한 기술과 기능을 습득시키는 데 효과적이다. 대표적인 프로그램으로는 엥겔만-베커 프로그램이 있다.

(4) 구조적 - 환경 모형(the structured-environment program)
① 준비된 환경을 제공하여 유아의 성장과 발달을 돕고자 하는 데 목적을 둔다. 따라서 교육 방법은 자기 교수적(self-instructing), 또는 자기 교정적(self-correcting) 교구들과의 상호작용을 통해 학습이 이루어지도록 한다.
② 유아는 자신이 원하는 교구를 선택하여 활동할 수 있는 융통성과 자유로움이 허용되고 있으나, 환경과 학습 방법은 엄격히 구조화되어 있다. 대표적으로 몬테소리 프로그램이 있다.

6. 블룸(Bloom) : 문서화의 유무에 따른 분류

(1) 표면적 교육과정(manifest curriculum)

① 교수요목 등 문서화할 수 있는 의도적 교육과정을 의미한다.
② 유사개념 : 계획된, 구조화된, 공식적, 외현적, 가시적, 외적, 조직화된, 기대된, 형식적 교육과정
③ 학교는 의도하고 계획하였던 학습결과나 행동변화를 얻을 수 있으나 표면적 교육과정 차원에서만 교육적 효과를 판단하고자 한다면 학교문화에서 일어나는 다양한 관계와 영향력을 간과해 버릴 수 있다.

(2) 잠재적 교육과정(latent curriculum)

① 가치, 태도, 흥미 등 문서로 계획하기에는 곤란하나 학교생활 중 은연중에 가지게 되는 경험을 의미한다.
② 유사개념 : 숨은, 비구조적, 비공식적, 내현적, 비가시적, 내적, 비조직적, 기대되지 않은, 비형식적 교육과정
③ 학교는 시간과 질서, 깨끗함을 가르치고, 학생들은 질문에 대답하고 무엇을 만들어 내고자 하는 중에 자신과 타인의 가치, 경쟁하는 법, 공부나 사회적 관계에 있어서의 서열의 의미를 배우게 된다. 고도로 도시화되고 기술화된 사회일수록 잠재적 교육과정은 대단히 큰 영향력을 가진다.
④ 표면적 교육과정과 잠재적 교육과정이 서로 조화되고 상보적인 관계에 있을 때 학습자 행동에 강력한 영향을 미칠 수 있다.

○ 표면적 교육과정과 잠재적 교육과정의 비교

표면적 교육과정	잠재적 교육과정
• 지적 영역, 교과와 관련 • 단기적으로 배우며 일시적인 경향이 있음 • 교사의 지적, 기능적인 영향 • 교육 내용이 주로 바람직함	• 정의적 영역, 학교의 문화 풍토와 관련 • 장기적, 반복적으로 배우며 항구성이 있음 • 교사의 인격적인 감화 • 교육 내용이 바람직하지 못한 것도 포함

참고 | 관계 중심 교육과정

1. 20세기 후반 인간 본위현상으로 인한 자연환경의 훼손, 기술문명의 발달로 인한 매연과 공해 및 그에 따른 기상 변화, 정보통신 혁명과 개인 중심적 사고의 역작용으로 나타난 가정 해체, 물질만능, 조울증 증가 등은 개인 삶의 질적인 문제에 대해 심각하게 고려할 필요성을 제기하였다.
2. 호위스(Howes, 2000)는 개인의 발달을 가져오는 중심개념으로 관계를 강조하면서 개인의 자아는 고립적으로 발달하는 것이 아니라 사회·문화적 환경인 생태계와 상호작용하면서 공동체적으로 발달해 간다고 하였다.
3. 달린과 러스트(Dalin & Rust, 1996)는 관계 중심 교육과정의 내용으로 자아, 타인, 자연, 문화의 4개 영역을 제시하면서 이들 영역은 관계그물망으로 연결되어 관계성에 입각한 존재의미를 확보한다고 하였다. 교육은 학습자가 4개 영역의 세계를 경험하고 관련지으면서 자신과 주변 생태계 구성원들의 존재의미를 발견하고 허용해 주도록 하는 것이다.
4. 가르친다는 것은 학습자 자신을 비롯한 인간이 누구이고, 인간을 둘러싼 생태계가 무엇인지를 알아가도록 하는 것이며, 이를 위해 교사는 학습자와 생태계의 관계를 매개하고 동시에 교사와 학습자 간의 관계를 수행하는 역할을 한다고 할 수 있다.

[출처] 『유아교육과정』, 박찬옥 외, 정민사, 2015.

기출탐구

01 교사 – 유아 간의 역할 주도성을 기준으로 유아교육과정 유형을 분류한 학자는? ■1997년

① Bissell
② Weikart
③ Kamii와 DeVries
④ Kohlberg와 Mayer

02 다음은 교사 저널의 일부이다. 콜버그와 메이어(L. Kohlberg & R. Mayer)가 분류한 교육 이데올로기 유형 중 어느 유형에 해당하는지 쓰시오. ■2019년

> 2018년 10월 ○○일 ○요일
> 나는 유아들의 발달과 학습이 주로 외부적 환경에 의해 많은 영향을 받는다고 생각해 왔다. 그래서 사회·문화적으로 축적된 지식을 유아들에게 전달하기 위하여 직접 가르치는 것이 교사의 중요한 역할이라고 생각한다. 우리 반 아이들은 초등학교에 입학하기까지 몇 달밖에 남지 않아 최근에는 학업에 필요한 지식 형성을 강조하고 학습기술과 바람직한 태도 형성이 나의 주된 교육목표가 되고 있다. 이러한 교육목표는 사회에 적응하고 초등학교 입학 후 학교에 적응하는 데 꼭 필요한 것이다. 그런데 이 교육목표에 따른 교육과정이 다소 교사 중심적이고 반복적·구조적으로 운영되기 때문에 적절한가에 대해서 의문이 들기도 한다.
> … (하략) …

유아교육과정

03 다음은 유치원 교사들의 대화 내용이다. 물음에 답하시오. ■ 2021년

이 교사 : 2019 개정 유치원 교육과정에서는 교사가 자연스러운 상황에서 유아의 놀이 흐름을 따라가며 지원하는 게 중요해졌죠.
한 교사 : 그러한 점은 루소(J. Rousseau)의 사상과 관련 있는 것 같아요. 자연적 교육 혹은 자연주의 교육 방법으로 언급되는 (㉠)은/는 지식을 외부에서 유아에게 강제적으로 주입해 주는 것보다 유아의 자유로운 활동을 존중하여 자연스러운 발달을 돕는 것을 의미해요. 이는 아동 중심 교육과 관련되기도 하죠.
이 교사 : 유아가 자유롭게 놀이하면서 배우려면 직접 경험하는 것이 중요해요. 이것을 루소의 사상에 비추어보면, 인간의 정신세계로 들어오는 모든 것은 (㉡)을/를 통하기 때문에 유아기에는 실물을 보고 만지고 느끼면서 외부 세계를 경험하는 것이 중요하죠.
한 교사 : 유아가 직접적인 경험을 통해 배우는 것은 듀이(J. Dewey)의 사상과도 관련돼요. 이것은 경험의 원리로 설명할 수 있죠. 그 원리 중 하나는 경험이 환경과의 상호작용을 통해 형성된다는 것이고요, 또 다른 하나는 ㉢ 현재의 경험과 과거의 경험이 연결되고 그 경험이 미래의 경험으로 이어진다는 것이에요.
이 교사 : 네, 저도 동의해요. 유아가 오늘 놀이에서 무엇을 경험하느냐에 따라 어제까지 알고 있던 지식이 조금씩 바뀌거나 새로워질 수 있죠. 이것을 듀이의 사상과 관련하여 해석하면, 교육은 끊임없는 경험의 재구성을 통한 (㉣)(이)라는 것을 의미하죠.
김 교사 : 슈바르츠와 로비손(S. Schwartz & H. Robison)이 말했던 대로 의도적인 경험뿐 아니라 의도하지 않은 경험도 유아의 배움에 영향을 줄 수 있어요. 예를 들면, 교사가 계획한 활동뿐 아니라 교실의 분위기, 유아·교사·교구 간의 상호작용 같은 요인들도 중요한 것 같아요. [A]

슈바르츠와 로비손(S. Schwartz & H. Robison)이 분류한 교육과정 유형 중 [A]와 관련 있는 것을 쓰시오.

• _____

> **모범답안**
>
> **01.** ②
> **02.** • 문화전달주의
> **03.** • 학교에서 갖게 되는 모든 경험으로서의 교육과정

04 유아교육 프로그램

1. 프로젝트 접근법

(1) 프로젝트 접근법의 개요

① 1920년대 미국에서 듀이(Dewey)와 킬패트릭(Kilpatrick)에 의해 [프로젝트 방법(Project Method)]으로 시작되어, 1960년대 '열린 교육'으로 발전되었으며, 1990년대에 들어와 다시 캐츠와 차드(Katz & Chard)에 의해 [프로젝트 접근법(The Project Approach)]으로 재소개되었다.

② 교사와 유아들이 학습할 가치가 있는 특정 주제에 대해 심층적으로 연구하는 교수·학습 방법으로서, 유아들의 생활 세계에 대한 이해를 증진시키고 계속 학습하고자 하는 성향을 강하게 키워주는 것을 목적으로 듀이의 교육관과 아동관을 반영하고 있다.

③ 프로젝트 접근법의 주 목적은 '어린이의 주변 세계에 대한 이해를 증진시키고 계속 학습하고자 하는 성향을 강하게 키워 주는 것'이다. 교육의 목표는 지식과 기술의 획득 및 성향과 감정의 배양이다. 프로젝트를 전개하는 과정에서 각 유아들은 개인의 능력을 발휘하고 또한 또래로부터 배울 수 있는 기회를 가질 수 있다.

④ 프로젝트의 실행은 계획 및 시작, 탐색과 표상, 마무리·전시 및 평가의 3단계로 나뉜다.

⑤ 국가 수준의 유치원 교육과정의 생활주제가 유아교육 전문가들에 의해 유아들의 보편적 관심사를 제시한 것이라면, 프로젝트 접근법에서의 주제는 특정 지역 유아들의 관심사를 반영하는 것으로서 교사와 유아가 함께 결정권을 가진다.

⑥ 전체 교육과정에는 유아들의 일반적 관심사와 학급 유아들의 특정 관심사를 모두 포함시켜야 한다. 프로젝트 접근법의 기능은 대안이 아니라 보완과 통합이므로 전체 교육과정에서 일반 유아들의 관심사와 학급 유아들의 관심사를 병행하여 상호 보완할 수 있다.

⑦ 프로젝트 접근법에서 유아들은 학습의 주체로서 프로젝트와 관련하여 며칠 또는 몇 주간 지속되는 다양한 놀이와 활동들뿐만 아니라 사전 계획에 항상 참여함으로써 자신의 능력과 가능성을 인정받고, 사회적 존재로서 사회와 관련된 프로젝트를 놓고 또래와의 협동을 통해 함께 학습하고 발달하는 기회를 얻게 된다.

(2) 프로젝트 주제 선정하기

① 주제를 선정할 때 고려해야 할 다양한 요소

유아의 측면	프로젝트 작업을 할 유아 집단의 특성
교사의 측면	주제와 흥미에 대한 교사의 지식, 경험의 특성
사회의 측면	학교 및 공동체라는 더 큰 맥락의 특성
자원의 측면	이용 가능한 지역 자원의 특성
결합의 측면	위의 네 가지 요소들의 다양한 결합의 특성

② 주제를 선정할 때 고려해야 할 점
  ㉠ **다양성에 대한 관심**: 교사는 한 학급 내에서의 유아들의 경험이 폭넓고 다양함을 이해해야 한다. 따라서 교사는 유아의 경험의 다양성과 문화 배경의 다양성에 민감하게 반응하고 주제를 선정해야 할 것이다.
  ㉡ **민주 사회 참여를 위한 준비**: 유아는 프로젝트를 진행하면서 친구와 협동하기, 다른 사람의 생각에 반응하고 경청하기, 남과 조화를 이루도록 노력하기, 문제 수행 및 해결에 대한 공동의 관점 형성하기 등을 경험할 수 있다.

③ 주제를 선정하는 방법
  ㉠ 이상적인 주제의 선정은 유아의 흥미, 교사의 가치 판단을 기반으로 하여야 한다.
  ㉡ 유아의 흥미를 기반으로 주제를 선정하되, 주제에 대해 유아가 주도적이고 자발적으로 탐구할 수 있는 기회를 제공해야 한다.
  ㉢ 유아의 흥미 중 가치가 있는 주제를 선택하기 위하여 교사 회의나 학교에서 인정하는 분명한 준거를 가지고 있는 것이 중요하다.
  ㉣ 선정된 주제에 대해 깊은 흥미를 가져야 한다. 교사가 흥미를 가진다면, 유아들도 흥미를 갖게 될 것이다.

④ 주제를 선정할 때의 기준
  ㉠ 유아 자신의 환경(실제 세계)에서 직접적으로 관찰 가능해야 한다.
  ㉡ 유아가 경험한 것이나 경험의 일부와 관련되어야 한다.
  ㉢ 직접적으로 조사할 수 있어야 한다.
  ㉣ 지역 자원에서 쉽게 활용할 수 있는 것이어야 한다.
  ㉤ 다양한 표상 활동들이 가능한 주제여야 한다(예 역할놀이, 그림 그리기, 만들기 등).
  ㉥ 부모가 참여하고 공헌할 수 있어야 한다. 즉, 부모가 별 어려움 없이 참여할 수 있어야 한다.
  ㉦ 유아들에게 흥미를 줄 수 있으면서, 교사가 판단하기에 유아의 발달에 가치있는 것이어야 한다.
  ㉧ 일반적 유아의 문화적 배경뿐만 아니라 지역 문화에도 적절해야 한다.
  ㉨ 학교와 지역 차원의 교육과정 목표와 연관이 있어야 한다.
  ㉩ 유아의 연령에 따라 기초적 기술들(basic skills)을 적용해 볼 수 있는 충분한 기회를 제공해야 한다.
  ㉪ 주제가 너무 편협하거나 너무 광범위하지 않고 적절해야 한다.

(3) 프로젝트의 실행
  ① 프로젝트 1단계 : 계획과 시작
    ㉠ 교사의 사전 준비는 프로젝트의 기본적인 방향 및 전체 진행 과정에 매우 중요한 영향을 미친다.
    ㉡ 사전 주제망을 구성하고, 주제에 관한 기본 어휘 및 중심 개념을 선정한다.
    ㉢ 각 유아가 자신의 이전 경험을 다양한 방법으로 표현할 수 있도록 이끌어 준다.
    ㉣ 교사와 유아, 또는 유아들 간에 주제에 대한 서로의 경험이나 지식에 대해 충분한 공유가 이루어질 수 있도록 한다.
    ㉤ 주제에 관해 궁금한 내용을 유아들이 스스로 찾아볼 수 있도록 장려하고 도와준다.
    ㉥ 유아들의 성숙 정도나 프로젝트에 숙달된 정도를 고려한 브레인스토밍, 유목화, 주제망 구성이 되도록 한다.
    ㉦ 주제에 관한 학습 내용, 활동 조직표, 자원 목록을 작성하고 미리 자원을 뽑아 준비에 임한다.
    ㉧ 부모들에게 프로젝트에 대해 알리고 협조를 구한다.
  ② 프로젝트 2단계 : 탐색과 표상
    ㉠ 유아들은 지역의 특정 장소, 사물 또는 사건 등의 현장을 견학하고, 관찰, 발견한 것을 다양한 방법(그리기, 쓰기, 그래프, 차트, 도표, 모형 만들기, 극놀이 등)으로 표상한다.
    ㉡ 현장 견학이나 전문가 면담 시에는 질문목록을 작성하는 등 적절한 사전 준비 과정을 거쳐 임하도록 한다.
    ㉢ 현장 견학 후에는 토의시간을 갖고 견학 내용에 대해 이야기를 나눈다. 토의하는 동안 어디서 어떤 일이 일어났고 누구와 무슨 이야기를 나누었는지, 어떤 것을 보고 배우고 느꼈는지에 대해 공통적, 개별적 경험들을 재확인한다.
    ㉣ 각 유아(또는 소집단)의 활동 내용이나 표현 방법을 잘 관찰하면서 적절한 지도를 해 주며 필요한 자원 준비를 그때그때 해주어야 한다. 서적들을 조사하여 새로운 질문을 제기할 수 있다.
  ③ 프로젝트 3단계 : 전시와 평가
    ㉠ 주제망과 질문 목록을 유아들과 함께 검토하고 평가해 보면서 어떤 내용이 다루어졌는지, 프로젝트 진행 과정에서 계속 세운 활동들을 모두 잘 마쳤는지를 점검한다.
    ㉡ 반 전체 유아의 적절한 역할 분담과 고른 참여로 전시회 및 발표회가 준비되고 시행될 수 있도록 조정해 준다. 단순히 누구에게 보여 주고 과시하는 것이 되지 않도록 한다.

(4) 교사의 역할
① '교사가 계획한 활동 시간'의 운영
    ㉠ 프로젝트 주제와 관련된 특별한 동화나 동시 들려 주기, 음률 활동, 게임, 실험 등 준비해 놓은 학습 내용이나 활동 조직표와 자원 목록을 참고하면서 필요하다고 생각되는 적합한 활동을 계획하여 시행한다.
    ㉡ 기본생활습관이나 환경 교육 등 원의 교육 목표와 연관된 활동을 계획하여 운영한다.
② 자원 공급
    ㉠ 프로젝트 준비 단계 시에 교사는 가능한 한 구체적인 자원 목록을 만들어야 한다.
    ㉡ 유아와 부모와의 공조 체제하에서 자원 준비가 이루어지도록 한다.
    ㉢ 교실 한 옆에 프로젝트 활동을 위한 자료 비치함을 만들어 놓도록 한다.
    ㉣ 전시회 후 모든 자원을 잘 정리하여 재활용이 가능한 것은 십분 재활용하도록 한다.
③ 부모와의 협조를 위한 교사의 유의 사항
    ㉠ 프로젝트에 의한 학습 활동을 이해시킬 수 있는 부모 교육이 선행되어야 한다. 부모 교육을 통해 프로젝트 접근법에서 지향하는 전체적인 학습 목적(지식, 기능, 성향, 느낌)과 의의를 알려줌으로써 '관심 있는 주제에 대한 깊이 있는 탐구 활동'이 유아교육을 위해 매우 효과적인 방법이며 다음 단계의 교육에도 긍정적인 영향을 미친다는 것을 알려 주어야 한다. 특히 스스로 문제를 해결해 보고자 하는 성향이나 적극적으로 학습하고자 하는 성향이 계발되어 초등학교에 가게 되었을 때 능동적이고 자신감 있게 학교생활에 임하게 된다는 점을 인식시키도록 한다.
    ㉡ 교사가 부모, 조부모 및 기타 동거 가족에 대한 직업이나 취미 등을 자세히 알 때 프로젝트 자원 마련에 많은 도움을 얻을 수 있다.
    ㉢ 지나친 협조 요청으로 부모들이 너무 부담을 느끼지 않도록 유의하여야 한다.
    ㉣ 부모의 협조로 책이나 자원을 빌리게 될 때, 파손되거나 분실되지 않고 꼭 돌려줄 수 있도록 유의하여야 한다.
    ㉤ 전시회나 발표회의 기회를 잘 활용한다면 부모들의 역할에 관한 직접적인 교육 효과를 얻을 수 있다.
    ㉥ 프로젝트 진행 과정에 대해 주별로 부모들에게 알린다면 부모들이 보다 쉽게 유아의 활동을 도울 수 있다.

기출탐구

01 〈보기〉에서 프로젝트 접근법을 바르게 설명한 것은?   ■1998년

> 보기
> ㉠ 외적 동기를 중요시 한다.
> ㉡ 학교를 생활 자체라고 본다.
> ㉢ 체계적 교수법과 함께 사용할 수 있는 교수·학습 방법이다.
> ㉣ 캐츠(Kats)와 챠드(Chard)가 처음으로 개발한 프로그램이다.

① ㉠, ㉢　　　　　　② ㉠, ㉣
③ ㉡, ㉢　　　　　　④ ㉡, ㉣

02 다음은 주원 유치원 만 5세반의 최근 상황에 대한 설명이다. 담임인 박 교사는 이런 상황에 비추어 캐츠(L. G. Katz)와 챠드(S. C. Chard)의 '프로젝트 접근법(The Project Approach)'에 의한 프로젝트를 실행해 보려고 한다. 이를 위한 계획으로 적절한 것은?   ■2012년

> 3일간이나 비가 부슬부슬 내려 바깥놀이를 못했는데 오늘은 날이 개었다. 모처럼 박 교사는 유아들과 바깥놀이를 하러 유치원 마당으로 나갔다. 교사가 보니 마당 한쪽에 유아들 몇 명이 쪼그리고 앉아 무엇인가를 보며 이야기를 나누고 있다. 천천히 기어가고 있는 지렁이 2마리를 보고 있는 중이다.
>
> 그러면서 유아들이 "지렁이는 더러워, 나빠!", "안 더러워, 좋아!"라며 서로 다른 주장을 하고 있다. 어떤 유아는 나뭇가지로 지렁이를 슬쩍 건드려 보면서 그 반응을 보기도 한다. 교실로 다시 들어 온 후에도 '지렁이는 흙을 먹고 산다.', '물만 먹고 산다.' 등 의견이 분분하다. 그렇지 않아도 유아기 환경교육이 중요하다고 생각하고 있던 박 교사는 이번 기회에 '지렁이 프로젝트'를 통해 새롭게 환경교육을 해 보기로 하였다.

① '지렁이 프로젝트'를 성공적으로 끝낸 다른 지역 유치원의 포트폴리오를 빌려 와서 같은 결과물이 나오도록 계획한다.
② 프로젝트 접근법은 통합교육과정이므로 유치원 교육과정의 5개 영역에서 '지렁이' 관련 활동이 20%씩 동일 비율로 균형 있게 이루어지도록 계획한다.
③ 프로젝트 시작·전개·마무리 단계에 소요되는 시간은 유아들의 흥미나 요구, 자원 충원 정도 등에 따라 달라질 수 있으므로 '지렁이 프로젝트'의 종료 시점을 융통성 있게 계획한다.

④ 유아 및 부모의 관심과 협력이 중요하므로 프로젝트 기간 중 매일 '지렁이 관련 자원을 제일 많이 가져 온 친구 뽑기'를 해서 유아뿐 아니라 부모도 관심을 갖고 경쟁적으로 자원을 모으도록 계획한다.
⑤ '지렁이'는 환경교육 측면에서 중요한 소재이므로 프로젝트가 시작되면 '지렁이가 하는 일', '지렁이 몸의 구조', '지렁이의 먹이', '지렁이가 생태계에 유익한 이유'의 내용 순서에 따라 가르치도록 계획한다.

모범답안

01. ③
02. ③

2. 레지오 에밀리아 접근법

(1) 이론적 배경

① **사회 구성원 간의 협력 체제(collaboration)** : 말라구찌(Malaguzzi)에 의해 창안, 적용되었다. 한 가지 또는 몇 가지 이론을 기초로 개발되는 일반 유아교육 프로그램과는 달리 레지오 에밀리아의 유아교육은 유아교육에 헌신한 교사와 부모들의 영감과 교육적인 직관으로 시작되었다. 레지오 에밀리아의 유아교육은 교사의 개인적 철학, 직관, 경험이 반영되고, 교사가 자신이 속한 특수한 사회·문화적 배경을 바탕으로 자신이 가르치는 구체적인 집단의 유아, 학부모, 동료 교사, 지역사회와의 상호작용을 통하여 발전된 교육 체제이다.

② **사회적 구성주의** : 듀이, 피아제, 브론펜브레너, 비고츠키, 가드너의 이론이 많은 영향을 주었으며 상호 관계(interrelationship)에 의거한 교육, 가설적 이론(naive theory) 및 반영적 사고(reflectivity) 그리고 협상(negotiation)을 통한 지식의 공동 구성체(construction of knowledge) 등이 핵심 개념으로 인식되고 있다.

③ **아동관** : 레지오에서는 '행복한 유아', '강한 유아', '능력 있는 유아'로서의 이미지를 강조한다. 유아들은 태어날 때부터 자신의 생각과 이론이 있기 때문에 성인이 무엇인가를 담아주어야 하는 존재가 아니다. 유아들에게는 고유의 생각과 이론을 교사와 부모를 포함한 모든 성인이나 또래와의 관계 속에서 주고받음으로써 지식을 구성해 나가고 발전시킬 수 있는 힘과 능력이 있다. 또한 유아들은 사회적 관계를 맺으려는 강한 성향을 가지고 있기 때문에 성인은 유아들이 교육적이고 보호적인 공간에서 타인과의 관계를 형성해 나가며 양질의 행복한 삶을 즐기고 유지하도록 도와주어야 한다.

(2) 교육과정의 특징
① 발현적 교육과정(emergent curriculum)
㉠ 미리 정해진 주제나 활동에 따라 운영되는 것이 아니라 일상 경험 속에서 유아의 관심이나 학습 진전 상태와 교사의 관찰에 따른 판단 간의 상호 협상을 통해 주제가 선정되고 교육과정이 구성되는 것을 의미한다.
㉡ 활동 과정에서 교사는 끊임없는 실험과 기록화를 수행하여 교사 간의 토의를 통해 잠재력을 학습에 반영하고 지원해줄 수 있는 단서를 찾으며, 유아가 문제와 의문점을 스스로 발견하고 가설을 세우고 검증하고 확인해 나가도록 돕는다.

② 학습 도구로서의 프로젝트
㉠ 유아의 흥미를 토대로 주제를 선정하지만 유아에게 전적으로 의존하지는 않는다. 교사는 유아가 표현한 '100가지 언어'를 기초로 유아들이 관심을 보이는 것, 유아들에게 교육적으로 가치가 있는 것, 그리고 사회적·문화적 맥락에서 의미 있는 것이 무엇인가를 고려하여 발현적으로 유아들이 무엇을 배우고, 경험하고, 표현하게 할 것인가를 결정한다.
㉡ 프로젝트가 진행되는 과정에서도 교사와 유아는 지속적인 평가를 바탕으로 지속적인 계획을 한다. 유아들이 프로젝트를 할 때 교사는 유아들의 활동을 매일 점검하고, 유아들과 유아들의 아이디어와 다음날 새로 추가할 것의 가능성에 대해서 토론한다. 교육자로서의 판단과 유아의 학습과의 연속적 협상에 의해 교육과정이 발현하게 되며 학습도 순환적으로 전개된다.
㉢ 보통 3~4명으로 구성된 소집단의 유아들이 다양한 주제를 가지고 장·단기 프로젝트를 실시한다. 집단의 구성은 유아들의 흥미, 남·녀의 비율, 공동으로 학습해 나가는 과정에서 서로 도움을 줄 가능성 등을 기초로 교사가 주로 구성한다. 교육과정의 계획과 실행은 항상 개방적이며 교사와 유아 주도 형태의 상호작용이 이루어진다.

③ 다상징적 접근법(multisymbolic approach)
㉠ 다양한 매체를 통해 생각을 표현하는 과정에서 유아의 잠재력을 포착하고 인지적 성장을 촉진한다.
㉡ 가설을 세우고 검증하면서 주제에 대한 탐구를 하는 동안 유아들은 그림, 조각, 상상 놀이, 쓰기 등을 포함한 다양한 형태의 상징 언어로 자신들이 이해한 것을 표현한다.
㉢ 유아들은 자신들이 사용한 표상 방법이 표현하고자 의도한 것을 충분히 표현했는지에 대해 토론하고, 교사는 상호 교환의 수단으로 작품을 계속 발전시키기 위해 탐색과 평가의 과정에 유아들을 참여시킨다.

④ 상징화 주기(cycles of symbolization. 포만, 1993)
㉠ 다상징적 과정을 거치면서 유아가 자신의 가설을 표상하고 재방문하여 재표상해 나가는 과정으로, 반성적 사고능력을 향상시키기 위한 교수전략이다.

ⓒ 아는 것을 말로 표현하기 ⇨ 그리기와 토의 ⇨ 모형 만들기 ⇨ 참조자료로 그림 활용 ⇨ 현장경험 ⇨ 경험 후 그리기 ⇨ 확장 ⇨ 심화 ⇨ 발전된 확장과 심화

⑤ 기록 작업
  ㉠ 기록으로 남기는 과정에 독특한 의미를 부여하는데, 유아들의 활동 과정을 기록으로 남기는 과정과 그 행위의 결과(작품)라는 두 가지 측면을 모두 중시한다.
  ㉡ 기록 작업(documentation)에는 유아들이 활동을 시작해서 끝내기까지 여러 단계를 거치는 동안 만들어 낸 작품, 진행되고 있는 활동을 찍은 사진, 유아들과 함께 활동을 한 교사나 다른 성인이 한 충고, 유아들이 자신들이 하고 있는 활동에 대해 한 토론·설명 그리고 부모들이 한 충고 등이 포함된다. 또한 유아들의 활동을 관찰하거나 사진 찍은 것, 유아들의 활동에 대해 한 토론을 녹음해서 글로 옮긴 것도 포함된다.
  ㉢ 기록의 결과물은 교실이나 복도에 전시되는데 유아들이 전시된 작품을 어떻게 계획하고, 실행에 옮기고 완성했는지를 보여준다.

> **길라잡이**
>
> **기록 작업의 의의**
> 1. 유아는 기록된 것을 통해 성인들이 자신이 한 일을 소중하게 여기고 다룬다는 것을 봄으로써 자신감과 자기 존중감을 갖게 되며, 자신들이 한 것에 대한 기억의 창고로 사용한다.
> 2. 교사는 기록된 것을 통해 유아들이 무엇에 관심이 있는지, 무엇을 알고, 무엇을 모르는지, 유아들과 프로젝트를 어떤 방향으로 이끌고 가야 할지 그리고 교사는 무엇을 잘 했고 잘못 했는지를 반성적으로 사고할 수 있는 자료가 된다.
> 3. 부모나 외부의 사람들에게 유아교육 기관에서 무엇이 어떤 방식으로 일어나고 있는지를 자연스럽게 알림으로써 부모와 교육 기관 사이의 강한 연대감, 적극적인 상호작용 및 의사소통, 협력의 기틀을 마련한다.

⑥ 물리적 환경
  ㉠ 순환성 : 모든 공간이 자연적으로 연결되어 있어서 막힘없이 어느 곳으로나 통할 수 있다는 의미로 유아 - 유아, 유아 - 교사, 유아 - 환경 간의 상호작용을 최대한 장려하는 레지오의 정신을 잘 반영하고 있는 개념이다. 따라서 레지오 에밀리아 유아교육 기관의 환경은 공통적으로 건물의 어느 곳에서나 직접 연결되는 중앙 공용 공간(피아자, piazza)이 중심부에 자리 잡고 있으며, 네 면을 따라 아틀리에, 활동실, 각 학급별 미니 아틀리에 그리고 화장실이나 부엌 같은 부대시설이 배치되어 있는데 문을 통해 모두 연결되어 있다.
  ㉡ 투명성 : 같은 공간에 있지 않아도 서로의 존재를 보고 느낄 수 있는 가능성을 의미하는 것으로서 모든 문과 창에 유리를 사용하여 서로 볼 수 있도록 하였다. 또한 가능한 한 자연색과 모든 종류의 빛(예 자연 채광, 형광등, 백열등

등)과 빛을 활용하는 기구(**예** 투시물 환등기, 슬라이드 프로젝트, 빛책상(light table), 손전등)를 많이 활용하여 투명성의 원리를 실현하고 있다.

⑦ 집단의 역학(group dynamic)
  ㉠ 관계, 의사소통, 사회적 상호작용의 가치를 강조한다. 유아 – 유아, 발달의 수준에서 차이가 있는 유아, 유아 – 성인 간의 사회적 상호작용을 통해 학습이 이루어진다고 보고 있다.
  ㉡ 따라서 소집단으로 구성된 유아들 사이에서 발생하는 인지적 갈등과 토론을 격려하고 있다. 타인의 생각에 자신의 반론을 제기하는 것을 공격이 아니라 성장을 위한 기회로 인식하고 있으며 이 과정에 성인도 적극적으로 참여한다.

⑧ 시간과 역할의 연속성
  ㉠ 시간과 역할의 연속성을 강조한다. 유아들이 탐구, 표상, 상호작용을 할 수 있는 충분한 시간을 제공한다.
  ㉡ 교사와 유아의 관계가 연속될 수 있도록 한 번 학급이 구성되면 재원하는 3년간 같은 집단이 유지된다. 이것은 가족과 같은 분위기를 조성하여 교사와 유아들이 서로를 더 잘 이해하고 학습과 경험이 최적화될 수 있게 하기 위해서이다.

⑨ 교사
  ㉠ **교육 조정자**(pedagogista)
    • 한 명이 몇 개의 유치원을 담당하고 있다. 교육 조정자들이 담당하는 임무는 다른 페다고지스타와 함께 유치원과 영·유아 센터 전반에 관련된 정책이나 문제를 토론하거나 교사의 현직 교육을 계획 실행하고, 자신이 담당한 유치원 직원의 임무 배정, 일의 양과 시간 조정, 유치원 설비의 보수와 신설 등과 같은 운영에 관련된 일을 한다.
    • 또한 현재 진행되고 있는 프로젝트에 참여하거나 관련된 자문을 해주어 교사가 유아들을 관찰하고, 유아들의 말을 듣고, 프로젝트를 하고, 자신의 연구를 진행하는 기술을 향상시키게 돕고, 교사가 각 가정과 상호 관계를 맺는 것을 지원해 준다.
  ㉡ **교사의 구성**
    • 2명의 교사가 팀이 되어 학급을 3년간 담당한다. 교사들은 동반자, 양육자, 안내자의 역할을 하는데 이들은 교육과정을 결정할 뿐만 아니라 학습자 또는 연구자로서의 태도를 가지고 교육에 임한다.
    • 교사들 사이에는 위계가 없고, 서로에게 배우는 협력적인 관계에서 함께 일을 한다. 이런 교직원 배치는 성인과 유아 관계의 특징인 공동 사회 의식을 촉진시킨다.
  ㉢ 아틀리에리스타 : 이들은 미술을 전공한 교사로 아틀리에에서 주로 일하며 학급의 담임 교사들과 협력하여 교육과정의 개발과 기록 작업을 함께 한다. 최근 프로젝트에서 이들이 맡는 역할이 점차 확대되고 있다.

⑩ 지역사회 중심의 운영(community-based management)과 부모의 참여
  ㉠ 레지오 에밀리아 시가 유아를 가진 가족을 지원하는 전통은 유아를 국가의 책임이라고 인식하는 이탈리아의 문화적 전통을 확장시킨 것이다. 레지오 에밀리아는 부모와 지역사회의 참여를 교육의 필수 조건으로 생각하고 있다. 1970년대부터 교육의 개혁을 촉진시키고, 관료주의에서 교육을 보호하고, 교육자와 부모 간의 협력을 촉진시키는 수단으로 지역사회 중심의 운영을 하게 되었다.
  ㉡ 레지오 에밀리아에서 지역사회 중심의 운영은 교육의 모든 측면에 스며 있는 철학 이상으로 인식되고 있다. 특히 학교-도시위원회가 학교를 민주적으로 운영하기 위해 조직되었는데, 이 위원회에는 부모, 교사, 시민, 지역사회의 여러 집단이 참여해서 교육의 모든 측면(학교 정책의 수립, 유아 발달, 교육과정의 계획과 평가)을 함께 의논하고 결정한다. 따라서 부모들은 학교의 정책 수립, 유아 발달, 교육과정의 계획과 평가에 대한 토론에 참여하도록 권장된다. 많은 부모가 취업을 하고 있기 때문에 원하는 부모들이 모두 참여할 수 있도록 하기 위해 회의는 밤에 개최된다.

참고 유아교육 프로그램

몬테소리 프로그램	(1) 배경 : 로마 빈민 지역에 '어린이집(The children's House)'을 세워 영유아에 대한 면밀한 관찰을 통해 몬테소리 교구를 제작, 사용 (2) 유아는 스스로 발달할 수 있는 내적 생명력을 가지고 있으며 자신으로부터 발달이 전개됨 (3) 교육 목표 : 정상화(안정감, 행복, 만족 등의 깊은 내적 변화) (4) 교육 내용 : 일상생활, 감각, 수, 언어, 문화 (5) 교육 방법 : 관찰을 통해 민감기에 적절한 환경(준비된 환경)을 제공 (6) 자동교육(auto education) : 준비된 환경에서 민감기에 맞는 최적의 교구로 작업을 하여 몰입할 때(흡수정신) 의미 있는 변화가 자연스럽게 이루어지는 것

발도르프 프로그램	(1) 배경 : 슈타이너(steiner)의 철학적 신념과 슈투트가르트의 담배공장 사장인 몰트만의 자본으로 최초의 발도르프학교 설립
	(2) 인지학 : 인간이 스스로의 본성을 인식할 수 있도록 지혜를 얻고 탐구해나가는 학문
	(3) 교육 원리
	  • 인간발달의 3단계 : 신체(의지), 마음(감정), 정신(사고)의 발달을 통해 자유로운 인간의 탄생
	  • 모방과 본보기 교육(감각기관을 통해 느끼고 모방을 통해 내면화)
	  • 리듬과 반복(들숨과 날숨 활동의 반복, 내적인 상태를 관찰하면서 일과운영)
	  • 상상력(완벽하고 정교한 놀잇감 X, 자연물, 채워질 여지가 있는 놀잇감)
	(4) 내용 : 자유놀이, 작업, 동화, 교육예술(오이리트미, 수채화 그리기)
	  ✽ 오이리트미 : 인간이 자신의 정신과 영혼을 일깨우도록 자각하는 과정에서 내면에 대한 인식을 움직임으로 표현해 내는 것

생태교육 프로그램	(1) 배경 : 산업 문명 최대의 피해자인 유아의 몸, 마음, 영혼을 살리고 자본과 경쟁의 논리가 지배하는 교육의 현실을 개선하고자 하는 새로운 패러다임 (2) 교육 목표 : 살림의 교육 • 아이살림 : 몸, 마음, 영혼이 균형적으로 안정됨으로써 가능 • 교육살림 : 가정, 학교, 사회가 더불어 살아가는 교육을 지향 • 생명살림 : 사람과 자연이 하나 되는 세상을 지향 (3) 추구하는 어린이상 : 신명나는 어린이(생명력과 적응력을 품은 어린이) • 튼튼한 어린이, 즐거운 어린이, 스스로 하는 어린이, 새로운 것을 생각하는 어린이, 예의 바른 어린이, 생명을 존중하는 어린이, 일을 귀하게 여기는 어린이, 우리 것을 아는 어린이, 지구를 지키는 어린이, 더불어 사는 어린이 (4) 교육 내용 : 삶교육, 땀교육, 관계교육, 앎교육, 감각교육, 감성교육, 영성교육 (5) 교육 방법 : 산책, 바깥놀이, 텃밭 가꾸기, 세시풍속, 손끝놀이, 노인·아동 상호작용, 절제·절약, 명상, 몸짓놀이 프로그램 등
뱅크 스트리트 프로그램	(1) 배경 : 프로이드, 에릭슨, 듀이, 피아제 등의 인간 발달에 관한 이론을 기초로 개발 (2) 성숙주의 유아교육과정 접근법에 기초한 프로그램 (3) 발달적 상호작용 프로그램이라고 부르며, 개방 교육(open education)으로 분류 (4) 불우 아동의 결핍에 대한 관점 : 언어적 – 개념적 기능 결핍, 인간관계 유지 기술 결핍 (5) 교육 목적 : 아동의 능력, 대인 관계, 개인성, 창의성 증진, 자신감 있고 발명적이며, 책임감 있고, 생산적인 인간 육성 (6) 교육 내용 : 다양한 감각 운동, 지각적 경험을 제공, 내적 충동을 조절할 수 있도록 규칙을 세우고 각자의 분명한 역할 확립, 인간관계에서의 갈등 해결
까미 드브리스 프로그램	(1) 배경 : 저소득층 유아들을 대상으로 피아제의 인지 발달 이론에 기초하여 개발 (2) 교육 목표 : 새로운 행동을 추구하는 창조적, 발명적, 탐구적 인간, 기존 의식에 대해 비판적, 분석적 태도를 가진 인간 양성 (3) 교육 내용 : 일상생활, 아동 발달 프로그램 내용, 피아제 이론이 암시하는 활동들 | 물리적 지식	물체의 속성으로부터 얻어질 수 있는 지식을 말한다.
사회적 지식	사회의 규범, 예절, 규칙에 관한 지식을 말한다.
논리–수학적 지식	아동과 물체와의 상호작용을 통하여 얻어질 수 있는 지식을 말한다.	
디스타 프로그램	(1) 배경 : 헤드스타트 운동 이후 유아교육의 관심이 사회에서 혜택 받지 못한 아동에게 옮겨감으로 인해 개발 (2) 베라이터–엥겔만(Bereiter–Englemann) 혹은 엥겔만–베커 프로그램이라고 함 (3) 교육 목표 : 불우한 아동들의 학업 성취를 도움 (4) 교육 내용 : 학문적 기초를 형성하기 위한 언어, 읽기, 셈하기 / 반구조적 활동(간식, 음악) (5) 교육 방법 : 행동주의 전략으로 직접 교수, 과제의 단계적 제시, 반복 학습 강조
하이스코프 프로그램	(1) 배경 : 1960년대 와이카트 등을 중심으로 페리 유아원 프로그램을 위해 개발 (2) 교육 목표 : 인지 발달 이론에서 중시하는 문제해결력과 독자적인 사고력을 강조 (3) 교육 내용 : 능동적인 학습자로서 유아의 지식은 다른 사람과의 상호작용, 사물에 대한 직접적인 경험, 이러한 경험들에 대한 논리적 사고 등을 통해 형성 (4) 교육 방법 : 계획과 평가 시간에 주요 경험(key experience)을 사용함으로써, 교사는 유아들의 상호작용 및 그들의 교실 활동을 연구하며, 지속적으로 유아의 발달 상태를 측정하고, 유아의 인식의 폭과 이해를 넓혀 주기 위해 지적 자극을 줌 (5) 유아가 만 27세가 되기까지의 프로그램의 영향을 추적 연구. 교사는 몇 개월에 걸쳐 유아의 행동에 대한 일화를 기록, 후에 발달에 적합한 실제에 해당하는 모든 유아교육 프로그램에서 사용

라바텔리 프로그램	(1) 배경 : 피아제 이론에 기초하여 개발된 최초의 프로그램 (2) 교육 목표 : 전조작기 사고 단계의 유아를 구체적 조작기 사고단계로 끌어올리는 것 (3) 교육 내용 : 피아제 실험의 분류, 서열, 수, 공간, 측정 과제 (4) 교육 방법 : 교사가 직접 언어적 교수 방법을 사용하여 피아제 과제를 보존할 수 있도록 함	
간격 교수 모델	(1) 배경 : 5세에서 10세까지 유아들의 분류 능력을 연구하는 프로젝트로 시작 (2) 유아가 문제를 해결하는 상황에 적극적으로 참여하도록 하는 부모의 교수 방법이 높은 표상력을 갖게 함. 이때 부모들은 유아가 진행하는 현재 상황이나 사건으로부터 스스로 간격을 유지하도록 요구하기 때문에 시걸(1970)은 이러한 부모의 교수 방법을 '간격(distancing) 전략'이라고 하였음. "어린 사고가로 교육하기 : 인지적 성장을 위한 학급 전략"이라고도 함 (3) 교육 목표 : 유아의 이해를 증가시키고 의식적인 반응을 유도하기 위해 반성력과 초인지 과정에 초점을 둠으로써 표상 능력을 발달시킴 (4) 교육 내용 : 새로운 경험을 정신적으로 재조직해 분석함으로써 인지적 성장을 이루는 것 (5) 교육 방법 : 유아의 활동과 반성력을 자극. 사회적으로 간격 경험을 제공. 놀이가 이루어진 후 반드시 반성하도록 강조 (6) 간격을 강조하는 활동	
	가상 놀이	• 내적 표상을 위한 개인의 능력을 증진시킨다. • 새로운 자료에 대해 능동적인 동화가 이루어질 수 있는 매개물을 제공함으로써 인지 구조를 더욱 정교화한다. • 현재 존재하지 않거나 가설적인 상황을 다룰 수 있는 유아의 능력을 강화한다. • 사회적 능력을 증진시킨다.
	규칙 만들기	• 구성주의적 관점을 예증해 주는 또 다른 특별한 활동은 학년 초에 유아들이 사회적 규칙에 주의를 기울이도록 하는 접근이다. • 블록 영역에서의 놀이 규칙 만들기 등과 같이 유아가 규칙을 구성하도록 도와줌으로써 개인 간 갈등을 효과적으로 해결한다. • 규칙 결정 과정에서 유아들은 모여 토론하고 준비된 종이에 결정한 숫자를 쓰고, 상황을 나타내는 그림을 그리면서 상징을 활용한다. 이러한 과정에서 유아들은 내적인 표상이 발달된다. • 그림과 숫자라는 두 가지 상징 체계를 사용하는 외적 표상은 사회적 규칙일 뿐 아니라, 동일한 아이디어를 다른 방법으로 표상할 수 있는 표상 규칙이 된다.

기출탐구

다음은 유아교육에 영향을 미친 현대 교육 이론과 관련된 내용이다.

■ 2019년 추가시험

- 가드너(H. Gardner)의 다중지능이론을 적용하는 교사는 개별 유아의 (㉠)을/를 발견하여 흥미와 적성에 맞는 교육을 실행한다. 이로써 모든 유아가 성공을 경험하고 자신이 선호하는 영역을 지속적으로 추구할 수 있도록 (㉠) 지능을 전략적으로 활용한다.
- 캐츠(L. Katz)와 챠드(S. Chard)의 (㉡) 접근법은 특정주제에 대한 심층적인 조사를 강조하는 교수·학습 방법이다. (㉡) 접근법은 주제 선정 시 유아의 흥미, 관심, 욕구뿐 아니라 교사의 교육적 판단도 중시하므로, 유아의 자발적 참여와 교사에 의한 체계적인 교수가 통합된 것으로 평가받는다.
- 말라구찌(L. Malaguzzi)가 체계화한 유아교육 접근법에서는 유아의 활동 과정과 작품을 모두 자료로 남기는 (㉢)을/를 강조한다. (㉢)은/는 교사에게는 탐구 과정을 통한 전문성 함양, 유아에게는 자신의 표상 활동과 사회적 상호작용에 대한 재평가, 부모 및 지역사회에게는 교육과정에 대한 정보 공유의 기회를 제공한다.

괄호 안의 ㉠, ㉡, ㉢에 들어갈 말을 각각 쓰시오.

- ㉠ : _____
- ㉡ : _____
- ㉢ : _____

모범답안

- ㉠ : 강점
- ㉡ : 프로젝트
- ㉢ : 기록화(documentation)

SECTION 02 유아교육과정 구성 체계

Tipping 유아교육과정의 구성 체계인 '교육 목표 – 교육 내용의 선정과 조직 – 교수·학습 – 평가'의 기본적인 원리를 이해하고 이를 누리과정과 연관 지어 이해한다.

01 교육 목표의 설정과 진술

1. 교육 목표의 유형과 기능

목표란 철학적으로는 도달점을 의미하며 심리학적으로는 도달점 행동을 의미한다.

(1) 교육 목표의 유형

① **교육 이념** : 행복한 삶을 위한 복지사회 건설, 민주주의 실현 등과 같은 교육 목적을 달성해야만 이룩될 수 있는 교육의 비본질적 기능으로서의 목표이다(「교육기본법」, 「초·중등교육법」).

② **교육 목적** : 교육과정에서 추구하는 인간상, 즉 '건강, 자주, 창의, 도덕적 한국인을 육성한다'와 같이 교육 목표를 달성함으로써 이룩될 수 있는 교육의 궁극적 목표이다(추구하는 인간상, 학교 교육 목표).

③ **교육 목표** : '자주적 탐구학습을 통하여 창의력을 기른다'와 같이 학습 경험을 통하여 변화되기를 기대하는 도달점 행동을 의미한다(학교 경영 목표 : 창의력 신장, 도덕적 지식의 실천, 자주적 태도 함양, 체력 신장, '교육과정 목표').

④ **단원 목표** : 단원의 학습 경험을 통하여 변화되기를 기대하는 도달점 행동이다(평면 도형의 넓이를 구할 수 있다).

⑤ **학습 목표**(활동 목표) : 단위 학습 경험을 통하여 변화되기를 기대하는 도달점 행동이다(사다리꼴의 넓이를 구할 수 있다).

(2) 교육 목표의 기능

① **학습의 방향 제시** : 교육 활동이 계획되고 실현되는 구체적인 방향을 제시해 준다.
② **학습 경험 선정과 지도 방법 채택의 근거 제시** : 목표 달성에 적절한 학습 경험 선정의 기준이 된다.
③ **학습의 촉진** : 목표를 확인하면 성취 동기가 육성된다.
④ **학업 성취도 평가 기준 제공** : 학습 결과를 평가하는 기준이 된다.
⑤ **교육 활동의 통제** : 모든 교육 활동이 교육 목표에 귀결되도록 통제하는 역할을 한다.

> **길라잡이**
>
> Tyler의 교육 목표 설정 자원
> 1. 철학의 적용   2. 교육 심리의 적용   3. 현대 생활 연구
> 4. 학습자에 대한 연구   5. 교육 전문가의 제안

2. 교육 목표의 설정

(1) 유아교육과정 목표 설정의 기초 자원(철학, 사회와 문화, 학습자, 교육과정 내용)

① 철학 : 교육 이념

구분	낭만주의	문화전달주의	진보주의
기본 관점	성숙주의 발달관에 기초한 '개인의 자유'를 중시함	인지·윤리 및 문화적 지식을 직접 가르침으로써 가장 잘 발달된다는 행동주의적 관점	교육의 과정은 사고의 과정으로서 총체적인 발달을 추구해야 함
배경	루소, 프뢰벨, 프로이드, 게젤	로크, 손다이크, 스키너	듀이의 진보적 교육관, 피아제의 인지 발달 이론
교육 목표	인간이 갖추어야 할 건전하고 바람직한 인성 특성, 일련의 덕목	학교에서의 성공이나 사회의 적응에 성공할 수 있기 위한 기능 습득과 태도 형성	성장의 과정에서 주변 환경과의 능동적인 상호작용 경험을 통해 이루어지는 '발달'

② 사회 및 문화 : 사회의 필요가 교육 목표 설정의 자원이 된다. 즉, 도덕성이나 복지 사회 구현 등 사회인이 합의한 공통적 가치관이 교육 목표 설정에 중요한 구실을 한다.

③ 학습자인 유아에 비추어 본 타당성 : 교육 목표가 유아의 흥미, 요구, 발달 특성을 충분히 반영하는가를 고려한다.

④ 교육과정 내용에 비추어 본 타당성 : 교육 내용이란 유아들의 생활 경험을 선정·조직한 것으로서 유아의 삶과 연관된 지식·기술·태도인가, 유아와 교사에게 흥미 있는 내용인가 등에 관한 유아교육 전문가들의 의견을 충분히 교육 목표에 반영해야 한다.

(2) 교육 목표 설정 시 일반적으로 고려해야 할 사항

① 교육 목표는 뚜렷한 철학적 입장을 바탕으로 기초되어야 한다.
② 유아교육에서의 교육 목표는 실현 가능성이 있는 것이어야 한다.
③ 교육 목표는 유아의 모든 행동 측면을 포괄하도록 한다.
④ 교육 목표는 그 수준에 따라 진술의 형태가 다를 수 있으며 단기 목표일수록 구체적이고 명료한 행동적 용어로 기술되는 것이 바람직하다.
⑤ 교육 목표는 교육 활동의 전개 과정과 결과에 따라 계속적으로 수정·적용되어야 한다.

유아교육과정

3. 교육 목표 분류학(블룸, Bloom)

(1) 정의
① 교육 목표에 반드시 포함되어야 하는 내용과 행동, 이 두 가지 중에서 특히 행동에 관한 아이디어를 더욱 상세화한 것이다.
② 학습의 결과로서 기대되는 행동을 분류한 것으로서 이 행동 유형들은 교육의 목표이자 곧 가르쳐야 하는 내용이기도 하다(김경배·김재건·이홍숙, 2006).

(2) 교육 목표의 세 가지 영역
① 지적 영역(cognitive domain) : 이성적 또는 지적 사고를 필요로 하는 학습 영역

기본 정신 기능	지식 (knowledge)	개개의 고립된 정보를 오직 기억, 재생하는 수준의 지식
	이해 (comprehension)	정보의 여러 요소에 초점을 맞추고 그것을 식별하거나 단순히 기억, 재생하는 수준 이상의 지적 행위 능력
	적용 (application)	습득한 정보를 다른 경우에 적용하며, 그 전에는 하지 못하였던 일을 이제는 할 수 있게 되는 능력
고등 정신 기능	분석 (analysis)	어떤 종류의 커다란 현상을 이해하며, 이때 그것을 구성하는 작은 요소들을 검토하고 추론할 수 있는 능력
	종합 (synthesis)	새로운 전체를 창조하기 위하여 내용의 개별적 요소를 함께 통합할 수 있는 능력
	평가 (evaluation)	어떤 분명한 기준을 세워 판단할 수 있으며, 이때 자신의 결론을 입증할 수 있는 증거를 세우는 능력

② 정의적 영역(affective domain) : 태도와 가치에 관련된 학습 영역

수용 (receiving)	여러 자극 가운데 특정 자극을 변별하고 자진해서 주의를 기울이며, 자극들을 추구하는 것
반응 (responding)	자극에 대해서 기대에 부응하는 정도의 반응을 보이며, 자신의 내부 압력에 따른 반응을 보이다가 개인적 만족을 위해 정서적인 반응을 보이는 것
가치화 (valuing)	내면화가 점차 이루어지는 바, 가치화는 내면화가 좀 더 심화됨을 의미함. 이는 가치수용, 가치채택, 확신의 수준으로 전개됨
조직화 (organizing)	여러 가지 가치를 하나의 체계로 구성하는 것으로서, 가치 개념화가 이루어진 후에 가치체계를 정립하게 됨
인격화 (characterizing)	하나의 가치체계와 구조, 세계관을 갖고 가치 상황에 일관성 있는 반응을 하게 되는 것

③ 운동 기능적 영역(psychomotor domain) : 근육의 발달과 사용 그리고 신체의 능력에 관한 행동을 포괄하는 영역

관찰(observing)	어떤 운동 기능 과업을 요소별로 나누어서 관찰하고 기술하는 것
모방(imitating)	관찰한 복잡한 운동 기능 등을 요소별로 나누어서 자신이 보고 들은 대로 따라해 보는 것
연습(practicing)	모방한 운동 기능을 몸에 익숙해지도록 반복 연습하는 것 이를 통해 전체를 부드럽고 능숙하게 할 수 있음
적응(adapting)	자기 나름대로 확실한 운동 기능을 행할 수 있는 것 그 운동 또는 활동의 과정을 완전히 자기의 것으로 만들어 내면화(사유화)를 이루게 됨

4. 유아교육의 목표 진술(※ 출처 : 문미옥, 창지사, 2009)

(1) 유아교육의 목표 수준

장기 목표	사고의 틀을 제공하며, 교육과정을 구성하는 철학적·이론적 관점을 반영하여 포괄적·추상적이다.
단기 목표	교수 계획을 반영하며, 매일의 교육과정 활동과 연결되어 매달, 매주, 매일의 특별한 내용을 서술한 것으로 특수하고 구체적이다.

(2) Tyler의 교육 목표 진술

> 타일러는 가장 효과적인 목표 진술 방법은 학습자들에게 가르치려는 내용이 무엇이며, 이러한 행동이 활용될 수 있는 실제 영역이나 내용이 어떤 것인가를 밝혀내는 것이라고 하였다. 타일러의 진술 양식은 수업 목표 진술 양식의 기본형이라 할 수 있을 정도로 핵심 요소들로만 구성되어 있는데 가장 단순하지만 교육 평가를 위한 '2원 목적 분류표 작성'과 평소의 교실 수업에서 가장 많이 활용되고 있다. 타일러의 진술 방식을 정리하면 다음과 같다.
> [출처] 문미옥, 창지사, p.179.

> ※ 진술 조건 : ① 학습 내용(자료) + ② 학습자를 주체로 기대되는 학습 행동

① 목표에는 변화시키고자 하는 행동이 무엇인지 분명하게 제시되어야 한다.
② 교육 목표에는 변화시키고자 하는 행동 이외에도 어느 분야에서 행동의 변화가 이루어지기를 바라는지 그 내용이 포함되어야 한다.
③ 교육 목표는 학습자에게서 일어나는 변화에 대한 진술이어야 하며 학습자를 주체로 진술해야 한다.
④ 목표 진술의 예
　㉠ 5가지 기초 식품군을(내용) + 이해한다(행동).
　㉡ 간단한 음식 만들기를(내용) + 할 수 있다(행동).
　㉢ 쓰레기 분리수거하는 방법을(내용) + 실천할 수 있다(행동).

(3) Mager의 도달점 행동 목표 진술

> 메이저는 타일러의 내용과 행동으로 이루어진 목표 진술 방법을 더욱 상세화하여 목표를 관찰 가능하고 측정 가능한 행동 동사를 사용하여 진술할 것을 제안하였다.

※ 진술 조건 : ① 학습조건(자료, 학습장면) + ② 준거(기준) + ③ 도달점 행동

① 학습자가 성취하게 될 행동이 무엇인가를 분명하게 규명하여 가능한 한 세분화된 단위의 기능이나 지식에 맞추어 구체적으로 행동으로 분류하여 진술한다.
② 도달점 행동은 근본적으로 관찰이 가능한 행위 동사를 활용하여 진술해야 한다(~쓸 수 있다, ~구할 수 있다, ~열거할 수 있다).
③ 도달점 행동으로 목표를 진술할 때는 도달점 행동이 발생하는 조건을 진술해야 한다(문제 장면, 교수 매체, 실험장 등의 조건).
④ 도달점 행동의 성취 정도를 판단할 수 있는 성취 준거를 명백하게 밝혀야 한다(시간, 수량, %).
⑤ 진술 조건 : 도달점 행동이 일어나는 상황 및 수업 조건 + 도달점 행동의 성취 준거(수락 기준) + 학습자의 도달점 행동
⑥ 목표 진술의 예
  ㉠ 현미경으로 양파를 관찰하면서(상황) + 양파의 모양을(수락 기준) + 그림으로 그릴 수 있다(도달점 행동).
  ㉡ 여러 가지 모양의 평면 도형을 합하거나 나누어서(상황) + 여러 가지 모양을(수락 준거) + 구성할 수 있다(도달점 행동).

(4) Eisner의 표현적 목표 진술

> 아이즈너는 학습의 결과보다 과정을 강조하는 목표 진술 방법을 제안했다. 수업 시 어떤 문제와 그 문제를 해결할 때 지켜야 할 조건이 주어지면, 그 조건을 충족시키면서 학습자가 문제를 해결하도록 목표를 진술한다.

※ 진술 조건 : ① 학습 상황(환경) + ② 문제(학습 활동의 의미) + ③ 과제(표현 방법, 과정)

① 수업 시 문제 해결을 요구하는 형태로 목표를 진술한다.
② 미리 정해져 있는 해결책을 학생이 찾아내도록 요구하는 것이 아니라, 정해지지 않은 수많은 해결책들 중 하나 또는 그 이상을 학생 각자가 스스로 찾아낼 수 있도록 유도하는 것이다.
③ 목표를 미리 정하지 않고 어떤 활동을 하는 도중 또는 끝낸 후에 교육적으로 바람직한 그 무엇을 얻을 수도 있으므로 이를 행동 목표나 문제 해결 목표와 구별하여 '표현적 결과(expressive outcomes)'라 부른다.

④ 표현적 결과는 우리가 의도하였든 의도하지 않았든 간에 어떤 활동을 하는 도중 또는 종료한 후에 얻어지는 것을 말한다.
⑤ 목표 진술의 예
  ㉠ 동물원에 다녀와서(상황) + 재미있다고 느낀 점을(문제) + 이야기 나눈다(과제).
  ㉡ 바다에 관한 음악을 듣고(상황) + 바다 소리에 대한 자신의 느낌을(문제) + 몸으로 표현해 본다(과제).

핵심요약

행동적 목표와 표현적 목표

행동적 목표 진술 방법(Mager 방식)	표현적 목표의 진술(Eisner 방식)
1. 성격 (1) 모든 아동에게 처방적 성격을 가진다. (2) 학습 결과에 대한 예측이 가능하다. (3) 교사가 학습 자료와 내용을 선정하는 교사 주도적 성격을 가진다. (4) 교육과정 개발 시 예견적 모형에서 많이 쓰인다. (5) 유아들이 꼭 익혀야 할 필요가 있는 내용이나 기본생활습관과 관련된 내용에 사용한다. (6) 행동의 명시적인 성취 여부를 직접적으로 측정할 수 있다. 2. 진술 방식 (1) Condition : 학습 장면, 조건, 학습 자료 (2) Criterior : 행동의 수락 기준, 준거 (3) Terminal Behavior : 도착점 행동 예 1부터 5까지의 숫자를 작은 수에서 큰 수의 순서대로 배열할 수 있다.	1. 성격 (1) 유아교육은 유아기의 발달 특성상 잠재된 유아의 능력을 계발하는 데 1차적 목표를 두고 있으므로 표현적 목표를 선호한다. (2) 교육적 상황과의 만남을 통해 학습자의 표현 능력을 활성화하고자 한다. (3) 학습자들은 성장 배경과 경험의 정도에 따라 같은 상황에서도 다르게 인식하고 반응하므로 표현하는 방식이 제각기 다양할 수 있다. 따라서 표현적 목표는 이러한 학습자의 개별적 성향과 다양성을 존중한다. 2. 진술 방식 (1) Situation : 학습 활동이 이루어지는 교육적 환경, 자세하고 구체적으로 진술함 (2) Problem : 학습자가 활동을 하며 어디에 의미를 두는가를 밝히는 것 (3) Task : 학습자가 활동에 두는 의미를 표현하는 방법, 과정 중심으로 진술함 예 ① 동물원에 다녀와서 / 재미있다고 느낀 점을 / 이야기 나눈다. ② 바다에 관한 음악을 듣고 / 바다 소리에 대한 자신의 느낌을 / 몸으로 표현해 본다.

기출탐구

01 (가)는 ○○유치원 5세반 황 교사의 일일계획안이다. 물음에 답하시오. ▪2016년

(가) 5세 일일계획안

반 이름	○○반	일시	2015년 ○월 ○일 ○요일	수업 일수	○○ / ○○○일
생활 주제	여름	주제	여름에 볼 수 있는 곤충	소주제	개미의 생활
㉠ 목표		○개미의 생활에 관심을 갖는다. ○개미를 관찰한 것을 말로 표현한다. ○개미의 특성에 대해 알게 한다.			
시간 / 활동유형		활동 내용			
10:30 ~10:50 이야기 나누기		1. 개미에 대해 알고 있는 것을 이야기 나눈다. 2. 개미 동영상 자료를 보고, 개미에 대해 이야기 나눈다.			
10:50 ~11:20 바깥놀이		1. 개미를 관찰한다. … (하략) …			

① ㉠에서 목표 진술 방식이 적절하지 <u>않은</u> 것을 쓰고, ② 그 이유를 쓰시오.

- ① : _____
- ② : _____

02 다음은 만 4세반 활동계획안의 일부이다. 물음에 답하시오. ▪2019년

활동명	거북이를 길러 보아요
㉠ 활동목표	○거북이 먹이의 종류를 안다. ○거북이에게 먹이를 준다.

㉠ 활동목표에 블룸(B. Bloom)의 '교육목표 분류학'에 근거하여 3가지 영역을 모두 진술하고자 할 때, 추가해야 할 영역의 명칭을 쓰시오.

- _____

모범답안

01. • ① : 개미의 특성에 대해 알게 한다.
  • ② : "~에 대해 알게 한다."와 같이 목표를 진술할 때 유아가 아닌 교사를 주체로 하여 서술하고 있기 때문이다.
02. • 정의적 영역

02 교육 내용의 선정 및 조직

1. 교육 내용의 선정

(1) 현대 유아교육의 교육 내용 유형(슈바츠와 로비슨의 6가지 유형)

① 사실 축적   ② 기술 발달(기술 축적)   ③ 교과 영역
④ 학문의 구조화(핵심 개념 중심)   ⑤ 주제 중심   ⑥ 총체적 접근

① 사실 축적

내용	유아가 경험하고 관찰하는 세부적인 사실(물리적 속성의 명칭, 역사적 사건 등)
장점	유아는 천성적으로 사실 축적자이며, 축적되는 사실 등이 유아 간 의사소통의 요지가 되며, 기본적인 사실의 수집에 의해 다른 내용 유형을 구성하기가 가능해진다.
단점	유아 자신의 지각적 인상에 국한된 사실들만을 축적하는 경향이 있다. 효과적인 사실 전달을 위해 교사의 일방적인 설명 위주의 수업이 될 수 있다.

② 기술 축적

내용	기본생활습관이나 일상생활 기술, 언어 기술, 셈하기 기술 등
장점	삶에 필요한 기술들을 생활화, 습관화할 수 있다.
단점	• 주입식, 교사 중심의 교육이 될 수 있으며 유아의 발달 수준에 적합하지 않은 기능을 요구했을 때 학습의 역효과를 가져올 수 있다. • 기술 축적의 교육 내용은 반복과 연습의 원리가 작용하며 이를 위해 자발적인 놀이식의 연습이나 게임을 진행하는 방식이 효과적이다.

③ 교과목 중심

특징	• 교과별로보다는 몇 가지 영역이 부분적으로 혹은 전체적으로 통합되어 계획된다. • 제 교과의 교육 내용은 상호 연관성을 가진다. • 유아교육에서 교과목은 단지 개념 학습을 돕기 위한 수단이며, 그 영역 활동 자체가 목적이 되어서는 안 된다.
장점	교과 중심 내용 구성은 부모나 교사에게 친숙한 형태이므로 교육과정에 대한 의사소통이 쉽고 명확하게 이루어진다.

④ 단원 중심(주제 중심, 생활 주제 중심)

내용	유아의 생활과 밀접한 관련이 있는 내용 중에서 유아의 흥미를 중심으로 내용을 구성하고, 흥미 영역 활동을 중심으로 하는 교육 내용
장점	교과 영역의 지식을 통합, 개념의 발달에 기여, 유아의 개별적 흥미에 부응함으로써 의미 있는 교육이 이루어진다.

⑤ 구조적 학문(핵심 개념 중심)

특징	• 학문은 다양한 지식들이 가장 고차원적으로 구조화된 형태로서, 그 하위 구조는 개념이라고 할 수 있다. • 1960년대 이후 학문 중심 교육과정의 영향으로, 유아교육 프로그램의 구성을 위한 기초로서 기본 개념을 중요시하게 되었다.
장점	교사들이 보다 명확하고 근거 있게 내용을 조직하도록 도와주며 유아의 발달 수준에 적합한 내용을 선정하도록 하며 학년이 올라갈수록 더욱 심도 있는 학습을 가능하게 한다.
단점	유아들에게 개념이 너무 복잡하고 추상적일 경우 추론과 개념화에 의한 이해보다는 개념 자체를 암기하는 결과를 가져올 수 있다.

⑥ 총체적 접근

특징	인간 중심 교육과정에서 볼 수 있는 형태
내용	유아의 우연한 흥미와 문제들, 계획하지 않았던 우연한 사건들이 교육 내용이 된다.
장점	교육 내용을 교과와 학문으로 단절시키지 않으며, 유아에게 가장 이상적이며 적합한 방법이다.

(2) **교육 내용 선정의 일반 원리**

① 기회의 원리 : 교육 내용은 교육 목표를 달성할 기회를 제공할 수 있도록 선정한다.
② 만족의 원리 : 유아가 학습에 성취감을 느낄 수 있는 경험으로 선정한다.
③ 가능성의 원리 : 학교의 여건과 유아의 능력을 고려하여 실천 가능한 경험으로 선정한다.
④ 동경험 다성과의 원리 : 한 가지 경험으로 여러 가지 목표를 달성할 수 있는 내용으로 선정한다.
⑤ 동목표 다경험의 원리 : 같은 목표로 여러 가지 경험이 가능한 내용을 선정한다.
⑥ 연계성의 원리 : 유아가 학습하는 내용들이 서로 관련되고 일관성을 가져야 한다.
⑦ 균형성의 원리 : 교육 내용이 특정 집단의 이익에 도움을 주거나 성, 직업, 사회 계층, 종교, 연령, 장애 등에 대한 편견을 심어 주는 것이어서는 안 된다.
⑧ 기본 개념 중시의 원리 : 전이가 높은 지식의 구조, 핵심 개념, 기본 원리를 고려한다.
⑨ 지역성에 대한 고려의 원리 : 지역사회에 알맞은 내용으로 선정한다.

2. 교육 내용의 조직

(1) **범위**(scope)

교육 내용의 범위를 결정하는 것은 폭과 깊이로, 일반적으로 학교 교육의 수준이 높아짐에 따라 교육과정의 범위, 즉 내용의 폭과 깊이는 확대되고 심화된다.

① 분과적인 조직 방식
  ㉠ 전통적인 교육 내용 조직 방식이다.
  ㉡ 모든 교육 내용을 엄격하게 구분된 학문 조직 방식에 따라 분류하여 분리된 교과의 형태로 조직하는 것이다.
  ㉢ 국어, 도덕, 사회 등은 전통적인 학문 분류 방식에 따라 분과적으로 조직된 것이다.

② 통합적인 조직 방식
  ㉠ 경험 중심 교육과정의 영향으로 학습자의 흥미에 대한 고려나 일상생활의 문제에 대한 경험의 중요성이 강조되면서 관심을 갖기 시작한 방식이다.
  ㉡ **통합의 형태** : 비슷한 논리 구조를 갖는 교과끼리의 통합에서부터 특정 문제 중심으로 전 교과가 유기적으로 관련을 맺는 형태에 이르기까지 다양하다.
  ㉢ 최근에는 아동의 흥미를 유발할 수 있는 일상생활의 문제나 주제 중심으로 교육 내용을 통합하려는 시도가 많이 이루어지고 있는데, 바른 생활, 슬기로운 생활 등이 통합적으로 조직된 것이다.

(2) **계열**(sequence)

① 교육 내용을 조직하는 종적 방식으로 교육 내용을 학년 수준에 따라 종적으로 조직할 때 고려되어야 하는 것이다.
② 내용을 가르치는 순서와 무엇이 다른 학습 내용 뒤에 와야 하는지에 관심이 있다.
③ 조직 원리
  ㉠ 단순한 것으로부터 복잡한 것으로 나아간다.
  ㉡ 전체로부터 부분으로 발전한다.
  ㉢ 사건의 연대기적 순서로 제시한다.
  ㉣ 구체적 경험에서 추상적인 개념의 순서로 나아간다.
  ㉤ 특정 개념이나 아이디어를 계속적으로 제시하되, 나선형적으로 그 내용을 심화·확대하여 제시한다.

(3) 교육 내용 조직의 일반 원리 (타일러, Tyler)

계속성	학습 경험의 종적 조직과 관련된 것으로 교육 목표를 달성하기 위해서는 일정 기간 동안 학습 경험이 계속 반복되도록 조직하라는 원리
계열성	선행 학습 내용에 기초하여 다음의 교육 내용이 점차적으로 깊이와 넓이를 더해가도록 나선형으로 조직하라는 원리
통합성	여러 영역에서 학습하는 내용들이 학습의 과정에서 서로 연결되고 통합되도록 조직하라는 원리
균형성	학습 경험들 사이의 균형과 조화를 유지하도록 조직하라는 원리
다양성	학습자의 요구, 흥미, 노력이 충분히 반영되도록 다양하고 융통성 있는 경험을 제공하라는 원리

기출탐구

다음 (가)와 (나)는 초록유치원 만 3세반 김 교사와 만 5세반 박 교사가 작성한 활동계획안의 일부이다. 물음에 답하시오.
■ 2013년

	(가)	(나)
활동명	북소리에 맞춰 걷기	북소리에 맞춰 걷기
활동 목표	• 소리의 셈여림에 관심을 갖는다. • ㉠ 북소리를 들으며 걸어 본다.	• 소리의 셈여림에 관심을 갖는다. • ㉡ 북소리의 장단과 강약에 맞춰 걸어 본다.
활동 방법	• 셈여림의 차이가 있는 북소리를 들어 본다. • 북소리를 들으며 자유롭게 걸어 본다. • 북소리를 들으면서 호핑, 스키핑을 하다가 교사가 멈춤 신호를 주면 그 자리에 바로 멈춘다. • 활동을 마친 후 다 같이 앉아서 활동한 것을 평가한다.	• 북소리를 듣고 셈여림 등 소리의 차이를 탐색한다. • 북소리(느리고 크게, 빠르고 작게)에 맞춰 걸어 본다. • 북소리를 들으면서 호핑, 스키핑, 말뛰기를 하다가 교사가 멈춤 신호를 주면 그 자리에 바로 멈춘다. • 활동을 마친 후 다 같이 앉아서 활동한 것을 평가한다.

위의 활동계획안은 타일러(R. Tyler)의 학습 경험 조직 원리를 적용한 것이다. ㉠과 ㉡에서 나타난 원리는 계속성, (①), 통합성이다. ①을 쓰고, 그 의미를 설명하시오.

• ① : _____
• 의미 : _____
_____

모범답안

• ① : 계열성
• 의미 : 교육 내용을 조직함에 있어 선행 학습 내용에 기초하여 다음의 교육 내용이 점차적으로 깊이와 넓이를 더해가도록 나선형으로 조직하는 원리

3. 유아교육의 교육 내용 조직 모형

(1) 동심원 조직

① 유아에게 가장 직접적이고 구체적이며 밀접한 내용으로부터 시작하여, 점차로 간접적이고 추상적이며 멀리 떨어져 있는 내용으로 확대시켜 가는 방법이다.
② 유아의 경험 범위가 제한되고 자기중심적 사고 경향이 있다는 점에서 유아에게 도움이 된다.

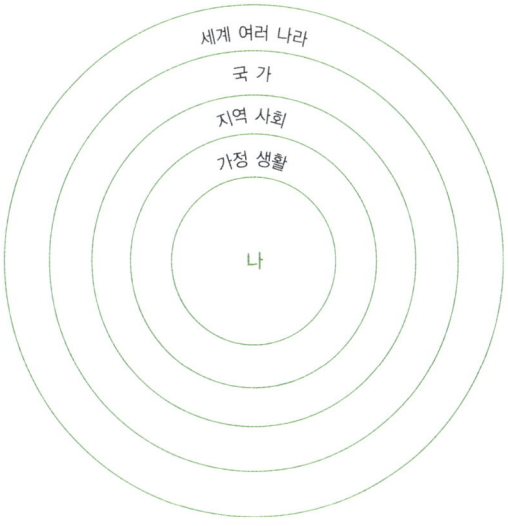

(2) 나선형적 조직

① 교육 내용을 나선형으로 계열화시켜 반복해서 제시하도록 조직하는 방법이다.
② 동일한 내용을 어린 연령 단계에서는 직접적이고 구체적인 활동으로 제시하고 다음에는 그림이나 영상적인 활동 등 조금 높은 단계로 확대하여 제시하며 점차 상징적이고, 추상적인 수준으로 반복 제시하는 것이다.

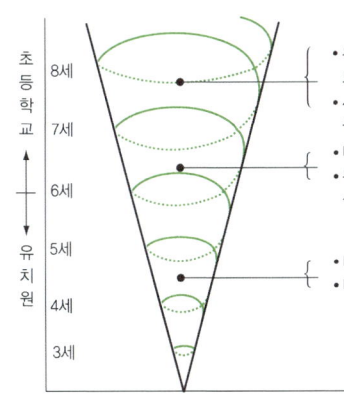

(3) **통합적 조직**
① 교육 내용을 유아에게 제시할 때 유아의 전인 발달 영역에 기초하여 통합적이며 구체적인 활동으로 조직하는 방법이다.
② 유아에게 제시하는 활동들은 한 영역의 발달 목표에 기초한 내용을 학습할 수 있을 뿐만 아니라, 그 활동을 통하여 다른 영역의 교육 내용도 균형 있게 학습할 수 있도록 되어 있다.

○ **주제 중심의 통합적 활동 계획안**

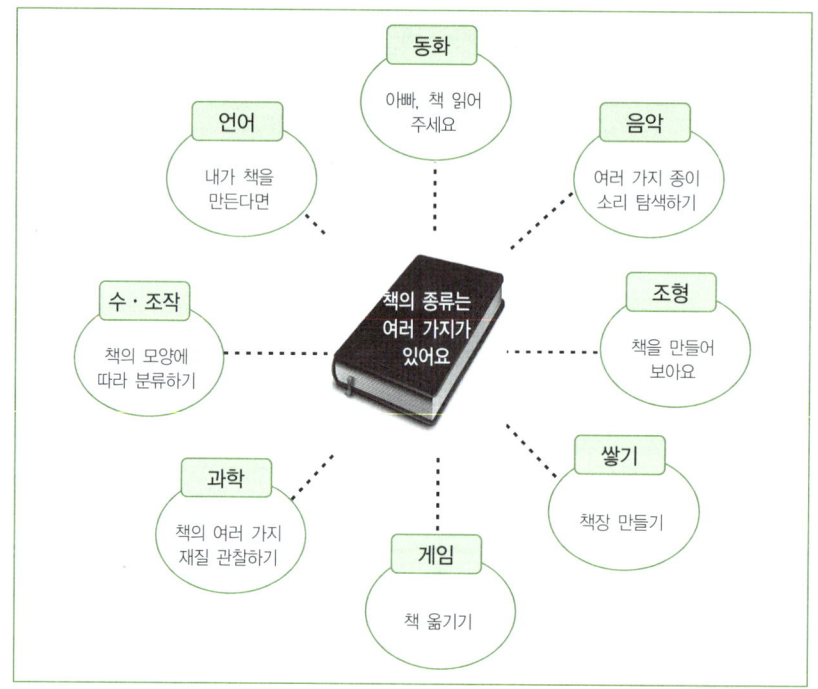

기출탐구

01 다음은 5세반 최 교사의 저널 일부이다. 물음에 답하시오.　　■ 2013년 추가시험

> 교사 연수에서 교육계획안을 구성하는 방법을 배울 때마다 많은 도움이 되는 것 같다. 연수 내용을 적용해서 이번 주 '우리 동네 사람들'을 주제로 하여 체계적으로 내용을 전개해 봐야겠다. 3세 유아에게는 '우리 동네 사람들에 대해 관심 갖기' 내용을 전개하였고, ㉠ 4세 유아에게는 '동네 사람들이 하는 일에 관심 갖기' 내용을 전개하였다. 이를 심화·확대해서 5세 유아에게는 '다양한 직업에 대해 관심 갖기' 내용을 전개할 필요가 있을 것 같다. 내일은 역할놀이 영역에서 유아들이 해 보고 싶어 하는 직업을 경험해 볼 수 있도록 준비해야겠다.
> … (생략) …

㉠에 해당하는 교육과정 내용 조직의 원리를 브루너(J. Bruner)가 제시한 용어로 쓰시오.

- ㉠ : _____

02 다음은 ○○유치원 교사들이 '동물과 자연'을 주제로 교육계획을 수립하기 위해 나눈 대화의 일부이다. 물음에 답하시오.　　■ 2020년

> 최 교사 : 저는 작년에 5세 반에서 공룡을 주제로 활동했는데 아이들이 참 좋아했어요.
> 김 교사 : 작년에 우리 반에서 '좋아하는 동물'을 주제로 활동했어요. 다른 아이들은 공룡에 대해 별로 관심이 없는데, ㉠ 호준이는 공룡을 유독 좋아했어요. 그래서 공룡에 관심과 흥미가 높은 호준이를 위해 공룡 모형이나 공룡과 관련된 도서 등을 교실에 비치하고 활동할 수 있도록 해주었어요.
> 안 교사 : ㉠ 우리 반 현정이는 공룡 이름을 많이 알고 있어요. 그래서 다른 아이들이 공룡 그림책을 보는 동안 현정이는 공룡 사전 만들기를 하도록 했어요. 그런데 공룡을 좋아하는 아이는 일부이고 동물은 대부분의 아이들이 좋아하는 주제이니, 3세뿐 아니라 4, 5세에서도 지속적으로 '동물' 주제를 다루면 좋겠어요. 지금은 점점 사라져가는 동물들을 보호하고, 함께 살아가야 하는 존재임을 알도록 하는 내용도요. ㉡ 동물에 대한 생각을 서로 나누도록 하면 유아끼리 서로 영향을 주고받으면서 학습이 일어날 수 있을 것 같아요. 그리고 유아들의 발달 특성을 고려해서 누리과정 5개 영역 내용들을 고르게 포함하여 학습할 수 있도록 하면 좋겠어요.
> 송 교사 : 유아의 자기중심적인 발달 특성을 반영해서 먼저 자기가 좋아하는 동물을 소개하고, 그 다음에 친구가 좋아하는 동물에 대해 알아 본 후, 우리 동네에 있는 동물과 관련된 기관을 조사해 보고, 동물 병원이나 애견 미용실로 현장체험 학습을 가도록 해요.

> 홍 교사 : 네, 어떤 주제를 선정할 것인가는 정말 중요하지요. 그런데 주제나 소주제에 포함해야 할 주요 개념들을 어떻게 조직할 것인지에 대해서도 함께 고민해 봐요. 유아의 다양한 요구, 흥미, 능력을 고려해야 해요. 그리고 실내 활동과 (ⓐ), 정적 활동과 (ⓑ), 대·소집단 활동과 (ⓒ) 그리고 휴식 등이 균형 있게 이루어지도록 해야 해요. 3세에서 5세까지 단순히 주제를 반복하기보다 교육 경험의 깊이와 폭을 점점 넓혀가며 단계적으로 전개해보면 어떨까요?
>
> 박 교사 : 네, 맞아요. 교수방법도 중요해요. ⓒ 집에서 동물을 키우는 유아와 그렇지 않은 유아를 함께 모둠으로 구성해서 다양한 생각과 의견을 나누면서 배움이 일어나도록 해도 바람직할 것 같아요.

(1) 송 교사가 교육내용을 조직하기 위해 활용하고자 하는 접근법이 무엇인지 쓰시오.
• _____

(2) 안 교사의 대화에서 계속성의 원리가 적용된 내용을 1가지 찾아 쓰시오.
• _____

모범답안

01. • ㉠ : 나선형 조직
02. (1) • 동심원적 조직(접근법)
    (2) • (공룡을 좋아하는 아이들은 일부이고) 동물은 대부분 아이들이 좋아하는 주제이니 3세뿐 아니라 4, 5세에서도 지속적으로 동물 주제를 다루면 좋겠어요.

03 교수·학습

1. 기본 관점
[출처] 『제6차 유치원 교육과정 지도서』 총론, pp.136~137.

(1) **상호작용적 - 구성주의 학습관**(interactive-constructivist view of learning)
　① 학습이란 유아의 능동적인 구성 과정을 통한 지식의 획득 및 변화로 정의한다.
　② 학습은 유아가 속한 사회·문화적 맥락 속에서 또래나 성인과의 사회적 상호작용을 통하여 동기 유발되고, 지식이 구성되어 감을 강조하고 있다.

(2) **학습 행동의 순환적 모형**(브레드캠프와 로즈그란트, 1992)
　① 지식의 구성 과정을 반영하고, 새로운 지식을 획득하여 가는 과정을 설명한다.
　② 유아는 새로운 것을 학습하기 위하여 먼저 경험거리를 인식하고 탐색·탐구하며, 다음에 학습한 것을 활용한다.
　③ 이러한 학습 과정은 시간이 감에 따라 계속적으로 일어나는데, 비형식적이고 우연적이며 자발적인 유아 자신의 내부 규칙에 따른 학습에서부터 좀 더 형식적이고 세련되며 사회 인습적 규칙을 반영하는 학습에 이르기까지의 변화를 나타낸다.

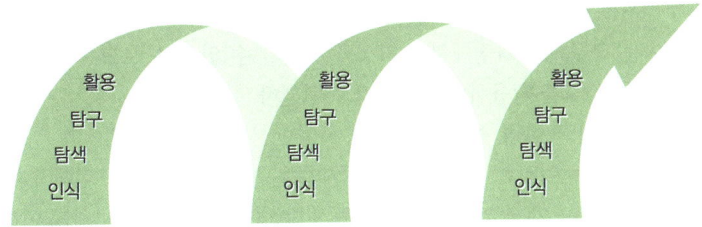

2. 유아의 학습 행동 유형
[출처] 『제6차 유치원 교육과정 지도서』 총론, pp.137~138.

(1) **인식하기**
　① 학습은 유아가 학습할 거리들 - 사건, 사물, 사람 또는 개념들 - 을 인식하는 데서부터 시작된다.
　② 인식하기는 경험하는 첫 순간에 나타난다.

(2) **탐색하기**
　① 인식하기 다음에 탐색하기가 이루어진다.
　② 탐색은 사건, 사물, 사람 또는 개념들의 구성 요소나 속성들을 알아내는 과정이다.
　③ 유아들은 탐색하는 동안 자신의 모든 감각들을 활동시킨다.
　④ 탐색하면서 유아는 자신이 경험한 것에 대한 자신만의 개인적 의미를 구성한다.
　　★ 인식하기와 탐색하기는 완전한 이해를 돕는 데 있어 필요 조건이기는 하지만, 충분 조건은 아니다. 즉, 개인적 의미는 사회나 문화가 공유한 의미에 부합되어야 한다.

(3) 탐구하기

① 유아가 자신의 개념적 이해를 검토하고, 다른 사람의 이해나 객관적 실체와 비교하는 등의 활동을 하게 되는 적응 과정을 말한다.
② 이 단계에서 유아는 사건, 사물, 사람 또는 개념들이 가지는 일반적이고 객관화된 의미를 이해하기 시작한다.
③ 유아는 이 단계에서 개인적 개념들을 일반화하고, 이 개념들을 성인들이 생각하고 행동하는 방식 쪽으로 적응시키기 시작한다.

(4) 활용하기

기능적 수준의 학습으로서, 유아들이 사건, 사물, 사람 또는 개념들에 대하여 형성한 의미를 적용하거나 사용할 수 있다.

3. 유아의 학습 방법

(1) 탐구하기

① 탐구하기는 유아가 어떤 사건, 사태, 현상, 사물, 사람 등을 자세하게 살펴서 무엇을 찾아가는 과정을 의미한다. 즉, 탐구하기는 어떤 것을 인식하고 탐색하며 추론하는 과정이다.
② 유아는 탐구하는 과정에서 호기심을 발휘할 수 있으며, 보고 듣고 만지고 냄새 맡는 등 감각을 활용하여 적극적으로 관찰하고, 몸으로 느끼며 유추하고 예측하고 관계 짓고 감정 이입하는 등의 다양한 사고를 경험한다.
③ 또한 유아는 이러한 경험을 기초로 새로운 사실이나 방법을 이해하며 사건, 사물, 사람 또는 개념들이 가지고 있는 일반적이고 객관화된 의미를 이해해 간다.

(2) 문제 해결하기

① 문제 해결하기는 유아가 문제 상황에 대하여 그 원인과 해결책을 모색해 보는 방법이다.
② 유아들이 부딪히는 문제 상황은 신체와 관련된 문제, 정서와 관련된 문제, 대인관계 문제, 물리적인 문제 등이 있으며, 이들을 해결하기까지의 전개 과정은 문제의 정의, 문제 해결과 관련된 정보 수집, 해결 방안의 선정 및 적용, 해결 방법에 대한 장·단점의 평가 및 새로운 방법의 재적용 등으로 이루어진다.
③ 교사는 가능하면 유아가 스스로 문제를 알아차리고 해결해 가도록 우선 유아에게 일어난 문제를 인정하고 지원하며 함께 해결해 가도록 해야 한다.

(3) 자기표현하기

① 자기표현하기는 유아가 자연적인 발달 또는 의도적인 교수·학습의 결과로 얻게 된 느낌과 생각을 다양한 활동 형태로 표현하는 것이다.

② 자기표현의 방식으로는 역할놀이, 게임, 신체 표현 등의 행동적 표현, 그리기, 만들기, 꾸미기, 전시하기 등의 조형적 표현, 지식이나 정보, 감정이나 문제 해결 방안을 말로 표현하기, 이야기 나누기 등의 언어적 표현이 있다.
③ 유아는 자기표현을 통해 자기의 생각과 감정을 명료화하고 재확인하게 되며 타인의 생각도 공유하게 된다.

(4) 활용하기
① 활용하기는 유아가 익히고 이해하거나 알게 된 지식과 정보, 느낌, 방법 등을 다른 활동이나 상황에서 활용하는 것을 말한다.
② 활용하기는 또 다른 새로운 지식이나 정보, 느낌, 방법 등을 만들어 가는 기초가 된다.

기출탐구

제6차 유치원 교육과정에서는 유아가 학습할 때 인식하기, 탐색하기, 탐구하기, 활용하기의 4단계 행동을 제시하고 있다. 다음에 답하시오. ■ 2006년

(1) 유아의 4단계 학습 행동을 강조하는 학습관을 쓰시오.
  •

(2) 각 단계에 적합한 유아의 '쓰기' 학습 과정에서 나타나는 행동의 예를 쓰시오.

학습 행동 단계	'쓰기' 학습 행동의 예
인식하기	
탐색하기	
탐구하기	
활용하기	

모범답안

(1) 상호작용적 – 구성주의 학습관
  ① 학습이란, 유아의 능동적인 구성 과정을 통한 지식의 획득 및 변화로 정의한다.
  ② 학습은 유아가 속한 사회·문화적 맥락 속에서 또래나 성인과의 사회적 상호작용을 통하여 동기 유발되고, 지식이 구성되어 감을 강조하고 있다.

(2)

학습 행동 단계	'쓰기' 학습 행동의 예
인식하기	3, 4세 유아들은 어른들이 책을 읽어 준 경험이나 함께 책을 보며 '듣기' 등을 해 본 경험을 통하여 인쇄된 글자에 대한 인식을 나타낸다.
탐색하기	대부분의 4, 5세 유아들은 자신들이 만들어낸 발명 철자를 사용하거나, 그림 그리기 등을 통하여 인쇄된 글자를 탐색하기 시작한다.
탐구하기	6세 유아들은 글자나 단어들의 유사점, 차이점을 알아내거나 일정한 패턴을 찾아보면서 인쇄된 글자를 주의 깊게 검토하기 시작한다.
활용하기	대부분의 7, 8세 아이들은 글자를 바르게 읽고 쓰기 위하여 인습적인 규칙을 사용하기 시작한다.

[출처] 『제6차 교사용 지도서』.

4. 교수·학습의 기본 원리(교육과학기술부, 2007)

(1) 놀이 중심의 원리

① 교육활동이 놀이를 통해 이루어지도록 하는 것을 의미하는 것으로 교사는 유아들이 놀이를 하면서 놀이와 관련된 사물을 탐색하고, 상황을 파악하여 사물과 상황을 이해하는 지식과 가치 및 태도, 기능을 이해할 수 있도록 돕는다.

② 교사는 유아들의 흥미를 반영한 풍부한 교육환경을 준비하고 유아들이 스스로 놀이를 계획하고 참여할 수 있도록 안내자 역할을 한다.

(2) 개별화의 원리

① 개별 유아의 관심과 흥미, 발달이나 환경 특성 등을 고려하여 각자에게 적합한 방식으로 학습하게 하는 것으로 교사는 유아의 흥미와 발달 수준을 중심으로 활동을 선택하고 지속할 수 있도록 한다.

② 흥미를 가진다는 것은 어떤 것에 주의를 기울이고 지속적으로 몰두하여 마음이 사로잡혀 있는 것으로 흥미 있는 활동이 제공되었을 때 유아는 그 활동의 관람자가 아니라 참여자가 되고 이를 통해 학습이 일어난다.

(3) 생활 중심의 원리

① 유아의 생활 속 경험을 소재로 하여 지식과 기능, 태도를 학습하게 하는 것으로 교사는 유아의 일상을 민감하게 관찰하여 이를 학습 상황으로 연결할 수 있어야 한다.

② 유아가 배우는 지식, 기능, 태도 및 가치는 일상생활의 문제를 해결할 수 있는 실제적인 것이어야 한다. 따라서 유아 개인에게 의미가 있고 실제적인 가치를 가지는 생활 속의 경험을 통해 이를 습득하도록 한다.

(4) 통합의 원리

① 유아-유아, 유아-교사, 유치원-가정, 활동-활동 간의 모든 경험이 서로 분리되지 않고 연결되는 것으로 교사는 다양한 경험, 교과, 사회적 자원이 통합될 수 있도록 교육 활동을 계획한다.

② 유아는 자신을 둘러싼 세상에 대해 배워나갈 때 분리된 내용영역이나 분절된 교과로 배우는 것이 아니라 통합된 전체 경험으로 배운다. 통합은 부분들을 전체에 관련시켜 결합해 가는 과정이며, 유아는 자신의 경험들을 통합하여 전인적으로 성장·발달한다.

(5) 융통성의 원리

① 상황에 따라 적절하게 유아들의 흥미나 욕구, 우발적인 사태 등을 고려하여 활동 내용이나 방법, 자료 등을 변경하는 것으로 교사는 일과, 활동 상황 또는 놀이 상황 등에서 유아들의 흥미나 욕구, 교육적 필요에 따라 순발력 있게 여러 요인들을 반영해야 한다.

② 모든 유아가 동시에 같은 것을 하도록 기대하지 말고 난이도가 다른 다양한 활동을 제공하여 유아가 자신의 흥미와 능력, 학습 속도에 맞는 것을 선택할 수 있도록 한다. 또한 다양한 학습 환경을 고려하여 최적의 교수 학습 방법을 계획한다.

(6) 집단 역동성의 원리

① 유아교육 현장에서 유아들 간에, 그리고 유아와 교사들 간에 서로 역동적인 힘과 영향을 주고받으며 모든 활동에 상승적 효과를 일으키는 것을 의미한다. 이와 같은 상호작용은 유아에게 제공되는 지식이나 기능, 가치를 일방적으로 흡수하는 것이 아니라 인지적, 정서적 교류를 통해 보다 능동적으로 지식을 구성하며 학습할 수 있도록 한다.

② 효과적인 학습은 서로 다른 의견을 교환하고, 과제를 어떻게 해결해야 하는가에 대해 논쟁하는 가운데 일어난다. 즉, 서로 다른 성향과 수준을 가진 또래끼리의 의견 교환과 협동, 문제 해결을 위한 갈등과 논쟁은 타인이 나와는 다른 생각을 가질 수 있다는 것을 알게 하고, 탈중심화를 촉진시켜 사회·정서적 발달 및 도덕성 발달, 그리고 지적 자극을 촉진시킨다.

(7) 자발성의 원리

① 외부의 강제나 영향 없이 내부의 원인과 힘에 의하여 학습이 이루어지는 것을 의미하며, 동기가 내재된 학습을 하는 것이 중요함을 일컫는 것으로, 이는 흥미의 원리, 자기 활동의 원리라고도 한다.

② 내적 동기 유발을 위한 방법으로는 유아 자신이 학습 활동의 목적을 가질 수 있게 하고, 과제나 교재 교구를 유아의 발달 수준 또는 성향에 맞추어 제시하는 방법, 수용적인 분위기를 만들어 주는 것 등이 있다.

(8) 탐구학습의 원리

① 유아의 교육활동은 유아 자신이 능동적으로 학습에 참여할 때 그 효과가 크다. 유아는 스스로 탐색하고 자신의 감각을 통하여 사물의 현상을 직접 경험함으로써 주변 세상에 대한 지식을 습득할 수 있다.

② 교사는 다양한 탐구활동이 가능한 학습경험을 계획하여 유아들이 관찰 및 실험 활동, 문제해결과정에 참여할 수 있도록 한다.

(9) 활동 간 균형의 원리

① 실내 활동과 실외 활동, 정적 활동과 동적 활동, 대·소집단 활동과 개별 활동, 휴식 등을 적절히 안배하여 유아의 고른 발달과 학습이 이루어지게 하는 것이다.

② 유아는 일과 중의 많은 시간을 실내에서 보내게 된다. 그러나 교실 외의 바깥 공간에서 신선한 공기와 햇살을 받으며 자유롭게 몸을 움직이고 에너지를 충분히 발산할 수 있는 실외 활동도 매일 충분히 할 수 있어야 한다.

기출탐구

01 다음은 자유선택활동 시간에 일어난 활동 사례와 그에 따른 교사의 수업 일지이다.

■ 2010년

> 장 교사 반에서는 '우리나라 사람들의 생활'을 주제로 활동 중이다. 몇몇 유아들은 쌓기놀이 영역에 초가집을 만들어 놓고 놀이하고 있다. 그런데 을이는 오늘도 놀이 선택을 하지 못한 채 우왕좌왕하고 있다.
> 교사 : 을이는 어떤 놀이를 하고 싶니?
> 을이 : 나는 초가집 짓기를 하고 싶은데, 성운이가 그러는데 초가집을 벌써 다 만들었대요.
> 교사 : 그래? 그럼 어떻게 할까? 우리 옛날이야기들을 생각해 보자. 옛날 초가집 주변에 어떤 것들이 있었는지 기억하니? 어떤 것들이 있었지?
> 성운 : (얼른 다가와서) 우물, 장독.
> 곧 성운이와 을이는 전래동화 책을 가져와 초가집과 우물이 나와 있는 부분을 찾더니 초가집 주변을 더 멋지게 꾸밀 수 있는 방법에 대해 이야기한다. 잠시 후 우물을 만들자고 하면서 무엇으로 만들지 의논한다. 옆에 있는 순호가 합세하더니 교사에게 큰 깡통과 색종이와 끈이 필요하다고 말한다.
> 교사 : 그래, 그럼 큰 깡통은 선생님이 구해줄게. 다른 것은 조형 영역에 가서 찾아보자.
> 순호 : 네.
> 성운 : 아! 그런데, 우물은 어디에 만들지?
> 을이 : 초가집 옆에 멋지게 만들자. 두레박도 만들어야 해.

놀이 중심의 원리, 개별화의 원리, 집단 역동성의 원리가 적용되고 있는 예를 1가지씩 찾아 순서대로 논하시오.

- 놀이 중심의 원리 : _____
  _____
- 개별화의 원리 : _____
  _____
- 집단 역동성의 원리 : _____
  _____

02 다음은 하늘 유치원의 채 교사가 '들꽃 관찰하기' 활동 후 기록한 저널의 일부이다.

■ 2012년

> 나는 오늘 들꽃의 특징을 알고 들꽃이 잘 자랄 수 있는 환경에 관심을 갖게 하기 위해 유아들을 데리고 유치원 근처 공원에 갔다. 유아들이 들꽃의 생김새, 색깔, 냄새 등을 탐색하던 중 한 유아가 꽃에 나비가 날아온 것을 보고 "어! 나비다! 선생님, 나비가 날아왔어요!"라고 말하자 유아들이 나비에 관심을 갖게 되었다. 나는 계획하지 않았던 상황으로 잠시 갈등하였으나, 유아들이 나비에 관심을 더 많이 보여 내가 계획했던 '들꽃 관찰하기' 활동을

잠시 중단하고 활동 내용을 나비로 변경하여 나비의 생김새와 움직임을 유아들이 자유롭게 탐색하도록 하였다. 한동안 유아들은 나비를 쫓아다니며 흥미를 보였으나 더 이상 활동이 확장되지는 않았다.

… (중략) …

위 저널에서 교수·학습 기본 원리 중 '융통성의 원리'가 적용되고 있는 사례 1가지를 찾아 제시하시오. 그리고 그 사례에서 나타난 교사의 역할 2가지를 찾아 제시하고 역할별로 그렇게 판단한 이유와 함께 각각 논하시오.

- '융통성의 원리'가 적용된 사례 : _____

  _____

- 교사의 역할

  ① _____

  ② _____

03 다음은 만 4세반 최 교사가 작성한 일지이다.　　　　■ 2012년

반 이름	토끼 반 (만 4세)	시기	2011년 4월 28일 목요일	수업일수	43/180
생활주제	동식물	주제	동물	소주제	애완동물 기르기
목표	○ 애완동물의 종류를 알아본다. ○ 애완동물을 보살핀다. ○ 애완동물을 사랑한다.				
일과 시간표	08:50–09:00 등원 09:00–10:10 자유선택활동 10:10–10:20 정리 정돈 및 화장실 다녀오기 10:20–10:40 오전 간식 10:40–11:00 이야기 나누기 11:00–11:40 바깥 놀이 11:40–12:00 새 노래 부르기 12:00–12:20 화장실 다녀오기 및 손 씻기		12:20–13:20 점심 식사 13:20–13:50 동화 듣기 13:50–15:00 낮잠 15:00–15:20 정리 정돈 및 화장실 다녀오기 15:20–15:50 오후 간식 15:50–16:20 　㉠ 16:20–17:40 자유선택활동 17:40–18:00 평가 및 귀가		

… (중략) …

유아교육과정

시간	활동 목표	활동 내용	자료 및 유의점	활동 평가
10:40 -11:00	(생략)	ⓒ 이야기 나누기 ○ 활동명 : 애완동물 알아보기 – 집에서 기르는 애완동물을 데려와 관찰한다. – 독특한 생김새 혹은 움직임에 대해 이야기 나눈다. • ○○○은 어떻게 생겼니? • ○○○은 어떻게 움직일까?	애완동물	ⓒ 우리 반 아이들은 애완동물을 가정에서 기르는 경우가 많아 애완동물에 대해 이미 많이 알고 있었다. 따라서 유아들이 관심 있는 애완동물의 같은 점과 다른 점을 비교하고 분석하도록 지속적인 경험을 제공해야겠다.
… (중략) …					
총평		㉣ 과학 영역에서 거북이를 관찰하고 기록한 관찰 기록지, 그림, 종이접기 등에 대한 여러 가지 자료를 유아들의 개인 포트폴리오에 보관하였다. 유아들이 역할놀이 영역의 동물 인형 돌보기 놀이에 많이 참여하였으므로 내일은 몇 가지 동물 인형을 더 추가해야겠다.			

ⓒ과 관련하여 교사가 발문할 때 고려해야 할 사항을 유치원 교육과정 '교수·학습 방법'에 근거하여 2가지로 논하시오.

- ① : _____
- ② : _____

04 다음은 ○○유치원 5세반 신체 활동의 일부이다. 물음에 답하시오.

■ 2019년 추가시험

교 사 : 오늘은 이걸로 재미있는 활동을 해 볼 거야.
유아들 : 후프다!
교 사 : 후프로 무엇을 할 수 있을까?
유아들 : 돌려요. ㉠ 굴리고 받을 수도 있어요.
교 사 : 여러 가지 활동을 할 수 있구나. 그럼 우리 모두 후프를 이용하여 활동을 해 보자.
(유아들에게 똑같은 후프를 1개씩 나눠 주고, 각자 활동을 해 보도록 한다.)
… (중략) …
교 사 : (활동을 하고 있는 유아들을 둘러보다 키가 작은 가람이가 후프를 들고 가만히 서 있는 것을 보고) 가람아, 잘 안 되니?

```
가  람 : 후프가 너무 커서 잘 안 돌아가요.
교  사 : ⓒ 가람이에게는 이 후프가 좀 큰가 보구나. 그럼 선생님이 좀 작은
         후프를 줄게. 이걸로 해 보겠니?
가  람 : 좋아요.
                      … (하략) …
```

밑줄 친 ⓒ에서 교사가 적용한 교수·학습 원리는 무엇인지 1가지 쓰시오.

• _____

05 다음은 ○○유치원 교사들이 '동물과 자연'을 주제로 교육계획을 수립하기 위해 나눈 대화의 일부이다. 물음에 답하시오.　　　　■2020년

```
최 교사 : 저는 작년에 5세 반에서 공룡을 주제로 활동했는데 아이들이 참 좋
         아했어요.
김 교사 : 작년에 우리 반에서 '좋아하는 동물'을 주제로 활동했어요. 다른 아
         이들은 공룡에 대해 별로 관심이 없었는데, ㉠ 호준이는 공룡을 유
         독 좋아했어요. 그래서 공룡에 관심과 흥미가 높은 호준이를 위해
         공룡 모형이나 공룡과 관련된 도서 등을 교실에 비치하고 활동할
         수 있도록 해주었어요.
안 교사 : ㉠ 우리 반 현정이는 공룡 이름을 많이 알고 있어요. 그래서 다른
         아이들이 공룡 그림책을 보는 동안 현정이는 공룡 사전 만들기를
         하도록 했어요. 그런데 공룡을 좋아하는 아이는 일부이고 동물은
         대부분의 아이들이 좋아하는 주제이니, 3세뿐 아니라 4, 5세에서
         도 지속적으로 '동물' 주제를 다루면 좋겠어요. 지금은 점점 사라
         져가는 동물들을 보호하고, 함께 살아가야 하는 존재임을 알도록
         하는 내용도요. ⓒ 동물에 대한 생각을 서로 나누도록 하면 유아끼
         리 서로 영향을 주고받으면서 학습이 일어날 수 있을 것 같아요.
         그리고 유아들의 발달 특성을 고려해서 누리과정 5개 영역 내용들
         을 고르게 포함하여 학습할 수 있도록 하면 좋겠어요.
송 교사 : 유아의 자기중심적인 발달 특성을 반영해서 먼저 자기가 좋아하는
         동물을 소개하고, 그 다음에 친구가 좋아하는 동물에 대해 알아본
         후, 우리 동네에 있는 동물과 관련된 기관을 조사해 보고, 동물 병
         원이나 애견 미용실로 현장체험 학습을 가도록 해요.
홍 교사 : 네, 어떤 주제를 선정할 것인가는 정말 중요하지요. 그런데 주제나
         소주제에 포함해야 할 주요 개념들을 어떻게 조직할 것인지에 대
         해서도 함께 고민해 봐요. 유아의 다양한 요구, 흥미, 능력을 고려
         해야 해요. 그리고 실내 활동과 ( ⓐ ), 정적 활동과 ( ⓑ ), 대·소
         집단 활동과 ( ⓒ ) 그리고 휴식 등이 균형 있게 이루어지도록 해야
         해요. 3세에서 5세까지 단순히 주제를 반복하기보다 교육 경험의
         깊이와 폭을 점점 넓혀가며 단계적으로 전개해보면 어떨까요?
박 교사 : 네, 맞아요. 교수방법도 중요해요. ⓒ 집에서 동물을 키우는 유아
         와 그렇지 않은 유아를 함께 모둠으로 구성해서 다양한 생각과 의
         견을 나누면서 배움이 일어나도록 해도 바람직할 것 같아요.
```

(1) ㉠, ㉡에 해당하는 교수·학습 원리를 각각 쓰시오.

- ㉠ : _____
- ㉡ : _____

(2) 2015 개정 유치원 교육과정에서 제시하고 있는 교수·학습 방법에 근거하여, ⓐ~ⓒ에 해당하는 내용을 각각 쓰시오.

- ⓐ : _____
- ⓑ : _____
- ⓒ : _____

모범답안

01. 교수·학습의 원리와 활동 예
    (1) **놀이 중심의 원리** : '우리나라 사람들의 생활'을 주제로 쌓기 영역에서 초가집을 만들고 조형 영역에서 우물을 만드는 등 다양한 놀이를 통해 학습을 전개하고 있음
    (2) **개별화의 원리** : 관찰을 통해 놀이를 선택하지 못하고 있는 을이를 발견하여 개별적인 도움을 제공한 것은 개별화의 원리에 해당함
    (3) **집단 역동성의 원리** : '을이 → 교사 → 성운 → 순호'가 순차적으로 참여하면서 함께 의논하고 협력하면서 놀이의 아이디어가 증가되는 가운데 멋진 우물과 두레박을 가진 놀이를 하기로 확장됨

02. (1) '**융통성의 원리**'가 적용된 사례 : 채 교사는 들꽃을 관찰하는 활동을 계획하였지만 유아들이 나비에 대한 관심을 보이자 나비를 탐색하는 활동으로 변경하여 활동 운영에 융통성을 부여함
    (2) 교사의 역할
       ① **일과 계획 및 운영자** : 들꽃에 유아들이 관심을 갖도록 구체적인 일과를 계획하고, 유아들의 관심에 따라 융통성 있게 일과를 수행함
       ② **의사결정자** : 유아들을 관찰하고 전문적인 판단에 의해 그 결과를 반영하여 즉각적으로 의사결정을 내리고 융통성 있게 활동을 수정하였음. 또한 이러한 과정을 기록으로 남기고 이를 기초로 다음 날의 교육 활동을 고려하는 반성적 사고 활동을 함

       [출처]『2007 교사용 지도서』총론, p.109.

03. 교사가 발문할 때 고려해야 할 사항
    - ① : 애완동물에 관심을 가지고 탐색하는 단계에서는 유아들의 독특한 사고와 자유로운 대답을 고무할 수 있는 개방적 질문을 하도록 함. 즉, 학습에 관한 단서들을 막연하게나마 생각할 수 있는 질문을 함
    - ② : 대상에 대해 탐구하고 알아 낸 것을 적용하는 단계에서는 유아들이 합리적인 해결책을 찾을 수 있도록 선택이 제한적인 질문을 하도록 함. 즉, 사물과 현상 간에 유사점과 차이점을 비교할 수 있는 질문을 함

       [출처]『2007 개정 유치원 교육과정』총론, p.84.

04. • 개별화의 원리
05. (1) • ㉠ : 개별화의 원리   • ㉡ : 상호작용의 원리(집단역동성의 원리)
    (2) • ⓐ : 실외활동   • ⓑ : 동적활동   • ⓒ : 개별활동

5. 교수·학습 방법

(1) **경험의 원추**(데일, Dale)

① 교수 매체를 활용한 학습 경험의 종류를 구체성과 추상성의 정도에 따라 분류하였다.
② 가장 구체적이고 직접적인 경험을 밑면으로 해서 점차 간접경험으로 배열되어 있으며 상위로 올라갈수록 학습 경험의 추상성이 높아진다.
③ 발달 단계나 학습 내용에 대한 이해가 낮은 학습자일수록 구체적 경험에 가까운 방법으로 학습 경험을 제시하는 것이 바람직하다.
④ 구체적 경험을 통한 학습을 강조했으며, 구체적 경험을 기반으로 추상적 경험이 통합될 수 있도록 교육 활동을 계획한다.
⑤ 가장 구체적인 경험부터 가장 추상적인 경험에 이르기까지의 나열이 실제 수업에 있어서 진행 순서를 암시하는 것은 아니다. 또한 어떤 경험이 다른 경험보다 교육적으로 더 유용하다는 것을 암시하지도 않는다.
⑥ 유아를 위한 학습 지도에 있어서도 될 수 있는 한 여러 가지 매체를 통합 활용하는 것이 바람직하다. 구체적인 경험과 추상적인 경험을 통찰력 있게 배합해야 할 것이다.
⑦ 너무 구체적인 경험만 시키면 종합·분석하고 추리 판단하는 능력을 길러주지 못하고 너무 추상적인 경험만 시키면 실증적 경험의 기초가 약한, 너무 관념적이고 막연한 지식만을 갖게 할 것이다.

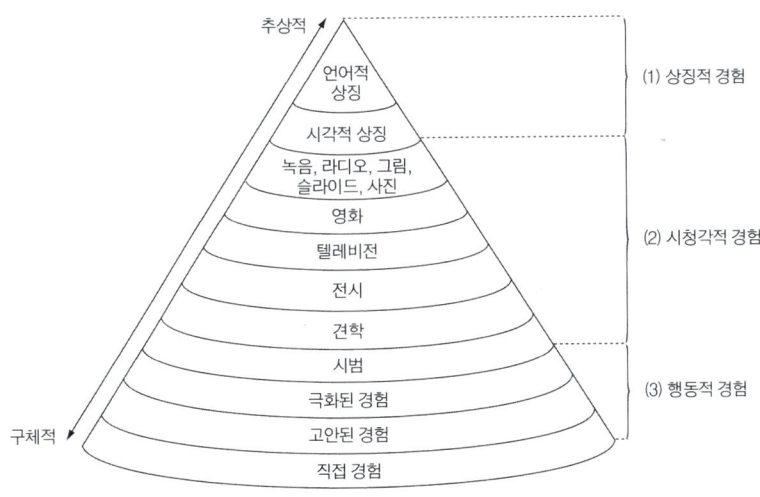

행동적 경험	① 직접 경험	• 가장 구체적이고 실제적인 경험으로서 모든 종류의 경험의 기초가 되는 경험으로 직접 경험만큼 완전한 경험은 없다. • 추상적인 또는 개념적인 학습이 되어 있는 내용도 직접 경험을 통해 새로운 학습이 될 수 있고, 개념적으로 막연히 학습했던 것도 좀 더 명확히 학습될 수 있다. • 유아를 위해서는 감각을 통한 직접 경험을 유도하는 실물, 자연물 등의 교수 매체가 가능한 한 많이 활용되는 것이 바람직하다.
	② 고안된 경험	• 모든 종류의 모의 사물을 통한 경험으로 실제 사태의 편집된 경험이다. • 고안된 경험도 직접 경험처럼 듣기, 보기, 만지기 그리고 다른 감각을 사용하는 경험이다. 고안된 경험은 예를 들면 농장·동물에 대해 유아가 관심을 보이고, 가까운 곳에 농장이 없을 때 플라스틱으로 만든 농장의 집, 여러 가축들, 가축우리, 풀밭 등으로 구성된 모델을 통하여 아동이 실제와 비슷한 경험을 간추려서 할 수 있게 될 때 이를 고안된 경험이라 할 수 있다. • 직접 경험만큼 실감나고 생생한 경험을 주지 못하지만 주어진 학습목표에 꼭 필요한 경험만을 골라 줄 수 있다는 장점도 있다. 직접 경험을 주기에 실물이 너무 방대하거나 직접 만질 수 없는 것일 경우 오히려 간단·명료하게 축소한 모형으로 고안된 경험을 시키는 것이 더 바람직하다.
	③ 극화 경험	• 직접 경험이나 고안된 경험으로도 학습시킬 수 없는 경우에 활용된다. • 고안된 경험에 의한 학습은 학습 현장에서 공간적으로나 물리적으로 쉽게 다룰 수 없는 경우에 활용되는데 극화경험의 학습은 학습현장에서 시간적으로 개념적으로 쉽게 다룰 수 없는 경우에 활용된다.
시청각적 경험	① 시범	• 시범은 다른 교수 매체와 달리 교사가 직접 참여하므로 여러 가지 다른 교수 매체를 함께 활용할 수 있는 장점이 있다. • 시범에는 그림·사진·슬라이드·모형 등이 활용되는 경우가 많다. 시범이 활용되는 학습의 종류도 많다.
	② 견학	• 견학은 어떤 학습을 위하여 특별히 마련되는 상황을 학습자들에게 보여주는 것은 아니라는 점에서 시범과 다르다. • 견학의 경우에는 주어진 학습 목표에 관계없는 경험을 학생들에게 줄 가능성도 있다. 그러나 견학에서는 어떤 학습 목표를 위해 인위적으로 조정된 것이 아니라 우리 주위의 실생활 그대로의 상황을 볼 수 있는 장점이 있다. • 견학은 철저한 사전 계획을 세워서 하지 않으면 학습자들에게 혼란을 가져올 수도 있다.
	③ 전시	• 게시판이나 테이블의 전시가 시범이나 견학과 다른 것은 그 시청각적 경험의 대상이 동적(dynamic)이 아니고 정적(static)이라는 데 있다. • 실물·그림·사진·도표·모형·표본·아동 작품 등 전시되는 것들은 그 자체가 하나의 교수 매체가 될 수 있다.

시청각적 경험	④ 텔레비전과 영화	• 텔레비전이 영화와 다른 점은 텔레비전은 지금 방금 일어나고 있는 상황을 동시에 전달할 수 있다는 점이다. 따라서 텔레비전은 영화보다 실제 직접적 경험에 가까이 갈 수 있는 교수 매체라고 할 수 있다. • 텔레비전이나 영화는 동적인 시청각 경험을 줌으로써 정적인 시청각 경험을 주는 그림이나 사진과 같은 교수 매체보다 훨씬 인상적이고 구체적인 경험을 줄 수 있다.
	⑤ 사진, 그림, 라디오, 녹음	• 사진·그림·라디오·녹음은 모두 앞서 논의한 교수 매체에서 한 두 가지 요소만을 보유한 교수 매체들이다. • 사진이나 그림은 텔레비전이나 영화의 동적인 요소와 청각적인 요소를 빼고 시각적인 요소만을 취한 경우이고, 라디오는 텔레비전이나 영화에서 시각적인 요소를 뺀 청각적인 요소만을 취한 경우이다. 이와 같이 감각적인 요소가 줄어든 만큼 실제성이 줄어들고 추상성이 높아진다고 볼 수 있다. • 실제성이 낮은 교수 매체라 하여 실제성이 더 높은 교수 매체보다 교육적 가치가 낮다고 말할 수 없다. 텔레비전이나 영화보다는 한 장의 그림이나 사진이 더 유용한 학습 내용이 얼마든지 있고 사진이나 녹음이 텔레비전이나 영화보다 훨씬 경제적인 교수 매체라는 중요한 장점도 있다. • 그림은 사진보다 사실성이 약하지만 사진이 그림보다 반드시 더 우수한 교수 매체라고 하기는 어렵다. 사진은 주어진 교수 목표에 적합지 않은 요소들이 포함되어 있을 수 있으나 그림의 경우에는 교수 목표에 부적합한 요소는 모두 뺄 수 있다. 그리고 또 사실적인 사진보다는 암시적인 그림이 교수 매체로서 더 효과적일 때도 많다.
상징적 경험	① 시각적 상징매체	• 지도·도표·도해 등이 활용된다. 시각적 상징의 기호로는 지도에서 길을 나타내는 평행선, 도시를 나타내는 둥근 점, 공장지대를 나타내는 톱니바퀴 모양, 그리고 기타 수학에서 쓰이는 기호 등을 생각할 수 있다. • 시각적인 상징적 기호는 유아를 위해서는 간단한 지도 외에는 별로 많이 활용되지 않는다.
	② 언어적 상징매체	• '경험의 원추'의 정점을 이룬다. 즉, 가장 추상적인 교수 매체이다. 언어에는 말과 글이 있는데 말은 청각적이고 글은 시각적이다. 언어는 원래 말이고 말을 시각적으로 나타낸 것이 글이다. 따라서 글이 말보다 더 상징적이요, 추상적이다. • 언어는 상징적이고 추상적이면서도 거의 모든 사상과 감정을 표현할 수 있는 매체로서 일상생활에서도 긴요하지만 교육적으로 매우 중요한 매체가 된다. 언어는 '책', '사람' 등과 같은 구체적인 물체에서부터 '정의', '민주주의' 등과 같은 추상적인 개념에 이르기까지, 그리고 여러 가지 형용사나 문장구문으로 거의 무한한 사상과 감정의 차이를 표현하다. 요컨대 언어는 가장 포괄적인 의사소통의 매체라고 할 수 있다. • 유아교육에 있어 언어에만 의존하는 것은 좋지 않지만 어떠한 종류의 학습지도에서도 언어의 사용을 완전히 배제하기 어렵다. 언어는 대상 아동에게 적절한 용어를 선택하여 사용한다면 교수 매체를 활용하는 학습 지도를 보강해 주는 역할을 한다.

(2) 대리적 학습 경험(올젠, Olsen)

① 올젠(E. G. Olsen)은 그의 저서 「학교와 지역사회」에서 오늘날의 학교는 지역사회와 너무 떨어져 있기 때문에 제 구실을 못하고 있다고 지적하고, 학교와 지역사회를 연결 짓는 가교인 10개의 기술을 생각해 냈는데 이 10개의 기술 중 현실을 변형 편집하여 제시할 수 있는 자료가 시청각 자료라고 하였다.
② 시청각 자료에 의한 경험을 대리적인 경험으로 보았으며, 학습의 유형을 언어를 통한 대리학습, 시청각 교육을 통한 대리 학습, 직접 학습으로 구분하였다.

㉠ 언어를 통한 대리 학습	언어, 문서 등 언어적 상징을 통한 대리 학습으로서 추상성을 띠고 있는 학습 형태로 학습의 최상부 구조를 형성한다.
㉡ 시청각 자료를 통한 대리 학습	직접 경험과 언어적 대리 학습이 경험의 양극 사이를 연결하여 주는 교량적 역할을 담당하는 것으로 반구체와 반추상의 특색을 가진다.
㉢ 직접 학습	인간의 감각을 통하여 직접적으로 받아들이는 학습으로 모든 지식의 기반을 구축해 놓은 학습이다. 지역사회 경험을 통한 것과 표현적 활동을 통한 직접 학습으로 구분한다.

```
↑
제4단계 : 언어를 통한 대리학습
  책 – 잡지 – 신문 – 강의
  토의 – 토론 – 편지 – 수필 – 보고서 – 공식
        (추상적 상징)

제3단계 : 시청각 자료를 통한 대리학습
  지도 – 도표 – 그래프 – 실물 – 표본 – 모형
  사진 – 슬라이드 – 필름스트립 – 영화
  라디오 – 녹음자료 – 텔레비전
        (기계적인 제시)

제2단계 : 표현적 활동을 통한 직접적 학습
  제도하기 – 그림 그리기 – 모형 만들기
  벽화 만들기 – 연극 – 조립 – 수집 – 게시판 꾸미기
        (개인적인 중계활동)

제1단계 : 지역사회 경험을 통한 직접적 학습
  자원 인사 – 면담 – 견학 – 조사 연구
  현장 실습 – 학교 캠핑 – 지역사회 활동
        (감각적 활동)
↓
```
(좌측: 구체화 / 우측: 추상화)

(3) **지식 표상 양식**(브루너, Bruner)

① 브루너는 유아가 주어진 정보에 대해서 어떻게 구조화하고 사용하는 것에 관심을 가졌으며, 인지 발달 순서에 따라 학습 내용을 동작적, 영상적, 상징적 표현의 순서로 서열화하여 제시한다.

② 유아는 처음에 습관적인 활동에 의해서 세상을 이해를 하다가 점차적으로 영상 등을 통한 표상 기법들이 더해지면서 활동적인 표상으로부터 자유로워진다. 더 나아가 활동과 영상 등을 통한 표상기법을 언어로 바꾸게 되면서 상징적인 표상이 가능해지게 된다.

표상 단계		표상 활동의 예
1단계	동작적 표상	유아 자신의 행위에 의해 사물을 code로 기록 예 백조가 나는 모습을 몸으로 표현해 본다. '백조' 음악을 듣고, 백조의 움직임을 신체 동작으로 표현해보기
2단계	영상적 표상	영상(iconic)과 시각적 지각을 사용 예 백조가 나는 모습을 그림으로 그려 본다. '백조' 음악을 듣고, 생각이나 느낌을 그림으로 표현해보기
3단계	상징적 표상	언어(기호)의 사용 예 '백조' 음악을 듣고 난 느낌을 말로 표현해 본다. '백조' 음악을 듣고, 생각이나 느낌을 동시로 꾸며보기

[출처] 『제6차 유치원 교육과정. 교사용 지도서』.

기출탐구

01 (가)는 만 4세반 활동계획안의 일부이다. 물음에 답하시오. ■2019년

(가)

활동명	거북이를 길러 보아요
㉠ 활동목표	○ 거북이 먹이의 종류를 안다. ○ 거북이에게 먹이를 준다.
… (중략) …	
활동방법	○ ㉢ 거북이 사진과 동영상, 그림 자료를 보며 거북이 먹이의 종류에 대해서 알아본다. ○ 거북이 수조를 꾸미고, 거북이가 살 수 있는 환경을 만들어 준다. ○ 거북이에게 먹이를 준다. ○ 거북이 돌보기 실천 방법에 대해 이야기 나눈다.
… (하략) …	
㉣ 확장활동	○ 거북이를 관찰하여 관찰일지를 쓴다. ○ 역할을 정하여 『토끼와 거북이』 동극을 한다. ○ 거북이가 어떻게 성장할지 그림으로 그린다. ○ 거북이를 주제로 동시 짓기를 한다.

데일(E. Dale)은 '경험의 원추'에서 구체성과 추상성의 정도에 따라 학습경험을 크게 3가지로 나눈다. ① ⓐ~ⓒ 중에서 (가)의 ⓒ에 해당하는 기호와 명칭을 쓰고, ② ⓓ에 해당하는 가장 적절한 사례를 (가)의 ⓔ에서 1가지 찾아 쓰시오.

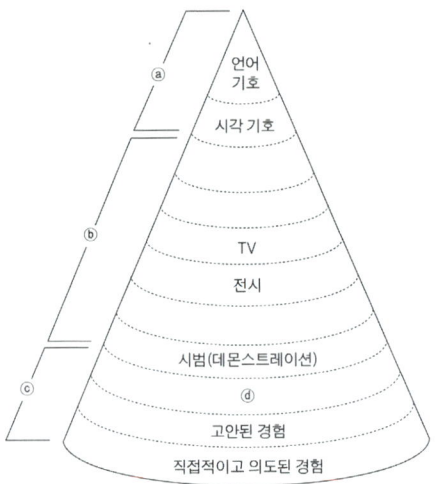

- ① : _____
- ② : _____

02 〈보기〉의 사례는 박 교사가 유아에게 자전거 타기를 가르치는 과정을 설명한 것이다. 브루너(J. Bruner)의 인지발달 이론에서 구분한 동작적 단계(enactive stage), 영상적 단계(iconic stage), 상징적 단계(symbolic stage)의 각 단계와 같은 표상 양식을 적용한 지도 방식을 〈보기〉에서 골라 바르게 짝 지은 것은?

■ 2010년

> 보기
> ㉠ 교사는 자전거 타는 방법을 유아들에게 말로 설명해 주었다.
> ㉡ 교사는 자전거를 제시하여 유아들에게 잡고, 만지고, 움직여 보도록 하였다.
> ㉢ 교사는 자전거 타는 방법을 알려주기 위해 유아들에게 비디오를 보여주었다.

	동작적 단계	영상적 단계	상징적 단계
①	㉠	㉡	㉢
②	㉡	㉠	㉢
③	㉡	㉢	㉠
④	㉢	㉠	㉡
⑤	㉢	㉡	㉠

03 다음에서 ㉠에 들어갈 표상 양식 1가지를 쓰시오.　　■ 2014년

> 유아과학교육에 사용되는 교구나 매체는 브루너(J. Bruner)가 제시한 표상 양식 중 유아가 이해할 수 있는 수준의 표상 양식으로 구성되어야 한다. 그림과 사진으로 구성된 떡 만들기 요리표는 브루너(J. Bruner)의 표상 양식 중 (㉠)에 기초하여 제작한 것으로 글이나 기호로 설명하기에 복잡한 요리 과정을 유아들에게 알려주는 데 적합하였다.
> … (중략) …

• 표상 양식 : _____

모범답안

01. • ① : ⓑ, 시청각적 경험
    • ② : 역할을 정하여 『토끼와 거북이』 동극을 한다.
02. ③
03. • 표상 양식 : 영상적 표상

6. 교수 행동 유형(브레드캠프와 로즈그란트, Bredekamp & Rosegrant 교수행동 연속체)

비지시적(nondirective)			중재적(mediating)			지시적(directive)	
인정하기 (acknowledge)	모범 보이기 (model)	촉진하기 (facilitate)	지원하기 (support)	지지하기 (scaffold)	함께 구성하기 (co-construct)	시범 보이기 (demonstrate)	지도하기 (direct)
유아의 과제수행능력 높음 ←――――――――――――――→ 유아의 과제수행능력 낮음							

(1) 인정하기(acknowledge)

① 유아가 활동을 지속할 수 있도록 긍정적인 격려와 관심을 보여주는 행동이다.
② 유아로 하여금 즐겁게 활동에 참여하도록 해주나, 칭찬이 지나치면 활동 과제에 대한 유아의 동기를 약화시킬 수도 있으므로 적절한 수준으로 인정해주고 사실에 근거하여 긍정적이고 명확하게 인정하고 격려하도록 한다.
③ 인정하기는 격려하기, 칭찬하기, 수용하기 등 이를 표현하는 방법으로는 안아주기, 따뜻한 눈빛 보내기, 미소 짓기, 긍정적 언어 표현 등이 있다.
　예 (낙엽이 구르는 모습을 표현하는 유아에게) 몸을 웅크리고 옆으로 구르니까 정말 낙엽이 바람에 날리는 것 같구나.

(2) 모범 보이기(model)

① 유아가 본받아 배울 만한 적절한 행동 양식을 행동 혹은 암시나 자극 등을 사용하여 보여주는 행동으로 오직 행동이나 신호, 암시, 또는 다른 형태의 코칭을 통해서 교실에서 가치 있는 행동이나 기술을 표현(display)하는 것이다.

② 암시적인 모범 보이기는 지시적인 성격을 띠지 않는 데 비하여, 명시적인 것은 (힌트, 조언, 동극에서 대사 알려주기) 다소 지시적으로 보일 수도 있다.
③ 교사는 유아에게 기대하는 행동, 즉 바르게 말하기, 정리 정돈하기, 공손한 태도, 골고루 먹기 등을 교사 자신이 매일의 생활에서 실천함으로써 모범 행동을 보일 수 있다.
   예 교사가 몸을 작게 하고 구르는 모습을 보여준다.

(3) **촉진하기**(facilitate)
① 학습 준비가 되었을 때 다음 단계에 도달하도록(유아들이 준비되어 있는 다음 단계에 도달하도록) 유아에게 일시적인(short term) 도움을 주는 행동이다.
② 유아가 두발자전거를 탈 때 균형을 잡을 때까지 잠깐 두발자전거 뒤를 잡아 주는 것 같은 도움(친절함)을 말한다.
③ 최소한 개입으로 유아의 학습을 용이하게 해주는 상호작용 유형을 말하며 행동의 처음과 끝을 유아가 결정한다.
④ 유아들이 실패에 대한 두려움 없이 시도해볼 수 있도록 격려하는 확실한 방법이다.
⑤ 유아의 확산적 사고를 돕기 위하여 "또 다른 방법은 없을까?"와 같은 질문을 하는 것도 한 예가 된다.
   예 나뭇잎이 구르는 모습을 몸으로 표현할 수 있는 또 다른 방법은 없을까?

(4) **지원하기**(support)
① 자전거에 보조 바퀴를 달아 주고, 완전히 자전거 타기에 익숙해지면 보조 바퀴를 떼어 내는 것과 같이, 유아가 도움이 더 이상 필요하지 않다고 할 때까지 정해진 형태(fixed form)의 도움을 준다.
② 촉진하기와 유사하나 교사의 참여 정도에서 차이가 있다. 촉진하기에서는 유아가 자전거 뒤편에 있는 교사에게 이제 출발한다는 메시지를 보내는 것과 같이 큰 결정권을 가진다. 지원하기는 도움이 더 이상 필요 없을 때를 유아와 교사가 함께 결정한다.
③ 교사가 유아에게 필요한 도움을 제공하고 유아는 견고한(고정된) 도움의 범위 안에서 참여할 수 있도록 한다.
   예 선생님이 음악을 들려줄테니 음악에 맞추어 낙엽이 움직이는 모습을 표현해보자.

(5) **지지하기**(scaffold)
① 유아의 현재 능력이 어느 정도에 이르면, 현재 능력의 한계치(on the edge)를 끌어내어 다음 발달 수준에 도달하도록 적합한 학습 방법을 사용하여 도움을 주거나, 도전의 기회를 마련하여 주는 행동이다.
② 교사는 각 유아가 스스로 하고 싶지만, 도움이 없으면 하기 어려운 활동 과제를 알아내어 이를 이해하고 도움을 준다.

③ 이때, 교사는 유아의 주인 의식이나 동기를 약화시키는 일이 없이 유아가 새로운 수준의 능력이나 이해로 나아갈 수 있도록 상호작용을 한다.

> 예 바닥에 ∞ 모양으로 테이프를 붙여 놓고 ∞ 모양을 따라 나뭇잎이 구르는 모습을 표현한다. 모양을 따라 구르는 모습을 잘 표현하면 테이프를 떼어내고 굴러보도록 한다.

(6) 함께 구성하기(co-construct)

① 교사와 유아가 함께 생각하고 조사하며 배우고 해결하면서 프로젝트를 수행하거나 활동을 해 나가는 행동으로, 이때 교사와 유아는 모두 학습자인 동시에 교사가 된다.
② 교사가 유아와 함께 쌓기놀이 활동을 한다든지, 역할놀이 영역에서 각자 역할을 맡아 소꿉놀이를 하는 예를 들 수 있다.
③ 문제를 해결해나가는 과정에서 교사가 즉시 답을 알려주는 것보다 공동의 학습자가 되어 유아가 문제해결과정을 경험하도록 도울 수 있다.

> 예 선생님이 바람이야. 너희들은 바람이 부는 대로 움직이는 나뭇잎이 되어보자.

(7) 시범 보이기(demonstrate)

① 어떤 사항을 구체적으로 지도하기 위해 유아가 관찰하는 동안 교사가 활동에 적극적으로 참여하거나 행동을 역동적으로 보여주는 것이다.
② 교사가 활동을 직접 해 보이면, 유아가 이 활동의 결과를 관찰하는 것으로 유아는 관찰을 통해 쉽게 익히고 이해할 수 있다.
③ 이러한 시범은 유아가 한 활동이 분명히 잘못된 방법으로 이루어졌을 때, 이를 고쳐 주기 위한 한 방안이 될 수 있다.
④ 꼭 필요한 정보를 주고자 할 때 지시적이거나 의도적으로 활용된다. 학기 초에 화장실 사용법, 교구 사용법을 지도할 때 시범 보이기를 활용할 수 있다.

> 예 선생님이 옆으로 구르기를 보여줄게 잘 보자. 은미야 네가 언니한테 '언니 나도 놀고 싶어.'라고 말해보자.

(8) 지도하기(direct)

① 유아들이 어떤 과제를 반드시 특정한 방법으로 수행하기를 원할 때 사용하는 것으로 착오 없이 학습이 이루어지도록 교사가 필요한 정보나 지식을 전달하는 것이다.
② 장애를 가진 한 유아가 교사의 행동을 관찰하기도 하고, 여러 번 연습하기도 했음에도 불구하고 혼자서 음식을 먹기가 학습되지 않았을 때, 교사는 그 유아에게 직접적으로 지도하는 방법을 사용할 수 있다. "숟가락을 이렇게 꽉 쥐고, 선생님처럼 입에 대어 보자."
③ 지도하기는 설명하기를 활용할 수도 있다. 설명하기는 자연 발생적으로 형성되기를 기대할 수 없고 유아의 탐색이나 탐구 등의 방식으로는 획득될 수 없는

유형의 지식을 직접 전달할 때 활용된다. 설명하기는 주의를 끌 만한 시청각 자료, 구체적 사례, 다양한 관련 자료들을 사용할 수 있다.

④ 유아들이 스스로 문제를 발견하고 해결하는 것보다 직접적으로 그 방법을 말해 주는 것이 더 효과적일 때 사용하는 것이 바람직하다.

> 예 (옆으로 구르기가 잘 되지 않는 유아의 옆에 함께 누워서 구르기를 직접 보여주며) 선생님처럼 이렇게 누워서 팔을 위로 쭉 뻗고 굴러보자.

[참고] 『제6차 유치원 교육 활동 지도 자료』 1 총론, pp.133~135.
『2007 개정 유치원 교육과정 교사용 지도서』 pp.110~111.
Bredekamp & Rosegrant(1992), Reaching Potentials : Transforming Early Childhood Curriculum and Assessment.

기출탐구

01 다음은 만 4~5세 오후 재편성 종일반 김 교사가 유아들의 갈등을 중재한 상황이다.
■ 2012년

> 은미는 건반악기를 가지고 놀기 위해 차례를 기다리고 있다. 민서가 계속 건반악기를 가지고 놀자 은미는 기다리다 울먹이면서 김 교사에게 간다.
> 김 교사 : 은미야, 무슨 일이니?
> 은 미 : 나도 키보드 치고 싶은데 민서 언니만 해요.
> 김 교사 : 그랬구나, 속상했겠다.
> 은 미 : (선생님의 팔을 잡으며) 선생님, 언니한테 같이 가요.
> 김 교사 : 그래, 같이 가서 언니에게 얘기해 보자.
> (김 교사와 은미가 민서에게 간다.)
> 김 교사 : 은미야, 네가 언니한테 '언니, 나도 놀고 싶어.'라고 말해 보자.
> 은 미 : (잠시 머뭇거리며 민서에게 다가가) 언니, 나도 놀고 싶어.
> 민 서 : (들은 척도 하지 않고 계속 건반악기를 가지고 논다.) …….
> 김 교사 : (민서에게) 은미도 키보드 가지고 놀고 싶다고 하는데 놀게 해 줄래?
> 민 서 : 싫어요. 저도 조금밖에 못 놀았어요.
> 김 교사 : 너는 오래 놀았으니까 이제 동생한테 양보하자.
> (민서가 시무룩하게 자리를 비켜준다.)

브레드캠프(S. Bredekamp)와 로즈그랜트(T. Rosegrant)가 제시한 교수 방법 중 '인정하기'와 '시범 보이기'에 해당하는 사례를 각각 찾아 제시하고 사례별로 그렇게 판단한 이유와 함께 각각 논하시오.

• ① 인정하기 : _____

• ② 시범 보이기 : _____

02 (가)는 만 5세반 김 교사의 '재미있는 공놀이' 교육계획의 일부다. 물음에 답하시오.

■ 2018년

(가)

활동명	재미있는 공놀이
활동목표	… (생략) …
활동자료	다양한 종류의 유아용 공(탱탱볼, 비치볼 등)
활동방법	㉠ 공 던지기를 한다. ㉡ 공 튀기기를 한다. ㉢ 공 차기를 한다. ㉣ 공을 던져서 서로 주고받는다.
활동의 유의점	공으로 친구를 다치게 하지 않도록 조심한다.

김 교사는 브레드캠프와 로즈그란트(S. Bredekamp & T. Rosegrant)의 교수 행동 유형을 적용하여 (가)의 ㉣ 활동을 지도하고자 한다. ① 김 교사의 다음 발문에 해당하는 교수 행동 유형 ⓐ를 쓰고, ② (가)의 ㉣ 활동 시 ⓑ에 해당하는 교사의 발문 1가지를 쓰시오.

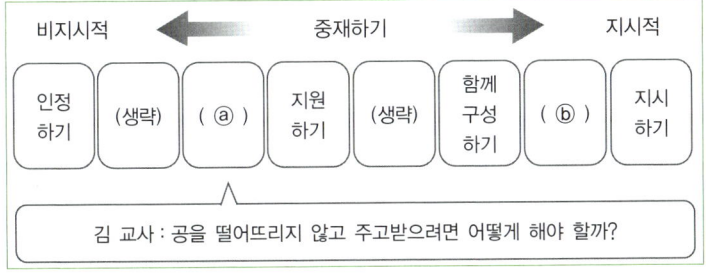

- ① : _____
- ② : _____

> **모범답안**
>
> 01. • ① 인정하기 : "그랬구나, 속상했겠다."라는 반응은 유아의 감정을 있는 그대로 수용하여 반영한 것이기 때문이다.
>   • ② 시범 보이기 : "'언니, 나도 놀고 싶어'라고 말해보자."와 같이 은미가 민서에게 어떻게 자신의 권리를 주장해야 할지를 구체적인 언어적 행동으로 보여준 것이기 때문이다.
>
>   [출처] 『2007 교사용 지도서』 총론
>
> 02. • ① : 촉진하기
>   • ② : 선생님이 공을 던져볼게, 어떻게 던지는지 잘 보렴(시범 보이기)

04 유아 평가

유아 평가는 개별 유아에 대한 이해를 높이고 유아의 발달과 학습 수준을 평가하여 이를 교육·보육 활동에 반영함으로써 유아가 최적의 발달을 할 수 있도록 도와주는 과정이다.

1. 유아 평가의 방법

(1) 관찰법과 검사법

① 관찰법과 검사법의 비교

구분	관찰법	검사법

장점	• 자료 수집 과정
	  ⇨ 자연스러움, 부담을 주지 않음
	• 자료 수집 영역
	  ⇨ 사회성, 행동 발달
		• 자료 수집 과정
		  ⇨ 객관성, 신뢰도가 높음
		• 자료 수집 영역
		  ⇨ 인지, 언어, 신체 발달

단점	• 신뢰도와 객관성 낮음 • 체계적인 관찰 ⇨ 시간과 노력 소요 • 유아의 내적 속성은 평가하기 어려움	• 평가 영역 제한 • 유아에게 부정적 영향 • 유아의 검사 받는 기술 및 경험 ⇨ 점수에 차이

② 검사법의 문제점
  ㉠ 검사법은 단편적 지식이나 암기 위주이므로 유아가 실제 알고 있는 것이나 할 수 있는 것을 평가하지 못한다.
  ㉡ 교사가 검사의 결과를 의식하여 유아의 발달에 해로운 교실 수업을 유도할 수 있다.

ⓒ 검사법은 검사받는 과정이나 결과를 통해 유아에게 스트레스를 주어 앞으로 학습에 부정적 태도를 형성할 수 있다.
　　ⓓ 검사받는 기술 및 경험에 따라 차이가 크므로 검사의 결과를 신뢰하기 어렵다.

(2) **양적 연구와 질적 연구**
　① **양적 연구**(quantitative research)
　　㉠ 어떤 현상을 설명하고 이해하고자 할 때 객관적인 척도에 의한 측정을 통하여 양적인 자료를 수집하고 이를 토대로 통계적인 방법으로 결과를 처리하는 접근 방법이다.
　　㉡ 연구자의 편견과 가치가 포함되지 않도록 해야 할 뿐 아니라 연구대상 간의 관계가 밀접하게 되면 자료가 왜곡될 수 있으므로 적절한 거리를 유지하는 것이 바람직하다.
　② **질적 연구**(qualitative research)
　　㉠ 어떤 현상에 대한 이해와 탐구를 위해 관찰이나 면담을 통하여 심층적인 자료를 수집하며, 자료의 의미를 해석함에 있어서 연구자에 따른 다양한 관점과 해석에 의존하여 언어적으로 자세히 기술하는 접근 방법이다.
　　㉡ 연구대상의 전반적인 경향을 알아보는 것이 아니라 연구하고자 하는 행동이나 현상을 이해, 탐구하는 과정이 중요하며, 연구결과의 해석이 주관적이므로 연구 결과를 모든 대상에게 적용하기 어렵다.

기출탐구

(다)는 5세반 유아 평가에 관련된 내용의 일부이다. ⓜ에 들어갈 용어 1가지를 쓰시오.
■ 2014년

(다)
오 교사 : 민재의 행동발달을 알아보기 위해 관찰법과 질문지법을 활용해 보았는데, 다른 유아들과 비교해 볼 수 있는 좀 더 체계화된 평가 방법이 있을까요?
박 교사 : 그럼, (ⓜ)을(를) 실시해 보면 어떨까요? (ⓜ)은(는) 실시하기 전에 특별한 훈련이 필요할 수도 있고, 전문 지식이 요구되기도 하지만, 개인차를 비교할 수 있도록 규준을 제시해주잖아요. 그리고 (ⓜ)은(는) 개발 과정에서 신뢰도와 타당도를 검증하잖아요.

모범답안
• 검사법

2. 관찰법

(1) 관찰의 의미
① 관찰은 유아 평가 방법 중에서 가장 오랜 역사를 지닌 방법 중의 하나로 유아의 발달을 보다 잘 이해하기 위해 일상생활 속에서 이루어지는 자연스러운 행동을 자세히 탐색하고 기록하는 과학적인 방법이다(황해익, 2010).
② 유아기의 아동은 사용하는 어휘가 제한되어 있으며 필답식 검사가 거의 불가능하기 때문에 유아를 대상으로 하는 연구 방법으로서, 관찰은 매우 적절한 방법이다.

(2) 관찰의 목적
① 유아의 행동을 이해할 수 있는 중요한 정보를 제공하기 때문에 유아의 전인적 성장 및 발달에 도움이 된다.
② 교사의 수업이나, 의사소통, 학급운영이 어떻게 이루어지고 있는지에 대한 피드백을 통해 잘못된 부분을 수정하고 더 나은 교수를 위한 정보를 얻을 수 있어 수업의 질적 향상에 도움이 된다.
③ 관찰의 결과는 부모에게 자녀에 대한 정보를 제공하는 중요한 자료가 되며 유아의 성장기록을 통해 프로그램의 효과를 이해시킴으로써 긍정적인 부모-자녀, 가정-유치원 관계 형성에 도움이 된다.
④ 교육목표의 달성 정도와 교육의 질적 개선을 위해 무엇을 수정, 보완해야 할 것인지에 대한 객관적인 정보를 얻을 수 있다.

(3) 관찰의 절차

계획	실행	자료의 분석 및 결과 활용
• 관찰 목적의 설정 • 관찰 행동의 표집 설정 • 관찰 장면의 선정 • 관찰 방법의 선정 • 관찰 매체의 선정	• 관찰 : 모든 감각 기관을 활용 • 관찰의 객관적 기록	• 추론 • 평가 • 결과 활용

[출처] 황해익 외(2016), 아동관찰 및 행동연구

(4) 관찰법의 오류
① 관찰 대상에 미치는 관찰자 영향 : 관찰자가 관찰 장면에 있다는 것 자체가 대상에게 영향을 미치는 경우
② 관찰자 자신이 범하는 오류

관찰자의 기대	관찰자가 결과에 대해 개인적인 기대를 함으로써 생겨나는 편견
과대한 일반화	관찰자에게 어느 정도 익숙한 경험은 어떤 현상을 당연한 것으로 간주하게 되는 경향
후광 효과	관찰 대상에 대한 예비 지식, 개인적 감정으로 대상의 행동을 과소 또는 과대 평가하는 것
주관적 해석	관찰에 대한 결과를 관찰자 자신의 느낌에 기초하여 행동을 해석하는 것

③ 관찰 범주 설정의 오류(관찰 범주 설정의 오류를 최소화하기)

용어의 객관성	관찰 가능한 행동적 용어를 사용한다.
심리적 특수성	심리학적으로 명료한 용어를 사용한다.
이론적 통합성	행동의 범주들이 이론적으로 상호 관련성을 지니면서 체계적인 특성을 갖도록 한다.

(5) 관찰 시 유의할 점

① 체계적인 관찰 계획을 가지고 시작한다(언제, 어디서, 누구를 관찰할지 등을 포함).

① Who	누구를	대 – 소집단, 개별, 특정 유아
② What	어떤 행동을	특정 행동 / 상호작용, 시작점 / 특정 상황에서의 반응도
③ How	어떻게 관찰	행동 유형에 적합한 관찰 방법
④ How	어떻게 기록	노트, 특별 양식지, 비디오 테이프 등
⑤ Where	어디서	가정, 유아교육기관, 운동장, 일방경, 교실
⑥ When	언제 얼마나	특정 시간, 관찰 횟수, 지속 시간
⑦ Why	왜(목적)	부모, 전문가들과 공유, 교육과정 반영

② 기록하는 방식을 사전에 결정하여 효율적인 관찰이 되도록 한다.
③ 기록은 가능한 한 관찰이 이루어진 직후에 한다.
④ 교사의 주관이 개입되기 쉬우므로 훈련을 통해 객관적인 관찰 능력을 증진시킨다.

(6) 관찰에서 주관적인 기록을 피하기 위한 방법

① 관찰대상이 실제로 행동한 것만 기록한다.
② 참여대상의 말을 사실 그대로 직접화법으로 기록한다.
③ 관찰대상의 행동을 구체적으로 기록한다. 또한 관찰 대상 장면도 자세하게 기록한다.
④ 행동의 특성을 설명해야 한다.
⑤ 관찰하는 대상의 행동이 다른 사람의 행동과 어떻게 구분되는지 정확하게 설명한다.

(7) 신뢰도

① 관찰대상을 여러 번 관찰했을 때 일관된 결과가 나오는 정도를 의미한다.
② 관찰의 신뢰도를 높이는 방법

관찰자 내 신뢰도	• 한 관찰자가 같은 상황을 두 번 이상 관찰하여 자신의 관찰 기록 간의 일관성을 알아보는 방법 • 자신의 수업을 녹음하여 반복하여 관찰, 결과를 기록한 뒤 비교 분석하는 것
관찰자 간 신뢰도	• 두 명 이상의 관찰자가 동일한 장면이나 상황을 독립적으로 관찰하고 기록하였을 때 관찰자들 간 관찰 기록의 일관성을 알아보는 방법 • 한 장면을 관찰하여 결과를 기록한 뒤 비교 분석하는 것

(8) 타당도
① 측정하려는 속성을 실제로 얼마나 정확히 측정하느냐를 의미한다.
② 타당도의 유형

공인 타당도	이미 타당도를 인정받은 측정도구와 그 측정결과가 일치하는 정도
내용 타당도	가장 기본적인 것으로 평가문항에 얼마나 대표적인 내용이 들어가 있는가의 정도
예언 타당도	목적하는 준거를 얼마나 정확하게 예언하는 능력을 가지고 있는가의 정도
구인 타당도	실제로 관찰하려는 목표 행동이 심리학적 개념이나 이론의 구성요인을 얼마나 잘 나타내는가의 정도

> **참고** 객관도와 신뢰도
>
> 1. 평가도구 신뢰도
>
> | 재검사 신뢰도 | 한 개의 평가도구를 동일한 피험자에게 일정한 시간 간격으로 두 번 실시하여 결과의 상관관계를 산출 |
> |---|---|
> | 동형검사 신뢰도 | 내용, 난이도, 변별도가 비슷하지만 형태가 서로 다른 두 개의 검사를 동일한 피험자에게 실시하여 상관관계를 산출 |
> | 반분검사 신뢰도 | 한 개의 평가도구를 한 집단에 실시한 다음 적절한 방법으로 둘로 나누어 점수를 산출한 후 두 점수의 상관관계를 산출 |
> | 문항내적 일관성 신뢰도 | 개별 문항 하나를 독립된 한 개의 검사단위로 보고 각 문항들이 동일한 능력을 측정하고 있는 정도를 수치화 |
>
> 2. 객관도(검사자 신뢰도) : 측정결과에 대해 여러 평가자 혹은 채점자가 어느 정도로 일치된 평가를 하는지 채점에 대한 일관성 정도
>
> | 평가자 간 신뢰도 | 평가결과가 평가자 사이에서 얼마나 유사한가를 의미
예체능계 실기고사, 논술고사 등에서 언급 |
> |---|---|
> | 평가자 내 신뢰도 | 동일한 평가자가 모든 측정대상에 대해서 계속적으로 일관성 있게 측정하는지, 시간의 흐름에 따라서도 평가기준이 변하지 않고 동일하게 측정하는지를 의미(개인의 일관성) |
>
> 3. 실용도
> 평가방법이나 도구의 제작과정뿐 아니라 실시방법이나 절차, 그리고 평가결과를 채점하거나 분석하기 위해 소용되는 인적, 물적 자원의 양과 질이 주변 여건에 비추어 실용적인가를 나타내는 정도
>
> [출처] 『예비교사를 위한 교육평가』, 정미경 외(2019), 공동체

(9) 관찰법의 유형

① 서술식 관찰법
    ㉠ 고정된 양식 없이 유아의 행동과 일어난 사건 전모를 그대로 이야기하듯 기록하는 방법이다.
    ㉡ 특별한 사전 준비물이 필요 없다.
    ㉢ 사건이 발생한 주변 상황에 대한 정보 및 사건의 전후관계를 파악할 수 있다.
    ㉣ 유형 : 표본식 기록법, 일화기록법, ABC 서술식 사건표집법
    ㉤ 장점 및 단점

장점	• 행동에 대한 맥락을 제공 → 행동의 원인 파악 • 구체적, 사실적 기록 → 유아에 대한 전체적인 정보 • 특별한 사전 준비가 필요 없음
단점	• 관찰과 분석에 시간이 많이 소요 • 주관적 해석의 가능성이 높음 • 관찰할 수 있는 유아의 수 제한

> **참고** 서술식 관찰 기록 시 유의사항
>
> 1. 사건이 생긴 후에 즉시 기록한다.
> 2. 사건이 일어난 순서대로 기록한다.
> 3. 대상 유아가 한 말은 행동과 구분하여 직접화법으로 기록한다.
> 4. 유아의 전체적인 행동만이 아니라 목소리, 몸짓, 얼굴 표정 등 사건에 대한 완전한 서술이 되도록 한다.
> 5. 관찰 시간, 장면, 진행 중인 활동 등 상황적 요인을 함께 기록한다.
> 6. 상황 내의 다른 유아나 교사의 반응도 기록한다.
> 7. 교사의 해석, 주관적 판단, 추론 등은 따로 구분하여 기록한다.
> 8. 사건을 기록하는 것만으로는 가치가 없으며 객관적 해석이 이루어지도록 한다.

② 약호식 관찰법
    ㉠ 개별 또는 집단 유아의 행동을 관찰하면서 미리 준비된 범주나 부호체계를 이용하여 기록하는 방법이다.
    ㉡ 관찰하려는 행동에 대한 조작적 정의를 한 뒤 그러한 행동이 출현했을 때 어떤 부호로 기록할 것인지를 사전에 결정하는 방법이다.
    ㉢ 행동의 시작과 끝이 분명한 경우에 적절하다.
    ㉣ 유형 : 빈도 사건표집법, 시간표집법, 행동목록법, 평정척도법
    ㉤ 장점 및 단점

장점	• 관찰과 분석에 노력과 시간이 적게 소요 • 짧은 시간에 많은 유아의 자료 수집 • 반복 관찰 후 비교하면 행동의 변화를 알 수 있음
단점	• 관찰 도구 제작과 관찰자 훈련에 시간과 노력이 많이 소요 • 행동의 원인을 파악하기 어려움

기출탐구

01 유아를 관찰할 때, 관찰자 자신이 범할 수 있는 오류의 종류를 2가지 이상 제시하고, 이를 피하기 위한 방안을 쓰시오. ■1997년

(1) 관찰법에서 관찰자가 범하는 오류

① _____

② _____

(2) 관찰의 오류를 피하기 위한 방안

_____
_____

02 다음은 유아 평가와 관련된 교사들의 대화이다. 물음에 답하시오. ■2019년

> 박 교사 : 이번 주에는 관찰 방법 중 평정척도법을 활용해 유아의 사회성 발달을 평가해 보기로 했었죠?
> 김 교사 : 네. 평정척도법을 사용할 때 어떤 점을 유의하면 될까요?
> 박 교사 : 예전에 제가 평정척도법으로 관찰할 때, 가끔 표시하기 애매한 경우에는 중간 점수에 표시해 버려서 객관적인 결과를 얻기 힘든 적이 있었어요.
> 김 교사 : 그럴 수도 있겠네요.
> … (중략) …
> 서 교사 : ⊙ 저희 반 선생님이랑 같은 평정척도법으로 동일한 유아를 평정했는데, 결과가 다르게 나와서 당황스러웠어요.
> 윤 교사 : 그런 경우가 가끔 있어요. ⓒ 제 경우는 유민이의 행동을 녹화하여 어제 평정해 보고, 오늘 또 평정해보니 결과가 다르더라구요.
> 서 교사 : 유아를 관찰할 때 신중하게 해야겠어요.
> 이 교사 : 맞아요. ⓒ 저는 요즘 우리반 유아들의 친사회적 행동을 관찰하고 있는데, 제가 관찰한 것이 정확하게 유아들의 친사회적 행동을 나타내 주는지가 걱정이에요.
> … (하략) …

(1) 다음의 ⓐ는 ⊙과 관련된 개념이고, ⓑ는 ⓒ과 관련된 개념이다. ⓐ와 ⓑ에 들어갈 용어를 각각 쓰시오.

> (ⓐ) : 같은 상황을 두 명 이상의 평정자가 독립적으로 평정했을 때 일관된 결과가 나오는 평정의 일관성
> (ⓑ) : 한 평정자가 같은 상황을 두 번 이상 평정했을 때 일관된 결과가 나오는 평정의 일관성

- ⓐ : _____
- ⓑ : _____

(2) ⓒ을 근거로 다음의 ( ) 안에 공통으로 들어갈 말을 쓰시오.

> ○ 관찰의 ( )은/는 관찰하고자 한 것을 어느 정도 충실하게 관찰했느냐의 문제로, 기록한 것이 실제로 발생한 행동을 얼마나 잘 대표하느냐에 달려있다.
> ○ ( )의 유형에는 평정한 결과가 다른 외적인 준거와 상관이 있는지, 관심의 대상이 되는 행동을 적절하게 표집하고 대표하는지, 초기의 평정자료가 미래의 행동 준거와 연관되며 예측가능한지 등이 있다.

•

모범답안

01. (1) 관찰법에서 관찰자가 범하는 오류
    ① 관찰자의 기대에 의한 오류로서, 이것은 관찰자가 어떤 개인적인 기대를 함으로써 편견이 생기는 것을 의미한다.
    ② 과대한 일반화에 의한 오류로서, 관찰자에게 어느 정도 익숙한 경험이 어떤 현상을 당연한 것으로 간주하게 하여 어떤 행동의 중요성과 특성을 상세히 변별하기 어렵게 만드는 것을 의미한다.
    ③ 타인의 행동에 대한 주관적 해석의 가능성으로 인한 오류로서, 자신의 경험에 기초하여 다른 사람의 행동도 같은 맥락에서 해석하는 경우이다.
    ④ 후광 효과에 대한 오류로서, 관찰 대상에 대한 예비 지식, 개인적 감정으로 대상의 행동을 과소 또는 과대 평가하는 것이다.
    (2) 관찰의 오류를 피하기 위한 방안
    〈관찰에서 주관적인 기록을 피하기 위한 방법〉
    ① 관찰자의 객관성을 높이기 위해 사전에 관찰자 훈련을 실시한다.
    ② 사전에 체계적인 관찰 계획을 세워 공유한다.
02. (1) • ⓐ : 관찰자(평정자) 간 신뢰도   • ⓑ : 관찰자(평정자) 내 신뢰도
    (2) • 타당도

3. 표본식 기록법

(1) 의미
행동의 일화를 가장 자세하고 완전하게 기록하는 방법으로 관찰 대상, 관찰 장면, 관찰 시간을 미리 정하고 그 상황에서 일어나는 모든 행동이나 변화를 자세하고 객관적이며 일어난 순서대로 기록하는 것이다.

(2) 장점
① 특별한 관찰 기술이 필요 없다.
② 관찰된 행동이나 사건이 어떠한 맥락에서 일어났는지 전후 관계를 파악할 수 있다.
③ 어떤 영유아가 가지고 있는 문제 행동을 해결하거나 학기 초 교사가 유아를 이해하는 데 도움이 된다.
④ 생활 속에서 일어나는 생생한 정보를 수집한 것이므로 체계적 실험 연구를 위한 중요한 기초가 된다.

(3) 단점
① 관찰 결과의 기록에 소요되는 시간이 너무 길고 수집된 자료를 분류하고 분석하는 것이 용이하지 않다.
② 여러 명의 유아를 관찰하면 행동이나 말을 놓칠 수가 있어 한 번에 적은 숫자의 유아 외에는 관찰하지 못한다.

(4) 작성 요령
① 관찰 상황을 자세하게 기록하고 대상 아동이 수행한 모든 행동이나 언어를 전체적으로 기록한다.
② 관찰 시간을 제한할 필요가 있다. 1회의 관찰은 10분 내외가 적당하며 30분 이내로 제한한다.
③ 관찰 대상 유아의 행동이 관찰된 장소나 상황적 요인을 함께 기록한다.
④ 관찰 대상의 말과 행동을 객관적인 사실 그대로 기록하며 해석, 주관적 판단, 추론 등은 따로 구분하여 기록한다.
⑤ 사건이 일어난 순서대로 기록하고 지속 시간도 함께 기록한다.

○ **연령별 표본기록법을 활용한 관찰의 예**

관찰유아 : 김○○	생년월일 : 20○○년 ○월 ○일(남)
관 찰 자 : 교사 ○○○	관 찰 일 : 20○○년 ○월 ○일
관찰장면 : 자유선택활동 시간(미술영역)	관찰시간 : 오전 9시 40분 ~ 9시 50분(10분)

시간	기록 내용	참고
9:40	태윤이가 역할놀이 영역에서 연서, 지유, 지완이와 동물가게 놀이를 한다. 양손을 입주변에 들어 올리고 주먹을 쥐듯이 오므렸다 폈다 하면서 "야옹~ 난 고양이야." 소리를 내며 흉내를 내다가 갑자기 일어나서 언어영역으로 걸어간다.	
9:41	언어 영역 책꽂이로 다가가 오른손으로 이 책 저 책을 만졌다 놓았다 여러 번 반복한다. 책꽂이 옆으로 가서 서서 두리번거리며 책꽂이 주변을 한 바퀴 돌더니 "음~ 음~ 어디 있지" 하며 손을 위아래로 흔들며 무엇인가를 찾더니 언어 영역 책상 쪽을 바라본다.	
9:42	책상 쪽으로 걸어가 친구들과 앉아서 동물세계(공룡책) 그림책을 보고 있는 주완이 뒤에 서서 왔다 갔다 한다. 주완이가 오른쪽에 앉아있는 태호를 바라보고 오른손 검지 손가락으로 왕코도마뱀을 가리키며 "완전 크다. 이빨로 잡아먹을지도 몰라, 으~~ 하하~"라고 말하자 주완이 오른쪽에 앉아있는 태호가 수완이보다 큰 소리로 "왕코도마뱀은 우리나라에 없어."라고 말한다.	

[출처] 아동관찰 및 행동연구. 황해익 외, 공동체

4. 일화 기록법

일화 기록은 짧은 내용의 사건이나 우발적 행동에 대한 사실적인 기록이다(글자로 묘사된 사진). 학습에 대한 유아의 태도나 성향, 정서 발달, 또래 관계 등은 상황적인 정보가 중요하기 때문에, 직접 장면을 관찰하여 하나의 사건에 대해 기록해 가는 일화 기록을 통해 평가하는 것이 적절하다.

(1) **장점**

① 특정한 시간이나 사건에 제한 없이 언제, 어디서나 기록할 수 있다.
② 자연스러운 상황에서 관찰된 사건에 대한 사실적, 객관적 기록이다.

(2) **단점**

① 대상 유아에게서 기대되는 특정 행동의 관찰에는 효과적이 아니다.
② 관찰한 내용을 기록할 때 시간이 소요되므로 교사에게 부담이 될 수 있고 주관성이 개입될 수 있다.
③ 단편적인 사건의 기록이므로 한두 개의 일화 기록만으로는 크게 의미를 부여하기 어렵다.
  ⇨ 일반화된 해석을 하려면 어느 정도 누적된 기록이 있어야 하며 좀 더 구조화된 관찰 방법과 병행하여 실시하는 것이 바람직하다.

(3) 일화 기록 시 유의할 점

① 사건이 생긴 후에 즉시 기록한다.
② 하나의 사건에 대해 사건이 일어난 순서대로 기록한다.
③ 대상 유아가 한 말과 행동을 사실 그대로 기록한다.
④ 관찰 시간, 장면, 진행 중인 활동 등 상황에 대한 자료를 제공한다.
⑤ 상황 내의 다른 유아나 교사의 반응도 기록한다.
⑥ 유아의 전체적 행동만이 아니라 목소리, 몸짓, 얼굴 표정 등 감정을 포함하여 사건에 대한 완전한 서술이 되도록 한다. ⇨ 관찰 상황에서 바로 모든 장면을 기록하기 어려운 경우, 메모지에 요점과 관찰 장면의 상황을 간단히 기록해 두었다가, 일과가 끝난 후 세부적인 내용을 기록하는 방법도 있다.
⑦ 객관적 해석이 이루어지도록 한다. 일화 기록은 단순히 상호작용이나 사건을 기록하는 것으로는 가치가 없다. 핵심은 사실의 분석을 통한 바른 해석이다. 분석된 결과를 통해 유아의 특성이나 발달 수준 등에 대한 정보를 찾아내야 평가방법으로서 가치가 있다.

● 일화기록법을 활용한 누가 관찰 기록의 예

관찰유아	이○○	생년월일	20○○. ○. ○.(남)
관 찰 자	교사 ○○○	관찰기간	20○○. ○. ○. ~ 20○○. ○. ○.
관찰장면	놀이영역에서 놀잇감을 쏟는 상황		
일화 1 20○○. ○. ○. (00:00~00:00)	연우는 자유선택놀이 시간에 쌓기놀이 영역 교구장 앞에 앉아 있다. 연우 옆에 앉아 있는 교사가 세은이를 안아주며 "아우~ 귀여워."라고 말한다. 교사가 세은이를 안아주며 방긋 웃는다. 연우는 교사를 바라보다 얼굴을 찌푸리며 교구장에 끼워진 벽돌 블록을 빠르게 계속해서 빼낸다. 교구장에 끼워진 모든 벽돌 블록이 바닥에 떨어져 있다.		
일화 2 20○○. ○. ○. (00:00~00:00)	연우는 자유선택놀이 시간에 역할놀이 영역 교구장에서 교사를 바라보고 있다. 교사는 역할놀이 영역의 맞은편 언어 영역 책꽂이 앞에 앉아 있다. 연우는 "선생님~ 선생님~"하고 교사를 바라보며 부른다. 교사는 언어 영역 책꽂이 앞에 떨어진 그림책을 책꽂이에 꽂는다. 연우가 "선생님!!!!" 하고 부른다. 교사는 바닥에 떨어진 또 다른 그림책을 책꽂이에 꽂는다. 연우는 역할놀이 영역 교구장 상단에 놓인 바구니를 세게 친다. 바구니 속에 담긴 음식 모형이 바닥에 떨어진다.		
일화 3 20○○. ○. ○. (00:00~00:00)	연우는 자유선택놀이 시간에 쌓기놀이 영역에서 벽돌 블록을 높게 쌓고 있다. 시헌이가 빠른 속도로 달리다 연우가 쌓은 벽돌 블록에 부딪힌다. 블록이 무너지자 연우는 자신의 오른편 교구장 상단 위에 놓인 와플 블록을 손으로 세게 치며 "무너졌잖아!" 하고 크게 소리친다. 연우는 눈살을 찌푸리며 몸을 부르르 떤다.		

[출처] 아동관찰 및 행동연구. 황해익 외, 공동체

기출탐구

01 (가)는 김 교사가 영찬이의 행동을 관찰하여 기록한 일화 기록의 일부이다. (나)는 (가)에서 나타난 영찬이의 행동이 다른 활동에서도 나타나는지 알아보기 위해 김 교사가 활용한 평가 방법의 일부이다.
■ 2011년

(가)
바깥놀이 시간에 영찬이는 동영이가 있는 모래 놀이 영역으로 간다. 동영이는 젖은 모래로 여러 가지 용기를 이용하여 동그라미, 세모, 별 모양을 만들고 있다. 영찬이는 자기도 놀이에 참여하고 싶다는 표정으로 동영이를 쳐다본다. 그러더니 동영이에게 둥근 용기를 하나만 달라고 말한다. 동영이는 영찬이에게 아무 말도 하지 않고 둥근 용기에 젖은 모래를 넣어 동그라미 모양을 만든다. 영찬이는 동영이 앞으로 가더니 둥근 용기를 동영이에게서 빼앗는다.

(나)

내용	예	아니오
① 친구가 가지고 놀고 있는 놀잇감을 빼앗는다.	V	
② 다른 친구의 놀이를 방해한다.	V	

(1) 일화 기록 작성 시 유의할 점에 비추어 볼 때 위 사례 (가)에서 부적절하게 기록된 내용 2가지를 찾아 각각 그 이유와 함께 논하시오.
- ① : _____
- ② : _____

(2) 일화 기록법의 장점 2가지를 쓰고, (나)의 평가 방법이 무엇인지 밝히고, 일화 기록법의 단점 2가지와 이를 보완할 수 있는 측면에서 (나) 방법의 장점 2가지를 비교하여 논하시오.

- _____
- _____

02 다음은 유치원의 역할놀이 영역에서의 일화 기록 자료이다. 이 자료에 대한 분석으로 올바른 것을 〈보기〉에서 모두 고른 것은?　　■ 2012년

관찰 대상 : 이수지	생년월일 : 2007. 2. 25. (남·여)
관찰일 : 2011. 10. 12.	관 찰 자 : 정해수

　수지는 민국이와 함께 역할놀이 영역으로 들어온다. 수지가 민국이에게 "우리, 병원 놀이 할까?"라고 말하자, 민국이가 "좋아. 난 의사 할래."라고 말한다. 수지는 "나도 의사 하고 싶어. 그럼, 우리 가위, 바위, 보로 정하자."라고 말한다. 민국이가 좋다고 하여 가위바위보를 하고 수지가 이긴다. 수지는 자기가 이겼으니까 의사라고 말하며 옆에 있던 흰 가운을 입는다. 수지는 민국이에게 너가 졌으니까 환자 해라고 하면서 청진기를 귀에 꽂는다. 민국이는 "나도 의사 하고 싶은데…."라고 아쉬운 듯 말한다. 수지가 민국이에게 "빨리 환자 해야지."라고 말하자 민국이가 "의사 선생님, 의사 선생님, 배가 아파요. 안 아프게 해 주세요."라고 말하며 배를 잡고 몹시 아픈 시늉을 한다. 수지는 "그래요? 어디 봅시다."라고 말하면서 바로 청진기를 민국이 배의 이곳저곳에 대어 본다.

【보기】
㉠ 사건을 일어난 순서대로 기록하였다.
㉡ 관찰 내용을 객관적인 언어로 기록하였다.
㉢ 관찰 대상 외 다른 유아의 활동 내용도 기록하였다.
㉣ 일화 기록 시 포함되어야 할 모든 정보가 제시되었다.
㉤ 관찰 대상이 한 말을 그대로 인용하면서 말과 행동을 구분하였다.

① ㉠, ㉢
② ㉡, ㉣
③ ㉠, ㉡, ㉤
④ ㉢, ㉣, ㉤
⑤ ㉠, ㉢, ㉣, ㉤

03 다음은 교사 저널이다. 물음에 답하시오.　　■ 2015년

용우가 또래들과 어떻게 놀이하는지 일화 기록법을 활용하여 관찰해 보았다. (2014년 ○월 ○일)

관찰 대상 이름 : 김용우	생년월일 : 2009년 ○월 ○일
관찰 일자 : 2014년 ○월 ○일	관찰 장소 : 쌓기놀이 영역

내용 :
용우가 장난감 자동차들을 바구니에 담는다. 용우는 쌓기놀이 영역의 카펫 위로 가서 장난감 자동차를 한꺼번에 쏟아 한 줄로 나란히 세우기 시작한다. 다원이가 용우에게 다가가 장난감 버스를 잡으려 하자, 용우가 먼저 장난감 버스를 손으로 잡는다. ㉠ 다원이가 버스를 달라고 하니 용우는 싫다고 말한다. 용우는 장난감 자동차를 다시 바구니에 담은 후 역할놀이 영역으로 간다.

㉠을 일화 기록 작성 방법에 따라 바르게 고쳐 쓰시오.

•

모범답안

01. (1) • 부적절하게 기록된 내용
   ① **주관성** : "영찬이는 자기도 놀이에 참여하고 싶다는 표정으로 동영이를 쳐다본다."고 기록한 점이다. 이는 관찰 대상 유아의 행동에 대한 교사의 주관적 해석에 의한 자료 수집이므로 자료의 객관성과 사실성이 결여되어 부적절하다.
   ② **간접 화법의 사용** : "동영이에게 둥근 용기를 하나만 달라고 말한다."는 표현은 관찰 대상이 한 말을 간접 인용한 것이 되어 수집된 자료의 사실성과 구체성이 결여되며 유아의 언어적 표현을 왜곡할 수 있다는 점에서 부적절하다.

   (2) • 일화 기록법의 장점
   ① 한 가지 사건에 대하여 일어난 사건을 순서대로 구체적으로 서술하여 사실적인 자료를 수집할 수 있다.
   ② 일어난 사건과 유아의 행동을 주변과의 관계 속에서 관찰하고 기록하므로 유아의 또래 관계나 한 사건에 대한 총체적인 정보 등과 같은 질적인 자료 수집이 가능하다.
   • 일화 기록법의 단점과 이를 보완하는 행동 목록의 장점
   ① 일화 기록은 서술식 자료를 수집함에 있어 교사의 주관성에 의한 오류가 발생할 수 있는 반면 행동 목록은 미리 준비한 행동의 출현 여부만을 기록하므로 수집된 자료의 객관성이 높다.
   ② 일화 기록은 발생한 사건이나 유아의 행동을 주변과의 관계 속에서 총체적으로 서술해야 하므로 자료를 수집하는 데 시간과 노력이 많이 요구되지만, 행동 목록은 행동의 출현 여부만을 기록하게 되므로 자료를 수집하는 데 교사의 노력과 시간이 적게 들고 사용이 간편하다.

02. ①
03. • 다원이가 "버스 줘."라고 말하자 용우는 "싫어."라고 말한다.

5. 사건 표집법

관찰이 필요한 행동이나 사건을 명확히 선정해서 조작적으로 정의한 다음에 특정한 행동이나 사건이 생길 때에만 관찰하는 방법이다.

(1) 사건 표집법의 유형

ABC 서술식 사건 표집법	문제 행동 전후의 사건을 서술하여 행동의 원인 규명에 도움을 주는 방법으로 특정 사건과 행동을 관찰하면서 그 사건이나 행동이 일어나기 전의 상황 사건이나 그 이후의 결과도 함께 기록하는 방법
빈도 사건 표집법	문제 행동이 얼마나 자주 일어났는지를 파악하기 위해 발생할 때마다 사건 횟수를 누가적으로 기록하는 방법
지속 시간 사건 표집법	문제 행동의 시작과 끝난 시간을 기록해서 한 행동이 지속되는 시간을 측정하는 방법

(2) ABC 서술식 사건 표집법

① 관찰하고자 하는 행동이나 사건이 발생하기를 기다렸다가 그 행동이나 사건이 일어나면 일정한 형식에 따라 행동의 순서를 자세히 기술하는 방법이다.
② 벨과 로우(Bell & Low)는 자연스러운 상황에서 일어나는 행동의 원인과 결과를 알 수 있도록 하는 ABC 서술식 사건 표집법 양식을 고안하였다.
③ 관찰하고자 하는 사건이나 행동이 일어나기 전의 상황(Antecedent event)과 관찰하고자 하는 사건이나 행동 그 자체(Behavior), 그리고 사건이나 행동이 일어난 후의 결과(Consequence)를 순서대로 기록하는 것이다.

▶ ABC 서술식 사건 표집법의 예

관찰유아 :   생년월일 :   (남, 여)
관찰자 :   관찰일 :
관찰행동 :

시 간	사건 전(A)	사 건(B)	사건 후(C)

요약 :

④ 장점
  ㉠ 사건의 전후 맥락을 기록하여 관찰 행동의 배경, 즉 원인을 파악할 수 있다.
  ㉡ 유아에 대한 질적인 정보를 제공해주며, 개별화된 교수전략을 세우는 데 도움이 된다.
  ㉢ 관찰행동의 범위에 제한이 없어서 자주 발생하지 않는 행동도 연구할 수 있다.

⑤ 단점
  ㉠ 많은 시간과 노력을 필요로 하며, 관찰 시간을 예측하기 어렵다.
  ㉡ 뚜렷한 관찰의 초점을 가지고 행동을 보게 되므로 이미 교사가 어떤 결론을 내리고 관찰을 한다면 주관적인 관찰을 하게 될 위험이 있다.
  ㉢ 일화 기록법보다는 사건의 전체적인 흐름을 알 수 있으나 표본식 기록법에 비하면 사건이 일어난 전후의 연속성이 깨질 수 있다.

(3) **빈도 사건 표집법**
① 관찰하고자 하는 행동이나 사건이 일어날 때마다 그 빈도를 누가적으로 기록하는 방법이다. 어떤 행동이나 사건이 얼마나 자주 일어나는가에 대한 양적인 정보를 제공한다.
② 관찰하고자 하는 행동이나 사건에 대한 조작적 정의를 분명히 하고 하위 사건이나 사건으로 범주화한다.
③ 미리 정해진 범주의 행동이나 사건이 나타날 때까지 기다렸다가 일어날 때마다 단순하게 세기표나 빈도로 부호화하여 기록한다.

관찰 대상 : 이민재		관찰 일자 : 2013년 9월 12일		
관찰 장소 : 자유선택활동시간		관찰 장소 : 교실		
관찰 행동 : 친사회적 행동				
	도와주기	나누기	접근하기	배려하기	비고
쌓기		/		//	
과학		//	/		
… (후략) …					

④ 장점
  ㉠ 관찰하고자 하는 행동이나 사건에 대한 범주체계가 사전에 마련되어 있으므로 기록이 편리하고 단순하다
  ㉡ 특정한 사건이 발생할 때에만 기록하므로 시간이 절약된다.
  ㉢ 빈도로 표시되기 때문에 자료를 쉽게 수량화하고 분석할 수 있다.
⑤ 단점
  ㉠ 출현행동이나 사건의 원인을 파악하기에는 적합하지 않다.
  ㉡ 행동이나 사건의 양적인 자료는 제공하나 개인의 질적인 정보를 제공하기는 어렵다.

기출탐구

01 〈보기〉의 내용은 어떤 관찰 방법인가? ■1998년

> **보기**
> 유아의 스트레스 행동을 소극적인 형태와 적극적인 형태로 나누고, 자유선택활동 시간에 이에 해당되는 행동이 나타날 때마다 기록 용지에 체크한다.

① 시간 표집법 ② 평정 척도법
③ 사건 표집법 ④ 일화 기록법

02 (가)는 5세반 유아 평가에 관련된 내용의 일부이다. 물음에 답하시오. ■2014년

(가) 쌓기놀이 영역에서 민재의 때리는 행동 원인을 알아보기 위해 (㉠)을(를) 활용하여 관찰하였다. 때리는 행동은 물기, 꼬집기, 치기, 사물을 던지는 행동으로 조작적 정의를 내렸다. (㉠)을(를) 통해 민재의 문제행동 원인을 찾아, 이에 적절한 행동 지도를 해야겠다. (2013년 9월 12일)

관찰 대상 : 이민재		관찰 일자 : 2013년 9월 12일	
관찰 장소 : 쌓기놀이 영역		관찰 행동 : 때리는 행동	
관찰 시간	선행 사건	행동	후속 사건
(생략)	(생략)	(생략)	(생략)
09:52 ~ 09:57	민재가 영수에게 다가가 "이게 뭐야?"라고 묻는다. 영수가 대답하지 않자, 민재는 영수에게 "이게 뭐냐고!"라며 한 번 더 묻는다.	㉡ 공격적인 민재는 영수에게 블록을 집어 던지며, "대답 해."라고 말한다.	영수는 "왜 때려?"라며 운다. 민재가 교사에게 "선생님! 영수가 울어요."라고 말한다.

… (후략) …

㉠에 들어갈 관찰법의 종류 1가지를 쓰고 ㉡이 관찰기록 작성 방법에 비추어 적절하지 않은 이유 1가지를 쓰시오.

• 관찰법의 종류 : _____
• 적절하지 않은 이유 : _____

03 다음은 ○○유치원 교사들이 2015 개정 유치원 교육과정의 '평가'와 관련하여 나눈 대화의 일부이다. 물음에 답하시오.
■ 2020년

> 김 교사 : 박 선생님, 평가는 계획하고 실시하는 것뿐만 아니라 평가 결과를 활용하는 것도 중요하다는데 우리 유치원은 잘 하고 있는 거죠?
> 박 교사 : 그럼요. 우리 유치원에서는 누리과정 운영에 대해 학기별로 점검하고 있잖아요. 방학 동안 바깥놀이터 모래놀이장을 넓힌 것도 지난 해 자체평가를 해보니 실외 공간을 개선할 필요가 있어서였어요. 저는 넓어진 모래놀이장에서 유아가 놀이하는 모습에 대한 관찰 결과를 부모 면담 때 말씀드렸더니 좋아하셨어요.
> 김 교사 : 네, 유아 관찰은 정말 필요한 것 같아요. 그리고 여러 가지 관찰 방법을 알고 있으면 좋을 것 같아요. 요즘 우리 반에 친구들과 잘 어울리지 못하고 놀이를 방해하는 유아가 있어서 걱정인데 어떻게 관찰해야 좋을지 모르겠어요.
> 박 교사 : 걱정이 되시겠어요. 우리 반 준석이도 1학기 때 친구들의 놀이를 방해하는 것 같아서 여러 가지 방법으로 관찰해 보았어요. 먼저 준석이가 정말 친구들의 놀이를 방해하는지 여부를 알아보기 위해 체크리스트를 사용해 보았어요. 그리고 사건 표집법 중 하나인 ( )을/를 사용하여 자유선택 활동 시간에 친구들의 놀이를 방해할 때마다 기록해서 놀이방해 행동을 얼마나 하는지도 알아보았어요. 또 <u>위에서 사용한 체크리스트를 통해 얻은 결과 외에 ABC 서술식 사건표집법을 적용해서 알게 된 추가적인 정보</u>도 있었어요. 이러한 관찰 결과는 준석이의 놀이방해 행동에 대한 지도 계획을 세우는 데 많은 도움이 되었어요.
> 김 교사 : 저도 다음에 선생님이 사용하신 관찰 방법을 한번 적용해 보아야겠어요.

(1) ( ) 안에 들어갈 관찰 방법의 명칭을 쓰시오.
• _____

(2) 밑줄 친 부분에 해당하는 것을 1가지 쓰시오.
• _____

모범답안

01. ③ (제시된 보기는 단순 사건 표집법에 해당한다.)
02. • 관찰법 : 서술식 사건 표집법(ABC 서술식 사건 표집법)
    • 이유 : 관찰록 시 '공격적인 민재'라는 표현은 관찰 대상에 대한 관찰자의 주관적 판단에 의한 기록이므로 부적절하다.
03. (1) • 빈도(단순) 사건표집법
    (2) • 놀이방해 행동의 원인

6. 시간 표집법(빈도 표집법)

시간을 표집해서 관찰하는 방법으로 관찰하고자 하는 특정 행동이, 정해진 짧은 시간 내에 얼마나 자주 일어나는지의 행동 출현 빈도를 수집하는 방법으로 빈도 표집이라고도 한다.

> **예** 특정 유아의 공격적 행동을 관찰하고자 할 때, 미리 계획을 세워 1분 관찰 후 30초 기록하는 방식으로 15분 동안 10회의 관찰을 할 수 있다. 이 방법의 변형으로 반복 표본법(method of repeated samples)이 있다. 이것은 한 유아를 1분 관찰하고 30초 기록한 다음 다른 유아를 1분 관찰하고 30초 기록하는 방법으로 참여 대상을 바꾸어 가면서 관찰하는 방법이다. 이렇게 하면 한 유아를 계속해서 관찰하는 것보다 일반적인 행동 경향을 발견하기가 편리하다(황정규, 1999).

(1) 시간 표집의 특징

① 미리 선정된 행동을 정해진 시간 동안 관찰하며 관찰이 한 번에 끝나는 것이 아니라, 시간 간격에 맞추어 여러 번 반복된다. 따라서 시간의 간격은 관찰하고자 하는 행동의 유형, 관찰 시간, 그리고 관찰 결과를 기록하는 시간에 따라 달라진다.

② 짧은 시간 내에 일정한 간격으로 여러 번 관찰하기 때문에 시간 표집의 참여 대상 행동이 자주 일어나지 않으면 사용 가치가 없다. Arrington(1943)은 평균 15분에 한 번 정도 발생하는 행동에 시간 표집을 사용해야 된다고 주장하였다.

③ 관찰하려는 행동에 대한 조작적 정의를 내리고, 관찰시간과 간격, 관찰횟수와 총 시간 수를 결정해야 한다.

> **▶ 시간 표집의 예**
> 이번 주 자유선택활동 시간 동안 쌓기놀이 영역에서 우리 반 유아들의 사회적 상호작용을 30초 기록으로 5회씩 실시하였다. 관찰 결과 주희의 경우, 장난감 나눠 갖기가 가장 많이 나타났다. (2013년 6월 7일)
>
> | 유아명 | 횟수
행동목록 | 1회
(30초) | 2회
(30초) | 3회
(30초) | 4회
(30초) | 5회
(30초) |
> |---|---|---|---|---|---|---|
> | 이주희 | 장난감 나눠 갖기 | ✓ | | ✓ | | ✓ |
> | | 차례 지키기 | | | | | ✓ |
> | | 함께 놀이하기 | | | | ✓ | |
>
> [출처] 2013년 추가시험 기출문제

(2) 장점

① 관찰하고자 하는 시간의 한계와 관찰 행동에 대한 정의가 분명하기 때문에 다른 어느 관찰 방법보다 신뢰도와 객관성이 높다.
② 한꺼번에 많은 수의 대상을 관찰할 수 있기 때문에 비교적 짧은 시간에 다량의 자료를 수집할 수 있어 효율적이다.
③ 부호화하여 기록하기 때문에 시간, 노력, 경비 등이 절약되며 수량화가 가능하다.

(3) 단점

① 특수한 행동만을 대상으로 하고 있으며, 양적 자료이므로 사건의 전모나 상호작용 패턴, 행동의 인과 관계를 파악하는 것은 어렵다.
② 자주 발생하는 행동에 국한된다. 일반적으로 15분에 한 번 정도 나타나야 시간 표집을 사용할 수 있으므로 관찰 행동을 선정하기 전에 예비 관찰을 통해 어떤 행동이 자주 규칙적으로 일어나는지를 살펴보는 것이 중요하다.
③ 시각적으로 관찰이 가능한 행동에는 적합하나 내면의 감정이나 생각들을 관찰하기에는 부적합하다.
④ 사전에 행동을 정의하고, 범주화하며, 기록 방법을 결정하는 것이 실제 기록 당시에는 간편성이라는 장점으로 작용하기도 하지만 사전 준비가 많다.
⑤ 본 대로 기록하는 것이 아니라 미리 제시된 유목에 끼워 넣으려는 시도로 중요한 행동임에도 유목에 없다고 간과되는 경우도 있다.

01 다음은 민 교사가 작성한 저널의 일부이다. 민 교사가 사용한 관찰법의 종류 1가지를 쓰시오.　　　　　　　　　　　■ 2013년 추가시험

이번 주 자유선택활동 시간 동안 쌓기놀이 영역에서 우리반 유아들의 사회적 상호작용을 30초 기록으로 5회씩 실시하였다. 관찰 결과 주희의 경우, 장난감 나눠 갖기가 가장 많이 나타났다. (2013년 6월 7일)

유아명	횟수 행동목록	1회 (30초)	2회 (30초)	3회 (30초)	4회 (30초)	5회 (30초)
이주희	장난감 나눠 갖기	✓		✓		✓
	차례 지키기					✓
	함께 놀이하기				✓	

• _____

> **02** 다음은 흥미영역에 참여하는 유아놀이행동 관찰기록지의 일부이다. 이에 해당하는 관찰기록 방법의 명칭을 쓰시오. ■2019년
>
> <흥미영역에 참여하는 유아놀이행동 관찰>
>
> 관찰유아 / 생년월일
> 관찰날짜 / 관찰시간
> 관찰자
>
> 기록방법 : 유아가 30초 동안 어떤 영역에서 놀이하는지를 관찰하여 10초 동안 적절한 칸에 표시한다.
>
> | 횟수 | 역할 | 쌓기 | 언어 | 수조작 | 과학 | 미술 | 음률 | 기타 |
> |---|---|---|---|---|---|---|---|---|
> | 1 | | | | | | | | |
> | 2 | | | | | | | | |
> | 3 | | | | | | | | |
> | 4 | | | | | | | | |
> | 계 | | | | | | | | |
>
> **모범답안**
> 01. • 시간 표집법
> 02. • 시간 표집법

7. 행동 목록법(체크리스트)

관찰하고자 하는 특정 행동의 목록을 선정해두고 이 행동의 출현 여부를 관찰하여 기록하는 방법으로 '체크리스트'라고도 한다.

(1) 특징

① 교사가 관심 있는 행동의 대표적 목록을 작성한 후 각 행동의 출현 여부를 관찰하여 '예 / 아니요', '그렇다 / 그렇지 않다'로 표기한다.

② 일반적으로 관찰대상의 현재 상태를 평가하는 데 목적이 있지만, 시간에 따른 발달의 변화를 알고자 할 때에도 사용될 수 있다. 예를 들어, 같은 행동목록을 학기 초와 학기 말에 반복해서 사용하면 어느 정도 변화했는지 알 수 있다.

③ 관찰의 목적이나 내용에 따라 여러 번에 걸쳐서 이루어질 수도 있으므로 출현 유무의 표시와 함께 행동이 관찰된 날짜를 기록할 수 있도록 하는 것이 좋다.

○ 행동 목록법의 예

내용	예	아니오
① 친구가 가지고 놀고 있는 놀잇감을 빼앗는다.	V	
② 다른 친구의 놀이를 방해한다.	V	

(2) 장점
① 관찰하는 특성이나 행동이 명확하고 구체적인 경우에 적합한 관찰법으로 사용이 간편하며 신속한 기록이 이루어진다.
② 적절한 시간 간격을 두고 2회나 3회 실시하며, 그 결과를 비교함으로써 유아에게 나타나는 변화를 분석하여 행동 발달 변화, 즉 유아의 단계적인 발달을 평가할 수 있다.

(3) 단점
① 행동의 출현 여부나 유아의 현재 상태를 알 수 있으나 행동의 출현빈도, 질적 수준, 전후맥락, 행동의 원인 등에 대한 정보는 제공하지 못한다.
② 기록은 쉽지만 행동 목록을 작성하는 것이 어렵고, 시간과 노력이 많이 든다.

(4) 행동 목록 작성 시 유의 사항
① 직접 관찰이 가능한 구체적인 행동들로 기술한다.
② 한 가지 행동만을 나타내는 간결한 표현을 사용한다.
③ 관찰하려는 영역이나 행동을 대표하는 목록으로 작성한다.
④ 관찰 항목 간 상호 중복이 없도록 한다.

기출탐구

01 유아의 발달 수준을 평가하기 위하여 '행동 목록법'을 사용하고자 한다. '행동 목록법'의 장점을 제시하고, 교사가 행동 목록표를 만들 때 유의해야 할 사항을 4가지 제시하시오. ■2003년

(1) 장점
_____

(2) 유의해야 할 사항
① _____
② _____
③ _____
④ _____

02 다음은 유아 평가와 관련된 교사들의 대화이다. 물음에 답하시오. ■2016년

> 박 교사 : 지금 우리 반 유아들이 손 씻기나 옷 입기 같은 자조 기술이 있는지 확인하고 싶은데, 어떻게 해야 하나요?
> 최 교사 : 관찰 방법 중 (㉠)을/를 활용해 평가하는 것은 어때요? (㉠)은/는 '예'나 '아니요'로 표시하면 되니까 자조 기술이 형성되었는지 여부를 알기가 쉬워요. 그리고 ㉡ 결과에 따라 유아들의 자조 기술 형성에 도움을 줄 수 있는 방안을 교육과정 계획에 반영해 볼 수도 있잖아요.
> 신 교사 : 맞아요. (㉠)은/는 편하게 기록할 수 있어요. 그렇지만 유아의 행동 발달을 단계적으로는 파악할 수 없고요. 또 관찰한 행동이 얼마나 자주 일어나는지도 알 수 없어요.
> 송 교사 : 우리 반에 자유선택활동 시간에 공격적 행동을 종종 보이는 유아가 있어 걱정인데, 진짜 공격성이 있는 건지 잘 모르겠어요. 어떤 관찰 방법을 사용해야 하나요?
> 최 교사 : 사건 표집법의 하나인 (㉢)을/를 활용하여 관찰하면 그 유아의 공격성 원인은 알아내기 어렵지만, 유아의 공격적 행동이 나타날 때마다 표시하면 되니까 공격적 행동이 얼마나 많이 나타나는지를 알 수 있어요.
> … (하략) …

① ㉠에 공통으로 들어갈 용어를 쓰고, ② (가)에서 관찰 방법에 대한 신 교사의 말 중 잘못된 내용을 찾아 그 이유를 쓰시오.

• ① : _____
• ② : _____

03 (가)는 ○○유치원 5세반 장 교사가 작성한 유아 관찰기록지의 일부이다. 물음에 답하시오.
■ 2019년 추가시험

(가)

○ 유 아 명 : ○현서
○ 성　　별 : 남, ㉺
○ 생년월일 : ○○○○. ○○. ○○.
○ 관 찰 자 : 장○○

※ 다음의 내용이 관찰되면 ✓로 표시하시오

관찰내용	관찰일	3/29	4/29	5/29	…
친사회성	돕기	✓	✓	✓	…
	나누기		✓	✓	…
	협동하기			✓	…
	양보하기				…

○ 요약 및 해석 : 현서의 돕기는 3월 관찰 때부터 계속 보였고, 나누기는 4월 관찰 때부터 나타났다. 협동하기는 최근 보이기 시작했으나, 아직까지 양보하기는 나타나지 않고 있다. 돕기, 나누기, 협동하기, 양보하기의 출현 유무뿐아니라 계속적이고 누가적인 관찰을 통해 친사회성의 (㉠)을/를 알 수 있었다.
… (하략) …

(가)에 해당하는 ① 관찰법의 명칭을 쓰고, ② 괄호 안의 ㉠에 들어갈 말을 쓰시오.

• ① : _____
• ② : _____

모범답안

01. (1) 장점
　　① 행동의 출현 및 변화 여부를 쉽게 판단할 수 있다.
　　② 사용이 간편하고 용이하다.
　　(2) 유의해야 할 사항
　　① 직접 관찰이 가능한 구체적인 행동들로 기술한다.
　　② 한 가지 행동만을 나타내는 간결한 표현을 사용한다.
　　③ 관찰하려는 행동을 대표하는 목록을 선택한다.
　　④ 관찰 항목 간 상호 중복이 없도록 한다.
02. • ① : 체크리스트(행동 목록법)
　　• ② : 유아의 행동 발달을 단계적으로 파악할 수 없음 부분이 잘못됨
　　　　→ 같은 양식을 반복해서 사용하거나, 일단 표기된 행동은 다시 적지 않고 변화된 행동만 기록에 첨가함으로써 행동 발달의 단계 및 유아 개인의 단계적인 발달상을 기록하고 관찰하는 데 도움이 되기 때문임
03. • ① : 행동 목록법(체크리스트)
　　• ② : 행동 변화(발달적 변화, 행동 발달 변화)

8. 평정 척도법

사전에 준비된 범주에 따라 특정 행동을 관찰하고 이 행동의 특성, 특질, 혹은 성격을 몇 등급으로 구분하여 유아의 행동 정도를 평가해보는 방법이다.

(1) 특징
① 관찰하려는 행동에 대해 어떤 질적 특성의 차이를 몇 단계로 구분하여 판단하고자 할 때 사용되며, 관찰 항목과 함께 몇 단계의 척도를 작성해야 한다.
② 체크리스트가 어떤 특성의 존재 유무나 행동의 출현 여부를 알아보는 것으로 그치는 반면, 평정 척도는 그 특성이나 행동의 정도를 '매우 그러함, 보통, 매우 그렇지 않음'이나 '1, 2, 3, 4' 척도 등으로 알려 준다는 점에서 교사에게 더 자세한 정보를 제공한다.
③ 일화 기록보다는 시간이 적게 걸리면서 여러 범주나 영역에 걸쳐 다양한 특성이나 행동을 관찰할 수 있다.

(2) 평정 척도의 유형

① 숫자 평정 척도	각 척도치에 숫자를 부여하여 평정하는 방법	주변을 깨끗이 하기 　　1　　2　　3　　4　　5 (1=하지 않음, 2=시도함, 3=보통, 4=잘함, 5=매우 잘함)
② 도식 평정 척도	관찰자의 판단을 돕기 위해 기술적인 유목에 선을 첨가시켜 평정하는 방법	주변을 깨끗이 하기 사용한 물건을 정리하지 않는다. ├──┼──┼──┤ 사용한 물건을 스스로 정리한다.
③ 기술 평정 척도	행동의 특성을 연속성 있는 단계로 나누어 기술하고 관찰자가 대상의 행동을 가장 잘 나타내는 진술문을 선택하는 방법	주변을 깨끗이 하기 (　) 사용한 물건을 정리하지 않는다. (　) 교사가 함께 치울 때만 사용한 물건을 정리한다. (　) 교사가 치우도록 격려하면 사용한 물건을 정리한다. (　) 사용한 물건을 스스로 정리한다.
④ 표준 평정 척도	관찰자에게 평정의 대상을 다른 일반 대상과 비교할 수 있도록 구체적 준거를 제시하는 방법	〈수개념 이해〉 ├──┼──┼──┼──┤ 하위 5%　하위 20%　중간 50%　상위 20%　상위 5%

(3) 평정 척도 적용상의 오류

중앙 집중의 오류	극단적인 평가를 피하기 위해서 가장 높은 척도나 낮은 척도로는 평정하지 않으려는 경향
후광효과에 의한 오류	관찰 대상에 대한 선입견이나 편견으로 잘못된 판단을 하는 것(인상의 오류)
논리적 오류	논리적 관련성이 있는 문항 간에 유사한 점수를 주는 것
근접성의 오류	시공간적으로 가까운 문항을 유사하게 평정하는 것
대비의 오류 (비교의 오류)	• 자신이 전문적인 영역에는 까다로운 평정을 하고 부족한 영역에서는 높은 평정을 하는 것 • 평정자가 평정할 사람을 어떻게 지각하고 그 사람이 가진 특성을 어떻게 보느냐에 따라서 자신과 유사하게 또는 자신과 정반대로 평정하는 것
관용의 오류	평가하려는 행동의 특성을 잘 이해하지 못하거나 제대로 관찰하지 못했을 경우 좋은 점수를 주는 것
엄격성의 오류	거의 모든 문항을 엄밀하게 낮게 평정하는 것
표준의 오류	평정자가 표준을 어디에 두느냐에서 오는 오류(기준의 오류)

(4) 평정 척도 적용상의 오류 해결 방안

① 한 영역 또는 문항별로 모든 유아에 대해 결과를 기록하고 다음 문항이나 영역으로 옮겨간다.
② 유치원 단위로 관찰 훈련을 실시하여 문항에 대한 해석의 일치도와 교사 개인의 편견이나 주관적 요소를 발견하고 관찰의 신뢰도를 높인다.
③ 판단이 어려운 문항이 생기면 일단 빈칸으로 남겨 놓은 후 추가 관찰 기간을 설정하여 빠진 부분만 더 관찰한 후 기록을 완성한다.
④ 각각의 문항을 별개로 간주하여 관찰하고 그 결과에 따라 판단한다.
⑤ 척도를 개발할 때 교육과정의 내용을 준거로 작성하고, 홀수 척도를 피하여 짝수 척도를 사용한다(4단계 척도).
⑥ 척도의 한편에 '관찰 못함'이라는 칸을 만들어 두는 것이 좋다. 이는 관찰자가 관찰하지 못하는 문항을 무리하게 평정하지 않고 판단을 보류할 수 있도록 해 준다.

(5) 장점

① 자료 수집에 시간이 많이 들지 않고 많은 발달 영역을 짧은 시간에 평가할 수 있다.
② 관찰하면서 바로 적지 않고 교사가 편리한 시간에 자료를 수집할 수 있다.
③ 반복해서 사용하면 행동 변화에 대한 질적인 정보를 얻을 수 있다.

(6) 단점
① 객관적 평가도구의 작성이 어렵다.
② 관찰뿐만 아니라 척도에 대한 판단을 요구하므로 관찰자의 주관, 편견, 오류가 나타날 가능성이 높다.
③ 각 행동의 배경에 관한 상황 설명 없이 행동의 수준만을 기록하므로 행동의 원인이나 상황에 대한 정보 제공이 없다.

기출탐구

01 (나)는 5세반 유아 평가에 관련된 내용의 일부이다. 물음에 답하시오. ■2014년

(나) 민재의 기본생활습관을 알아보기 위해 부모용 질문지법을 활용하였다. 질문의 문항에 대한 반응은 (ㄷ) 형식으로 응답하게 하였다. (ㄷ) 형식은 민재의 기본생활습관에 대한 단순한 출현 유무뿐만 아니라 기본생활습관 형성 정도에 대한 정보를 제공해 준다. (2013년 9월 26일)

	전혀 그렇지 않다	보통 이다	매우 그렇다
• 자녀는 스스로 손을 깨끗이 씻습니까?			
• 자녀는 스스로 이를 깨끗이 닦습니까?			
• 자녀는 주변을 깨끗이 정리 정돈합니까?			
• 자녀는 규칙적으로 자고, 적당량의 음식을 골고루 먹습니까?			
… (후략) …			

(ㄹ 표시는 문항 목록 전체를 묶음)

ㄷ에 들어갈 용어 1가지를 쓰고, ㄹ에서 질문지 문항 작성 방법에 비추어 적절하지 않은 문항을 찾아 그 이유 1가지를 쓰시오.

• ㄷ : _____
• 이유 : _____

02 다음은 유아 평가와 관련된 교사들의 대화이다. 물음에 답하시오. ■2019년

박 교사 : 이번 주에는 관찰 방법 중 평정척도법을 활용해 유아의 사회성 발달을 평가해 보기로 했었죠?
김 교사 : 네. 평정척도법을 사용할 때 어떤 점을 유의하면 될까요?
박 교사 : 예전에 제가 평정척도법으로 관찰할 때, 가끔 표시하기 애매한 경우에는 중간 점수에 표시해 버려서 객관적인 결과를 얻기 힘든 적이 있었어요.
김 교사 : 그럴 수도 있겠네요.
… (중략) …

> 서 교사 : ㉠ 저희 반 선생님이랑 같은 평정척도법으로 동일한 유아를 평정했는데, 결과가 다르게 나와서 당황스러웠어요.
> 윤 교사 : 그런 경우가 가끔 있어요. ㉡ 제 경우는 유민이의 행동을 녹화하여 어제 평정해 보고, 오늘 또 평정해보니 결과가 다르더라구요.
> 서 교사 : 유아를 관찰할 때 신중하게 해야겠어요.
> 이 교사 : 맞아요. ㉢ 저는 요즘 우리반 유아들의 친사회적 행동을 관찰하고 있는데, 제가 관찰한 것이 정확하게 유아들의 친사회적 행동을 나타내 주는지가 걱정이에요.
> … (하략) …

박 교사의 말에서 나타난 ① 평정자 오류의 명칭을 쓰고, ② 그 이유를 설명하시오.

- ① : _____
- ② : _____

03 유치원에서 적용한 유아 평가 방법에 대한 설명으로 적절하지 <u>않은</u> 것은?

■ 2010년

① 임 교사는 유아들이 협동에 대해 얼마만큼 이해하고 있는지를 알아보기 위해 3단계 평정 척도법을 사용하였다.
② 최 교사는 역할놀이 영역에서 수진이의 행동 유형을 알아보기 위해 특정한 시간의 틀에 얽매이지 않고 일화 기록을 작성하였다.
③ 박 교사는 조작놀이 시간 동안 은지가 연속적으로 활동하는 과정을 있는 그대로 관찰하고 자세히 기록하기 위해 표본기록을 사용하였다.
④ 권 교사는 유나의 사회적 기술 발달 정도를 알아보기 위해 사전에 관찰한 사회적 기술에 대한 항목을 체크하는 행동 목록법을 사용하였다.
⑤ 홍 교사는 민호의 공격적 행동이 얼마나 자주 일어나는지 알아보기 위해 정해진 시간 동안 행동 출현 빈도를 기록하는 사건 표집법을 사용하였다.

모범답안

01. - ㉢ : 평정 척도
    - 이유 : '자녀는 규칙적으로 자고, 적당량의 음식을 골고루 먹습니까?' 문항에는 한 문항에 두 가지 질문이 동시에 포함되어 있어 정확한 답변을 얻어내기 어렵다.
02. - ① : 중앙집중의 오류
    - ② : 표시하기 애매한 경우에 극단의 점수를 피해 주고 중간 점수에 표시하였기 때문이다.
03. ⑤

9. 포트폴리오(유아의 활동 결과물 수집)

(1) 포트폴리오의 정의

① 유아의 조형, 음률, 언어, 극놀이, 구성하기 등의 표현 결과로 나타난 기록이나 작품을 수집, 정리하여 이를 분석하는 방법이다.
② 교육 활동을 진행한 후나, 진행하면서 유아의 교육 내용에 대한 이해 정도를 파악할 수 있을 뿐만 아니라, 활동에 대한 유아의 흥미와 성취감, 유아의 사고 방법이나 특성 등을 알아볼 수 있는 평가 방법이다.

> **예** '나비' 주제에 대한 교육 활동을 진행하면서 유아가 그린 그림을 수집하여, 처음에 그린 나비 그림과 어느 정도 주제와 관련하여 활동들을 진행한 후에 그린 나비 그림을 비교함으로써 유아의 진보를 평가할 수 있다. 이 외에도 나비에 대한 이야기 나누기에서 유아가 한 이야기, 나비를 몸으로 표현하는 모습을 찍은 사진, 유아가 만든 나비 조형물 등을 수집하여 나비에 대한 유아의 지식의 향상이나 느낌, 태도, 관점 등을 평가할 수 있다.
> [출처] 만 5세 누리과정 교사용 지침서.

(2) 포트폴리오의 특징

① 포트폴리오는 협동적인 것이다. 유아들은 포트폴리오에 무엇을 넣을 것인지, 어떻게 사용할 것인지, 어떤 기준으로 평가할 것인지를 교사, 또래, 부모와 함께 결정한다.
② 포트폴리오는 장기적인 것이다. 일회적인 자료의 수집으로 유아를 평가하는 것이 아니라 진보를 살펴보기 위해서 시간의 흐름에 따라 자료가 수집된다.
③ 포트폴리오의 내용은 과정을 나타내는 것이지 단순히 학습의 결과를 나타내는 것이 아니다. 초기, 과정, 그리고 마지막의 산물을 보여줌으로써 진보가 어떻게 이루어지는지에 대해 교사와 유아가 모두 통찰할 수 있도록 해준다.
④ 포트폴리오는 유아들에게 다양한 관점들을 탐구하도록 해준다. 학습에 적용될 수 있는 다양한 접근방법을 보여주며 다양한 학습의 발생 가능성을 제시해준다. 이러한 학습 스타일과 기법의 다양성은 교사에게 자신의 수업전략에 대해 반성해보도록 하며 유아들에 의해 수업의 질이 향상되는 것이다.
⑤ 포트폴리오는 교사와 유아에게 자기 반영의 기회를 준다. 유아들은 자신의 작업을 검증하는 과정에서 자신의 전부를 평가하고 강점과 취약점을 알 수 있다. 교사 역시 수업, 프로젝트 선정, 일반적인 교실전략 등에 미치는 영향을 반성할 기회를 준다.
⑥ 포트폴리오를 위한 수집내용 선정에 있어 학생의 참여, 선정 기준, 잘한 것의 판단 준거, 학생의 자기반성 증거를 반드시 포함시켜야 한다. 교사가 관찰한 내용, 개개 학습자의 작업과 행동에 관한 검사, 집단 협동작업 등을 포함하며 학습자들은 자신이 무엇을 만들며 무엇을 포함시킬 것인가를 스스로 결정한다.

⑦ 포트폴리오는 주어진 영역에서 학생들의 노력, 진전, 성취를 나타내주는 작업들에 대한 수집이다. 포트폴리오에는 유아의 작업 표본뿐만 아니라 교사의 관찰기록, 부모 상담 결과, 표준화 검사 결과를 포함하는 경우도 있다.

(3) 포트폴리오의 목적

① 자연스러운 일상생활 속에서 유아의 발달과 능력이 진보되는 과정에 대한 풍부한 정보를 제공해 준다.
② 교육과정상의 활동이 곧 평가의 자료가 되기 때문에 개별 유아에게 적절한 교수계획을 수립하고자 하는 목적으로 사용될 수 있다.
③ 유아의 발달과 학습의 진보에 대한 구체적인 증거를 제시하고 있기 때문에 부모나 동료교사, 행정가, 기타 교육관련 인사들과의 의사소통에 유용하다.
④ 평가과정에 유아를 참여시킴으로써 스스로의 학습에 대한 동기와 책임을 증진시키고 자율성을 향상시키기 위한 목적으로도 사용될 수 있다.
⑤ 학년이 바뀌거나 담임교사가 바뀔 경우, 새로운 교사에게 개별 유아에 대한 종합적인 정보를 포함하고 있기 때문에 연계성 있는 교육을 위한 정보를 제공해 준다.

(4) 포트폴리오의 유형

① Shores & Grace(1998; 2000)

종류	주체	자료의 유형	특징
개인 포트폴리오 (private portfolio)	교사	병력사항, 부모의 전화번호와 같이 비밀이 보장되어야 하는 영유아 개인의 정보	교사의 일화 기록, 부모면담 기록, 가정환경 조사 등은 시간의 흐름에 따른 개별적인 영유아에 대한 정보를 제공해 주기 때문에 학습 포트폴리오에는 포함되지 않지만, 보관될 가치가 충분하므로 개인 포트폴리오에 포함될 수 있음
학습 포트폴리오 (learning portfolio)	영유아	영유아의 활동에 대한 기록, 초안, 작업표본, 자기반성 기록 등	현재 진행 중인 영유아의 활동에 대한 전반적인 기록으로, 영유아와 교사가 가장 빈번하게 사용함
인수 포트폴리오 (pass-along portfolio)	영유아, 교사, 부모	영유아의 가장 대표적인 작품을 협의해서 골라내어 구성함	학년 말에 영유아의 1년 동안의 활동을 정리하고, 다음 해의 교사에게 참고할 수 있는 자료를 전하기 위해서임

[출처] 『아동관찰 및 행동연구』, 황해익 외 3인, 공동체, 2014, pp.232~234.

② Wortham(2008)

작업(working) 포트폴리오	• 평가를 위해 일정 기간 동안 유아 작품을 모두 수집하는 것이다. • 다음 작품을 위한 계획하기와 진행노트는 중요한 구성요소이다. • 작업 포트폴리오의 항목들이 다른 포트폴리오 형태의 부분이 될 수 있다.
평가(evaluative) 포트폴리오	• 교사가 형성적인 자료와 종합적인 자료를 바탕으로 유아의 성장을 평가하기 위해 수집하는 가장 보편적인 것이다. • 유아의 발달적 진보와 필요로 하는 사항을 평가하는 데 사용하며 부모와 행정가에게 보고하고 교육과정과 교수를 계획하는 데 사용한다.
쇼케이스 (showcase) 포트폴리오	• 전시를 목적으로 유아의 가장 대표적인 작품을 선정하는 것이다. • 부모와 함께 유아의 성취를 공유하거나 특별한 행사를 기획하거나 또래 친구들과 학습 내용이나 결과물들을 공유할 수 있다.
기록(archival) 포트폴리오	• 유아의 내년 담임교사에게 정보를 제공할 목적으로 구성하는 것이다.

[출처] 『아동 관찰 및 행동 연구』, 고문숙 외. 양성원.

(5) 포트폴리오의 장점

① 자료 수집을 위해 시간을 따로 할애할 필요가 없다.
② 작품 자체로 유아의 활동 과정과 결과를 모두 평가할 수 있다.
③ 작품 그 자체가 발달의 직접적인 증거가 된다.
④ 인지적 + 정의적 측면에 대한 평가 가능하다.
⑤ 개별 유아뿐만 아니라 협동에 대한 과정도 평가가 가능하다.
⑥ 활동 결과물에 대한 만족감, 성취감을 느낄 수 있다.

(6) 포트폴리오의 단점

① 사진, 녹음, 녹화 등의 방법은 경비가 많이 든다.
② 수집한 작품이 유아의 능력을 충분히 대변하지 못할 수 있다.
③ 작품의 해석 시 교사의 주관이나 편견이 개입되기 쉽다.

(7) 포트폴리오의 효과적 운영 방안

① 체계성 : 교육과정상의 목표를 숙지하여 교육과정에 근거한 체계적인 평가가 이루어지도록 한다.
② 평가 항목 : 교육과정상의 중요한 활동, 내용 등을 고려하여 유아의 학습에 대한 수행상의 진보를 쉽게 볼 수 있는 항목들에 대한 계획을 세운다.
③ 조직 기준 : 발달 영역, 흥미 영역, 생활 영역별 등으로 포트폴리오를 조직하는 기준을 결정한다.

④ **수집 기간** : 1년을 기간별로 나누어 작품 수집의 기간을 결정하고 지속적이면서 체계적으로 자료를 수집한다. 또한 일상적으로 자료를 조직하며 일정 시기마다 편집하고 결론을 내리는 시기를 결정해 둔다.
⑤ **수집 도구** : 피자 박스, 구두 상자, 파일 등 교사 자신의 계획에 맞게 작품들을 담아둘 도구를 결정한다.
⑥ **자료의 수집** : 유아의 작품을 다양하게 수집한다. 즉, 유아가 평상시 보여주는 전형적인 수준의 작품과 유아의 개성 및 학습 스타일을 보여주는 것, 장점, 유아 자신에게 의미가 있는 것, 완성된 것과 미완성된 것, 협동 작품, 2차원 작품과 3차원 작품 등 다양한 작품을 수집한다.

  ＊ **결과물이 나올 수 없는 활동** : 일화 기록이나 간단한 메모, 사진 녹음 등을 이용하여 자료를 수집한다.

⑦ **기록** : 수집된 자료에는 유아의 이름, 날짜, 설명, 제작의 과정을 기록하고, 작품마다 그 작업을 할 때의 맥락에 대한 교사의 간략한 설명이나 해석을 첨가한다.
⑧ **해석** : 포트폴리오의 과정에서 작품에 대해 유아와 자주 상호작용하며 포트폴리오의 해석을 위한 준거를 마련한다. 또한 교사의 주관에 치우치지 않도록 유의하며, 유아의 작품에만 의존하지 않고 사회 문화적 배경을 고려하여 총체적으로 해석한다.

기출탐구

01 유치원에서는 포트폴리오 수집 과정에서 모아진 유아의 활동 과정을 보여주는 자료나 작업 결과물로 벽면을 구성할 수 있다. 이러한 방법이 유아와 교사에게 주는 이점을 각각 4가지씩 쓰시오.   ■2004년

(1) 유아에게 주는 이점
  ① _____
  ② _____
  ③ _____
  ④ _____

(2) 교사에게 주는 이점
  ① _____
  ② _____
  ③ _____
  ④ _____

유아교육과정

02 (가)와 (나)는 유아 평가와 관련된 교사들의 대화이다. ⓒ과 ⓔ에 들어갈 평가 방법을 각각 쓰시오.
■ 2016년

(가) 교사들의 대화
박 교사 : 지금 우리 반 유아들이 손 씻기나 옷 입기 같은 자조 기술이 있는지 확인하고 싶은데, 어떻게 해야 하나요?
최 교사 : 관찰 방법 중 (㉠)을/를 활용해 평가하는 것은 어때요? (㉠)은/는 '예'나 '아니요'로 표시하면 되니까 자조 기술이 형성되었는지 여부를 알기가 쉬워요. 그리고 ㉡ 결과에 따라 유아들의 자조 기술 형성에 도움을 줄 수 있는 방안을 교육과정 계획에 반영해 볼 수도 있잖아요.
신 교사 : 맞아요. (㉠)은/는 편하게 기록할 수 있어요. 그렇지만 유아의 행동 발달을 단계적으로는 파악할 수 없고요. 또 관찰한 행동이 얼마나 자주 일어나는지도 알 수 없어요.
송 교사 : 우리 반에 자유선택활동 시간에 공격적 행동을 종종 보이는 유아가 있어 걱정인데, 진짜 공격성이 있는 건지 잘 모르겠어요. 어떤 관찰 방법을 사용해야 하나요?
최 교사 : 사건 표집법의 하나인 (㉢)을/를 활용하여 관찰하면 그 유아의 공격성 원인은 알아내기 어렵지만, 유아의 공격적 행동이 나타날 때마다 표시하면 되니까 공격적 행동이 얼마나 많이 나타나는지를 알 수 있어요.
… (하략) …

(나) 교사들의 대화
오 교사 : 저는 요즘 (㉣)을/를 활용해서 유아들의 언어 발달이 1년 동안 어떻게 변화되는지 알고 싶어 자료를 모으고 있어요.
강 교사 : (㉣)은/는 단순히 자료를 수집하는 것보다 유아 언어 발달이나 진보가 나타나는 언어나 음률 활동 동영상이나 놀이 사진, 활동 결과물 등을 선별하여 수집하는 것이 중요해요.
… (하략) …

- ㉢ : _____
- ㉣ : _____

03 유아에 대한 이해와 평가는 유아교육의 질을 높이는 데 중요하다. 1) 유아 평가의 목적 2가지를 (가)와 관련지어 논하시오. 2) (나)에서 김 교사가 포트폴리오 평가 수행 과정에서 범한 문제점 4가지를 논하고, 3) 각 문제점에 대한 해결 방안을 서로 중복되지 않게 논하시오.
■ 2013년 논술

(가) 송 교사가 작성한 저널
학기 시작한 지도 벌써 한 달이 되었다. 그동안 내가 맡은 아이들의 개인별 특성을 파악하려고 나름대로 노력하였고, 그로 인해 얻은 것이 참 많다. 아이들에 대해 파악한 특성을 최대한 반영하여 교육과 보육 활동을 개선한다면 더욱 멋진 한 해가 되겠지! 다음 주부터 학부모 상담이 시작된다. 학부모를 상담하는 자리가 조금은 부담스럽다. 그러나 학부모 상담은 내가 각 아이에 대해 파악한 것이 맞는지, 더 알아야 할 것은 없는지, 부모님이 나에게 바라는 점은 또 어떤 것이 있는지 등을 한 번 더 확인하는 기회가 될 것이기 때문에 기대도 된다.

(나) 송 교사와 김 교사가 나눈 대화
송 교사 : 선생님! 포트폴리오 평가 계획 수립 시 평가 지침은 명확히 설정하셨나요?
김 교사 : 포트폴리오 평가 지침을 명확하게 정해야 한다는 말은 맞아요. 그러나 포트폴리오 평가는 구성주의 패러다임을 따르잖아요. 그래서 저는 아이들의 성장 발달을 선입견 없이 보이는 양상 그대로 평가하려고 자료 수집 내용과 평가 시기만을 설정했어요.
송 교사 : 포트폴리오 평가를 위한 자료 수집은 어떻게 하셨나요?
김 교사 : 아이들의 강점을 확인하고자 다양한 자료를 모았어요.
송 교사 : 수집한 자료는 충분했나요?
김 교사 : 학기말에 집중적으로 모았는데 충분했어요. 사실 학기 초에는 모을 시간이 없었거든요.
송 교사 : 포트폴리오 자료 분석은 어떻게 하셨나요?
김 교사 : 포트폴리오 평가에서는 아이들의 자기평가가 중요하잖아요. 그래서 아이들 스스로 자신의 작품에 대한 생각을 말해 보게 했고요. 저는 모은 자료 중에서 잘한 것 위주로 분석했는데 생각보다 좋은 작품이 많았어요. 각 아이의 성취수준이 기대만큼 충분히 높아서 참 흐뭇했어요.
송 교사 : 예 그러시군요. 그렇다면 포트폴리오 평가 결과는 어떻게 활용하셨나요?
김 교사 : 아이들의 발달과 학습 변화에 대해 학부모들과 이야기하기보다는 유치원을 홍보하는 데 개별 아이의 포트폴리오 평가 결과를 사용했어요. 특히, 유치원 행사와 관련된 사진 자료가 매우 효과적이었어요. 이와 별개로 포트폴리오 평가를 통해 얻은 시사점은 2학기 교육과정 운영에 반영하려고 해요.
송 교사 : 예. 포트폴리오 평가는 유아 평가의 취지에 부합되기 때문에 앞으로 유치원 현장에서 많이 활용될 것 같네요.

04 다음은 장 교사의 저널이다. 물음에 답하시오. ■ 2019년 추가시험

> 오늘 유아평가에 관한 연수를 다녀왔다. 연수의 주제는 포트폴리오 평가였다. ⓒ <u>포트폴리오 평가는 지식·기능·태도에 대한 평가가 가능하고, 신뢰성과 객관성의 확보가 용이하며, 교수·학습과 평가를 통합할 수 있다는 장점이 있다. 또한 결과 중심의 평가를 지향하며, 개인 내 평가가 가능해 유아들의 개별화된 교육을 지원하는 데 유용할 것 같다.</u> 이번 연수에서 배운 내용을 적용하여 2학기 유아평가 계획을 좀 더 보완해야겠다.
> 특히 지금까지는 유아가 만든 작품을 중심으로 포트폴리오 평가에 포함할 자료들을 수집했었는데, 앞으로는 유아들이 경험한 것을 스스로 정리하고 확인할 수 있도록 (ⓒ) 자료도 포트폴리오 평가 항목에 포함해야겠다. 이를 위해 우선 자유선택활동 후에 유아가 (ⓒ)을/를 할 수 있는 질문을 하고, 이를 기록하는 게 좋을 것 같다. 유아가 작품을 만들면서 힘들거나 어려웠던 점은 무엇인지, 처음 계획대로 되었는지, 자랑하고 싶거나 고치고 싶은 점이 무엇인지 등. 그리고 포트폴리오 평가에 포함할 작품도 유아가 직접 선정하게 해야겠다.

(1) 밑줄 친 ⓒ에서 포트폴리오 평가에 대한 설명으로 적절하지 <u>않은</u> 것 2가지를 찾아 각각 바르게 고쳐 쓰시오.
- ① : _____
- ② : _____

(2) 괄호 안의 ⓒ에 들어갈 말을 쓰시오.
- _____

모범답안

01.(1) 유아에게 주는 이점
  ① 학습의 측면
   • 전시된 자료나 작품을 통해 자신의 학습 과정과 결과를 스스로 평가할 수 있는 기회를 제공하며 이런 과정을 통해 유아는 보다 적극적인 학습동기를 지니게 된다.
   • 전시된 다른 친구들의 작품을 관찰하고 함께 이야기를 나누는 가운데 자신이 활동의 과정에서 미처 알지 못했던 새로운 사실을 발견하기도 하고 친구들의 다양한 사고를 이해하는 등의 사고의 확장이 이루어진다.

② **사회성 발달의 측면**
- 자신의 작품을 다른 친구들이나 교사에게 소개하는 가운데 자신감 같은 긍정적인 자아개념을 증진하게 된다.
- 친구들이나 교사와 함께 힘을 합쳐 작품을 전시하는 가운데 협력을 증진하고 집단에 대한 공동체 의식을 길러줄 수 있다.
- 작품을 완성하지 못한 유아의 작품도 함께 전시해주면 집단에 대한 소속감을 증진하게 된다.

③ **정서 발달의 측면** : 자신의 작품이 전시된 것을 보며 만족감과 성취감을 느끼며 다양한 방법으로 함께 전시를 준비하는 가운데 심미감을 기를 수 있다.

④ 교사의 주관에 의한 평가보다는 유아들 상호 간에 서로의 작품에 관해 이야기를 나누는 가운데 서로 다른 생각과 느낌을 이해하고 존중하게 된다.

⑤ 벽면을 구성하는데 하나의 역할을 맡아 참여하거나 전시된 작품의 처리에 대해 친구들과 함께 의논하고 정리하는 가운데 책임감을 증진한다.

(2) **교사에게 주는 이점**
① 활동의 전 과정이 교사의 계획에 비추어 효율적으로 진행되었는지를 스스로 정리하고 평가하는 반성적 사고의 기회를 제공한다.
② 유아에 대한 평가를 위해 따로 자료를 수집할 필요가 없으므로 시간을 절약할 수 있다.
③ 벽면에 구성할 자료나 결과물을 정리하는 가운데 각 유아의 학습의 과정과 결과에 대해 더 깊이 있게 이해하고 평가할 수 있게 해준다.
④ 각 유아가 흥미 있어 하는 활동이나 자료를 파악하여 다음의 교육 계획에 참고 자료로 활용할 수 있다.
⑤ 전시회를 개최하여 학습의 과정과 결과를 학부모나 지역사회 인사들에게 알림으로써 유아교육에 대한 학부모의 이해와 적극적인 참여를 증진할 수 있다.

02.
- ⓒ : 단순 사건 표집법(빈도 사건 표집법)
- ⓓ : 포트폴리오 평가

03. (1) 유아 평가의 목적 2가지
① 유아들의 개별적 특성을 파악하여 보육과 교육 활동을 개선한다.
② 평가를 통해 유아의 특성을 파악하여 학부모 면담의 자료로 활용한다.

(2) 김 교사가 포트폴리오 평가 수행 과정에서 범한 문제점 및 해결 방안

문제점	논거	해결 방안
포트폴리오 평가 계획 수립 시, 평가 지침을 명확히 설정하지 않은 문제	평가 지침에 평가의 목표나 방향이 분명하지 않을 경우 자료를 체계적으로 수집하기 어렵고 수집한 자료에 대해 주관적 해석이 이루어질 수 있음	누리과정에 제시된 목표와 내용을 근거로 평가 지침을 설정함
평가를 위한 자료 수집 시, 학기 말에만 집중적으로 모음	특정 시기에만 자료 수집 시, 유아의 전반적인 발달의 양상을 파악하기 어려움	수집 기간을 미리 계획하여, 학기 초, 중, 말에 지속적으로 자료를 수집함
유아들이 잘 만든 작품 위주로 분석	유아의 있는 그대로의 특성이나 변화를 이해하기 어려움	잘한 작품뿐만 아니라, 평상시 보여주는 전형적인 수준의 작품과 부족한 점을 보이는 작품 등 다양한 작품을 수집하여 분석함
평가 결과를 유치원 홍보 자료로만 활용함	평가의 주된 목적은 유치원이 아닌 유아에게 도움을 주기 위한 것이기 때문임	유아에 관한 종합적인 자료를 수집하여 유아에게 적합한 교육을 계획하거나 학부모 면담의 기초 자료로 활용함

04. (1)
- ① : 신뢰성과 객관성의 확보가 <u>용이하다.</u> → 신뢰성과 객관성의 확보가 <u>어렵다.</u>
- ② : <u>결과</u> 중심의 평가를 지향한다. → <u>과정</u> 중심의 평가를 지향한다.

(2) • 자기반성(자기반영, 자기평가)

10. 사회성 측정법(socio-metry)

[출처] 『아동관찰 및 행동연구』 황해익·최혜진·정혜영·권유선, 공동체, pp.129~133.

> 1932년 Moreno는 미국 뉴욕시 Blooklin에 있는 한 공립 초등학교에서 1학년부터 8학년까지의 아동들에게 자기와 같이 앉고 싶은 친구들을 선택하는 조사를 실시하였다. 그 결과 어떤 아동은 다른 아동으로부터 같이 앉고 싶다는 선택을 많이 받은 데 반하여 어떤 아동은 전혀 선택을 받지 못하였고, 나머지 대부분의 아동들은 중간 정도의 선택을 받았다. 그래서 이와 같은 친구 선택의 관계를 좀 더 자세히 분석해 보았더니 겉으로는 나타나지 않았던 학급 내의 사회적 구조가 분명히 드러났다. Moreno는 이와 같은 조사를 통하여 집단 내에서 한 구성원의 인간관계나 위치, 나아가서는 집단 자체의 구조 및 발전 상태를 평가할 수 있다고 말하면서 이와 같은 조사 방법을 사회성 측정 검사를 이용한 사회성 측정법이라고 불렀다(황해익, 2010).

(1) 사회성 측정법의 정의

사회성 측정법은 한 집단 내의 역학 관계, 즉 어떤 집단 구성원들의 상호작용 양상이나 집단의 응집력을 알아보고자 할 때 이용되는 방법으로, 한 영유아가 그의 친구들에 의해 어떻게 지각되고 받아들여지고 있는가를 평가하는 데 이용된다. 이때 사용되는 측정 도구를 사회성 측정 검사라고 한다.

(2) 사회성 측정법의 목적(조성연 외, 2008)

① 개별 영유아의 사회적 적응이나 부적응의 진단을 통해 치료 효과를 증진시키고 이로 인한 영유아의 인간 관계 개선에 도움을 주고자 할 때 사용할 수 있다.
② 영유아의 '왕따' 현상과 같은 개인의 사회적 태도나 소수 집단에 대한 편견을 발견하고 연구하고자 할 때 활용할 수 있다.
③ 영유아 교육 현장에서 영유아의 교우 관계를 조사하여 집단 내의 영유아 간 상호작용을 이해하고자 할 때 사용할 수 있다.
④ 영유아들 간의 상호작용 분석을 통해 집단의 응집력과 효율성을 높이고자 할 때 사용할 수 있다.
⑤ 영유아 집단을 새로 조직하거나 재구성할 때 그에 대한 정보가 필요한 경우에 사용할 수 있다.

(3) 사회성 측정법의 종류

① 또래 지명법
㉠ 또래 지명법은 가장 기본이 되는 사회성 측정법으로 영유아의 사회성 측정에 관한 대부분의 연구에서 사용되고 있다.
㉡ 주어진 기준에 의하여 각 영유아가 몇 명의 친구를 선택하게 하는 방법으로, 선택 허용 수가 무제한일 때 각 영유아에 대한 선택 수의 많고 적음을 통해 그 영유아가 대인 관계에서 얼마만큼 자기 확장적인지 혹은 자기 폐쇄적인지를 판단할 수 있다.

ⓒ 다른 영유아들로부터 받은 선택 수가 한 영유아의 사회적 측정 지위 또는 사회적 수용도가 된다.
② 또래 평정법
  ㉠ 또래 평정법은 각 영유아에게 학급 구성원 전체의 이름이 적혀있는 명단을 나누어 준 후, 한 사람도 빠뜨리지 않고 모두를 평정하게 하는 방법이다.
  ㉡ 전체 학급 영유아 중 갑자기 한 친구의 이름이 떠오르지 않거나 또는 선택하려고 하는 친구의 이름을 쓸 줄 모르기 때문에 선택하지 못할 수도 있는 가능성을 줄일 수 있고, 모든 영유아가 학급 영유아 전체에 의해 수용되고 있는 정도를 알 수 있다.
③ 쌍별 비교법
  ㉠ 쌍별 비교법은 영유아 교육기관에서 한 학급에 놀고 있는 영유아의 실물 사진을 한 명의 영유아에게 보여주면서 동시에 그림으로 그려진 웃는 얼굴, 찡그린 얼굴, 중립적인 얼굴의 세 종류(3점 척도에 해당) 그림 사진을 보여주고, 친구의 실물 사진에서 연상되는 감정 및 태도와 가장 유사한 그림 사진을 서로 짝짓게 하여 측정하는 방법이다.
  ㉡ 나이가 매우 어린 영유아들을 대상으로 그들의 또래관계를 측정하고자 할 때 유용하다. 나이가 어린 영유아들은 측정 문항에 대한 이해력이 부족하여 스스로 반응을 잘하지 못하기 때문이다.

(4) 사회성 측정법의 장단점

장점	단점
① 단순하고 실시하기가 용이하므로 현장의 교사들에게 유용하다. ② 영유아들 사이의 집단 역동이나 집단 내 비형식적 소집단의 구조 파악이 쉽다. ③ 자료 수집 방법이 단순하고 경제적이며 융통성이 크다. ④ 교육에 있어 실제적으로 유용하다.	① 사회성 측정이 이루어지는 상황과 시기에 따라 영유아의 반응이 달라지므로 자료의 신뢰도와 타당도에 문제가 있을 수 있다. ② 사회성 측정 결과와 관찰 결과가 일치하지 않을 수 있다. ③ 좋아하는지 또는 싫어하는지에 대한 정보만 있지 왜 좋아하는지 왜 싫어하는지 등에 대한 정보는 알 수 없다. ④ 통계적 분석에서 많은 제한점이 있다.

(5) **사회성 측정 검사 도구 제작 시 유의사항**(황해익, 2010)
① 영유아들이 선택하는 목적과 이유를 분명히 이해할 수 있도록 문항의 내용을 쉽고 흥미롭게 작성한다.
② 집단의 활동에 한정적인 관계가 있는 현실적이고 의미 있는 상황을 만들어 선택할 수 있도록 한다. 예를 들면, "책상에 앉을 때 짝이 되고 싶은 친구는?", "너의 생일파티에 초대하고 싶은 친구는?" 등으로 물을 수 있다.
③ 각 영유아가 선택할 수 있는 숫자를 명확하게 명시한다. 그리고 선택할 수 있는 친구가 두 명 이상인 경우에는 순서를 표시해야 하는지 아니면 특별한 순서 없이 나열해도 되는지를 명시해야 한다.
④ '싫어하는 사람', '나쁜 사람' 등 부정적인 기준의 사용은 교육적인 면에서 좋지 못하므로, 될 수 있는 한 삼가는 것이 바람직하다.

(6) **사회성 측정결과의 분석**
① 사회도(sociogram)를 그리는 방법
  ㉠ 각 영유아들의 선택과 배척 관계를 중심으로 사회도(sociogram)를 그려보는 방법이다. 사회도란 집단 구성원들 간의 선택과 배척 관계를 그림으로 일목요연하게 나타낸 것이다.
  ㉡ 인기 있는 아이(star), 고립된 아이(isolatee), 배척 받는 아이(rejectee), 무시되는 아이(neglectee), 단짝(pair) 등에 대한 정보를 쉽게 얻을 수 있다.

○ 사회도 기본형(안이환, 2007 : 141)

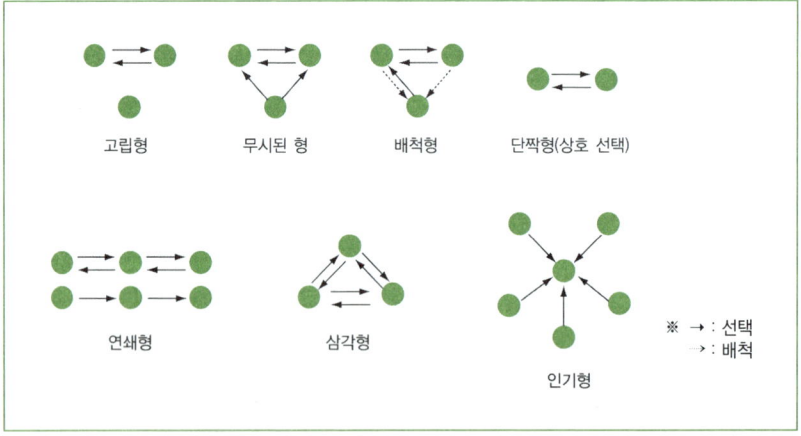

② 사회성 측정 행렬표 : 사회성 측정의 행렬표는 대상의 선택과 피선택 반응을 이용한 이원표를 뜻한다.

▶ 사회성 측정 행렬표의 예 (N=7)

선택자\피선택자	은새	민성	대호	하은	선정	건희	희서	선택 수
은새		0	1	0	0	1	0	2
민성	0		1	0	0	1	0	2
대호	0	1		0	0	1	0	2
하은	1	0	0		1	0	0	2
선정	0	0	0	1		1	0	2
건희	0	1	1	0	0		0	2
희서	0	0	0	0	1	1		2
피선택 수	1	2	3	1	2	5	0	

1. 위의 표는 7명으로 구성된 새싹반에서 각각 좋아하는 영유아를 두 명씩 선택했을 때의 결과이다.
2. 세로줄은 선택한 영유아, 가로줄은 선택받은 영유아를 나타내고 있고, 각 칸에서 1은 선택한 경우, 0은 선택하지 않은 경우를 나타낸다. 행렬표의 자료는 가로줄과 세로줄의 합계에 의한 해석과 개인 간 선택과 피선택에 관한 해석으로 나누어 볼 수 있다.
3. 가로줄의 선택자별 합계는 선택 수로서 이 표의 경우에는 두 명씩만 선택하도록 하였으므로 영유아별 차이가 없다. 또 세로줄의 선택자별 합계는 피선택 수로서 집단에서의 사회적 지위, 즉 수용도 또는 인기도를 나타낸다.
4. 건희의 피선택 수는 5로서 가장 높은 인기도를 나타내며, 희서는 0으로서 다른 영유아로부터 수용도가 낮음을 나타낸다. 피선택 수가 적을수록 집단에서 소외되거나 경시되는 영유아라고 볼 수 있다.

유아교육과정

01 다음은 교사 저널이다. 물음에 답하시오. ■ 2015년

> 우리 반 유아들의 사회적 관계와 상호 작용 형태를 알아보기 위해 '소풍 갈 때 버스에 같이 앉아서 가고 싶은 친구'를 조사해 보았다. 조사 결과를 분석해 보니, 우리 반에서 슬기와 보경이는 (ⓒ)(으)로, 용우는 (ⓒ)(으)로 나타났다. 이를 통해 겉으로 드러나지 않았던 우리 반 유아들의 사회적 역학 관계를 알 수 있었다. (2014년 ○월 ○일)

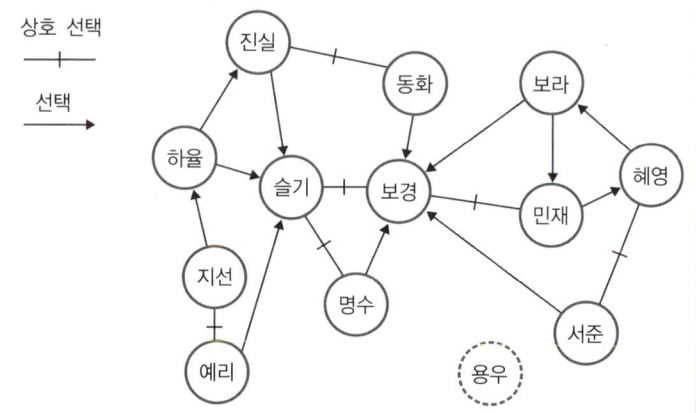

위에서 사용한 모레노(J. L. Moreno)가 개발한 조사 방법 1가지를 쓰고, ⓒ과 ⓒ에 들어갈 말을 각각 쓰시오.

• 조사 방법 : _____
• ⓒ : _____
• ⓒ : _____

02 다음은 ○○유치원의 원내 교사 연구 모임에서 나눈 대화의 일부이다. 물음에 답하시오.
▪ 2020년

박 교사 : 지난 연구 모임에서 사회성 측정법(sociometry)에 대해 알아보았어요. 오늘은 사회성 측정법을 사용한 예시 자료를 보여 드리려고 해요. 자료를 보면서 결과 해석이나 활용 측면에서 다양한 의견을 교환해 주세요.

〈사회성 측정법 예시 자료〉

○○반 유아들에게 '생일잔치에 초대하고 싶은 친구 2명'을 선택하도록 한 결과이다.

〈표 1〉 2018 4월 O일 조사 결과*

피선택 유아 \ 선택 유아	A	B	C	D	E	F	계
A	−	1	1	0	0	0	2
B	0	−	0	0	0	0	0
C	1	0	−	1	1	1	4
D	1	0	0	−	0	1	2
E	0	0	1	1	−	0	2
F	0	1	0	0	1	−	2
계	2	2	2	2	2	2	

〈표 2〉 2018 10월 O일 조사 결과*

피선택 유아 \ 선택 유아	A	B	C	D	E	F	계
A	−	1	1	0	0	0	2
B	0	−	1	0	0	0	1
C	1	0	−	1	1	1	4
D	1	0	0	−	0	1	2
E	0	0	0	1	−	0	1
F	0	1	0	0	1	−	2
계	2	2	2	2	2	2	

* 각 칸의 1은 선택, 0은 비선택을 의미함

송 교사 : 표를 살펴보니 여러 가지를 알 수 있네요. 이 방법을 사용하면 유아들이 많이 선호하는 대상이 누구인지 알 수 있겠어요.
민 교사 : 친한 유아들끼리만 놀이를 해서 걱정이었는데, 또래들로부터 적게 선택받는 유아가 누구인지도 알 수 있겠군요. 그리고 특정 또래 그룹이 형성된 이유를 알 수 있어서 좋을 것 같아요. ┃[가]
하 교사 : 사회적 관계에서 무시되고 있는 유아의 놀이 유형에 대해서도 파악할 수 있겠네요.
송 교사 : 저도 유아들을 지도하는 데 사회성 측정법을 활용하는 것이 유용하다고 생각해요. 그런데 이 방법을 사용하여 수집된 결과를 해석할 때 유의할 점도 있어요. 예를 들면, 유아의 선택을 (　) 측면에서 고려할 필요가 있지요. 유아들이 서로 다투기 전과 후에 선택이 다를 수도 있으니까요.
박 교사 : 맞아요. 그 점은 조사나 관찰을 포함한 평가에서 중요한 것 같아요. 지난 번 연구 모임에서 이야기 나누기 동영상을 보면서 시간표집법으로 교사의 상호작용 유형을 분석했었잖아요. 반복하여 관찰한 내용을 분석할 때는 관찰자 내 (　)이/가 중요하지요.

(1) ① 〈표 1〉과 〈표 2〉를 비교하여 유아와 관련된 변화 내용 중 1가지를 쓰고, ② 4월과 10월에 두 번 실시한 이유를 사회성 측정법의 목적을 고려하여 1가지 쓰시오.

- ① : _____
- ② : _____

(2) [가]의 대화에서 〈사회성 측정법 예시 자료〉를 통해 알 수 있는 내용에 해당하지 않는 것을 2가지 찾아 쓰시오.

- ① : _____
- ② : _____

(3) (   ) 안에 공통으로 들어갈 말을 쓰시오.

- _____

모범답안

01. • 조사 방법 : 사회성 측정법 중 또래 지명법
- ⓒ : 인기 유아
- ⓒ : 고립(무관심) 유아

02. (1) • ① : C유아가 선호하는 유아가 E유아에서 B유아로 바뀌었다.
- ② : 교우 관계를 조사하여 유아 간 상호작용의 변화를 이해하기 위해서이다.

(2) • ① : 특정 또래 그룹이 형성된 이유를 알 수 있다.
- ② : 사회적 관계에서 무시되고 있는 유아의 놀이 유형에 대해서 파악할 수 있다.

(3) • 신뢰도

11. 질문지법

(1) 질문지법의 정의

① 연구 주제와 관련하여 구체적인 질문을 구성하고 다수 사람들에게 질문한 후 그 답변을 수치화하여 자료를 수집하는 방법이다.

② 어떤 문제나 사물에 관한 필요한 사항을 알아보기 위해 만든 일련의 문항들을 체계적으로 조직, 작성하여 조사대상자의 반응, 주로 객관적인 사실이나 주관적인 의견 및 태도 등을 파악하는 방법이다.

(2) 질문지법 사용 시 고려사항

① 질문지를 통하여 과연 필요한 정보를 얻을 수 있는가?
② 응답자가 성실하게 반응할 수 있는 내용인가?
③ 질문지 이외에 좀 더 신뢰롭고 다양한 자료수집 방법은 없는가?
④ 가급적 문항 수를 적게 하여 필요한 사항만 묻고 있는가?
⑤ 반응결과가 응답자에게 불리하게 작용하지 않을 것이라는 사실을 충분히 인식시켰는가?

(3) 질문지 문항의 형식

폐쇄형 질문	① 질문에 대한 두 개 이상의 반응을 응답으로 제시하고 그중 응답자의 의견과 가장 일치하는 답을 선택하거나 서열을 정하도록 하는 질문 형식이다. ② 응답자가 가진 창의적인 생각이나 의견을 표현하기 어렵고 동일한 선택항목을 택한다고 하더라도 개인에 따른 느낌이나 견해가 무시될 수 있다. ③ 일반적으로 어떤 사항에 대한 인식 여부, 선호 등을 알고자 할 때 사용하는 것이 효과적이다.
개방형 질문	① 응답자가 주어진 질문에 대해 자유롭게 자신의 생각과 의견을 답할 수 있는 질문 형식이다. ② 연구자가 생각하지 못했던 창의적이고 흥미로운 응답이 나올 수 있으므로 응답자의 의도를 탐색적으로 파악하거나 깊이 있는 생각이나 동기를 살펴보는 데 효과적이다. ③ 응답하는 데뿐 아니라 분석하는 데 시간과 비용이 많이 들고 통계적인 분석이 어렵다는 단점이 있다.

12. 면접법

(1) 면접법의 정의

① 언어적 표현이 가능한 유아나 부모 또는 교사와 직접 만나서 언어적인 반응을 통하여 여러 가지 자료를 수집하는 방법이다.
② 인지적 영역뿐만 아니라 유아나 부모의 태도, 흥미, 이성 등에 관한 정보를 얻기 위해 사용된다.
③ 질문에 대한 응답뿐 아니라 감정, 태도, 표정, 어투 등 비언어적인 행동이나 주변 환경과 같은 정보도 함께 기록할 수 있으므로 다양한 정보를 많이 얻을 수 있기 때문에 일반적으로 관찰법과 병행하여 사용한다.
④ 다른 평가 방법에 비해 응답률이 높으며 면접 대상자가 잘 이해하지 못하는 부분에 대해서는 설명이나 추가질문이 가능하다.

(2) 면접법의 장점과 단점

장점	단점
① 질문지에서 얻을 수 없는 심층적이고 다양한 정보를 얻을 수 있다. ② 다른 평가방법과 병행하여 사용이 가능하다. ③ 질문에 대한 응답뿐 아니라 비언어적인 행동이나 주변 환경에 대한 정보를 얻을 수 있다. ④ 자연스럽고 인위적이지 않으며 융통성이 있다. ⑤ 면접 대상자의 동기를 유발할 수 있어서 응답 내용의 타당성이 높아진다. ⑥ 유아와 라포가 형성되면 심층적 대화를 통해 타당도를 높일 수 있다. ⑦ 질문지법에 비하여 응답률이 높으며 누락되는 질문이 거의 없다.	① 정보가 포괄적이지 못하다. ② 편견이 개입될 수 있다. ③ 시간과 비용이 많이 든다. ④ 면접자를 위한 훈련이 필요하다. ⑤ 유아의 행동이나 표정에 영향을 받아 부정확한 정보를 얻을 수 있다. ⑥ 의사소통 능력이 부족한 유아의 경우 정확한 정보를 얻기 어렵다.

부록 1. 유치원생활기록부 작성 및 관리지침(2020)

유치원생활기록부 작성 및 관리지침

[시행 2020.8.27.] [교육부고시 제2020-315호, 2020.8.27., 일부개정]

제1조(목적) 이 지침은 「유아교육법」(이하 "법"이라 한다) 제14조에 따라 유치원생활기록부를 작성 및 관리하기 위한 기준을 정함을 목적으로 한다.

제2조 삭제

제3조(입력·서식 등) ① 유치원생활기록부는 「공공기록물관리에 관한 법률 시행령」 제2조제7호에 따른 전자기록생산시스템을 통해 전자적으로 생산·관리하여야 한다.
② 유치원생활기록부는 별지 제1호 서식에 따라 누가하여 입력한다.
③ 유치원생활기록부는 한글로 입력하고, 입력란이 부족할 때에는 유치원의 필요에 따라 추가할 수 있다.
④ 유치원생활기록부 작성 시 필요한 경우, 보조기록부는 각 유치원의 실정에 맞게 작성·사용하되, 시·도 교육청별로 일정한 서식을 작성·사용할 수 있다.

제4조(정정) ① 매 학년이 종료된 이후에는 당해 학년도 이전의 유치원생활기록부 입력자료에 대한 정정은 원칙적으로 금지한다.
② 제1항의 규정에도 불구하고, 정정이 불가피한 경우에는 반드시 정정내용에 관한 증빙자료를 첨부하여 유치원생활기록부 정정 절차에 따라 처리해야 한다.
③ 제2항에 따른 증빙자료는 전자기록생산시스템에 등록하여 관리하여야 하고, 유치원생활기록부 정정대장에 증빙자료의 문서번호를 등록하여 함께 보관하여야 한다.
④ 유치원생활기록부 정정대장은 별지 제2호 서식과 같다.

제5조(보관·활용) ① 유치원생활기록부는 준영구 보존해야 한다.
② 유치원장은 유아의 보호자 또는 유아가 입학한 초등학교장 및 특수학교장이 유아의 생활지도에 필요하여 요청하면 보호자가 동의할 경우 유치원생활기록부를 송부하여야 한다.
③ 유아가 전학할 경우, 유치원장은 보호자의 요청에 따라 유치원생활기록부를 전입한 유치원에 송부하고, 퇴학할 경우에는 유치원생활기록부에 퇴학일을 입력하여 전자기록생산시스템에 등록한다.

제6조(인적사항) 유치원생활기록부의 인적사항은 다음 각 호와 같이 입력한다.
  1. '성명'은 한글로 입력한다. 다만 부득이한 경우 해당국 언어로 입력할 수 있다.
  2. '성별'은 남, 여로 입력한다.
  3. '생년월일'은 주민등록등본상의 생년월일을 입력한다.

  4. '주소'는 입학 당시의 주소와 변경된 주소를 누가하여 입력하고, 졸업 당시의 주소를 최종적으로 입력한다.
  5. '가족상황'란에는 부모(보호자)의 성명, 생년월일을 입력한다.
  6. 삭제

제7조(학적사항) ① 입학의 경우 연월일, 원명, 연령을 입력한다.
  ② 재입학·편입학·전학·휴학·퇴학·수료·졸업의 경우 줄을 추가하고, 제1항에 따른 입학의 경우와 동일한 방법으로 입력한다.
  ③ '특기사항'란에는 특기할 만한 사유를 입력한다.
  ④ '졸업 후의 상황'란에는 유아의 진로상황을 입력한다.

제8조(출결상황) ① 출결상황은 각 항목에 따라 아라비아 숫자로 입력한다.
  ② '수업일수'는 「유아교육법 시행령」 제12조의 규정에 의하여 원장이 정한 총 출석해야 할 일수를 입력한다.
  ③ '출석일수'는 출석한 일수를 입력한다.
  ④ '결석일수'는 결석한 일수를 입력한다.
  ⑤ '특기사항'란에는 일주일 이상 장기 결석한 경우 사유 등을 간략하게 입력한다.

제9조(신체발달상황) 「학교건강검사규칙」 제4조에 따라 신체검사 결과를 다음 각 호와 같이 입력한다.
  1. '검사일'은 연월일을 아라비아 숫자로 입력한다.
  2. '키', '몸무게'는 아라비아 숫자로 소수 첫째 자리까지 입력한다.

제9조의2(건강검진) 법 제17조 제1항에 따라 건강검진 사항은 다음 각 호와 같이 입력한다.
  1. '검진일'은 건강검진을 시행한 연월일을 아라비아 숫자로 입력한다.
  2. '검진기관'은 건강검진을 시행한 기관명을 한글로 입력한다.
  3. '특기사항'란에는 유아의 건강이 유치원 생활에 영향을 미치는 내용이 있는 경우 보호자의 동의를 받아 입력한다.

제10조(유아발달상황) ① 유치원 교육과정에 제시된 신체운동·건강, 의사소통, 사회관계, 예술경험, 자연탐구 영역 등의 관찰 결과를 바탕으로 유아를 종합적으로 이해할 수 있는 문장으로 입력한다.
  ② 삭제
  ③ 삭제

제11조(기타) ① '수료·졸업대장번호'란에는 3세~6세아가 수료·졸업할 경우 아라비아 숫자로 수료·졸업학년도 및 수료·졸업대장번호를 입력한다.
  ② 삭제
  ③ '사진'란에는 상반신 칼라 사진을 입력한다.
  ④ '반'란에는 반명을 입력한다.
  ⑤ '담임 성명'란에는 담임 성명을 입력한다.

제12조(재검토기한) 교육부장관은 이 고시에 대하여 「훈령·예규 등의 발령 및 관리에 관한 규정」에 따라 2018년 1월 1일을 기준으로 매 3년이 되는 시점(매 3년째의 12월 31일까지를 말한다)마다 그 타당성을 검토하여 개선 등의 조치를 하여야 한다.

부칙 〈제2020-315호, 2020. 8. 27.〉

제1조(시행일) 이 고시는 공포한 날부터 시행한다.

제2조(적용대상) 이 고시는 2020학년도부터 적용한다.

부록 2. 「유치원생활기록부 작성 및 관리지침」에 따른 유치원 생활기록부 기재요령

* 기재요령은 원형을 보존하여 축약된 부분이 있습니다.

제1조(목적) 이 지침은 「유아교육법」(이하 "법"이라 한다) 제14조에 따라 유치원생활기록부를 작성 및 관리하기 위한 기준을 정함을 목적으로 한다.	
해설	- 유치원생활기록부의 작성 및 관리의 책임자는 원장이다. - 유치원생활기록부의 작성자는 당해 학년도 유아의 담임교사이다. - 담임교사가 중간에 바뀐 경우, 유치원생활기록부의 담임 성명란에는 학년말 결재 받을 당시 담임교사의 성명을 적는다.
기재요령	- 교육부 제2020-315호 고시문의 [별지 제1호 서식]에서 작성한다.

제2조(삭제)

제3조(입력·서식 등) ① 유치원생활기록부는 「공공기록물관리에 관한 법률 시행령」 제2조 제7호에 따른 전자기록생산시스템을 통해 전자적으로 생산·관리하여야 한다.
② 유치원생활기록부는 별지 제1호 서식에 따라 누가하여 입력한다.
③ 유치원생활기록부는 한글로 입력하고, 입력란이 부족할 때에는 유치원의 필요에 따라 추가할 수 있다.
④ 유치원생활기록부 작성 시 필요한 경우, 보조기록부는 각 유치원의 실정에 맞게 작성·사용하되, 시·도 교육청별로 일정한 서식을 작성·사용할 수 있다.

해설	- 유치원의 전자기록생산시스템은 초·중등학교의 교육행정시스템(NEIS)과 다르므로 현재 업무포털의 K-에듀파인에서 유치원생활기록부를 해당 결재의 붙임문서로 첨부한다. - 유치원생활기록부 문서양식은 임의로 변경할 수 없다. 다만, 입력란이 부족할 경우에는 전체 크기와 매수를 변경하지 않는 범위에서 줄 또는 칸 삽입 등의 방법으로 기재할 수 있다. - 유치원생활기록부 기재는 한글로 입력하되, 숫자의 경우는 아라비아 숫자를 입력한다. - '보조기록부'란 유치원생활기록부를 기록하기 위한 참고자료로 입학원서, 출석부, 신체검사결과표, 유아평가관련 자료 등을 의미한다.

기재요령	- 유치원생활기록부의 작성 시기는 항목에 따라 다르다.
	  ☞ 1. 인적사항 2. 학적사항 4. 신체발달상황은 입학 후 한 달 내에 작성한다.
	  ☞ 유치원생활기록부를 송부할 경우 1. 인적사항 2. 학적사항 4. 신체발달상황(실시한 경우)을 입력 확인 후 전자기록생산시스템으로 송부한다. 3. 출결상황은 전출 시 유치원생활기록부 발송기안(각종 예시 7 참조)에 입력한다.
	- 유치원생활기록부의 모든 항목을 작성한 후 붙임문서(한글파일)로 전자기록생산시스템에 등록한다.
	- 파일용량이 커서 시스템에 첨부되지 않는 경우 나누어서 기안하고, 동일한 기안명의 끝부분에 일련번호를 부여하여 연속기안임을 알 수 있도록 한다.
	- 기안명은 각 유치원이 자율적으로 작성할 수 있으나 해당 학년도, 반, 연령, 유치원 생활기록부 등 주요 단어를 사용한다.

유아교육과정

	제4조(정정) ① 매 학년이 종료된 이후에는 당해 학년도 이전의 유치원생활기록부 입력자료에 대한 정정은 원칙적으로 금지한다. ② 제1항의 규정에도 불구하고, 정정이 불가피한 경우에는 반드시 정정내용에 관한 증빙자료를 첨부하여 유치원생활기록부 정정 절차에 따라 처리해야 한다. ③ 제2항에 따른 증빙자료는 전자기록생산시스템에 등록하여 관리하여야 하고, 유치원생활기록부 정정대장에 증빙자료의 문서번호를 등록하여 함께 보관하여야 한다. ④ 유치원생활기록부 정정대장은 별지 제2호 서식과 같다.
해설	- 유치원의 당해 학년도는 3월 1일부터 다음해 2월 말일까지이다. - 정정이 불가피한 경우란 인적사항, 학적사항, 출결상황의 중대한 오류나 변경 등에 한한다. - 정정사유를 발견한 당해 학년도 담임교사(또는 업무담당자)가 정정한다. - 정정을 하는 경우에는 전자기록생산시스템에서 기안하며 스캔한 증빙자료, 정정 완료한 생활기록부를 붙임문서로 첨부하고, 증빙자료 원본은 정정대장에 철하여 준영구 보관한다. - 정정대장 작성 시 문서번호, 정정 사항의 오류내용, 정정내용, 정정사유는 간략하게 입력한다. - 정정대장은 유치원장의 결재를 받아야 한다.
기재 요령	- 유치원생활기록부의 입력 내용에 대한 책임은 자료입력 당시의 담임교사에게 있으며, 정정은 오류를 발견한 당해 학년도의 담임교사(또는 업무담당자)가 한다. - 정정대장의 결재절차는 담임교사(또는 업무담당자)→원감→원장 순으로 한다. - 유치원생활기록부 정정대장은 학년도 단위로 작성한다. '번호'칸에는 학년도-일련번호를 입력한다. - '정정문서번호'는 전자기록생산시스템을 통해 증빙자료를 첨부하여 결재 완료한 문서번호를 입력한다. - '정정 대상자' 칸의 '학년도·반·연령'에는 유치원생활기록부 작성 당시 학년도를 기록하고, 하단으로 줄을 바꾸어 괄호 안에 수료 또는 졸업대장 번호를 기입한다. - '정정 대상자' 칸의 '성명'은 한글로 성과 이름 사이에 공백 없이 입력한다. 성명이 외자이거나 두 글자 이상의 성을 가진 경우에도 공백을 두지 않는다. - '정정 사항' 칸의 '항목'에는 정정을 요하는 유치원생활기록부상의 해당항목을 입력한다. - '정정 사항' 칸의 '오류내용(정정 전)'은 오류사항을 간략하나 누구나 알 수 있도록 구체적으로 입력한다. - '정정 내용(정정 후)'은 정정된 상태를 입력한다. - '정정사유'에는 정정하게 된 이유를 간략히 입력한다. - '증빙자료' 칸에는 증빙자료명을 입력한다.

제5조(보관·활용) ① 유치원생활기록부는 준영구 보존해야 한다.
② 유치원장은 유아의 보호자 또는 유아가 입학한 초등학교장 및 특수학교장이 유아의 생활지도에 필요하여 요청하면 보호자가 동의할 경우 유치원생활기록부를 송부하여야 한다.
③ 유아가 전학할 경우, 유치원장은 보호자의 요청에 따라 유치원생활기록부를 전입한 유치원에 송부하고, 퇴학할 경우에는 유치원생활기록부에 퇴학일을 입력하여 전자기록생산시스템에 등록한다.

해설	– 유치원생활기록부 송부 요청 시 유아 보호자의 동의는 학기초 개인정보 수집·이용 동의서로 갈음하며, 전자기록시스템으로 처리한다(각종 예시 6~8 참조). ※ 출석부 및 생활기록부 사본은 우편으로 별도 송부하지 않음
기재요령	– 유아가 전학하는 경우, 원장(또는 교사)은 유아의 보호자에게 유치원생활기록부를 전학 갈 유치원에 송부할 수 있음을 알린다. – 유아가 퇴학하는 경우, '학적사항'란에 퇴학 연월일을 입력하고 해당 학년도 종료 후 유치원생활기록부 전자결재 시 같이 등록·보관한다.

제6조(인적사항) 유치원생활기록부의 인적사항은 다음 각 호와 같이 입력한다.
1. '성명'은 한글로 입력한다. 다만 부득이한 경우 해당국 언어로 입력할 수 있다.
2. '성별'은 남, 여로 입력한다.
3. '생년월일'은 주민등록등본상의 생년월일을 입력한다.
4. '주소'는 입학 당시의 주소와 변경된 주소를 누가하여 입력하고, 졸업 당시의 주소를 최종적으로 입력한다.
5. '가족상황'란에는 부모(보호자)의 성명, 생년월일을 입력한다.
6. 삭제

해설	– 유아의 성명, 생년월일, 주소는 주민등록등본과 일치하여야 한다. – 부모(보호자)의 인적사항은 주민등록등본 또는 유아 본인의 가족관계증명서를 기준으로 입력함을 원칙으로 한다. – 입양의 경우 양부모를 부모로 입력한다. – 한부모 가정인 경우 '부' 또는 '모' 칸을 공란으로 둔다. – 조손 가정인 경우 관계란에 '부(조부)', '모(조모)'라고 기입한 후 성명과 생년월일을 입력한다.
기재요령	– 유아의 성명은 성과 이름 사이에 공백을 두지 않는다. 성명이 외자이거나 두 글자 이상의 성을 가진 경우에도 공백을 두지 않는다. – 유아가 외국인인 경우 '여권' 또는 '외국인등록증'에 표기된 성명을 동일하게 입력한다. – 유아의 성별은 주민등록등본과 일치하여야 하며, 남 또는 여로 입력한다. 주민등록번호 뒤 자리가 3으로 시작하면 남, 4로 시작하면 여이다. – 유아가 외국인인 경우 '여권' 또는 '외국인등록증'에 표기된 성별을 한글로 입력한다. M은 남, F는 여로 표기한다. – 유아의 생년월일은 주민등록등본과 일치하여야 하며, 20○○.△△.□□.방식으로 입력한다. 연월일 사이에 공백을 두지 않는다. – 처음(최초) 유치원 입학 당시의 주소를 입력하고, 이후 변경된 주소는 누가(추가) 기록하여 유아의 거주 관계를 이해하는 자료로 활용한다(필요시 줄 추가 가능). – 주소는 주민등록등본상의 주소를 입력한다. – 부모 성명도 유아 성명과 동일하게 성과 이름 사이에 공백을 두지 않고 입력한다. 성명이 외자이거나 두 글자 이상의 성을 가진 경우에도 공백을 두지 않는다. – 부모의 생년월일은 1900.○○.□□.방식으로 입력한다. 연월일 사이에 공백을 두지 않는다.

제7조(학적사항) ① 입학의 경우 연월일, 원명, 연령을 입력한다.
② 재입학·편입학·전학·휴학·퇴학·수료·졸업의 경우 줄을 추가하고, 제1항에 따른 입학의 경우와 동일한 방법으로 입력한다.
③ '특기사항'란에는 특기할 만한 사유를 입력한다.
④ '졸업 후의 상황'란에는 유아의 진로상황을 입력한다.

해설	본 지침에 명기된 학적사항에 명시된 용어들은 「유아교육법 시행령」 제10조의 용어에 따름 특수교육대상유아의 취학의무의 유예 또는 면제 등에 관한 사항은 「장애인등에 대한 특수교육법 시행령」 제14조에 따름
기재요령	– 입학은 최초 유치원 입학 및 전입하지 않고 해당 유치원에 입학한 경우를 기준으로 한다. – 입학 연월일은 20△△.○○.□□.로 두 자리로 작성하며 연월일 사이에 공백을 두지 않는다. – 유치원명(또는 초등학교명)은 고유이름을 축약하지 않고 입력한다. 즉, 유치원(또는 초등학교) 인가 시 등록한 기관명 전체를 기입하고, 원명과 유치원(또는 초등학교) 사이는 공백을 두지 않는다. – 연령은 작성 시 공백을 두지 않고 3세, 4세, 5세로 기재하고 숫자는 아라비아 숫자로 입력한다. – 재입학·편입학·전학·휴학·퇴학·수료·졸업의 경우 시간 순서대로 줄을 추가하고 입학의 경우와 동일한 방법으로 입력한다. – '졸업 후의 상황'은 유아의 유치원 졸업 후를 기재한다. – '졸업 후의 상황'에는 초등학교 입학, 초등학교 취학 유예, 이민 등의 경우를 입력하고, 구체적인 내용을 알고 있는 경우 추가 입력할 수 있다. – 초등학교 취학 유예아의 경우 5세에 이수한 교육과정은 유치원규칙에 따라 수료 또는 졸업으로 처리한다. – '특기사항'란에는 학적 변동 사항에 관련된 내용을 입력한다.

제8조(출결상황) ① 출결상황은 각 항목에 따라 아라비아 숫자로 입력한다.
② '수업일수'는 「유아교육법 시행령」 제12조의 규정에 의하여 원장이 정한 총 출석해야 할 일수를 입력한다.
③ '출석일수'는 출석한 일수를 입력한다.
④ '결석일수'는 결석한 일수를 입력한다.
⑤ '특기사항'란에는 일주일 이상 장기 결석한 경우 사유 등을 간략하게 입력한다.

해설	– 수업일수는 매 학년도 180일 이상이 원칙이다.
	– 출석해야 하는 날짜에 출석하지 않았을 때 결석으로 처리한다.
	– 지각, 조퇴는 결석일수로 처리하지 않는다.
	– 출석으로 인정된 원격수업일수는 출석일수에 산입한다.
	– 다음의 경우는 출석으로 인정한다.
	  ▲지진, 폭우, 폭설, 폭풍, 해일 등의 천재지변 또는 법정 감염병, 미세먼지(유치원 내 확산 방지를 위해 유치원장이 필요하다고 인정하는 비법정 감염병을 포함) 등으로 출석하지 못한 경우
	  ▲공권력의 행사로 인하여 출석하지 못한 경우

해설	▲ 원장의 허가를 받은 "유치원을 대표한 경기·경연대회 참가, 현장실습, 교환학습, 교외체험 학습 등"으로 출석하지 못한 경우 ※ 교외체험학습은 현장체험학습, 친인척 방문, 가족동반 여행, 고적 답사 및 향토행사 참여 등임. 단, 감염병 위기경보 단계가 "심각, 경계"단계인 경우에 한해 "가정학습"도 교외체험학습 신청·승인 사유에 해당하며, 이때 유치원장은 유아의 안전, 건강을 최우선으로 판단하여 승인 여부를 결정함. 그 기간 및 횟수는 교육과정 이수에 지장이 없는 범위 안에서 유치원 규칙으로 정함. ▲ 기타 부득이한 사유로 원장의 허가를 받아 결석한 경우 - 퇴학·재입학·편입학·전학 등으로 학적변동이 있는 경우 유치원의 전출 당일까지를 출석일수로 산입한다. - 가족의 결혼, 입양, 사망 등의 경조사로 인해 출석하지 못한 경우 출석으로 인정한다. - 일주일 이상 장기 결석은 연속한 수업일수 7일 이상의 결석을 의미한다(주말, 공휴일 제외).
기재요령	- 수업일수는 「유아교육법 시행령」 제12조에 따라 현재 재학 중인 유치원의 원장이 정한 연간 총 출석해야 할 일수이다. - 유아가 전입한 경우, 전출 유치원은 전출일까지의 출결상황을 출석부와 대조 확인 기재하여 전입 유치원으로 송부한다. 전입 유치원에서는 해당 유아의 전입일부터의 출결상황을 합산하여 기재한다. - 결석일수는 결석이 없는 경우 '0'으로 입력하며 일주일 이상 장기 결석의 경우 사유를 간략하게 기재한다.

제9조(신체발달상황) 「학교건강검사규칙」 제4조에 따라 신체검사 결과를 다음 각 호와 같이 입력한다.
1. '검사일'은 연월일을 아라비아 숫자로 입력한다.
2. '키', '몸무게'는 아라비아 숫자로 소수 첫째 자리까지 입력한다.

해설	- 신체발달 상황은 입학 후 한 달 내 측정하여 입력한다. - 유아의 키와 몸무게를 측정하여 아라비아 숫자로 정확하게 입력한다.
기재요령	- 검사일자는 아라비아 숫자로 입력하며, 연월일 글자는 마침표로 구분하되 공백을 두지 않으며, 월과 일은 두 자리 숫자로 입력한다. - 검사일자는 유치원에서 검사한 날을 입력한다. - 키, 몸무게는 아라비아 숫자로 기재하고 숫자는 소수 첫째자리까지 입력한다. 단, 측정값이 소수둘째자리 이상까지 나오는 경우에는 둘째자리에서 반올림 한다(측정단위는 생략). - 키를 입력할 때, 키를 나타내는 숫자를 입력한다. - 몸무게를 입력할 때, 몸무게를 나타내는 숫자를 입력한다.

제9조의2(건강검진) 법 제17조 제1항에 따라 건강검진 사항은 다음 각 호와 같이 입력한다.
1. '검진일'은 건강검진을 시행한 연월일을 아라비아 숫자로 입력한다.
2. '검진기관'은 건강검진을 시행한 기관명을 한글로 입력한다.
3. '특기사항'란에는 유아의 건강이 유치원 생활에 영향을 미치는 내용이 있는 경우 보호자의 동의를 받아 입력한다.

기재요령	- 검진일은 아라비아 숫자로 입력하며, 연월일 글자는 마침표로 구분하되 공백을 두지 않으며, 월과 일은 두 자리 숫자로 입력한다. - 검진일은 건강검진을 실시한 날을 입력한다. - '특기사항'란은 보호자의 동의를 받아 입력한다. ▲ 감기나 배탈처럼 가벼운 질병이 아닌 지속적으로 관리가 필요한 질환을 앓는 경우 보호자의 동의를 받아 입력한다. ▲ 신체적·정신적·지적 장애가 있는 경우도 보호자의 동의를 받아 입력한다.
\multicolumn{2}{l}{제10조(유아발달상황) ① 유치원 교육과정에 제시된 신체운동·건강, 의사소통, 사회관계, 예술경험, 자연탐구 영역 등의 관찰 결과를 바탕으로 유아를 종합적으로 이해할 수 있는 문장으로 입력한다. ② 삭제 ③ 삭제}
해설	- 유치원에서의 놀이, 일상생활, 활동에 대하여 평소 관찰한 자료를 종합하여 유아의 특성 및 변화 정도를 이해할 수 있는 문장으로 입력한다. - 유아가 가장 즐겨하고 잘하는 것, 놀이의 특성, 흥미와 관심, 친구관계, 놀이를 이어가기 위한 자료의 활용 등을 종합하여 유아 이해에 도움이 되도록 기재한다.
기재요령	- 유치원 교육과정(교육부 고시 제2019-189호)에서 제시된 추구하는 인간상, 목적과 목표, 5개 영역 등을 통합하여 기술한다. - 3문장 내외로 간결하게 기재한다. 문장은 명사형 어미(~함,~임 등)로 종결하며, 마침표를 찍는다.
\multicolumn{2}{l}{제11조(기타) ① '수료·졸업대장번호'란에는 3세~6세아가 수료·졸업할 경우 아라비아 숫자로 수료·졸업 학년도 및 수료·졸업대장번호를 입력한다. ② 삭제 ③ '사진'란에는 상반신 칼라 사진을 입력한다. ④ '반'란에는 반명을 입력한다. ⑤ '담임 성명'란에는 담임 성명을 입력한다.}
해설	- 졸업대장번호란 졸업대장에 순차적으로 붙여지는 아라비아 숫자를 말한다. - 수료대장번호란 수료대장에 순차적으로 붙여지는 아라비아 숫자를 말한다.
기재요령	- 수료·졸업대장번호 작성 시 학년도와 숫자를 연결하는 ' - ' 사이에 공백을 두지 않고 기재한다. - 반명은 한글로 입력하며, 학기말의 반명을 입력한다. 반명에는 '반'을 명기한다. - 담임 성명을 입력할 때는 한글로 입력하며, 성과 이름에 공백을 두지 않고 입력한다. 성명이 외자이거나 두 글자 이상의 성을 가진 경우에도 공백을 두지 않는다. 담임 성명에는 학년말 결재 받을 당시 유아 담임교사 성명을 적는다. - '졸업대장번호'란은 아라비아 숫자로 졸업학년도와 졸업대장번호를 입력한다. - '수료대장번호'는 유아가 수료하는 학년도와 수료대장번호를 입력한다. - '사진'란에는 입학년도에 촬영한 천연색 상반신 사진(3.5㎝×4.5㎝, 전산자료) 1매를 입력하며, 졸업학년도에는 졸업학년도에 촬영한 사진으로 교체 입력한다.
\multicolumn{2}{l}{제12조(재검토기한) 교육부장관은 이 고시에 대하여 「훈령·예규 등의 발령 및 관리에 관한 규정」에 따라 2018년 1월 1일을 기준으로 매 3년이 되는 시점(매 3년째의 12월 31일까지를 말한다)마다 그 타당성을 검토하여 개선 등의 조치를 하여야 한다.}

 3. 유치원생활기록부 작성 예시

유치원생활기록부

구분＼연령	3세	4세	5세	***
수료·졸업대장번호			2020-98	
반			채송화반	
담임 성명			박선영	

사 진
(3.5cm×4.5cm)

1. 인적사항

성명	홍길동	성별	남	생년월일	2014.03.04.
주소	경기도 성남시 분당구 야탑로○○, ○○동 ○○호(야탑동, △△아파트)				
	경기도 성남시 분당구 중앙공원로○○, ○○동 ○○호(서현동, △△아파트)				

가족상황	관계＼구분	부	모
	성명	홍□□	김○○
	생년월일	1985.06.02.	1985.04.16.

2. 학적사항

구분＼연.월.일.	내 용	특기사항
2018.03.02.	사랑초등학교병설유치원 3세 입학	
2018.07.02.	사랑초등학교병설유치원 3세 전출	
2018.12.12.	유아유치원 3세 전입	
2019.02.22.	유아유치원 3세 수료	
2020.02.21.	유아유치원 4세 수료	
2020.02.23.	유아유치원 5세 졸업	
졸업 후의 상황	○○초등학교 입학	

유아교육과정

3. 출결상황

연령 \ 구분	수업일수	출석일수	결석일수	특기사항
5세	183	183	0	

4. 신체발달상황

연령 \ 구분	검사일	키(cm)	몸무게(kg)
5세	2020.03.23.	101.5	16.7

5. 건강검진

연령 \ 구분	검진일	검진기관	특기사항
5세	2020.03.25.	****소아청소년과 의원	

6. 유아발달상황(성명 : 홍길동)

연령	발달상황
5세	다양한 놀이 및 활동에 도전하고 주변 사람과 긍정적 관계를 맺으며 즐겁게 생활함. 퍼즐, 종이 접기 등 소근육을 사용하는 놀이를 할 때 높은 집중력을 보이며, 놀이 과정에서 나타나는 다양한 문제의 해결을 시도함. 교사 및 또래의 이름을 기억하고 부르며 다른 친구들의 놀이를 유심히 관찰하다 두려움이나 갈등이 생겼을 때 이를 해결해 주며 놀이에 참여함. 뛰어난 어휘구사력으로 자기 의사를 조리 있게 표현함.

SECTION 03 놀이 중심 교육과정의 실행

Tipping 본 장은 2019 개정 누리과정 [놀이실행자료] 제Ⅱ부 '놀이지원자로서의 교사'의 내용과 제Ⅳ부 '교사의 놀이지원 사례' 중 일부를 선별하여 구성하였다. 본 장의 학습을 통해 놀이 중심 교육과정을 운영하기 위한 기초 지식과 방법을 알 수 있도록 하였다. 또한 [놀이이해자료] 제Ⅲ부 놀이에 대해 묻고 답하기를 요약 제시하여 2019 개정 누리과정이 지향하는 놀이 중심 교육과정 실행을 위한 방향성을 확립할 수 있도록 하였다.

01 놀이지원자로서의 교사

1. 편성하기

유아·놀이 중심 교육과정 편성은 유치원과 어린이집에서 하루, 한 주, 한 달, 한 학기, 일 년의 시간을 어떻게 살아갈 것인가에 대한 교육내용과 시간을 조직하는 과정이다. 유아·놀이 중심 교육과정에서는 각 기관의 실정에 맞게 교육계획을 수립하고 일과를 놀이, 일상생활, 활동으로 구성하되 놀이가 충분히 이루어지도록 편성하여 운영할 것을 강조한다. 교육과정 편성에서의 놀이는 일과 구성의 단위로서 실내에서 이루어지는 놀이와 바깥놀이를 포함한다.

교사는 교육과정의 효과적인 운영을 위하여 교육과정 실천자이자 연구자로서 부단히 노력하고, 가정과 지역사회의 협력과 참여를 이끌어냄으로써 교육과정이 개선되도록 한다. 이 장에서는 개정 누리과정의 편성·운영 내용을 실제로 적용할 때 교육계획과 일과구성의 과정에서 교사가 겪게 되는 고민을 사례 중심으로 살펴본다.

1. 교육적 지원 계획해보기

계획하기란 교사가 유아의 놀이를 통한 배움을 지원하기 위하여 교육과정 내용과 시간을 조직하는 것이다. 개정 누리과정에서는 교사가 미리 모든 것을 계획하여 그대로 실행하는 것을 지양하고 실행된 교육과정을 담는 것을 강조하여, 만들어진 교육과정이 아니라 만들어가는 교육과정에 의미를 둔다. 교사는 전체 또는 개별 유아가 진행하고 있는 놀이에 초점을 두되 유아가 생활 속에서 경험하고 있는 크고 작은 관심사, 일상생활을 편안하게 유지하기 위하여 필요한 경험, 계절이나 날씨와 같은 자연적인 현상, 기관의 특별한 행사 등을 반영하여 계획할 수 있다. 개정 누리과정에서는 계획과 관련하여 각 기관의 지역적 특성이나 철학에 맞게 교육계획의 양식이나 작성 시기, 활용 방법을 자율적으로 정하도록 한다. 개정 누리과정은 유아가 경험해야 할 내용을 바탕으로 배움의 통합성, 융통성, 자율성을 강조하므로 기존의 문서양식으로는 담아낼 수 없거나 필요 없는 부분이 생길 수도 있고, 작성의 시기가 변경될 수도 있다. 따라서 연간, 월간, 주간, 일일 계획안의 형식이나 분량을 자율적으로 할 수 있으며 통합하거나 선택적으로 활용할 수 있다.

교육계획안에 대한 고민

"기존 계획안의 양식이 '실행된 교육과정'을 담아내지 못하는 것 같아서 고민입니다. 연간, 월간, 주간 교육계획에 기반하여 일일계획안에 놀이와 활동을 구체적인 서술방식으로 기록하고 있지만 실제로 교실에서 이루어지는 놀이는 다르게 나타나는 경우가 더 많습니다. 계획했던 것에 대한 평가를 기록해야 한다는 고정관념 때문에 계획안에 없었던 놀이에 대한 기록을 누락하게 되어 아쉽습니다."

1. 연간계획을 검토한다.

연간계획은 개정 누리과정에서 추구하는 인간상, 기관의 철학, 지역사회의 특성, 개인 수준의 다양성을 고려하여 자율적으로 수립할 수 있다. 연간계획은 학급 차원보다는 기관 차원에서 수립하는 것이 일반적이며 일년간의 중요한 경험(예 기관 적응, 계절, 명절, 그 해의 특별한 국가적 행사, 기관 행사, 진급 등)을 미리 염두에 두고 계획한다. 연간계획은 한 학급에서만 공유되는 것이 아니라 기관 전체의 구성원이 공유하는 자료이므로 기관 차원에서 연간계획을 검토해야한다. 또한, 유아에게서 발현되는 놀이 주제가 학기를 진행하는 동안 즉각적으로 반영될 수 있도록 여지를 남기고 연간계획을 작성한다. 개정 누리과정은 유아와 교사가 함께 '만들어가는 교육과정'이기 때문에 연간계획이 수립되었다 하더라도 유아들의 놀이 경험에 따라 시기와 기간 등이 바뀔 수 있다.

2. 월간, 주간, 일일계획을 검토한다.

월간, 주간, 일일계획안은 기관과 교사의 필요에 맞게 형식이나 분량이 자율적으로 구성될 수 있다. 월간, 주간과 일일계획을 모두 수립하여야 하는 것은 아니며 하나만 선택하여 작성할 수도 있다.

개정 누리과정은 교사가 유아의 경험을 미리 조직하기보다 유아의 놀이를 관찰하고 이를 지원하는 방식을 제안한다. 유아의 놀이는 교사가 계획한 대로 진행되는 것이 아니라 시시각각 변화하고 교사의 기대 이상으로 심화될 수 있기 때문에 모든 놀이지원 계획을 미리 수립하기는 어렵다. 교사는 매일 진행된 유아의 놀이를 기록하고 다음 날 지원할 내용을 간단히 계획할 수 있다. 매주 혹은 유아의 놀이 주제에 맞추어 지원 계획을 수립할 수도 있다. 계획안의 양식과 내용, 작성주기는 각 기관의 실정과 철학, 학급의 상황 및 교사의 신념을 고려하여 자율적으로 결정하면 된다.

3. 기관이나 교사의 실정에 맞게 계획안의 형식을 변경한다.

개정 누리과정에서는 연간, 월간, 주간, 일일계획안을 자율적이고 융통성 있게 작성하도록 하고 있다. 기존의 계획안에 생활주제, 소주제, 일과 중의 시간 배치, 누리과정 5개 영역이나 목표, 활동 개요, 준비물 등을 모두 기록하고 있었음에도 불구하고 실행된 교육과정을 충분히 반영하지 못하고 있다면 이를 어떻게 반영할 것인지 고민해 보아야 한다. 기관에 따라서 계획안이라는 문서에 실행과 평가를 동시에 기록하고 있으므로 계획, 기록, 평가를 통합한 양식을 놀이기록과 평가, ○○반 놀이 이야기 등 다양한 명칭으로 부를 수도 있다.

〈제 Ⅳ부 교사의 놀이지원 사례〉에 소개되어 있다.
- 놀이실행 및 지원을 기록한 주간교육계획안의 예(p. 108)
- 두 개의 놀이 주제를 반영한 월간교육계획안의 예(p. 120)
- 실행된 교육과정과 예상 놀이주제를 기록한 주간교육계획안의 예(p. 132)

2. 일과 구성하기

교실에서의 하루는 유아의 놀이와 매일 반복되는 일상생활 그리고 활동으로 구성된다. 개정 누리과정에서는 일과에서 바깥놀이를 포함하여 유아의 놀이가 충분히 이루어지도록 편성하여 운영할 것을 강조한다. 일과에는 놀이 외에도 등원과 하원, 간식과 점심, 손 씻기와 화장실 다녀오기, 안전에 대한 지도 등 매일 반복되는 일상생활도 포함된다. 또한, 교사는 유아의 놀이를 지원하는 활동도 계획할 수 있다. 놀이, 일상생활, 활동이라는 일과는 교사가 미리 계획할 수 있지만 유아와 의논하여 순서를 정할 수도 있고, 날씨의 변화나 놀이에 대한 흥미 지속 여부에 따라 달라질 수 있다. 교사는 유아가 놀이에 충분히 몰입하고 진정한 배움이 일어날 수 있도록 놀이와 일상생활, 활동을 유연하게 운영할 수 있어야 한다.

일과 구성에 대한 고민

"일일계획안에 맞추어 운영하려니 놀이시간이 제한적일 수밖에 없어요. 일과 중 간식이나 점심처럼 꼭 해야 하는 일상생활이 있고 교사가 계획한 활동이 있는데 놀이시간을 충분히 제공하면서 일상생활과 활동을 어떻게 운영할 수 있는 지 고민이 돼요."

1. 놀이시간을 충분히 운영한다.

바깥놀이를 포함한 놀이시간이 분절되지 않고 지속적으로 운영될 때, 유아는 놀이에 몰입하면서 의미 있는 배움의 기회를 가질 수 있다. 그러므로 유아들이 놀이의 흐름이 끊어지지 않고 충분히 놀았다고 느낄 수 있도록 놀이 시간을 편성하는 것이 중요하다.

교사는 놀이의 흐름을 중단했을 때 중요한 배움의 순간을 놓칠 수 있다고 판단되면 놀이시간을 연장할 수 있다. 바깥놀이를 포함한 놀이시간은 일과 가운데 가장 우선으로 충분히 편성되어야 한다.

◆ 예시 : 놀이시간 연장하기

유아들이 배를 물에 띄워보는 놀이를 하다가 상자를 이용하여 직접 탈 수 있는 배를 만들고 싶어 하여 놀이시간을 계획한 시간보다 연장하였다.

2. 일상생활이 융통성 있고 유아 주도적으로 이루어지도록 한다.

일상생활은 기본적인 욕구를 충족시켜주고 놀이를 잘 할 수 있는 심신의 건강을 제공하는 시간이므로 편안하고 즐겁게 이루어지도록 편성하고 운영한다.

유아들은 놀이와 활동뿐 아니라 일상생활을 통해서도 기본생활습관, 안전, 인성 등 다양한 배움의 기회를 갖는다. 교사는 유아가 자율적이고 주도적으로 일상생활을 할 수 있도록 충분한 시간을 허용해 주어 유아가 편안함을 느끼는 가운데 즐거운 배움이 일어나도록 지원한다. 교사는 놀이의 흐름을 지속하기 위하여 유아의 기본적인 요구를 방해하지 않는 범위 내에서 일상생활 운영방법, 일과 중 시간 배치 등의 변화를 시도해볼 수 있다. 예를 들어, 간식이나 화장실 다녀오기 등의 일상생활은 놀이시간과 분리되어 일어나기도 하지만 놀이를 하는 과정에도 허용될 수 있도록 한다. 또한, 매일 반복되는 일상이지만 놀이와 같은 방식으로 일상생활을 즐길 수 있는 방법을 유아와 함께 찾아보는 것도 좋다.

◆ 예시 : 일상생활을 융통성 있게 운영하기

책상을 식당의 테이블처럼 꾸미고 좋아하는 음악도 틀어서 식당놀이처럼 즐겁게 점심을 먹었다.

교사가 신발 넣을 자리를 정해주는 것이 아니라 유아가 넣고 싶은 자리를 스스로 매일 바꿔서 정했다.

3. 놀이와 연결하여 활동을 운영한다.

교사는 유아의 놀이를 관찰하고, 놀이가 활발하게 이루어질 수 있도록 지원하는 과정에서 필요한 경우 이야기 나누기, 노래, 동화, 게임 등 적절한 유형의 활동을 연결하여 운영한다. 활동은 교사가 계획하여 제안할 수도 있고, 유아가 다른 유아들과 공유하기 위해 준비할 수도 있다. 활동에 참여하는 유아는 학급 전체가 될 수도 있고 관심 있는 소집단의 유아가 될 수도 있다. 일과 중 활동 시간은 교사가 계획하여 실시하거나 놀이의 흐름을 위해 필요하다면 놀이 중간에 잠깐 모여서 활동을 실시하고 다시 놀이로 연결할 수 있다.

◆ 예시 : 놀이를 지원하기 위한 운동

그림자 인형으로 놀이하면서 만들어진 극을 친구들에게 보여주기 위하여 학급 전체가 함께 모이는 활동으로 진행하였다.

놀이하면서 그림책을 밟거나 던지는 등의 문제 상황이 발생하자 잠시 모여서 책을 소중하게 다루는 태도에 대해 이야기 나누기를 진행하였다.

4. 일과를 융통성 있게 운영한다.

교사는 유아들이 놀이의 흐름이 끊어지지 않고 충분히 놀았다고 느낄 수 있도록 일과를 편성하는 것이 중요하다. 일과의 순서는 일관성이 있어야 하지만 융통성 있게 운영되어야 한다. 교사는 전날의 놀이 흐름에 대한 기록과 평가를 반영하여 다음 날의 일과를 다른 순서로 조직할 수 있다. 다른 연령과 놀이경험을 공유하기 위하여 교사들 간의 협의를 통하여 일과를 조정할 수도 있고 날씨나 자연현상에 따른 관심을 놀이에 반영하기 위해 일과 순서를 바꿀 수도 있다.

일과의 융통성 있는 운영은 유아로 하여금 주도적으로 경험을 구성해볼 수 있는 기회를 준다. 유아와 함께 일과를 평가하고 다음 날의 일과 중 일부를 유아 스스로 정해보게 하는 것, 일과의 변화가 필요하다고 판단될 때 교사가 독단적으로 결정하지 않고 유아의 의견을 반영해주는 것 등의 방법을 시도해볼 수 있다.

◆ 예시 : 날씨의 변화에 따라 일과계획 변경하기

 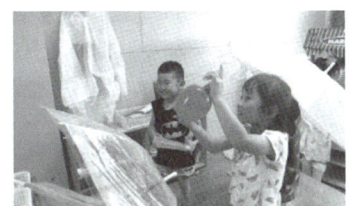

등원 후에는 실내에서 놀이를 하는 것이 일과 계획이었지만, 등원 길에 비를 맞은 유아들이 빗소리에 관심을 보여서 산책을 나가는 것으로 변경하였다. 산책 경험이 교실에서 비 오는 날을 상상하는 놀이로 표현되어 간식 후의 놀이시간이 예상보다 길어졌다.

〈제 Ⅳ부 교사의 놀이지원 사례〉에 소개되어 있다.
- 유아의 의견을 반영하여 일과를 조정한 사례(p. 93, p. 107, p. 144, p. 155)
- 유아의 흥미에 기반하여 활동을 실시함으로써 유아의 놀이를 지원한 사례(p. 118, p. 127, p. 142-143)

2. 교수·학습 실천하기

교수·학습의 실천은 유치원과 어린이집에서 교육과정을 운영하면서 유아의 배움을 지원하기 위해 교사가 구체적으로 어떻게 실제를 구현할지에 대한 것이다. 유아·놀이 중심 교육과정을 표방하는 개정 누리과정은 교사가 유아의 흥미와 관심, 개별 특성을 존중하며 유아의 다양한 놀이와 경험을 지원할 수 있도록 공간을 구성하고, 자료와 시간을 조직하고 상호작용에 변화를 줄 것을 기대한다. 이 장에서는 개정 누리과정에서 교수·학습과 관련하여 변화된 내용에 대한 설명과 구체적인 예시를 소개한다.

1. 놀이공간

교사는 유아가 공간에 부여하는 의미를 이해하기 위해 놀이의 전개를 지켜보면서 유아의 놀이를 방해하는 요소가 무엇인지를 관찰하고, 유아의 의견을 반영하여 놀이공간을 구성하고 운영해 나가는 자율성을 가진다. 유치원과 어린이집에서 환경으로서의 공간은 실내와 실외 공간 또는 유아가 이용하는 기관 밖의 지역사회 공간까지 포함한다. 유아들이 살아가는 유치원과 어린이집은 물리적인 건축물 이상의 의미를 가지며, 내부에서 살아가는 구성원과의 상호작용을 통해 의미를 부여받는 장소이다. 유아는 놀이를 통해 하나의 공간을 자신들의 놀이에 적합한 공간으로 새로운 목적을 부여하여 사용하기도 하고 놀이할 공간을 스스로 찾아내거나 만들기도 하고, 공간과 공간을 연결하여 새로운 놀이로 확장하기도 한다.

교사는 새로운 교실이나 보육실의 실내 놀이공간을 어떻게 구성할지, 실외 놀이공간을 어떻게 활용할지에 대해 고민하게 된다. 교실에 기존의 영역이 구성되어 있다고 하더라도 학급의 원아 수, 성별의 비율, 유아들의 전반적인 놀이 성향을 고려하여 적합성을 판단해보아야 한다. 학기 초에는 놀이자료를 구분하기 위한 기본적인 영역을 구분하고 각 영역이 지나치게 협소해지지 않도록 가구를 배치해보는 것이 좋다. 또한, 한번 정한 영역을 한 학기 내내 고정하지 않고 놀이에 따라 즉각적으로 재배치해주려는 융통성을 발휘하고 실내외 전체공간을 놀이를 위해 다양하게 활용하려는 노력이 필요하다.

영역 구성에 대한 고민

"교실은 좁은데 흥미영역을 모두 배치하고, 영역마다 교구장에 책상까지 넣다보니 교실이 답답하게 느껴집니다. 놀이를 할 수 있는 공간이 절대적으로 좁아서 조금만 놀다보면 유아끼리 서로 부딪치거나 구성물을 부수게 되는 등 갈등 상황이 자주 발생합니다. 좁은 교실에서 아이들을 분산해야 해서 영역별로 놀이할 수 있는 유아의 수와 시간을 제한할 때도 있었습니다. 놀이가 재미있을수록 아쉬움도 큽니다."

1. 놀이공간을 융통성 있게 배치해본다.

    교사는 기관의 교육 철학이나 교실의 물리적 구조, 유아의 연령, 흥미 등에 따라 자율성을 가지고 교실 공간을 구성할 수 있다. 교실 내에 반드시 배치되어야 하는 흥미영역이 정해져 있는 것이 아니므로 유아의 놀이를 지원할 수 있도록 공간을 융통성 있게 구성한다.
    유아의 놀이에 따라 넓은 공간이 필요하기도 하고 분리된 작은 공간이 필요하기도 하므로 영역의 크기는 무조건 넓게 하는 것이 아니라 유아의 흥미와 놀이흐름에 따라 조정하도록 한다. 즉, 확장하거나 축소하기도 하고, 구석진 곳이나 조용한 곳에 옮겨주기도 하고, 놀이가 서로 연결될 수 있도록 가까이에 배치해주기도 하는 등 자율성을 발휘해본다.

    ◆ 예시 : 영역의 경계 허물어보기

    교실에 놀이를 할 수 있는 영역을 고정해 두지 않고 유아의 놀이에 따라 공간을 자유롭게 사용하며 놀이하였다.

2. 놀이하는 공간을 넓혀본다.

    지나치게 많은 놀잇감, 교구장, 책상과 의자로 가득 찬 교실은 정작 유아가 놀이할 수 있는 공간이 충분하지 않은 경우가 많다. 모든 흥미영역을 배치하고 놀이 인원수를 제한하거나 공간이 좁아 놀이 결과물을 즉시 치워야한다면 놀이의 흐름이 중단될 수 있다.
    유아의 놀이를 관찰한 결과 좁은 공간이 놀이를 방해하는 요소라고 판단되었거나, 유아가 놀이공간을 넓히고 싶다고 스스로 요구하였을 때, 교사는 놀이를 방해하는 가구와 설비를 치우거나, 유아에게 관심이 적은 놀잇감을 제거함으로써 놀이할 수 있는 충분한 공간을 만들어 줄 수 있다. 이때 교실에서 꺼낸 자료를 보관할 수 있는 기관 내 여유 공간을 확보하고 동료 교원들과 의논하여 안전이 보장되는 범위에서 놀이공간을 확장한다.

    ◆ 예시 : 공간 비우고 채우기

    유아들과 의논하여 관심이 적은 일부 놀이자료와 책상을 교실 밖 공간으로 옮겨 교실의 놀이공간을 넓혀보았다. 교실(왼쪽)은 좀 더 넓어지고 각 반이 서로 연결되는 공유 공간(오른쪽)은 다른 연령과의 만남과 새로운 놀이가 일어나는 공간이 되었다. 교실 밖에 가구를 둘 때는 소방법에 의거하여 비상대피로에 고정으로 설치되는 물건을 놓지 않도록 유의한다.

3. 유아에게 공간 배치의 주도권을 주어본다.

놀이공간은 모든 구성원의 삶이 반영되는 곳이다. 대부분의 유아들은 교실의 소유권이 교사에게 있다고 생각한다. 그러나 교사가 유아의 놀이를 따라가면서 자연스럽게 유아 스스로 놀이공간을 배치하거나 변경하도록 지원하다 보면 유아도 교실이 자신의 공간이라고 생각하게 된다. 다만 어떤 유아는 조용한 혼자만의 놀이공간이 필요하거나 공간구성이 지나치게 자주 바뀌는 것을 싫어할 수도 있으므로 다수와 개인의 놀이가 고루 존중되는 교실의 문화를 만드는 것이 좋다.

◆ 예시 : 원하는 놀이공간 만들기

유아들이 스스로 자료장의 위치를 이동하거나 필요 없는 책상을 치워 원하는 놀이공간으로 재구성하였다.

유아들은 안전시설로만 존재했던 난간에 절연테이프를 사용하여 길을 만드는 놀이를 함으로써 새로운 놀이공간을 만들었다.

4. 다른 놀이공간을 찾아본다.

유아는 스스로 찾아낸 공간, 놀이를 하다가 우연히 발견한 공간을 더 좋아하고 애착을 갖는다. 교사는 교실이나 실외 놀이터 외에 복도, 현관 입구, 교실과 교실 사이의 공유 공간, 계단 밑 등도 안전하다면 유아의 놀이공간으로 허용할 수 있다. 단, 교사는 각 공간의 위험 요소를 사전에 점검하고, 위험요소를 치우거나 안전하게 처리한 후 유아와 함께 안전에 유의할 수 있는 방법 및 공간을 활용할 수 있는 방법에 대해 함께 의논한다. 비상구나 비상계단 등 비상 시 대피경로에 놀잇감이나 자료장을 배치하지 않도록 주의한다.

◆ 예시 : 실내 공유공간에서 일어난 놀이

 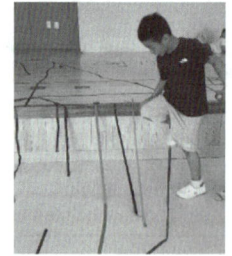

계단이나 강당 등의 공간은 이동 및 공유의 공간이기도 하지만 때로는 유아들에게 공간에 대한 새로운 시각과 특별한 놀이경험을 제공하는 공간이 될 수도 있다.

◆ 예시 : 실외 공간에서 일어난 놀이

교실에서 보던 책을 밖으로 가지고 나가서 보기 위해 돗자리를 깔아 실외에 또 다른 놀이공간을 만들었다.

〈제 Ⅳ부 교사의 놀이지원 사례〉에 소개되어 있다.
- 유아의 의견에 따라 교실 이외의 새로운 놀이공간을 제공한 사례(p. 104, p. 138, p. 157)
- 유아의 흥미를 반영하여 교실 내 놀이영역을 변화한 사례(p. 118, p. 154)

2. 놀이자료

유아에게 자료는 세상을 만나고 자신의 감정과 생각을 표상하는 매개이다. 유아는 다양한 놀이자료를 풍부하게 사용하고 자신만의 방식으로 재창조하는 과정을 통해서 사물에 대한 탐색, 심미적인 경험, 또래와의 상호작용, 성취감 등을 얻을 수 있다. 유치원과 어린이집에서는 교사가 준비한 자료에 더하여 유아가 매일 마주치게 되는 일상의 사물들, 자연물이나 자연현상 등 모든 것이 자료가 될 수 있다. 경우에 따라 OHP나 조명기구, 다양한 디지털 매체 등은 유아의 놀이를 더 풍부하게 만들어준다.

놀이방법이 이미 정형화되어 있거나 특별한 교육적 목표를 가진 자료를 교사가 제공하더라도 유아는 다른 방식으로 놀이할 수 있다. 유아의 배움은 이미 만들어진 놀잇감과 놀이방법을 통해서만 일어나는 것은 아니다. 교사가 제공한 놀잇감일지라도 자신만의 탐색방법이 허용되었을 때 배움이 일어난다. 그러므로 교사는 유아가 어떤 자료에 흥미를 갖고 탐색하고자 하며 놀이를 통해 새롭게 의미를 부여할 때 이를 수용해주어야 한다. 유아에게 위험하거나 유해하지 않는 한 모든 자료가 놀이자료가 될 수 있다는 새로운 가치를 함께 실현하려는 열린 마음과 유아의 주도성을 인정해주는 태도를 가지는 것이 필요하다.

자료에 대한 고민

"유아를 위해 놀이를 계획하고 자료를 열심히 만들고, 사용방법도 자세히 알려주었는데, 아이들은 소개한 방법대로 놀이하지 않고, 놀이를 시작한 아이들도 잠시 가지고 놀다 다시 찾지 않아 속상하기도 하고 아쉬웠습니다. 유아들이 오래 갖고 놀 자료가 어떤 것인지, 어떤 자료를 좋아하는지, 어떻게 제시해야 효과적인지 고민이 됩니다."

유아교육과정

1. **유아가 결정한 자료활용 방법을 격려한다.**

   교사가 새로운 자료를 내어 줄 때는 일반적으로 어떤 의도나 기대를 가지게 된다. 그러나 유아는 자신만의 방식으로 자료를 해석하고 교사가 의도한 것과 다르게 자료를 활용하기도 한다. 어떤 자료는 단순한 탐색의 대상이 되기도 하고, 어떤 자료는 다양한 방법으로 오랫동안 놀이 속에서 활용되기도 한다. 교사가 의도한 결과를 얻기 위해 계획한 활동으로 이끌기보다 자료가 어떻게 놀이의 매개가 되는지 지켜보고 유아가 스스로 선택한 방법 속에서 배움이 일어나도록 지원한다.

   ◆ 예시 : 교사의 의도와 다르게 놀기

   교사는 집 꾸미는 자료로 천을 제공했는데 유아는 옷으로 입고 패션쇼 놀이하는데 사용했다.

   수세기 놀이자료 중 일부인 과일모형을 쌓기놀이에 가지고 와서 동물의 먹이로 놀이했다.

2. **자연물이나 자연현상도 자료가 될 수 있다.**

   유아는 바깥놀이를 하거나 주변의 숲을 산책하면서 곤충, 풀, 꽃 등의 자연물을 보고 만지고 냄새 맡으면서 발견의 즐거움, 기쁨, 놀라움 등의 감정을 느낀다. 유아는 자연물로 놀이하는 과정에서 색, 모양, 선, 질감과 같은 자연물의 속성과 아름다움에 대한 감성, 생명의 존귀함 등을 스스로 배운다. 빛과 그림자, 눈, 비, 구름 등과 같은 자연현상도 놀이의 매개 또는 주제가 될 수 있다. 이처럼 자연은 매일의 삶 속에서 탐색, 관찰, 몰입을 통해 배움이 일어나도록 매개하는 자료이다.

   ◆ 예시 : 자연 속에서 자유롭게 놀기

   마른 지렁이에 대한 단순한 호기심에서 시작하여 자연현상과 자연물의 변화에 대한 관심이 깊어졌다.

   유아들이 밖에서 그림자를 발견하고 흥미를 보이며 그림자 만들기, 그림자 밟기 등의 놀이를 하였다.

비오는 날 자연현상의 변화로 인하여 흙, 풀 등의 자연물의 속성이 변화하였고 새로운 놀이를 발견하였다.

주변에 깔린 돌은 다양한 색깔, 모양, 질감, 무게와 크기의 속성을 가진 좋은 놀이자료가 되었다.

3. 다양한 일상의 사물을 놀이자료로 활용한다.

놀이방법이 정형화되어있는 상업적인 놀잇감보다 일상에서 발견하는 다양한 사물이 유아의 놀이를 더 풍부하게 해 주기도 한다. 유아는 일상의 물건을 놀이 자료로 사용하면서 본래의 용도 외에 물질의 고유한 특성과 형태, 색, 질감 등 감각적 요소를 발견하게 된다. 교사는 상품화되거나 정형화된 놀잇감 이외에 다양한 열린 자료를 지원하도록 한다.

◆ 예시 : 재활용품으로 놀이하기

만들기 재료로 재활용품을 제공했을 때, 유아들이 쌓기놀이에 사용하기도 하고 새로운 놀잇감을 만들어 다른 친구들과 공유하였다.

기존의 놀잇감과 휴지속심 등 재활용 자료를 함께 사용하며 놀이하였다.

유아들은 재활용품을 활용하여 새로운 놀잇감을 만들어 놀이에 활용하였다.

4. 자료가 없어도 놀이할 수 있다.

유아는 몸으로 주변 세계를 알아가고, 자신의 감정과 생각을 표출하고, 여러 가지 놀이를 한다. 실외로 나가면 유아는 놀잇감이 없어도 자신의 몸으로 놀이를 할 수 있고 또 다른 유아와 만나 몸을 이용해 함께 하는 놀이를 하기도 한다. 실내에서도 유아의 신체 움직임을 지나치게 통제하거나 율동 및 대근육 시간에만 허용하지 말고 유아의 몸 움직임에서 놀이성을 찾아 지원한다.

◆ 예시 : 몸으로 놀아보기

놀잇감이 없어도 대문놀이 하나만으로도 신나게 놀이했다.

햇살 좋은 날 신나게 달리는 것만으로도 놀이는 시작될 수 있다.

유아들은 앉아서 움직이며 술래잡기 놀이를 제안하였고 학급 전체의 즐거운 놀이가 되었다.

실내 강당에서 특별한 놀이기구 없이 편을 나누어 꼬리잡기 놀이를 하였다.

5. 기존의 자료도 새롭게 활용해본다.

기존에 사용하던 생활주제 관련 놀이자료를 모두 새로운 자료로 대체할 필요는 없다. 기존에 기관에서 가지고 있던 흥미영역별, 생활주제별 자료도 잘 활용한다면 훌륭한 놀이자료가 될 수 있다. 교사는 유아가 기존의 자료를 새로운 방식으로 놀이하는 것을 허용하고 격려한다. 놀이 중심 교육과정에서는 주제를 미리 정해두고 놀이자료도 주제에 맞추어 제시하는 것을 지양한다. 그러므로 자료를 흥미영역이나 생활주제 또는 연령별로 분류하는 기존의 보관방법을 놀이자료별로 분류하는 등 좀 더 효과적으로 기존의 자료를 활용할 수 있는 방법을 찾아보는 것도 바람직하다.

◆ 예시 : 기존에 가지고 있던 자료로 놀이하기

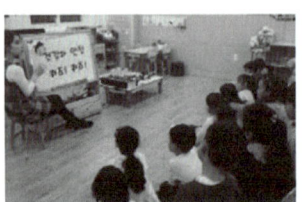

안전에 관한 이야기 나누기 활동 자료를 가지고 유아들이 알아맞히기 게임을 하고 있다.

〈제 Ⅳ부 교사의 놀이지원 사례〉에 소개되어 있다.
- 유아가 요구한 자료 또는 유아의 흥미에 주목하여 놀이자료를 제공한 사례(p. 104, p. 114, p. 128, p. 145, p. 152)
- 교사가 제공한 놀이자료가 진행 중인 놀이뿐 아니라 새로운 놀이도 지원한 사례(p. 91, p. 153)

3. 상호작용

유아는 놀이를 하면서 자연스럽게 또래 유아, 교사, 환경과 능동적으로 상호작용하고 이 과정에서 사물과 현상, 관계에 대해 배운다. 유아와 유아 간의 상호작용은 놀이하는 과정에서 끊임없이 일어난다. 유아는 서로 놀이를 제안하거나 협력하며 문제를 해결하고 갈등을 통해서 관계를 형성하는 방법을 배우기도 한다. 교사는 이러한 유아의 유능함을 신뢰하면서 유아와 유아 간 관계를 지원해야 한다. 교사는 유아 간 상호작용이 활발히 일어나도록 자유로운 놀이 환경을 충분히 제공해주고 주의 깊게 관찰하며 필요한 자료를 제공하거나 공간을 조정하는 등의 지원을 제공하는 것이 좋다.

유아·놀이 중심 교육과정에서 유아와 교사 간의 상호작용은 놀이의 시작과 지속, 새로운 놀이로의 전이와 확장, 마무리 등 놀이의 흐름을 관찰하고 유아의 흥미와 의도를 이해하는 과정에 기반해야 한다. 교사가 유아와 상호작용하는 방법은 비언어적, 언어적 소통방법을 모두 포함한다. 교사는 관찰하기, 질문하기, 제안하기, 함께 참여하기, 정서 지원하기와 같은 방법으로 유아와 상호작용하면서 놀이를 간접적 또는 직접적으로 지원한다. 교사의 상호작용은 놀이에 대한 흥미를 지속시키거나 놀이의 방해요소를 제거해줌으로써 유아의 놀이에서 5개 영역의 내용에 해당하는 충분한 경험이 일어나도록 하는데 초점을 둔다.

유아와 환경과의 상호작용은 앞의 놀이공간, 놀이자료, 일과운영에서 충분히 다루었으므로 이를 참조하여 교사는 유아의 안전이 보장되는 한 유아들이 선택한 모든 놀이공간과 놀이환경에 대해 개방적으로 수용하려는 태도를 가지도록 한다.

상호작용에 대한 고민

"몇몇 놀이에서 유아들 간에 분쟁이 자주 생깁니다. 유아들이 자기의 생각을 각자 주장하여 놀이의 흐름이 이어지지 않습니다. 유아들이 재미있게 놀이하도록 돕고 싶은데, 이럴 때 교사가 어떻게 상호작용을 해야 할지 고민이 됩니다."

유아교육과정

1. 유아와 유아의 상호작용을 지원한다.

교사는 유아가 누구와 놀이하는지, 어떻게 놀이하는지, 어떤 관계를 맺는지 관찰함으로써 유아의 성향, 사회적 능력, 대인 관계 등을 파악하여 지원할 수 있다. 주로 혼자만 노는 유아, 같은 친구와만 노는 유아, 놀이 상대가 계속 바뀌는 유아도 있다. 유아가 놀이하면서 또래와 맺는 관계는 연령에 따라 다르지만 빈번한 갈등을 경험하는 유아가 있다면 좀 더 적극적으로 지원해줄 수 있다. 그러나 교사의 직접적인 개입이 유아 간의 상호작용을 방해할 수 있으므로 스스로 놀이를 전개하고 문제를 해결해보도록 기다려주면서 개입 시기를 신중하게 결정하여야 한다.

교사는 혼자 놀이하는 유아를 우려하는 경우가 많은데, 혼자놀이도 그 자체로 의미가 있으며 주도성이 높고 배움의 요소가 풍부할 수 있으므로 단순히 혼자 놀고 있다고 해서 다른 놀이에 참여하도록 의도적으로 유도하는 것은 바람직하지 않다. 그러나 만약 놀이에 참여하고 싶지만 그러지 못하고 배회하는 유아가 있다면, 교사는 다른 친구의 놀이를 소개해주고 관심이 있는지 유아의 의견을 물어본 후 유아와 유아 간의 관계를 지원한다.

2. 유아와 환경의 상호작용을 지원한다.

놀이는 실내외 곳곳에서 산발적 혹은 동시적으로 일어나며, 동일한 놀이 주제나 자료에 대한 흥미와 몰입도 유아마다 다르다. 그러다 보니 놀이가 진행되면서 놀이가 벌어지는 공간의 위치나 크기도 계속적으로 변화하는데 이를 관찰하면 유아가 어떤 놀이를 좋아하는지, 다양한 놀이를 즐기는지 혹은 한 가지 놀이를 주로 하는지 등을 파악할 수 있으며, 이를 바탕으로 적절한 공간을 스스로 찾아볼 수 있도록 지원한다.

또한, 동일한 자료라 하더라도 이를 이용한 놀이 내용과 몰입은 유아의 개별성과 고유성에 의해 다양하게 나타난다. 유아가 어떻게 저마다의 방식으로 놀이자료와 교감하는지 비교하며 관찰하면 유아의 특성을 더 잘 이해하고 적절하게 지원할 수 있다. 예를 들어 자료를 반복적으로 한 가지 방식으로만 탐색하는지 혹은 다양한 방법으로 탐색하는지 살펴볼 수 있다. 자료를 한 가지 방법으로 반복적으로 탐색하는 것도 물체의 특성 및 물리적 법칙에 대한 이해를 넓혀가고 있는 것으로 그 자체로 의미가 있으므로 교사의 의도대로 놀이자료를 사용하도록 강요하지 않아야 한다.

3. 놀이지원을 위해 관찰한다.

상호작용에 대해 교사들이 가지고 있는 오해 중 하나는 무조건 유아의 놀이에 개입을 하고 언어적인 상호작용을 해야 한다는 것이다. 유아의 놀이를 지원하기 위해서는 즉각적인 개입보다는 유아가 놀이에서 보이는 감정의 상태, 궁금해 하는 것, 흥미를 보이고 탐색을 하는 것 등을 관찰하면서 기다리는 것이 우선되어야 한다. 교사는 유아의 놀이가 진행되는 과정에서 배움이 일어나도록 상호작용하기에 적절한 순간과 방법을 잘 결정하여야 한다.

◆ 예시 : 기다리며 지켜봐주기

교사는 유아가 직접적인 도움을 요청하거나 갈등이 발생하지 않아서 가만히 놀이를 관찰하며 미소, 끄덕거림 등 정서적 지원을 제공하며 지켜보았다. 유아들은 놀이 중 발생하는 문제도 서로 도와가며 해결해나갔다.

4. 제안하며 놀이를 지원한다.

교사는 유아의 놀이를 지원하기 위해 제안을 할 수 있다. 그러나 교사의 제안은 신중해야 한다. 유아・놀이 중심 교육과정에서 교사는 유아의 흥미와 상관없이 새로운 놀이자료를 일방적으로 제안하거나 교사 주도로 새로운 놀이방법으로 이끌기보다는 놀이 관찰에 기반하여 놀이를 지원하는 것이 좋다. 현재 진행 중인 놀이가 잘 지속될 수 있도록 공간, 자료, 시간 등의 측면에서 무엇을 어떻게 지원하는 것이 좋을지 고민하고 제안하며, 유아가 교사의 지원을 어떻게 받아들이는지 살펴보고 추후 지원에 반영할 필요가 있다.

놀이지원으로서의 제안은 유아의 흥미와 관심에 기반해야 하지만, 때로는 안전이나 교육적 가치에 기반할 수 있다. 예를 들어, 함께 놀이하면서 지켜야 하는 약속과 규칙이 있을 때, 교사가 일방적으로 정하고 알려주기보다 유아가 규칙의 필요성을 느끼면서 적절한 규칙을 만들어보도록 제안할 수 있다. "다른 친구에게 방해되지 않으려면 어떻게 하면 좋을까?", "교실에서 던지며 놀면 부딪힐 수도 있으니까 어떻게 하면 좋을까?" 등이 그 예라 할 수 있다.

◆ 예시 : 유아가 규칙을 정하도록 제안하기

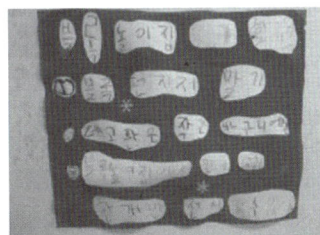 

유아들이 놀이하면서 규칙이 필요할 경우에는 스스로 규칙을 만들었다.

5. 유아의 놀이에 참여하며 지원한다.

교사는 유아와 함께 놀이하는 즐거움을 느낄 수 있어야 한다. 유아와 교사가 놀이의 즐거움을 공유할 수 있는 기회가 많을수록 둘 사이에 진정한 공감과 소통이 발생한다. 그러므로 교사는 유아의 주도적인 놀이를 일과의 가장 중요한 부분으로 인식하고 필요한 경우 공동 놀이자로 참여할 수 있다. 이러한 과정에서 교사는 놀이의 속성을 더 잘 이해하게 되고 보다 효과적으로 지원할 수 있게 된다.

유아의 놀이는 때로는 아이디어의 결핍이나 유아 간 상이한 요구와 의견 충돌, 공간이나 자료를 점유하기 위한 갈등 등에 의해 단절되거나 교착 상태에 빠지기도 한다. 이와 같이 유아의 놀이가 문제 상황에 부딪혔을 때에도 교사의 놀이참여는 유아들이 문제를 명확하게 이해하고 문제해결을 도울 방법을 찾는 데 도움이 되며, 놀이 중 배움을 위한 적절한 순간에 즉각적으로 지원을 제공하는 데도 도움이 된다.

◆ 예시 : 유아의 놀이에 참여하기

꽃가게를 구성하는 놀이에 교사가 함께 참여함으로써 꽃을 만드는 방법을 활발하게 의논하는 계기가 되었다.

6. 질문하며 놀이를 지원한다.

유아는 놀이하면서 끊임없이 "왜?", "어떻게?"와 같은 내면적 질문을 만나고 스스로 해답을 찾기 위해 놀이에 몰입한다. 교사는 유아의 관심과 흥미를 알아내기 위해서보다는 유아의 생각이 유연하게 흐르도록 돕기 위해서 질문하는 것이 좋다. 교사의 질문이 즐거운 대화의 방식으로 이루어질 때 유아의 사고가 확장되고 스스로 새로운 문제를 찾아낼 수 있게 된다. "이것은 무엇이니?", "어떻게 할 거니?"와 같이 교사가 기대하는 답을 염두에 둔 질문보다는 "선생님은 이런 생각이 드는데, 너는 어떻게 생각해?", "그것도 좋은 방법인데 무겁진 않을까?"와 같이 유아와 능동적으로 생각을 나눌 수 있는 질문이 바람직하다. 이러한 질문은 유아로 하여금 보다 높은 수준으로 사고할 수 있도록 유도하며 새로운 상상을 놀이로 구현하게 하고, 다시 문제를 발견하고 해결해가는 선순환의 구조를 만드는 원동력이 된다.

◆ 예시 : 유아의 놀이를 지원하기 위해 질문하기

건물과 길을 만드는 비슷한 놀이가 동시에 이루어지면서 공간이 부딪히는 문제가 유아들 간에 발생하였다. 교사는 두 놀이를 연결해줄 수 있지 않을까 생각하여 "두 동네를 서로 왔다 갔다 할 수도 있지 않을까? 그래서 더 큰 동네를 만들려면 길을 어떻게 만들 수 있을까?", "어떤 블록이 필요할까?"라고 질문하였다. 교사와 상호작용하면서 더 많은 수의 유아들이 참여하여 도시를 함께 구성하는 놀이로 진행되었다.

7. 정서적으로 지원해준다.

교사는 유아가 놀이를 통해 성취감을 경험할 수 있도록 긍정적인 정서 지원을 해주어야 한다. 미소, 끄덕거림, 공감하는 표정과 같은 비언어적 상호작용이 이에 해당한다. "그렇게 만들 생각을 하다니 놀랍구나."와 같은 감탄, "큰 것부터 쌓는구나. 그래, 이번에는 무너지지 않을 거야."와 같은 격려 등의 언어적 상호작용도 유아의 정서를 지원해주는 좋은 방법이다. 교사가 유아의 놀이에 긍정적인 지원을 함으로써 유아는 존중받는 느낌을 받게 되고 새로운 놀이를 좀 더 주도적으로 지속할 수 있다.

교사는 동시에 유아가 놀이하는 과정에서 느끼는 부정적인 정서에도 관심을 기울여야 한다. 유아는 놀이하면서 좌절감, 걱정, 불안 등의 감정을 느낄 수 있다. 교사는 유아의 정서를 인지하고 위안, 격려 등을 제공하고 놀이를 통해 스스로 원인과 해결방법을 찾을 수 있도록 도와주어야 한다.

〈제 Ⅳ부 교사의 놀이지원 사례〉에 소개되어 있다.

- 놀이상황과 관련하여 교사가 적절한 질문 및 방법을 제안한 사례(p. 90, p. 93-94, p. 107, p. 126, p. 128, p. 130, p. 141, p. 153)
- 유아의 말과 행동에 대해 공감하고 반응해주면서 언어적·비언어적으로 지원한 사례 (p. 91-92, p. 129, p. 142, p. 154)
- 놀이 참여자가 되어 함께 놀이한 사례(p. 94, p. 117, p. 131)

4. 놀이와 안전

놀이 중 다툼이 일어날 수도 있고, 놀이의 흐름에 따라 과격하게 부딪치는 거친 신체놀이가 일어날 수도 있다. 유아는 위험 상황을 예측하는 능력이 부족하므로 놀잇감을 위험하게 만들거나 사용함으로써 안전사고의 여지가 생기기도 한다.

자녀가 조금만 다쳐도 항의하는 학부모, 법적으로 요구되는 안전교육, 기관 평가에 포함되어 있는 안전 항목 등은 교사가 위험요소가 포함된 놀이를 허락하는 것에 부담을 준다. 교사는 안전한 놀이를 보장하기 위하여 물리적 환경의 안전성을 점검하고 위해를 가할 수 있는 사물이나 물질을 사전에 차단하여야 한다. 물리적 안전성이 확보되었다면 유아 스스로 놀이 가운데서 자신의 몸을 조절하고 통제할 수 있는 방법을 학습할 수 있도록 유아와 함께 어떻게 안전하게 놀이할 것인가에 대해서 토의하고 놀이를 제한하지 않는 범위에서 규칙을 정해본다.

놀이와 안전에 대한 고민

"자유로운 놀이공간이란 일상 속 다양한 자료를 유아들이 원하는 방식으로 자유롭게 놀이할 수 있도록 허용하는 공간임은 잘 알고 있습니다. 하지만, '놀이하다 아이들이 다친다면?' 선생님은 생각만 해도 아찔해집니다. 다친 아이에게 흉이라도 질까 속상해하시는 학부모님, 질책하는 듯한 원장님, 교사로서 책임을 다하지 못한 것 같은 자책과 다친 유아에 대한 미안함. 이런 상황을 만들고 싶지는 않습니다. 그렇기 때문에 유아의 놀이 안전은 그 무엇과도 타협할 수 없는 요소입니다. 어떻게 해야 안전이 보장된 가운데 놀이하게 할 수 있는지 고민됩니다."

1. **안전이라는 이유로 놀이를 불필요하게 제한했는지 검토해본다.**

   교사는 위험 요소에 대한 민감성이 있어야 하지만, 한 번 정한 놀이규칙을 고수하기보다는 허용할 수 있는 방법을 찾아보려는 노력도 필요하다. 위험요소가 있는 놀이상황에 대해 교사는 무조건 어떤 놀이를 금지하기보다 왜 그 놀이가 위험할 수 있는지 유아들과 의논하는 과정을 통해 위험요소를 해결하고 놀이할 수 있는 방법을 찾아볼 수 있다. 기존 놀이자료나 일상적 사물 중에서 위험하지 않은 물건으로 높이 쌓는 놀이를 허용해보고, 공구나 요리용 도구를 주의하면서 사용해보게 함으로써 다양하고 정교한 놀이가 가능하도록 지원할 수 있다.

   ◆ 예시 : 놀이규칙 바꾸어 보기

 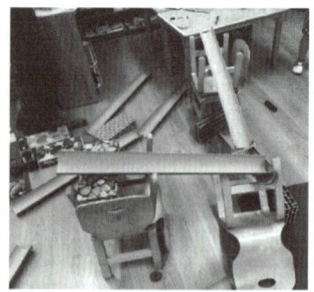

어깨만큼만 쌓도록 하던 규칙을 버리고 종이벽돌블록을 매우 높이 쌓아보고 싶어 하는 유아의 생각대로 해보게 했다. 블록이 무너질 때 주의해야 할 점에 대하여 유아들이 스스로 토의하였다.

의자의 균형이 무너질 때 주의해야 할 점에 대해 토의하여 위험한 상황이 발생하지 않도록 지원하였다. 유아들은 의자를 뒤집어 경사로의 받침대로 사용하며 놀이하였다.

2. 위험한 요소가 있는지 유아 스스로 살펴볼 시간과 기회를 주어본다.

교사는 일상적 사물이나 자연물을 유아의 놀이자료로 허용할 때 반드시 위험요소가 있는지 점검해야 한다. 교사가 조심할 부분에 대해 유아에게 직접 알려줄 수 있고, 유아가 스스로 안전하게 놀이하는 방법을 습득할 수 있도록 유아에게도 새로운 놀이공간과 놀이자료를 충분히 탐색하여 위험 요소를 찾아보고 조심하는 방법에 대해 생각해보도록 한다. 풍부한 놀이 경험 및 안전교육을 통해 다양한 사물의 속성을 잘 알게 되면 유아는 스스로 조심할 부분을 더 잘 판단하게 된다.

◆ 예시 : 기회를 주며 기다려주기

목공놀이 도구를 사용하던 유아들이 실제 자료를 사용하고 싶어 하였다. 그래서 유아에게 안전 규칙을 설명해주며 순차적으로 자료를 제공했다. 이후 스스로 조절하고 선택하고 책임을 다할 수 있도록 기다려주니 충분히 안전하게 놀이할 수 있게 되었다.

3. 새로 찾아본 놀이공간의 안전을 유아와 함께 점검해본다.

유아나 교사가 새로운 놀이공간을 발견했을 때 그 공간이 안전한지 확인하는 과정이 필요하다. 균열이나 위생 등의 문제가 있는지 교사가 먼저 점검을 해야 한다. 또한 유아가 그 공간의 물리적인 특성을 충분히 알 수 있도록 도와주고 그 공간을 언제 사용하는 것이 좋을지, 어떤 점을 조심해야 하는지 스스로 생각해보고 약속을 정하도록 지원한다. 이 과정에서 유아는 그 공간뿐 아니라 비슷한 특성을 지닌 다른 공간도 안전하게 사용하는 방법을 스스로 배울 수 있다.

◆ 예시 : 숨은 공간 찾아 안전하게 놀이하기

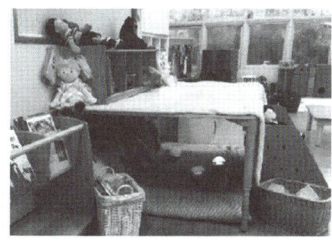 

유아들은 책상 밑, 교실 밖 테라스 등의 놀이공간을 스스로 찾아내었다. 처음에는 부딪힘이나 미끄러짐 등 안전이 우려가 되었지만 유아들은 조심해서 걷기 등의 규칙을 스스로 만들며 놀이했다.

4. 모든 구성원이 놀이와 안전에 대해 소통한다.

유아·놀이 중심 교육과정에서 유아가 최소한의 규칙을 가지고 자유롭고 즐겁게 놀이하면서 안전이 보장되려면 기관 내 구성원 간의 안전에 대한 공감이 필요하다. 기관 내 소통이 우선되어야 학부모에게 유아·놀이 중심 교육과정에서 획일적이고 통제적인 모습이 나타나지 않는 이유를 잘 이해시킬 수 있다.

유치원과 어린이집은 유아가 놀이를 통하여 환경을 탐색하고 감정과 행동을 조절하면서 스스로 안전하게 생활하게 된다는 것을 학부모와 소통하여야 한다. 학기 초부터 학부모교육이나 가정통신문, 교육 자료를 통하여 유아·놀이 중심 교육과정의 의미와 가치에 대해 지속적으로 소통하는 기회를 갖는 것이 필요하다. 학부모가 놀이와 안전에 대한 기관의 철학을 공유할 수 있으면 교사의 자율적인 학급운영에 대한 지지자가 되어줄 수 있다.

◆ 예시 : 숨어 있는 공간 찾아 안전하게 놀이하기

〈교사들의 이야기〉

안전과 관련한 교사들의 회의에서 논의의 귀결은 학부모님들과의 공감이었습니다. 아이들은 놀이하면서 부딪치거나 긁힐 수도 있고 이 과정에서 스스로를 보호할 수 있는 법을 배우게 된다는 것에 학부모님들도 공감해주시면 교사들도 조금 더 편안한 마음으로 놀이 규칙을 허물고 허용해줄 수 있을 것 같았기 때문입니다.

교사들의 고민을 들은 원장님께서 학부모님들과의 오리엔테이션 시간에 이와 관련한 기관의 교육 철학을 나누시며, 아이들에게 주도권을 주고 조절하게 하면 초기에는 시행착오의 과정을 일부 거치겠지만 이후 위험요인에 따라 스스로의 행동을 통제하고 조절하는 법을 스스로 습득하면서 오히려 사고가 줄어들 수 있음을 강조해 주셨습니다.

〈제 Ⅳ부 교사의 놀이지원 사례〉에 소개되어 있다.
- 개방된 공간에서 놀이공간을 이탈하는 유아가 없는지 점검하면서 놀이하도록 한 사례(p. 89)
- 안전사고가 일어나지 않고 놀이할 수 있도록 불필요한 물건들을 치워준 사례(p. 139)

5. 통합학급에서의 놀이 지원

개정 누리과정에서는 유아의 발달과 장애 정도에 따라 교육과정을 편성·운영하며 교실에서 교육과정을 운영할 때 개별 유아의 특성을 최대한 고려하여 배움을 지원하는 것을 강조한다. 유치원과 어린이집은 실정에 따라 특수학급(반) 또는 통합학급(반)을 편성하여 운영하고 있다. 특수교사(또는 장애영유아를 위한 보육교사)는 개별화 교육계획(Individualized Educational Plan : IEP)을 수립하여 장애 유아가 가진 각기 다른 개별적 요구를 잘 파악하고, 장애 정도와 개개인의 특성에 적합하게 교육내용을 구성하며, 개별 특성을 고려하여 적절한 교수학습방법으로 지원한다.

통합학급에서 유아·놀이 중심 교육과정을 운영할 경우, 특수교사와 일반교사는 개별화 교육 교수학습방법과 놀이 중심 교수학습방법이 통합적으로 운영될 수 있도록 상호 협력을 하여야 한다. 유아·놀이 중심 교육과정의 통합학급에서는 미리 계획된 주제 중심 활동이 축소되므로 특수교사는 장애 유아가 일반 유아들과 함께 놀이하도록 돕기 위해서 학급 전체의 놀이 흐름을 파악하여 또래와의 놀이에 참여할 수 있도록 제약을 최소화하는 노력이 필요하다. 일반교사는 발달지연이나 장애 유아가 보편적인 환경에서 차별 없이 또래와 더불어 생활하고 놀이하는 경험을 할 수 있도록 장애 유아의 특성과 요구를 파악하고 세심한 관찰과 이에 따른 통합 놀이지원을 동시에 염두에 두어야 한다.

통합학급에서의 장애 유아 지원에 대한 고민

"지금까지는 주안이나 일안에 교육과정수정 전략을 추가하는 등 사전에 계획된 일과에 따라 장애 유아에 대한 지원을 계획해왔습니다. 유아 주도적인 놀이 중심 교육과정인 개정 누리과정에서는 교사의 사전 계획보다는 유아의 놀이흐름에 따라 교사가 지원하는 것을 강조하고 있어서 발달이 지연되거나 장애를 지닌 유아에 대한 교수전략을 어떻게 세워야 할지 고민입니다."

1. 장애 유아가 또래와 함께 놀 수 있는 기회를 최대한 확보한다.

모든 유아는 놀이를 통해 배우며 장애 유아도 예외는 아니다. 유아가 장애로 인한 어려움 때문에 놀이에 충분히 참여하기 어렵다면 교사는 이를 적절히 지원해주어야 한다.

교사는 장애 유아가 선택한 놀이자료와 놀이방법으로 놀이를 시작하도록 허용해주고 일반 유아들이 참여할 수 있는 부분을 찾아서 함께 놀이하도록 제안해볼 수 있다. 장애 유아를 위한 개별 활동을 또래와 함께 할 수 있는 놀이의 방식으로 진행해보거나 장애 유아가 좋아하는 놀이를 전체 유아의 놀이로 확장하도록 제안하고 또래들로부터 놀이 아이디어를 구할 수도 있다.

교사는 지속적인 관심과 적절한 지원을 통하여 장애 유아가 또래와 함께 놀 수 있도록 도와주어야 한다. 또래는 장애 유아에게 적절한 행동의 시범자이자 촉진자이며 활동 참여에 대한 강화자 역할을 할 수 있다. 또한, 장애 유아에 대한 관찰자이자 정보 제공자로서 교사의 놀이 관찰을 보완해줄 수 있다. 따라서 교사는 장애 유아와 또래 간의 놀이와 상호작용의 기회를 최대한으로 확보해야 한다.

◆ 예시 : 모두 함께 잡기놀이 하기

실내 강당에서 놀이하던 중 장애 유아가 "나 잡아봐라!" 하며 다른 유아들에게 놀이를 먼저 제안했다. 또래 상호작용을 지원할 수 있는 기회라고 생각하고 교사가 개입하여 함께 잡기놀이를 할 수 있도록 지원하여 모두 함께 하는 놀이의 즐거움을 경험하였다.

2. 놀이공간과 자료를 준비할 때 장애 유아의 특성을 고려한다.

통합학급에서 놀이공간과 자료를 계획하거나 일반 유아의 놀이 흐름에 따라 공간, 자료, 일과 구성 등에서 계획이 변경될 때 장애 유아에게 불편함이 없을지 점검한다. 예를 들어, 새로운 공간을 제시할 때 보행 워커를 사용하는 장애 유아가 있다면 접근하기 어려운 점은 무엇인지, 독립적으로 이동할 수 있도록 지지대가 설치된 공간인지 확인해야 한다. 소근육 힘이 부족한 장애 유아를 위해서는 힘을 키울 수 있는 다양한 감각교구나 적은 힘으로도 활동할 수 있는 다양한 놀이자료를 함께 제공해주어 불편함을 겪지 않도록 한다.

◆ 예시 : 유아의 장애를 고려하여 놀이자료 비치하기

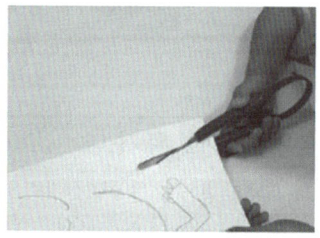 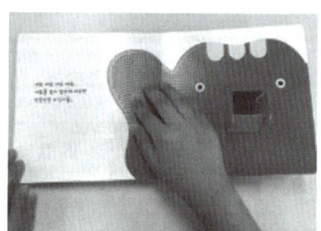

지체장애 유아가 사용할 수 있는 가위와 시각장애 유아를 위한 양각책을 비치하여 스스로 놀이할 수 있도록 했다. 장애 유아를 위한 자료지만 다른 유아들도 흥미롭게 활용하면서 놀이가 더 활발해졌다.

3. 수시로 협의하면서 문제를 해결한다.

통합학급의 일반교사와 특수교사(또는 장애 영유아를 위한 보육교사)는 각자의 교수접근 및 전문성에 대해 인정하면서 교수실천 과정에서 협력하는 태도를 가져야한다. 이전에는 통합학급교사가 작성한 계획안에 특수교사가 장애 유아를 위한 수정전략을 추가하고 계획된 활동 안에서 교사의 역할을 명시하였다.

그러나 유아·놀이 중심으로 일과를 운영하게 되면 즉석에서 전개되는 놀이 상황에서 장애 유아에게 예상되는 어려움이나 지원방안에 대해 통합학급 교사와 특수교사가 수시로 의견을 나누는 것이 중요하다. 일반교사와 특수교사는 각자가 관찰한 유아에 대한 정보를 서로 교환하고, 이를 바탕으로 교육계획에 대해 협의할 수 있다. 교사들은 정규회의 외에 짧은 시간 동안 수시로 의견을 주고받으며 특수교사가 보지 못한 놀이관찰 내용을 공유하거나 유아의 장애특성에 대한 정보를 추가로 제공하여 지원방안을 찾는 데 서로 도움을 준다. 유아의 놀이는 조금씩 달라지지만 일과에 따른 지원방안을 큰 틀에서 협의한 후 놀이 진행 양상에 따라 수시로 협의하며 수정할 수 있다. 무엇보다 이러한 협의는 장애 유아와 일반 유아를 구분하기보다 전반적인 놀이 아이디어를 나누는 협의의 연장선이 된다.

◆ 예시 : 수시로 협의하기

정규회의뿐 아니라 교실 안팎에서 짧은 시간이라도 수시로 의견을 교환하려고 노력하고 있다. 이제는 두 교사 모두 놀이 안에서 장애 유아를 능숙하게 지원할 수 있게 되었고 유아들의 놀이에 대해서 협의하면서 놀이 이해도 풍부해졌다.

〈제 Ⅳ부 교사의 놀이지원 사례〉에 소개되어 있다.

- 일반 유아가 주도하는 놀이 진행 중 장애 유아를 위한 자료 제공 및 일반교사와 특수교사와의 협의를 통해 장애 유아의 놀이참여를 지원한 사례(p. 156)

3. 평가하기

개정 누리과정에서는 기관 및 학급 수준 교육과정 운영의 자율성이 강화됨에 따라 평가 역시 그 방법과 시기에 대해서도 자율성을 가지도록 하고 있다. 교사는 관찰과 기록, 수집, 부모 설문지 등의 다양한 방법을 이용하여 유아와 누리과정 운영에 대한 평가를 실시한다.

1. 평가를 위한 자료 모으기

교육과정은 유아의 놀이와 일상생활, 활동 속에서 이루어지므로 교사는 유아의 놀이와 일상을 관찰하여 기록한다. 교사는 특히 유아의 놀이 과정을 관찰하여 평가에 필요한 자료를 모을 수 있다. 이때, 평가자료의 수집과 기록 때문에 교사가 유아를 지원하는 데 어려움을 갖지 않도록 유의한다. 교사는 많이 기록해야 한다는 부담에서 벗어나 유아관찰기록 중 유아 이해 및 놀이지원에 중요하고 의미 있다고 판단되는 자료를 선별한다. 자료를 수집할 때에는 효과적으로 내용을 조직할 수 있고, 기록을 쉽게 활용할 수 있으며 관리하는 데에도 시간이 덜 드는 방법을 활용하는 것이 좋다.

평가자료 수집에 대한 고민

"놀이 중심 교육과정을 잘 운영하기 위해서 유아의 놀이를 관찰하고 지원하면서 이를 기록으로 남기는 것이 중요하다는 것은 잘 알고 있습니다. 그렇지만 놀이를 지원하면서 기록하는 것은 쉬운 일은 아닙니다. 유아들의 놀이는 동시다발적이면서 다양한 의미를 담고 있는데 그러한 놀이를 어떻게 효율적으로 기록해 낼 수 있을지 걱정됩니다."

1. 다양한 방식으로 기록해본다.

놀이 중심 교육과정이 잘 운영되기 위해서는 유아의 놀이를 중심으로 일과를 관찰하고 기록할 필요가 있다. 일과 중 관찰한 내용을 메모지에 핵심 단어 위주로 짧게 기록을 남기고 일과 후 상세한 내용을 보완할 수 있다. 이때 짧은 메모를 그대로 활용할 수도 있고, 유아명, 시간, 장소, 상황, 관련 누리과정 내용 등을 수기로 간단히 작성할 수 있다. 혹은 일일계획안의 평가란이나 일지 양식을 변형하여 관찰 및 평가 내용을 기록할 수도 있다.

◆ 예시 : 다양한 형태로 기록하기

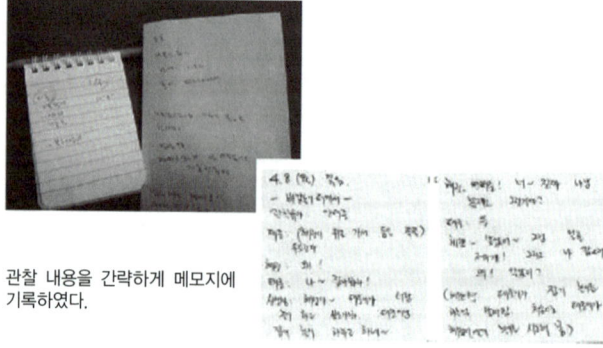

관찰 내용을 간략하게 메모지에 기록하였다.

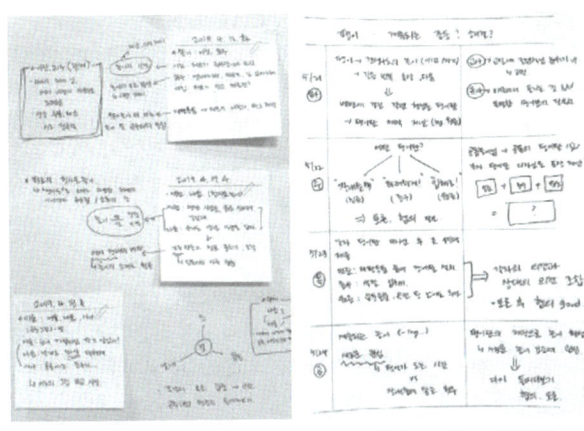

간략히 기록한 메모내용을 바탕으로 추후에 내용을 자세히 기록하였다.

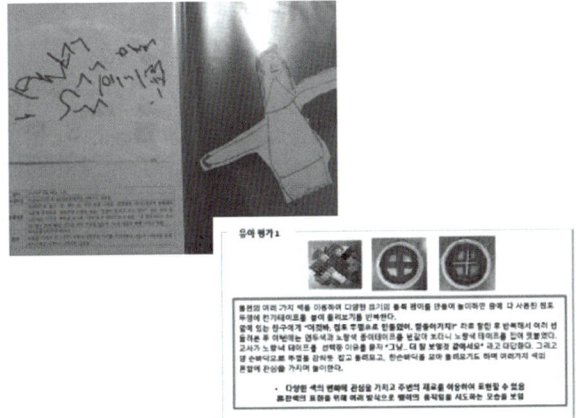

유아의 작품과 구성물 사진을 찍어두었다가 사후에 기록하였다.

2. 자료 활용하여 평가하기

평가는 유아 평가와 누리과정 운영 평가로 나누어 볼 수 있다. 유아 평가는 유아의 고유한 특성과 시간의 흐름에 따른 변화를 이해하고자 하는 것이다. 누리과정 운영 평가는 놀이, 일상생활, 활동이 잘 연계되어 유아에게 의미 있는 통합적 경험의 내용으로 운영되었는지를 알아보는 것이다. 유아평가와 누리과정 운영 평가는 유치원과 어린이집의 상황이나 필요에 따라 가장 적합한 방법을 선택하여 자율적으로 실시한다.

수집한 자료의 활용에 대한 고민

"놀이 중심 교육과정은 교사의 계획보다는 유아의 경험과 흥미에 기반하여 운영되어야 한다고 들었습니다. 그렇다면 그날그날 유아 반응을 잘 관찰하고 기록하는 것이 중요할 텐데 놀이에 대한 기록을 통해 유아의 놀이에서 배움이 일어나고 있는지 어떻게 판단할 수 있을까요? 또, 어떤 기준에 의해 교육과정이 잘 운영된 것인지 판단할 수 있을까요?"

1. 유아의 특성 및 변화 정도를 평가한다.

유아 평가는 일상생활 및 놀이 과정에서 이루어질 수 있다. 유아의 놀이에 대한 기록(예 계획안 또는 일지에 기록한 유아들의 실제 놀이 모습, 유아의 놀이 결과물, 작품, 사진이나 동영상 등)을 통해 유아의 흥미와 관심, 놀이 선호, 또래와의 상호작용 등 유아의 특성과 변화 정도를 평가할 수 있다. 이때 누리과정 5개 영역의 내용이 놀이에서 어떻게 경험되고 어떤 배움이 일어났는지 살펴본 후 이를 추후 놀이지원에 반영할 수 있도록 한다.

◆ 예시 : 놀이과정에서 유아가 표상한 그림에 기반하여 유아 이해하기

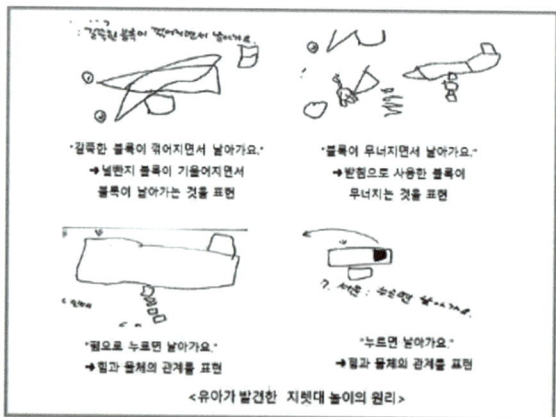

놀이를 관찰하며 수집한 유아의 활동 결과물을 평가에 활용하여 추후 교육과정 운영 지원에 반영할 수 있다.

2. 누리과정 운영을 평가한다.

교사는 누리과정 운영의 질을 개선하기 위하여 기관과 학급의 특성을 반영하여 자율적으로 누리과정 운영을 평가하여야 한다. 누리과정 운영 평가는 일과 구성이 적절하였는지, 일상생활이나 활동이 놀이를 지원하는 방식으로 진행되었는지, 놀이를 통해 어떤 경험이 어떻게 일어났는지 등에 대해 반성적으로 들여다보는 과정이다. 교사는 학급 내 놀이의 내용, 놀이를 통해 학급에서 일어나고 있는 유아들의 배움과 참여 등에 대한 기록을 바탕으로 교육과정을 평가하고 교육과정 개선 계획에 이를 반영할 수 있다.

◆ 예시 : 유아 놀이관찰 내용과 누리과정 운영 평가를 함께 기록한 예

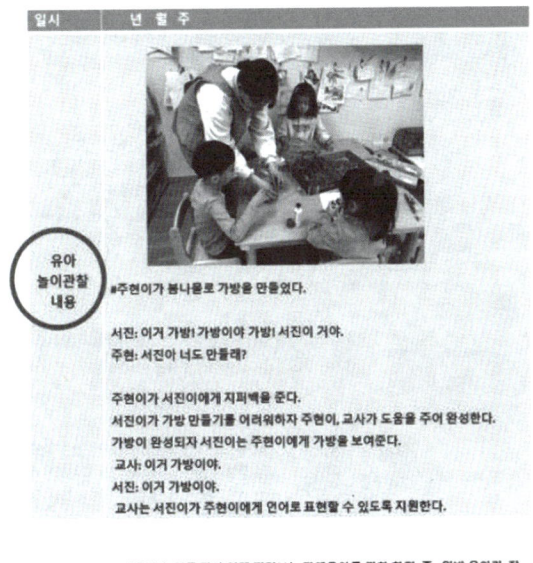

유아 놀이관찰을 토대로 누리과정 운영 평가를 실시하고 추후 교육과정 운영 지원에 반영할 수 있다.
(놀이 사례 6, p.160)

3. 놀이에서 누리과정 5개 영역을 경험하였는지 돌아본다.

누리과정의 5개 영역은 유아가 놀이를 통하여 경험해야 할 내용이므로 교사는 놀이상황에서 5개 영역과 관련한 경험이 어떻게 이루어졌는지 연계할 수 있다. 이는 5개 영역의 내용을 유아가 달성해야 할 성취의 기준으로 삼는다는 것은 아니다. 매일 일과를 5개 영역에 따라 연계할 필요는 없다. 일과(놀이, 일상생활, 활동) 후 혹은 하나의 놀이흐름이 마무리 되었을 때 5개 영역의 경험이 어떻게 나타났는지 검토하고 지원을 계획해볼 수 있다.

◆ 예시 : 유아의 경험을 누리과정 5개 영역의 내용과 연계하여 이해한 예

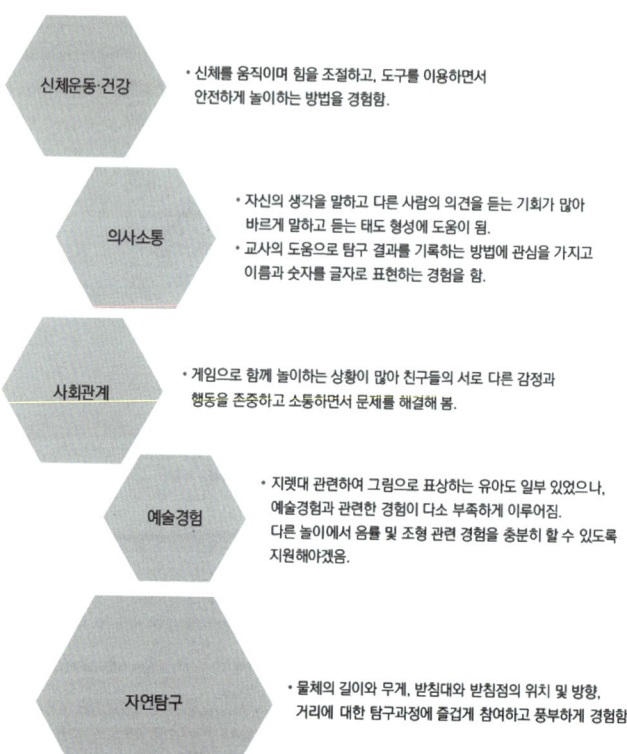

놀이가 마무리된 후 5개 영역의 경험이 어떻게 나타났는지 기록할 수 있다.(놀이사례 5, p.147)

02 교사의 놀이 지원 사례

[출처] 『놀이실행자료』, 교육부, pp.111~122, 135~161.

1. 자료활용의 주도권을 유아에게 준 사례 : 반짝이끈 놀이

■ 놀이의 배경

설악반은 15명의 3세 유아와 경력 3년 차 교사의 삶이 있는 곳이다.

어느 날, 가족행사를 위해 현관에 장식된 응원술에서 유아의 관심이 시작되었다.
단순한 장식이었던 응원술이 어떻게 놀이자료가 되었을까?

■ 놀이의 흐름에 따른 교사의 고민과 교육적 지원

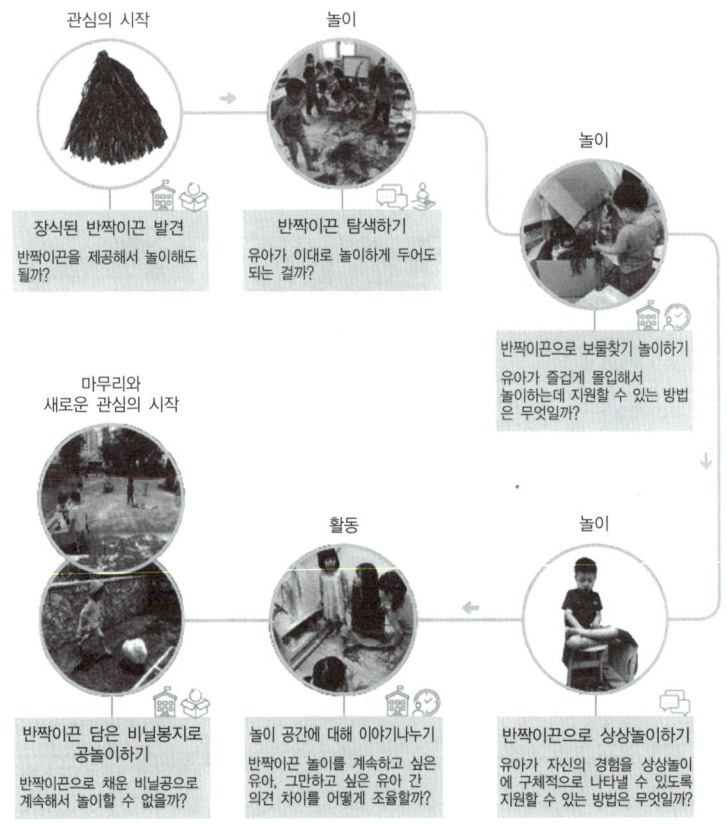

| 관심의 시작 | 장식된 반짝이끈 발견 |

"선생님, 이거 예뻐요."
"선생님, 이걸로 놀고 싶어요"

어버이날 행사를 위해 복도에 마련해 둔 포토존 장식으로 쓰인 응원술에 몇몇 유아가 관심을 보였다. 교사는 남은 응원술의 묶음을 풀어서 유아에게 제공해 주었다. 유아들은 응원술에 '반짝이끈'이라는 이름을 붙였다.

교사의 놀이 지원 실제	편성 및 교수학습
반짝이끈이 더 필요하다는 유아들의 요구에 따라 원장선생님과 의논한 후 자료를 더 구입해서 내주기로 하였다.	자료의 변화 (유아가 발견한 자료 지원)
반짝이끈을 몸에 감고 바닥을 뒹굴고 머리 위로 던지고 흩뿌리는 모습을 보고 유아가 활발하게 움직일 수 있도록 교구장을 이동하여 놀이 공간을 넓혀주었다.	공간의 변화 (교실 내 공간 재구성)

놀이	반짝이끈 탐색하기

"이렇게 많이 잡았는데 하나도 안 무거워."
"여기서 보면 하얀색, 저기서 보며 초록색."
"바스락거려요!"
"쿵! 떨어뜨려도 안 아프다!"

 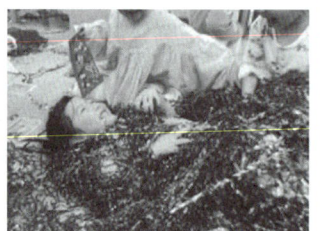

유아들은 시간이 지날수록 활발하게 탐색하고 놀이하였지만, 교실은 점차 지저분해졌다.

교사의 놀이 지원 실제	편성 및 교수 학습
교사는 유아의 반짝이끈 탐색 과정을 관찰하면서 사진이나 동영상으로 기록하며, 유아들의 언어 표현을 통해 유아가 반짝이끈을 탐색하면서 다양한 감각을 충분히 활용함을 관찰하였다.	상호작용 (관찰하기)
교사는 유아들의 놀이를 즉각 멈추고 정리를 하게 하고 싶었지만, 계획된 실내놀이시간까지는 유아의 놀이를 지켜보기로 하였다. 지저분한 교실, 계획안 작성, 교육적 의의 등에 대한 고민을 원내 학습공동체에 공유하고 해결 방법에 대한 도움을 받기로 결정하였다.	기타 (교사 간 협의)

| 놀이 | 반짝이끈으로 보물찾기 놀이하기 |

교사는 원내 학습공동체에 공유하고 협의한 결과, 새로운 자료 탐색을 위해 유아들에게 시간이 더 필요할 것으로 판단하여 유아들에게 탐색의 시간을 더 주고, 교사는 유아들의 놀이를 지속해서 관찰하기로 하였다.

한 유아는 교실에 만들기 재료로 있던 박스를 가져와 반짝이끈 놀이에 함께 사용하였다. 몸을 웅크리고 박스안에 들어가서 숨는 놀이를 하다가 한 두 명의 유아가 반짝이끈으로 몸을 덮어서 숨는 놀이를 하였다. 점점 많은 수의 유아가 참여하였고 놀잇감을 숨기는 놀이로 확장되었다. 유아들은 이 놀이를 보물찾기 놀이라고 이름을 붙였다.

"우리 반짝이끈으로 숨겨주자."
"안 보이게 숨겨줘."

"내가 이 속에 인형도 숨겼어.
인형 어디 있게?"

교사의 놀이 지원 실제	편성 및 교수학습
박스를 반짝이끈 놀이에 함께 사용하게 되면서 놀이 공간의 확보가 필요하다고 판단하여 교구장을 이동시켜 공간을 확보하였다.	공간의 변화 (교실 내 공간 재구성)
박스와 반짝이끈 놀이 자료의 결합으로 인해 놀이에 참여하는 유아의 표정이 즐거워보이고, 적극적으로 놀이하는 모습을 보아, 유아가 놀이에 더 몰입할 수 있도록 실내놀이시간을 연장하여 일과를 운영하였다.	시간의 변화 (놀이시간 확장)

| 놀이 | 반짝이끈으로 상상놀이하기 |

유아들은 반짝이끈의 특성을 충분히 탐색하고 나서, 반짝이끈을 활용하여 상상놀이를 하기 시작하였다. 긴 반짝이끈으로 낚시놀이하기, 정수기 만들기 등 자신의 경험을 활용하여 상상놀이를 하였다.

"낚싯줄로 낚시하고 있어."

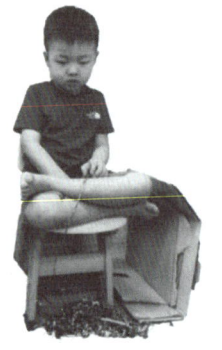

"반짝이끈 정수기 설치하겠습니다!"

교사의 놀이 지원 실제	편성 및 교수학습
교사는 유아 자신의 경험을 놀이로 표상하는 유아의 놀이에 참여하여 상호작용하면서 놀이가 지속될 수 있도록 지원하였다. "물고기는 몇 마리 잡으셨나요?", "낚시하는 데 또 뭐가 필요할까?" "정수기는 어떤 물건이야?", "물은 어디에서 나오는 거야?"	상호작용 (질문하기 / 놀이 참여하기)

| 놀이 | 놀이 공간에 대해 이야기나누기 |

차츰 반짝이끈 놀이에 대한 유아들의 관심이 줄어들기 시작했다. 여전히 반짝이끈 놀이를 하고 싶은 소수의 유아와 다른 놀이로 관심이 옮겨간 다수의 유아들 사이에서 놀이 공간에 대한 의견 차이가 나타났다. 이를 해결하기 위한 이야기나누기 활동을 진행하였다.

"시끄러워서 불편해요."

"자꾸 날아오고 발에 달라붙는게 싫어요."

유아들은 한 교실에서 모두가 즐겁게 놀이할 수 있도록 반짝이끈 놀이를 할 수 있는 별도의 공간을 마련하였다.

"우리가 옮겨보자!"

교사의 놀이 지원 실제	편성 및 교수 학습
유아 간 의견 차이를 교사가 일방적으로 조율하지 않고, 유아의 이야기를 듣고 해결 방안을 함께 모색하기 위해 이야기나누기 활동을 진행하였다.	일과의 변화 (놀이를 지원하기 위한 활동)
유아주도적으로 반짝이끈 놀이를 할 공간의 위치와 크기를 정하였다. 유아가 스스로 움직일 수 있는 장은 스스로 옮기되 안전 상 교사가 관찰하면서 도움이 필요한 경우 도움을 주었다.	공간의 변화 (교실 내 공간 재구성)

| 마무리와 새로운 관심의 시작 | 반짝이끈 놀이 정리하기
반짝이끈 담은 비닐봉지로 공놀이 하기 |

반짝이끈을 비닐봉지에 담자 비닐봉지가 공처럼 부풀어올랐고, 유아들은 그 특성을 활용하여 놀이하였다. 정리하면서 비닐봉지의 크기를 비교하기도 하고 굴리거나 던져 보기도 하였다.

"반짝이끈이 봉지에 가득 차고 있어요."
"여기에 딱 붙이면 공이네 공."

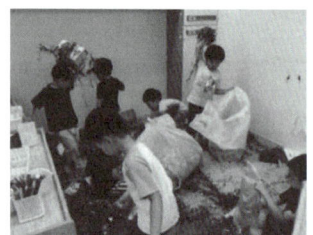

"반짝이 공이 굴러간다!"
"발로 차봐."
"던져도 돼!"

교사의 놀이 지원 실제	편성 및 교수 학습
유아가 반짝이끈 비닐공을 만드는 데 필요한 테이프 등 자료를 제공해주었다.	자료의 변화 (유아가 결정한 자료 활용 방법 지지)
반짝이끈을 비닐봉지에 담아 정리하여 만들어진 비닐공을 가지고 하는 새로운 놀이가 시작되었다고 판단하였고, 실외에서 크게 움직이며 활발하게 놀이할 수 있도록 지원하였다.	공간의 변화 (교실 밖으로 확장)

■ 두 개의 놀이 주제를 반영한 월간교육계획안의 예

계절 주제와 유아의 발현된 놀이 주제가 동시에 진행됨

주		5월 1주	5월 2주	5월 3주	5월 4주
놀이 (바깥 놀이 포함)	봄	• 봄꽃 만들기 • 모형꽃, 화분으로 놀기 • 산책 사진으로 만든 책	• 꽃가게 꾸미가 • 꽃씨 마라카스 • 씨앗 그림책	• 꽃가게 놀이 • 꽃모양 막대인형	• 티슈로 나비 만들기 • 봄의 곤충 그림책
	반짝이끈	유아의 흥미에 따라 새로운 주제 '반짝이끈'이 시작되었고, 이를 반영함 • 반짝이끈 가지고 나가 놀기 • 반짝이끈 나뭇가지에 묶기 • 반짝이끈으로 만든 도구로 운동하기			
활동		유아의 흥미에 따라 새로운 주제 '반짝이끈'이 시작되었고, 이를 반영함 • 우리 교실에는 어떤 장난감이 있으면 좋을까? • 상자의 반짝이끈으로 어떻게 놀이할 수 있을까? • 놀이의 진행과정에 따라 문제해결 의견 나누기 • 동화 '우리 가족' 동화 '봄소풍'			
		• 노래 '봄에 피는 꽃'	• 봄꽃 찾아오가 캐임하가 • 반짝이끈으로 신체 표현하기	• 노래 '씨앗아 자라서' • 반짝이끈으로 게임하기	• 노래 '캐마' • 애벌레 신체 표현하기
		── 필요한 경우 활동을 통해 유아의 놀이를 지원함 ──			
행사일정		5일 - 원내 어린이날 행사 / 8일 - 원내 어버이날 행사 & 포토존 22일 - 원내 손씻기 교육 / 29일 - 급식도우미 활동			

■ 한 주 동안의 누리과정 운영을 평가한 예

월간계획에 기초하여 한 주간의 누리과정 운영의 실행을 기록하고 평가한 예

기간		5월 2주				
요일		월	화	수	목	금
놀이	봄	• 꽃가게 놀이 확장(조화, 포장지, 끈, 화분, 가위, 테이프, 다양한 종이 등) 꽃가게가 구성되면 자연스럽게 놀이가 진행되도록 지원함. 필요에 따라 놀이그룹 또는 학급전체의 놀이진행상황을 공유하기 위한 이야기 나누기를 진행함.				
	반짝이끈	• 그림책 〈빨간 끈〉 반짝이끈 놀이의 진행에 따라 적절한 시기에 그림책을 제공함. 그림책에 대한 관심을 많이 가져 활동을 통해 전체 유아와 함께 읽고 반짝이끈 놀이와 연계하였음. • 반짝이끈과 상자 놀이 반짝이끈 속에 몸을 숨기던 유아들이 이제는 놀잇감을 숨기고 찾기 놀이를 함. 유아들 스스로 놀이 규칙을 만드는 과정을 지원함. • 반짝이끈과 상자로 상상놀이하기 반짝이끈과 상자를 이용하여 만들고 싶은 것을 만들었고 결과물을 활용하여 상상놀이가 전개됨.				계획에 없었지만 진행된 놀이의 기록
활동		• 이야기나누기 '놀이에서 생긴 문제를 어떻게 해결할까?' *갈등상황 해결하기 위해 활동으로 진행* • 동화 '빨간 끈' *ppt동화로 진행함* • 노래 '씨앗이 자라서' *꽃가게 놀이 경험과 연계하여 진행함* • ~~반짝이끈 게임~~ 진행되지 않음				월안에서 계획했던 내용을 실제 놀이를 반영하여 융통성 있게 실행
바깥놀이		• 풀 찧어 소꿉놀이하기 / 반짝이끈 나뭇가지에 묶기				
인성교육		• 친구에게 친절하게 말하기				
일일 기록 및 지원		• 반짝이끈 속을 이용한 놀이로 전개되기 시작함 • 꽃가게를 열기 위해 꽃다발 만들기에 관심을 가짐	• 반짝이끈과 상자를 같이 활용하여 숨기 보물찾기 놀이를 함.	• 반짝이끈을 활용하여 상상놀이를 함 • 바깥놀이 동안 풀에 대한 관심을 많이 표현함	• 반짝이끈 놀이 공간에 대한 갈등 상황이 발생하여 이야기 나누기를 진행	• 반짝이끈 정리하기 • 풀에 대한 관심을 교실로 확장해 보고자 함	일일 및 주간으로 놀이내용과 지원계획에 대해 간단히 기록
주간 기록 및 지원		• 반짝이끈으로 놀이하고 정리도 유아가 스스로 할 수 있도록 함. 정리 시 반짝이끈을 비닐에 담아 공이 되었고, 바깥놀이 시 신체활동 소품으로 활용해 보았음. 유아들이 즐겁게 활용하며 놀이하여 반짝이끈 공 굴리기 게임 및 바깥놀이 시 자유롭게 공 놀이하는 자료로 활용해볼 것임. • 실내놀이에서 지난 2주간 제공되었던 조화와 유아들이 만든 꽃이 어우러져 꽃가게 놀이로 진행됨. 교사가 놀이를 기본적으로 제공하였지만 유아들 사이에서 자발적으로 가게에 필요한 공간구성과 놀이자료를 스스로 만들기 위해 노력하고 의사소통이 활발하게 일어남. • 바깥놀이에서 풀을 뜯어 소꿉놀이, 찧기 등이 나타나며 봄의 식물에 대한 탐구와 심미적 감상이 활발하게 이루어짐. 교실에서 풀과 관련된 놀이가 이어질 것으로 예상됨.					

■ 놀이사례 한 눈에 보기

	놀이의 시작	• 가족의 날 행사를 위해 기관 입구에 장식한 응원술을 보고 몇몇 유아가 관심을 보임.
교육적 놀이지원	공간	• 유아의 놀이 흐름에 따라 유아가 주도적으로 놀이 공간을 재구성하도록 허용함.
	자료	• 환경구성 자료였던 응원술에 유아들이 관심을 보여 놀이 자료로 충분히 제공함.
	일과	• 놀이공간과 관련된 문제 해결을 위해 이야기나누기 활동 추가함. • 놀이시간을 연장하여 일과를 운영함.
	상호작용	• 관찰하기, 질문하기, 놀이 참여하기 등으로 놀이를 지원함.
	안전	• 지저분한 교실, 계획안 작성, 교육적 의의 등에 대한 고민을 원내 학습공동체에 공유하고 해결 방법에 대한 도움을 받음.
	놀이지원 계획 / 평가	• 계절 주제 '봄'과 관련한 놀이 환경이 제공되었으나 유아의 놀이를 교육계획에 반영하기 위하여 수시로 월간·주간 계획을 수정 반영함. • 월간 계획에 기초하여 한 주간의 누리과정 운영의 실행을 기록하고 평가함. • 매일 진행된 놀이, 교육과정 운영, 놀이 지원 등에 대해 간략하게 기록함.

2. 주제 안에서 놀이가 발현된 사례 : 지렛대 놀이

■ 놀이의 배경

항상 신나고 자유로운 가온반에는 4세 유아 26명이 함께 하고 있다. 유아들이 생활 속 각종 도구에 흥미를 보여서 '생활도구' 주제를 진행하며 교사는 유아들과 함께 과학체험관에 견학을 다녀왔다. 그 후 교실은 도구와 기계를 구성하며 놀이하는 유아들로 가득하게 되었다.

한 유아가 체험관에서 본 지렛대를 구성하고 블록 날리기를 시도하자, 교실은 소란스러워지고, 블록이 튀면서 주변에서 놀이하고 있던 유아를 깜짝 놀라게 하는 상황이 발생했다. 이후 어떤 놀이가 벌어졌을까?

■ 놀이의 흐름에 따른 교사의 고민과 교육적 지원

| 관심의 시작 | 지렛대와 날아가는 블록 |

'생활도구' 주제가 진행되며 '과학체험관'에서 지렛대를 보고 온 뒤 어느 날,

"이거 지렛대 놀이다!"
"이렇게 블록이 슝~ 날아가요."

교실 한 켠에서 한 두 명의 유아가 지렛대를 만들어 블록 날리기를 시작하였다.

"아우, 깜짝이야!
갑자기 블록이 날아와. 맞을 뻔했네."
"선생님, 얘네들이 블록을 날려서, 불편해요."

교사의 놀이 지원 실제	편성 및 교수학습
교사는 지렛대 놀이를 하는 유아와 주변 유아 모두에게 불편함 없이 놀이가 이어질 수 있도록 지원하는 방법에 대해 고민하였다. 유아들이 더 넓은 복도에 나가서 하고 싶다고 하였고 이를 수용하여 놀이공간을 확장하였다.	공간의 변화 (교실 밖으로 확장)

| 놀이 | 자유롭게 블록 날리기 |

복도로 나온 유아들은 자신이 하고 싶은 다양한 방식으로 자유롭게 블록 날리기를 하였다. 유아들은 스스로 지렛대에 힘을 가하는 다양한 방식을 시도하면서 블록을 날리기 위해서는 발로 지렛대를 누르는 것이 가장 좋은 방법임을 알게 되었다.

"엉덩이로 쿵 누를 수도 있다!"

"발로 하는 게 제일 편하지."

교사의 놀이 지원 실제

교사는 유아가 온몸으로 다양한 도전을 하면서 안전하게 놀이할 수 있도록 복도에 있던 물건을 치워주었다. 그리고 복도를 공유하는 다른 반 교사에게 이 사실을 알리고 양해를 구했으며 아이들과 이야기하여 블록은 다른 반 출입문 반대쪽으로 날리도록 하여 모두의 안전을 고려하였다.

편성 및 교수학습

기타
(안전)

| 놀이 | 멀리 날리기 위한 조건 탐색하기 |

유아들은 블록을 멀리 보내기 위해서 지렛대에 가하는 힘이 세야 함을 알게 되었다.

"살짝 뛰면 벽돌을 내가 바로 잡지!"   "멀리서 뛰어오면 벽돌이 더 멀리 날아가!"

유아는 지렛대 받침대의 높이에 따라 블록이 날아가는 거리가 달라짐을 발견하였다. 유아는 시행착오를 거쳐 블록을 날려 보내기에 가장 적절한 높이의 받침대 개수를 찾았다.

"이렇게 높이 하면 우주까지 가는 거 아니야?"   "2개가 딱 적당해요."

교사의 놀이 지원 실제	편성 및 교수학습
교사는 유아가 블록을 멀리 날리기 위한 조건을 주도적으로 실험하고 탐색하는 과정을 지켜보았다.	상호작용 (관찰하기)

| 놀이 | 멀리 날리기 시합 |

블록에서 블록 날리기 놀이를 제각기 하던 유아들은 점차 누가 더 멀리 날리는지 시합하는 것에 흥미를 보였다.

"어느 쪽이 더 멀리 가는지 시합해보면 알지."
"내가 더 멀리 날릴 거야."

한 유아가 먼저 블록을 날리고 멀리 떨어진 블록을 다시 주워 왔다. 뒤이어 다른 유아가 블록을 멀리 날렸다.

"내가 더 멀리 날렸지?"
"아니지. 내 거가 더 멀리 갔어. 아까 나는 이만큼 왔잖아."
"아닌데. 잘못 본 거 같은데?"
"선생님, 내 거가 더 멀리 갔는데 얘가 자꾸 자기가 더 멀리 갔대요."

교사의 놀이 지원 실제	편성 및 교수학습
교사는 유아 간 갈등을 중재하면서 유아가 블록이 날아간 거리를 비교, 측정하는 것이 수학적 경험을 하기에 교육적으로 적절한 순간이라 생각하였다. 유아가 블록이 날아간 거리를 비교할 수 있도록 기록하고 측정하는 방법에 대해 질문하였다. "날아간 블록을 그냥 가져와 버리면, 얼마나 멀리 날렸는지 알 수 있을까?" "정확하게 기억하려면 어떻게 해야 할까?" "바닥에 어떻게 표시하면 좋을까?" 유아는 자신의 이름을 적어와서 블록이 떨어진 곳에 놓고 블록을 되가져오는 방법으로 시합을 진행하였다.	상호작용 (질문하기)

놀이 | 목표물 맞추기 시합하기

복도에서 자유롭게 지렛대로 블록 날리기 놀이를 하다가, 유아가 날린 블록이 복도 한쪽으로 치워 두었던 공동작품 나무에 우연히 맞았다.

> (교사의 눈치를 보며) "야, 그걸 맞추면 어떡해…."
>
> 교사는 미소를 지으며 공동작품 나무를 복도 가운데로 옮겨주었다.
> 유아들의 놀이는 나무에 블록 맞추기 시합으로 이어져 나갔다.
> 다른 유아들도 관심을 가지며 점차 많은 수의 유아가 복도로 나오기 시작하였다.

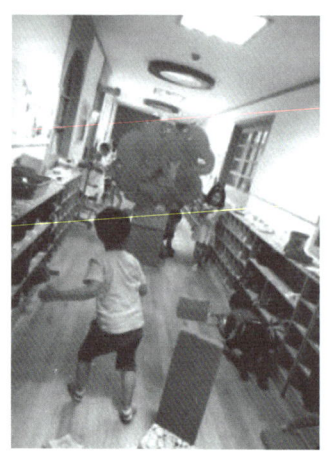

교사의 놀이 지원 실제	편성 및 교수학습
공동작품에 유아가 블록을 날려 맞춘 상황에서 교사는 유아의 행동을 제한하거나 나무라지 않고, 재미있는 놀이로 이어갈 수 있을 것이라 판단하여 공동작품 나무를 복도 중앙으로 옮겨주었다.	상호작용 (정서적 지원하기)
교사는 더 많은 아이들과 이 놀이를 함께 하고 싶다는 유아들의 제안을 받아들여 이 놀이를 활동으로 지원하기로 하였다.	일과의 변화 (놀이를 지원하기 위한 활동)

| 놀이 | 지렛대로 블록 날리기 게임하기 |

교사는 유아들의 의견을 받아들여 가온반 모든 유아가 참여할 수 있도록 게임 활동을 진행하였다.

유아들 스스로 창안한 게임인 만큼 게임의 방법 설명하기, 게임 자료의 준비와 배치, 규칙 정하기 등 모든 과정을 유아가 주도하도록 하였다.

"우리 팀 지렛대 높이는 이정도로 하자. 어때?"

"아냐. 2개나 3개가 적당해."

"나무판이 출반선에서 너무 멀어. 좀 당겨!"

교사의 놀이 지원 실제	편성 및 교수학습
교사는 유아들의 놀이로부터 발현된 게임이므로 최대한 게임을 개발한 유아들이 활동의 모든 과정에서 주도적 역할을 할 수 있도록 하였으며, 교사는 다른 유아들과 함께 경청하다가 개입이 필요한 순간에 질문을 하거나 의견을 정리하면서 활동이 원활이 진행되도록 지원하였다.	상호작용 (질문하기 / 제안하기)

| 놀이 | 지렛대 놀이에 대한 이야기나누기 |

게임 활동 후 유아들은 지렛대 놀이에 대한 흥미가 커졌고, 교실 안에서도 지렛대 놀이를 하였다. 또다시 지렛대 놀이로 인해 불편함을 느끼는 유아가 있어, 교사는 교실 안에서 지렛대 놀이 시 지켜야 할 약속과 놀이방법에 대해 이야기 나누었다.

교사는 유아들의 요청에 따라 세모 받침대를 제공하였는데, 지렛대가 자꾸 미끄러졌다.

유아들은 새롭게 사용할 지렛대로 자료실에서 폼보드를 골랐다.

놀이를 하던 중 유아는 지렛대의 높이뿐 아니라 받침점의 위치에 따라 날아가는 거리가 달라짐을 알게 되었다.

점차 유아들의 놀이는 상자에 물체를 골인시키는 게임으로 발전되었다.

1. 동그라미 카펫 안에서 놀이해요.
2. 만약에 친구의 몸에 맞으면 실수였더라도 사과해요.

"발사!"

교사의 놀이 지원 실제	편성 및 교수학습
교실 안으로 옮겨진 지렛대 놀이로 다시 유아 간 갈등이 빈번해지자 교사는 일과를 변경하여 이야기나누기 활동을 진행함으로써 유아의 놀이를 지원하였다.	일과의 변화 (놀이를 지원하기 위한 활동)
유아들의 요청에 따라 세모 받침대를 제공하였고, 새로운 종류의 지렛대를 제공하기 위해 유아들과 함께 자료실에 가서 의논 후 폼보드를 제공하였다.	자료의 변화 (유아가 발견한 자료 지원)

| 마무리와 새로운 관심의 시작 | **발사대 놀이** |

지렛대 놀이가 마무리 되어갈 즈음, 교실 한쪽에서 몇몇 유아들은 생활 속의 도구 중 스프링의 움직임이 주는 흔들거림 현상에 관심을 갖고 재미있는 놀잇감을 만들며 놀이하였다.

"쭉 늘어났다 손을 놓으면 팅~. 다시 줄어들고 흔들흔들해요!"

"뚜껑을 열면, 인형이 튀어나와 친구가 깜짝 놀라요"

"스프링과 지렛대 놀이가 만나니 새로운 놀이가 되었어!"

스프링 달린 놀잇감을 발명하던 유아들이 교실의 지렛대 놀이에 관심을 가지면서, 지렛대 놀이는 스프링이라는 새로운 자료, 유아들의 경험과 아이디어를 만나 새로운 발사대 놀이로 발전되어갔다.

교사의 놀이 지원 실제	편성 및 교수학습
교사는 발사대 놀이를 지원하기 위해 세모 받침대 위에 올려놓을 수 있는 평평한 판이 있었으면 좋겠다는 유아의 요구를 반영하여 유아들과 각종 판지와 상자들을 살펴보다가 유아들이 선택한 상자의 덮개를 제공하였다.	자료의 변화 (유아가 발견한 자료 지원)

■ 교육계획안과 누리과정 운영 평가를 통합한 예

지역사회 '과학체험관'을 방문하고 돌아온 경험이 놀이로 이어져 도르래와 지렛대 놀이가 6주간 전개되었다. 지렛대 놀이는 부모참여 수업을 거치면서 스프링의 원리와 연계하는 형태로 발전하였다. 이러한 놀이 맥락을 반영하여 총 8주에 걸쳐 실행된 교육과정에 맞추어 계획안을 수정하고 평가를 함께 기록하였다.

		도르래	지렛대	스프링	생활에서 불편한 점
놀이	실내	엘리베이터 만들기	→ 지렛대 놀이	→ 스프링발사대 놀이	
		엘리베이터 놀이하기	자석낚시놀이		지렛대 놀이가 발현되어 다음 주 추가 계획됨
		물건 수수께끼			
		톱니바퀴 만들기	지렛대 원리 물건 찾기	스프링이 들어간 물건 찾기	
	실외	〈잔디마당〉 축구하기 〈자전거 길〉 세발 자전거 타기			
		〈대근육 놀이〉 복합놀이기구 이용하기 〈물·모래놀이〉 자연물 이용해서 물·모래놀이 하기			
		〈데크 / 그늘영역〉 돌탑 쌓기 놀이 〈작은 정원〉 동식물 관찰하고 돌보기			
활동		엘리베이터 놀이를 하려면?	지렛대는 어떻게 이용될까?	스프링은 어떤 물건에 들어있을까?	교실에서 불편한 점을 해결하려면? 만일 편리한 물건이 없다면?
				동화) 쭉 늘어났다 팅 줄어드네	유아의 흥미 및 놀이 발현에 따라 수정하여 진행
			노래) 지렛대		
		OO과학체험관		OO과학체험관 재방문	
누리과정 운영 평가	도르래에 대한 흥미는 블록으로 엘리베이터를 구성하는 놀이로 나타났고, 우연히 시작된 지렛대 놀이를 지원하기 위해 복도를 놀이공간으로 확장하고 유아들이 요구하는 자료를 제공하였더니 유아들 간 상호작용이 활발해지면서 놀이가 2주 이상 지속되었다. 학부모 참여 수업과 연결되며 스프링에 대한 관심이 놀이로 이어져 의미 있었다.				

■ 유아의 경험을 누리과정 5개 영역의 내용과 연계하여 이해한 예

신체운동·건강
- 신체를 움직이며 힘을 조절하고, 도구를 이용하면서 안전하게 놀이하는 방법을 경험함.

의사소통
- 자신의 생각을 말하고 다른 사람의 의견을 듣는 기회가 많아 바르게 말하고 듣는 태도 형성에 도움이 됨.
- 교사의 도움으로 탐구 결과를 기록하는 방법에 관심을 가지고 이름과 숫자를 글자로 표현하는 경험을 함.

사회관계
- 게임으로 함께 놀이하는 상황이 많아 친구들의 서로 다른 감정과 행동을 존중하고 소통하면서 문제를 해결해 봄.

예술경험
- 지렛대 관련하여 그림으로 표상하는 유아도 일부 있었으나, 예술경험과 관련한 경험이 다소 부족하게 이루어짐. 다른 놀이에서 음률 및 조형 관련 경험을 충분히 할 수 있도록 지원해야겠음.

자연탐구
- 물체의 길이와 무게, 받침대와 받침점의 위치 및 방향, 거리에 대한 탐구과정에 즐겁게 참여하고 풍부하게 경험함.

■ 놀이사례 한 눈에 보기

	놀이의 시작	• '생활도구' 주제 진행 중 과학체험관에 다녀온 경험을 바탕으로 지렛대 놀이가 자연스럽게 시작됨.
교육적 놀이지원	공간	• 지렛대로 블록 날리기 놀이를 하기에 적합한 장소라고 판단한 복도로 놀이 공간을 확장함.
	자료	• 유아가 다양한 자료를 요구하였을 때 적절한 자료를 함께 탐색·제공하고 활용방법을 지지함.
	일과	• 지렛대로 블록 날려 목표물 맞추기 게임 활동, 지렛대 놀이를 안전하게 하기 위한 이야기나누기 활동을 진행하여 유아의 놀이를 지원함.
	상호작용	• 관찰하기, 질문하기, 제안하기, 정서적 지원하기 등으로 놀이를 지원함.
	안전	• 유아가 복도에서 지렛대 놀이를 시작할 때와 멀리 날리기 시합을 할 때 안전 관련 규칙을 유아들과 의논하고, 놀이를 안전사고에 유의하면서 관찰함.
	놀이지원 계획 / 평가	• '생활도구' 주제 하에서 유아들이 관심을 가질 수 있도록 환경을 구성하고 자료를 제공함. • 실행 과정에서 유아의 실제적 흥미에 기반하여 주제를 덧붙여 감. • 유아가 놀이시간에 그린 지렛대 관련 표상물을 통해 과학적 개념 형성 및 이해도, 탐구 태도 등을 평가함. • 지렛대 놀이에 나타난 누리과정 5개 영역을 통합적으로 서술하여 평가함. • 약 두 달간 진행된 지렛대 놀이가 거의 마무리 되었을 때 누리과정 운영 평가를 실시함.

3. 통합 학급에서의 놀이 사례 : 함께 해서 더 즐거운 놀이

■ 놀이의 배경

5세 풀잎반에는 자폐 유아 2명과 지적 장애 유아 1명이 함께 있는 통합 학급이다. 어느 날 풀잎반의 점심 식사 반찬에 나물이 있었다. 유아들은 관심을 보이기 시작했고 식재료로 남은 나물을 탐색하면서 놀이가 시작되었다. 장애 유아와 일반 유아들이 함께 하는 놀이는 어떻게 나타나게 될까?

유아교육과정

■ 놀이의 흐름에 따른 교사의 고민과 교육적 지원

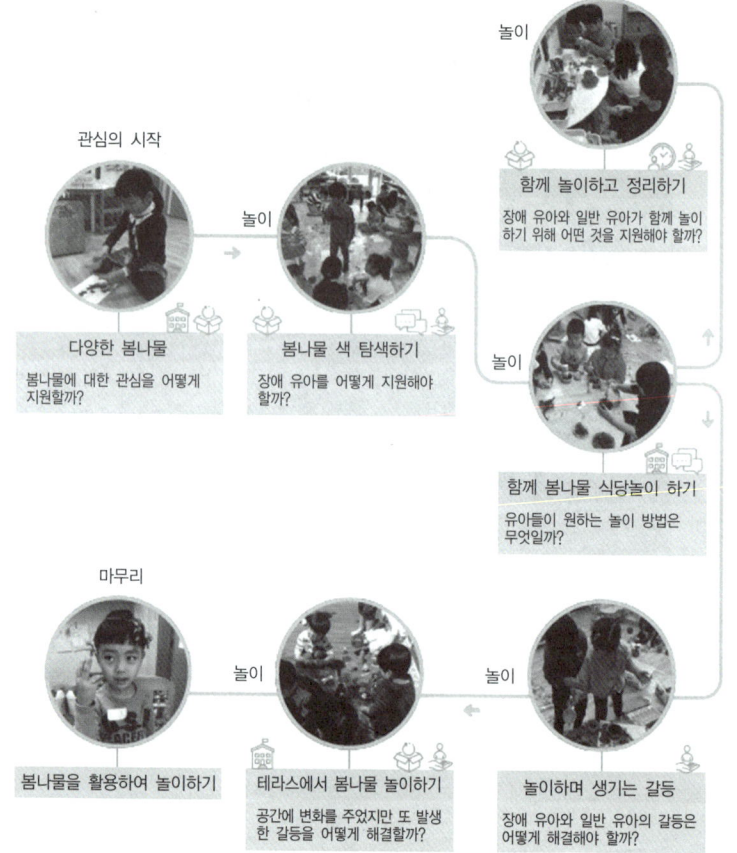

관심의 시작	다양한 봄나물

점심시간에 나온 나물반찬으로 봄나물에 대한 관심이 시작되었다. 유아들의 관심을 지원하기 위해 주방에 요청하여 남은 식재료를 받아 탐색하게 되었다. 유아들은 저마다 관심이 가는 봄나물을 하나씩 잡고 손으로 비비고, 냄새를 맡고, 줄기를 구부려보고, 잎을 줄기에서 떼었다. 자신이 탐색한 봄나물을 그림으로 그렸다.

"우와 이 나물은 진짜 길어."
"이건 키가 너무 작은데 줄기가 엄청 뚱뚱해."
"이건 우리가 먹었던 반찬에서 나는 그 냄새야."
"내 손에서도 똑같은 냄새가 나잖아!"
"모두 다 초록색인데 왜 다른 초록색이지?"

교사의 놀이 지원 실제	편성 및 교수학습
교사는 봄나물에 대한 유아의 관심을 확장하기 위해 다양한 종류의 봄나물을 제공해 주었다.	자료의 변화 (유아가 발견한 자료 지원)
교사는 유아들의 자유로운 탐색을 돕고자 흥미영역을 넓혀서 공간을 확보해 주었다. 교사는 봄나물에 대한 유아들의 관심을 놀이로 확장시켜 줄 수 있는 방법을 고민하기 시작하였다.	공간의 변화 (교실 내 공간 재구성)

| 놀이 | 봄나물 색 탐색하기 |

흰 종이 위에 봄나물을 올리고 주방도구들로 두드리자 즙이 묻어나고 유아들은 신나게 봄나물을 두드리며 저마다의 색을 관찰하였다.

"야, 국자로 해봐. 더 잘 된다."
"더 세게 해봐."
"접시로 해 봤어? 이거 봐."

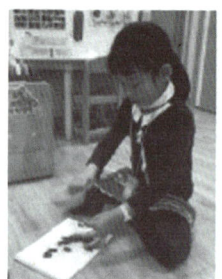

"선생님이 국자 줄까? 해볼래?"
"나는 안 할거야."
자폐 유아는 나물 만지기를 거부하였다.

교사의 놀이 지원 실제	편성 및 교수학습
유아들이 종이 위에 나물을 올려놓고 손으로 문질러도 즙이 잘 묻어나지 않자 교사가 다양한 도구 사용을 제안하였다.	자료의 변화 (교사가 계획한 자료 제공)
특수교사는 새로운 감각탐색에 두려움을 나타내며 친구의 모습을 지켜만 보는 자폐 유아에게 봄나물을 국자로 두드려 볼 것을 제안하였으나 원하지 않았다. 교사는 장애 유아의 모습을 조금 더 지켜 보기로 하였다.	상호작용 (제안하기 / 관찰하기)

| 놀이 | 함께 봄나물 식당놀이 하기 |

물감과 봄나물을 섞어 놀이하기 시작하면서 봄나물이 다양한 색으로 변하자 유아들의 관심이 봄나물 요리 놀이로 확장되었다.

자폐 유아도 새로운 재료인 물감에 관심을 가지고 다가오지만 만지지는 않았다. 자폐 스펙트럼 장애의 특성상 의사소통의 문제를 나타내어 친구의 놀이 제안에 반응하지 못하고 있었다.

"같이 놀자!"

"선생님~ 제가 만든 맛있는 봄나물 무침이에요."

"손님, 여기 다양한 봄나물 요리가 준비되어 있습니다."

교사의 놀이 지원 실제	편성 및 교수학습
일반 유아가 장애 유아의 놀이참여를 제안하였지만 장애 유아는 놀이에 참여하지 않았다. 이에 교사는 장애 유아와 함께하며 유아 간의 상호작용을 지지해주었다.	상호작용 (정서적 지원하기)
유아들이 음식을 먹는 공간이 필요하다며 책상을 옮기고 공간을 넓혔다. 이어 유아들은 식당에서의 상황을 역할극으로 표현하기 시작하였다.	공간의 변화 (교실 내 공간 재구성)

놀이	함께 놀이하고 정리하기

한 유아가 지적 장애 유아에게 다가가 봄나물 요리를 같이 하자고 제안하지만 봄나물이 요리 재료인 것을 인지하기 어려운 장애 유아는 계속해서 나물 만지기를 거부하였다.

"나는 그거 안 할 거야. 오렌지 할 거야."
"알았어, 너는 그거 해."

"여기에 주스를 따라줄게."

특수교사는 지적 장애 유아가 요리 놀이를 할 때 사용한 음식 모형을 제공해 주었다. 장애 유아는 음식 모형을 만지며 일반 유아와 함께 요리 놀이를 하는 모습을 보였다.

교사의 놀이 지원 실제	편성 및 교수학습
지적 장애 유아에게 좀 더 익숙한 놀잇감을 제공하자 장애 유아는 관심을 갖고 놀이하기 시작하였다.	자료의 변화 (교사가 계획한 자료 제공)
유아들간의 관계가 원만해지면서 바닥이나 책상에 묻은 물감을 치우는 과정도 즐겁게 진행되었다. 수건을 주고 정리정돈 시간을 충분히 제공하자 즐거운 분위기로 교실정리가 마무리 되었다.	일과의 변화 (놀이시간 및 정리시간 확장)

놀이	놀이하며 생기는 갈등

놀이에 사용하는 물의 양이 증가하여 교실 바닥이 젖기 시작하였다. 근처에서 다른 놀이를 하는 유아들이 불편해하였다.

봄나물 놀이에 관심 없이 블록 놀이만 하던 또 다른 자폐 유아는 물감에 대해 크게 거부하며 자신의 블록이 젖을까 우려하여 친구들에게 큰 소리를 내기도 하였다.

"싫어 싫어! 물감 묻는 거 싫어!"
"내 꺼 안 돼, 만지지 마!"

"너희들 물감 때문에
내 양말 다 젖어서 벗었잖아!"
"우리가 너무 어지른 것 같은데…
조금 치울까?"
"아냐, 난 더 크게 하고 싶은데"

교사의 놀이 지원 실제	편성 및 교수학습
봄나물 놀이를 하는 유아들과 하지 않는 유아 간의 갈등이 심해지자 통합교사는 특수교사와 물을 자유롭게 사용할 수 있으면서 장애 유아도 놀이에 참여할 수 있는 방안을 논의하였다.	기타 (교사 간 협의)

놀이	테라스에서 봄나물 놀이하기

테라스로 놀이 공간을 확장하여 놀이하자, 보다 많은 유아가 놀이에 관심을 가지고 참여하길 원하였다.

장애 유아들도 달라진 놀이공간에서 좀 더 적극적으로 놀이에 참여하였다.

"선생님, 이거 내 거야. 내 거야."

"주스 마셔."
"야, 이거 마시면 안 돼! 이거 진짜 아니야!"

교사의 놀이 지원 실제	편성 및 교수학습
통합반 두 교사의 협의 결과, 평소 실외 놀이 장소를 선호하는 장애 유아를 포함하여 모든 유아의 자유로운 놀이 공간을 확보하기 위한 방법으로 테라스로 놀이 공간을 확장하였다.	공간의 변화 (교실 밖으로 확장)
그릇을 사용하는 문제로 일반 유아와 장애 유아의 갈등이 발생하자, 특수교사는 장애 유아와 대화 후 장애 유아가 원하는 그릇을 추가로 제공하여 일반 유아들과의 갈등을 해결할 수 있도록 지원하였다.	자료의 변화 (교사가 계획한 자료 제공)

| 마무리 | **봄나물을 활용하여 놀이하기** |

봄나물에 대한 유아들의 관심이 점점 줄어들고 봄나물 놀이에 참여하는 유아들도 줄어들었다.

유아들은 봄나물 식당놀이 대신 폐품과 봄나물을 이용하여 자유롭게 만들기를 하거나 봄나물 액세서리를 만들며 놀이하였다.

"봄나물로 가방 만들었어요. 하트가방이에요."
"가방! 가방이야 가방!"

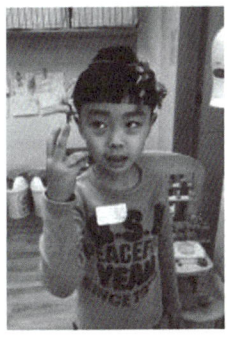

교사의 놀이 지원 실제	편성 및 교수학습
장애 유아와 일반 유아들의 관심이 완전히 소거될 때까지 봄나물을 지속적으로 제공하였고, 다른 놀이에 나물을 가지고 놀이할 수 있도록 허용하였다.	자료의 변화 (유아가 결정한 자료 활용 방법 지지)

■ 실행된 교육과정을 반영하여 수정한 주간교육계획안의 예

계절 및 주제에 따라 놀이환경을 제공해주지만 유아의 놀이발현에 따라 수시로 계획을 수정함

기간	20○○년 월 일 ~ 월 일		연령	5세	담임	
주제	봄		소주제	봄의 식물 + 봄나물		
목표	• 봄이 되어 변화하는 동식물의 특성을 탐색한다. • 동물과 식물의 보살피며 소중히 여기는 마음을 갖는다.					

주	(월)	(화)	(수)	(목)	(금)
등원 및 맞이하기	• 등원 길에 보이는 봄의 식물에 관심가지기				
놀이	• 캐구라 연못만들거 → 봄나물 식당 만들기 • 꽃가게 놀이 • 여러 가지 식물도감 • 식물의 성장과정 • 식물 뿌리 관찰 + 봄나물 즙내기 • 봄을 담은 모빌 → 폐품과 봄나물로 자유롭게 만들기 • 다양한 악기 소리 탐색				
활동	〈이야기 나누기〉 • 봄의 식물 • 봄에 볼 수 있는 동물과 곤충 • 동·식물의 성장 과정 → 봄나물 놀이 마무리에 대한 이야기나누기 진행	〈동시〉 • 호랑나비 하양나비 〈동시〉 • 꽃장수			
바깥놀이	• 개미 등 곤충 찾아보기 • 산책, 식물탐색 • 들풀의 뿌리 관찰 • 〈대체활동〉 장애물 공굴리기 / 2인 1각 달리기				
지역사회 연계	• 이야기 할머니 / 우당도서관 북버스 → 이야기 할머니와 산책하며 풀 이름 알아보기				
기본생활 습관	• 이럴 땐 손을 꼭 씻어요.				
안전교육	• 약물오남용 – 약은 정해진 양만 먹어요.				

■ 유아 놀이관찰 내용과 누리과정 운영 평가를 함께 기록한 예

구분	내용
유아 놀이관찰 내용	 주현이가 봄나물로 가방을 만들었다. 서진 : 이거 가방! 가방이야 가방! 서진이 거야. 주현 : 서진아 너도 만들래? 주현이가 서진이에게 지퍼백을 준다. 서진이가 가방 만들기를 어려워하자 주현이, 교사가 도움을 주어 완성한다. 가방이 완성되자 서진이는 주현이에게 가방을 보여준다. 교사 : 이거 가방이야. 서진 : 이거 가방이야. 교사는 서진이가 주현이에게 언어로 표현할 수 있도록 지원한다.
누리과정 운영 평가	• 친구의 놀이를 관심 있게 지켜보는 장애유아를 관찰하던 중, 일반 유아가 장애 유아의 놀이참여를 유도하는 상호작용이 일어났고, 긍정적인 통합놀이의 모습을 관찰할 수 있었음. • 장애 유아가 어려워하는 부분에 대해서는 교사가 신체적 촉진, 언어적 모델링 등을 통해 지속적인 놀이지원을 하였음. • 놀이 전반에서 장애 유아와 일반 유아의 놀이가 즐겁게 이루어졌으며 친구의 이야기에 집중하고 모방하여 표현하는 장애 유아를 관찰할 수 있었음. • 바깥놀이에서 할 수 있는 통합활동을 계획해보고자 함.

유아교육과정

■ 놀이사례 한 눈에 보기

	놀이의 시작	• 점심 식사 반찬으로 나온 봄나물에 유아들이 관심을 보임.
교육적 놀이지원	공간	• 봄나물을 탐색할 수 있는 충분한 공간을 마련함. • 탐색의 특성으로 인하여 갈등이 발생하자 교실 밖으로 공간을 확장함.
	자료	• 봄나물을 탐색하고 놀이에 활용하는 유아의 활용방법을 지지함. • 필요한 자료가 있을 경우 요구를 반영하여 제공함.
	일과	• 유아가 정리도 즐거워하자 놀이의 정리시간을 충분히 제공함.
	상호작용	• 관찰, 제안, 놀이 참여, 정서적 지원하기 등으로 놀이를 지원함.
	안전	• 장애 유아와 일반 유아의 갈등 해결을 위하여 통합반 교사 간 협의 시간을 가짐.
	놀이지원 계획 / 평가	• 유아의 놀이에 대한 기록과 교사의 분석을 바탕으로 놀이지원을 제공함. • 놀이 상황 중 개별 유아의 놀이를 간단히 기록함. • 누리과정 운영 평가를 함께 작성함.

03 놀이에 대해 묻고 답하기(요약 자료)

[출처] 『놀이이해자료』, 교육부, pp.218~233.

Q.01 유아가 마음껏 놀이할 수 있는 자유를 강조하는 이유가 있나요?

> 마음껏 놀이할 수 있는 자유는 유아에게 즐거움과 행복감을 주고, 흥미와 욕구에서 시작된 놀이는 즐거운 배움이 일어나도록 한다. 유아가 주도하는 모든 놀이에는 의미 있는 경험이 있다.

Q.02 유아가 즐겁게 뛰어놀기만 해도 괜찮을까요?

> 놀이는 곧 배움이다. 유아의 놀이를 따라가면서 어떻게 배움이 일어나는지 이해해보려는 노력이 필요하다.

Q.03 한 아이가 놀이를 주도해도 괜찮은가요?

> 놀이를 주도하는 경험은 유아에게 의미가 있다. 다른 유아들의 호응과 참여로 놀이가 지속된다면 긍정적일 수도 있다. 교사가 성급히 판단하여 개입하기보다는 역동적인 관계성을 잘 살펴보면서 놀이의 자율성을 지켜주는 것도 중요하다.

Q.04 놀이와 활동은 어떻게 다른가요?

> 놀이는 유아 스스로 선택하고 주도적으로 참여하는 과정에서 즐거움을 느낄 수 있는 것이다. 활동은 놀이를 지원하기 위해서 교사가 유아의 흥미와 욕구, 의도를 고려하고 놀이 맥락 안에서 계획을 실행하는 것이다. 활동은 이전의 놀이를 확장시키거나 새로운 놀이의 출발점이 될 수 있다.

Q.05 유아가 교사의 예상이나 계획과 다르게 놀이할 때에는 어떻게 해야 할까요?

> 교사의 계획은 놀이를 확장하기도 하지만 제한하기도 하므로 유아의 놀이를 인정하고 유아에게 주도권을 넘겨주는 것이 좋다.

Q.06 유아의 놀이 때문에 주제 관련 활동을 못했어요. 괜찮을까요?

> 주제를 다루는 계획적인 활동을 통해서만 유아가 배운다는 생각에서 물러나보자. 유아의 흥미와 관심은 주제에만 머물러 있지 않고 마주치는 모든 것에 관심을 가지고 놀이로 만든다. 유아가 주도적으로 만든 놀이에서 더 의미 있는 경험이 일어난다.

Q.07 수학적으로, 과학적으로 탐구하는 놀이란 무엇인가요?

유아에게 수학적, 과학적 탐구는 일상생활과 놀이에서 만나는 문제를 탐구하는 방식이다. 놀이에서도 유아는 충분히 수학적, 과학적 탐구를 한다.

Q.08 실내 놀이와 바깥에서 하는 놀이는 어떻게 다른가요?

유아는 바깥놀이에서 오감을 다양하게 사용하고 적극적으로 몸을 이용하고 자연물의 변화를 우연히 발견하거나 새롭게 볼 수 있는 기회가 많다. 변화무쌍한 바깥세상은 유아의 놀이 특성과 많이 닮아있어서 유아들은 바깥놀이를 좋아한다. 바깥은 유아가 놀이하기 좋은 공간이다.

Q.09 유아가 놀이 자료를 자유롭게 탐색할 수 있도록 하고 싶습니다. 교실 공간을 어떻게 만들어야 할까요?

다양한 놀이 자료를 제공하고 유아의 놀이를 지켜보면서 공간을 확장, 이동, 분리, 연결한다. 놀이 자료 사용 방식을 유아가 결정하도록 허용하면 유아 스스로 놀이 자료를 사용하는 방식을 찾아낸다.

Q.10 블록은 왜 중요한 놀이 자료인가요?

블록은 재창조되는 속성이 있어서 재미있게 놀이 맥락을 만드는 즐거움을 주는 좋은 자료다. 블록 놀이는 사실과 상상이 만들어내는 새로운 경험의 장이고 혼자 놀이도 가능하고 협력 놀이도 가능하다.

Q.11 블록의 종류에 따라 유아의 놀이가 달라지나요?

나무 블록은 다양한 모양과 많은 조각들로 유아가 더 세심한 특징까지 생각하면서 구체적이고 복잡한 구조물을 만들 수 있도록 도와준다. 종이 블록은 가볍고 커서 구조물을 부수고 세우는 변형의 과정이 용이하다. 성질이 다른 놀이 자료는 유아가 새로운 놀이 경험을 할 수 있도록 돕는다.

Q.12 유아에게 다양한 놀이 자료를 주는 것이 왜 필요할까요?

유아의 놀이 욕구는 익숙한 물체와 새로운 물체가 만났을 때 더 크게 일어난다. 유아의 놀이를 풍부하게 하기 위해서는 유아가 자유롭게 몸으로 가지고 놀 수 있는 놀이 자료를 주는 것이 좋다. 끈, 찰흙, 흙, 물, 종이, 색철사, 옷감, 돌, 단추, 자연물 등 무엇이든 될 수 있는 자료가 유아의 놀이를 풍부하고 다채롭게 한다.

Q.13 유아는 물체의 속성을 어떻게 알아갈까요?

> 유아는 감각적이며, 몸을 이용한 작용에 익숙하기 때문에 물체를 만나면 놀이하고 싶은 욕구가 생깁니다. 놀이를 관찰하면 무엇에 호기심이 있고 어떻게 해결해 가는지 알 수 있다.

Q.14 한 가지 놀이(예를 들어 팽이놀이)는 정말 한 가지의 놀이라고 할 수 있나요?

> 팽이놀이는 팽이를 돌리고 승패를 겨루는 단순한 게임의 무한 반복이 아니다. 무궁무진한 아이디어가 담겨 있는 변형된 놀이면서 놀이 할수록 놀잇거리가 만들어지는 매력 있는 놀이였다.

Q.15 유아가 똑같은 놀이를 계속하는 힘은 어디에 있나요?

> 즐거움이다. 유아가 주도하고 자신의 생각을 마음껏 펼칠 수 있는 자유로움이 있기 때문이다. 또한 즐거움을 함께 할 수 있는 또래가 있기 때문이다. 서로의 경험이 합쳐져 놀이가 더 새로워지고 풍성해진다.

Q.16 교사는 유아가 순간순간 놀이를 바꿀 때 불안하지 않나요?

> 유아의 경험은 모두 다르기 때문에 함께 놀이한다는 것은 다른 경험이 만나는 것이다. 따라서 유아의 놀이는 자꾸 변형된다. 유아는 놀이하면서 다른 놀이를 떠올린다. 왜냐하면 놀이가 놀이를 만들기 때문이다.

Q.17 교사는 유아의 변화하는 놀이를 어떻게 지원해주어야 할까요?

> 유아가 즐기는 부분을 궁금해 하는 것이 필요하다. 놀이를 지켜보거나 함께 놀이해보면 지원할 수 있는 적절한 방법을 찾을 수 있다. 새로운 놀이 자료를 제안하거나 질문하고 제안을 어떻게 받아들이는지 살펴본다(가끔 교사의 제안대로 놀이하지 않기 때문에). 교사의 제안대로 놀이하지 않을 때 유아의 생각을 더 잘 이해하게 된다.

Q.18 유아의 놀이는 언제 시작되고 어떻게 끝이 나나요?

> 유아가 무언가에 흥미를 가지는 순간 시작된다. 또는 새로운 놀이 자료가 놀이를 시작하게 한다. 유아가 주도적으로 놀이를 시작하기도 하지만 놀이를 하는 동안 새로운 놀이를 만들어 낸다. 놀이는 유아의 마음과 손에서부터 시작된다. 따라서 놀이공간과 시간의 구획은 놀이와 맞지 않는다. 놀이 공간이 놀이를 기다리기도 한다. 놀이의 시작과 끝은 분명하지 않다. 놀이는 유아가 마음에 품고 있는 경험이기 때문에 어떻게 다시 살아날지 예측할 수 없다. 놀이의 시작과 끝은 중요하지 않다. 왜냐하면 놀이가 놀이를 만드니까 놀이의 끝은 또 다른 놀이의 시작이다.

Q.19 유아가 놀이를 반복하는 것이 괜찮을까요?

> 유아의 놀이는 늘 비슷해 보이지만 관찰해보면 동일한 것을 반복하는 것만은 아니다. 놀이가 변화되도록 놀이 자료를 다양하게 제공해본다. 교사의 눈에 반복되는 놀이는 교사의 적극적인 지원이 필요하다는 신호이기도 하다. 하지만 무조건 놀이가 달라져야 하는 것은 아니다. 시간이 지나면서 변화하기 때문이다.

Q.20 유아의 놀이를 잘 관찰할 수 있는 좋은 방법이 있나요?

> 놀이를 관찰만 한 경우, 기록까지 남긴 경우 놀이에 대한 이해 정도는 각각 다를 수 있다.
> 1. 교사 자신이 할 수 있는 만큼 시도해보는 것이 중요하다. 기록이 바로 놀이에 대한 이해의 시작이 된다.
> 2. 교사 자신의 시선과 해석을 부끄러워하지 않는다. 우리 반의 놀이는 나의 관찰과 기록이 가장 정확하다.
> 3. 과대해석을 경계한다.
> 4. 놀이를 관찰, 기록하는 순환을 통해 교육적 의미를 발견할 수 있다. 동료 교사와 함께 하면 더 수월할 수 있다.

Q.21 교사는 왜 유아의 놀이를 관찰하여 기록하고 전체 유아와 공유하나요?

> 교실의 유아가 서로를 이해하기는 어렵다. 유아의 놀이를 함께 공유함으로써 서로를 이해하게 되고 놀이를 전체에 소개하여 놀이 아이디어를 얻기도 한다.

Q.22 놀이에서 지켜야 할 규칙과 놀이의 즐거움 사이의 균형을 어떻게 맞추어야 할까요?

> 놀이의 즐거움이 중요하다고 해서 규칙이 무시될 수는 없다. 안전 문제가 발생할 경우에는 신속한 대처가 필요하다. 유아는 놀이하는 과정에서 지켜야 할 규칙과 놀이의 즐거움을 스스로 조정해 나갈 수 있다.

Q.23 유아의 놀이에 규칙이 없는 것이 불편해요. 그대로 두어도 될까요?

> 교사가 규칙을 강조하는 것이 성인의 기준에 유아를 끼워 맞추는 것일 수도 있다. 유아는 놀이의 즐거움을 유지하기 위해 규칙을 바꾸며 놀이하는 경우도 많다.

Q.24 유아에게 숨는 공간이란 어떤 의미일까요?

> 유아들은 비밀스러운 공간을 좋아한다. 친구와 비밀 공유, 찾아주기를 바라는 마음, 아슬아슬한 느낌을 경험하는 곳이다.

Q.25 교사의 시선이 잘 미치지 않는 공간에서 유아를 놀게 해도 괜찮을까요?

안전이 확보된다면 놀이를 허용할 수 있다. 우연한 만남과 다양한 놀이를 할 수 있고, 자유로움을 느끼는 공간일수록 놀이의 변형과 확장은 풍부해질 수 있다.

Q.26 이야기 맥락을 모른 채 끼어드는 유아가 있을 때 갈등이 생기지 않았나요?

유아는 맥락을 합의하지 않아도 서로 협력하는 힘이 있다. 나이가 어릴수록 함께 놀이할 때 모든 맥락을 동의하여 하나로 통일시키지 않는다. 교사는 맥락을 이해하지 못하는 유아로 인해 기존 유아가 불편함을 느낄 것이라고 생각하지만 유아들은 금세 놀이를 새롭게 하여 함께 즐기는 형태로 재창조해 내는 힘이 있다.

Q.27 이 자료집의 사례를 제공한 교사들의 놀이 지원에는 어떤 특성이 있나요?

충분한 시간을 제공하고 융통성 있게 공간 운영하기
기다리고 지켜보기
유아의 생각을 수정하지 않고 따라가기
놀이 공유하기
다양한 매체를 제공하고 자유롭게 선택하는 놀이 따라가기
함께 놀이하기
교사가 제안을 하되 유아들이 그것을 어떻게 경험하는지 바라보기

공립유치원 임용시험

합격을 위한 확실한 선택

2023대비
유아임용박사팀

전문적인 Team Teaching을 통한 창의적이고 효율적인 강의

유아임용박사팀 Synergy 프로그램

교수, 수강생, 학원이 함께 소통하며 만들어가는, 독보적인 합격 완성 프로그램

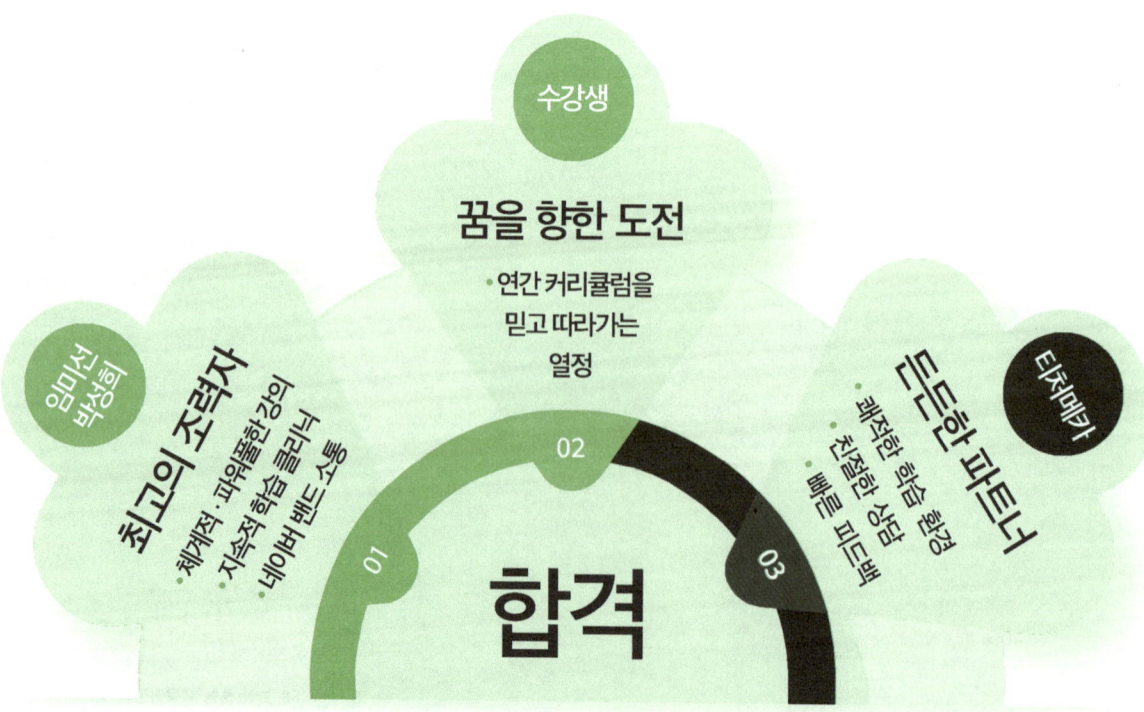

24년간 누적된 전문성
수많은 합격 선배들이
강추하는
이유가 있습니다

외미선 박성희 유아 임용 박사팀을

1년간 믿고 따라온다면

다음 합격수기의 주인공은

바로

당신입니다

임박팀유튜브

전문적인 Team Teaching을 통한 창의적이고 효율적인 강의

임미선·박성희 유아임용박사팀

2023학년도 연간커리큘럼

강의		1월	2월	3월	4월	5월	6월	7월	8월	9월	10월	11월	12월	비고
유아교육개론반														
유치원 교육과정반														
영역별 문제풀이반											연간패키지 (논술 비포함)			
기출문제풀이반													연간패키지 (논술 포함)	
실전 모의고사반														
논술반	기초반													·격주 수업
	실전반													
배움중심 수업설계					이론반					실전반				·이론반 격주 수업 ·1차 시험 전, 후 수업
심층면접 대비반														·1차 시험 후 수업
2차 개별지도														·1차 합격자 발표 후 수업

기본 과정

강의명	직강	강의안내	교재
1-2월 **유아교육개론반** (해오름반)	화, 수 17시 - 21시 16회	📖 유아교육 각 영역의 기본 개념과 원리의 구조화 임미선 : 유아교육론, 유아교육사상, 발달심리, 부모교육 박성희 : 아동복지, 놀이, 교사론	아이미소① 유아교육개론 (교재 개정X)
3-5월 **유치원 교육과정반**	화, 수 17시 - 21시 24회	📖 '이해 → 적용' 2019 개정 누리과정의 체계적 학습 임미선 : 총론 및 법, 신체운동*건강, 사회관계, 예술경험, 자연탐구 박성희 : 의사소통, 유아교육과정론 및 평가	아이미소 ②,③,④ 유아교육과정 (교재 개정X)
1-5월 **기출문제풀이반**	[인강] 교과별 진도에 맞춤 12회	📖 26년간 영역별 기출문제 마스터 📖 기출 지문 내용의 정확한 이해 및 정리 📖 문항 유형에 따른 답안 작성 방법 파악	아이미소 26년간 영역별 기출문제집 (2022년 1월 초 개

기간	일정	강의안내	교재
6-8월 역별 문제풀이반	화, 수 17시 - 21시 26회	실력을 쌓기 위한 '기본문제' 풀이 실제 유형과 가까운 '실전형 문제' 풀이 핵심 내용 정리를 통한 이론 학습 완성	아이미소 영역별 적중문제집 (2022년 5월 말 개정)
9-10월 실전 모의고사반	금 9시 - 19시 6회	최신 경향을 반영한 동형모의고사 정통 유치원 교육과정 전문가의 엄선된 문제 명쾌한 해설 강의를 통한 답안 작성 기준 안내	프린트물

교직 논술

강의명	직강	강의안내	교재
1-3월 논술 기초반 (박성희)	토요일 격주 14시 - 18시 6회	목적 : 논술 시험 대비 논리적 글쓰기의 기초 역량 강화 * 논술 시험에 대한 이해와 논리적 읽기, 쓰기 훈련 * 교육과정 서술형 문제 유형별 풀이 전략 * 서론, 본론, 결론 형식 갖춰 짧은 글쓰기 연습	프린트물
4-7월 논술 실전반 (박성희)	토요일 격주 14시 - 18시 10회	목적 : 출제 경향을 바탕으로 한 논술 완벽 대비 * 출제 내용 및 관련 내용 요약정리와 이해를 위한 짧은 글쓰기 * 기출문제를 중심으로 문제 분석과 형식을 갖춘 논술문 작성 훈련 * 응용문제 풀이와 모의시험을 통한 실전대비 연습	프린트물

2차 대비

강의명		직강	강의안내	교재
배움 중심 수업 설계	3-7월 이론반 (박성희)	토요일 격주 14시 - 18시 10회	목적 : 최종합격을 위한 1차와 2차 시험의 통합적 준비 * 수업설계 및 실연을 위한 기초 지식 및 교수 전략 * 기출문제 유형별 교안 작성 및 피드백 / 모범 동영상	아이미소 배움중심 수업설계 (2022년 3월 초 개정)
	11월 실전반 (박성희)	1차 시험 후 4회	* 2022학년도 지역별 기출문제 중심 수업 설계 및 실연 대비 전략 * 2022학년도 지역별 기출문제 교안 및 모의 수업 실연과 　피드백 동영상 제공 - 배움중심 수업설계(이론반) 수강생 전용 무료 강의로, 　배움중심 수업설계(실전반)은 별도로 판매하지 않습니다.	

11월 심층면접 대비반 (임미선)	12월 2차 개별지도
1차 시험 후	1차 합격자 발표 후

저/자/약/력

■ 임미선
- 중앙대학교 사범대학 유아교육학과 졸업
- 중앙대학교 일반대학원 유아교육학 석사
- 중앙대학교 일반대학원 유아교육학 박사수료
- 전) (교육생협) 수도권 생태 유아 공동체 이사장
- 전) 소망 유치원 교사
- 전) 부산 한겨레고시학원 유아교육과정 대표 강사
- 전) 대구 제1고시학원 유아교육과정 대표강사
- 전) 광주 곽내영고시학원 유아교육과정 대표 강사
- 전) EBS 교원임용강좌 유아교육과정 대표 강사(2000년, 2003년, 2007년, 2010년, 2011년 등 다수 역임)
- 현) 한국 생태유아교육학회 이사
- 현) (주)아이미소 유아교육연구소 소장
- 현) 티처메카 유아교육과정 대표강사

〈논문 및 저서〉
- 국·공립 유치원교사 임용후보자 선정경쟁시험에 대한 응시생들의 인식 및 출제 경향에 관한 연구 논문
- EBS TV로 보는 임용 유아교육과정(한국교육문화원, 2000)
- EBS Point 유아 임용고시 문제집(들풀, 2003)
- EBS 아이미소 유아교육과정(2007, 2010, 2011년 등 다수)
- 아이미소유아교육과정 시리즈, 아이미소아우르기 객관식문제집 등 다수
- 핀란드 교육혁명(한국교육네트워크, 살림터, 2010)
- OECD가 선정한 5가지 유아교육과정(공동체, 2016)

■ 박성희
- 중앙대학교 사범대학 유아교육학과 졸업
- 중앙대학교 일반대학원 유아교육학과 석사
- 중앙대학교 일반대학원 유아교육학과 박사
- 전) 솔 유치원·시연 유치원 교사
- 전) 영진전문대학 유아교육학과 교수
- 전) 영진전문대학 부설 아동창의성계발연구소 소장
- 전) 우송대학교 사회복지 아동학부 초빙교수
- 현) 한국유아교육협회 이사
- 현) 티처메카 유아교육과정 대표강사

〈논문 및 저서〉
- 「언어 구성 요소를 적용한 만 5세 문해 교육 프로그램 개발 및 효과」
- 「그림책 관련 활동이 유아의 정서조절에 미치는 영향」
- 「병설유치원 교사의 일일교육계획안 작성에 대한 인식」
- (주)동심 에드피아 「제5차 유치원교육과정 교육활동자료집」
- (주)한솔교육 창의성교육활동자료 「창의나비」
- 유아교과교육론. 공동체(2013)
- 유아교육과정. 정민사(2015)
- 영유아언어교육. 정민사(2017)

아이미소 공립 유치원 임용 시험 대비

유아교육과정

❹ 자연탐구 영역 / 유아교육과정 운영 및 평가

|편저자| 임미선·박성희

|1판 1쇄 발행| 2021년 3월 30일
|1판 2쇄 발행| 2021년 12월 30일

|발행인| 김동훈
|발행처| 공동체

|주소| 경기도 고양시 일산동구 호수로 358-39
       동문타워Ⅰ 905호(백석동)
|전화| 031) 814-3000(대표)
|팩스| 031) 814-3100
|홈페이지| http://www.compub.co.kr
|e-mail| compub@naver.com
|출판등록| 2005년 10월 6일
|등록번호| 제396-2005-36호

|ISBN| 979-11-6105-994-5
정가 28,000원

저자와 협의하여 인지를 생략합니다.
무단전재와 복제를 금합니다.